포스코그룹

생산기술직 / 직업훈련생

온라인 PAT 인적성검사

시대에듀

2024 하반기 시대에듀 포스코그룹 온라인 PAT
생산기술직 / 직업훈련생 최신기출유형 + 모의고사 6회 + 무료생산직특강

Always **with you**

사람의 인연은 길에서 우연하게 만나거나 함께 살아가는 것만을 의미하지는 않습니다.
책을 펴내는 출판사와 그 책을 읽는 독자의 만남도 소중한 인연입니다.
시대에듀는 항상 독자의 마음을 헤아리기 위해 노력하고 있습니다. 늘 독자와 함께하겠습니다.

포스코그룹은 1968년 포항종합제철회사로 창립하여 자본, 기술, 경험도 없는 무(無)의 상태였지만 한국 철강산업 발전을 위해 노력했다. 지속적인 설비 효율화와 생산성 향상을 통해 1998년 조강생산 기준으로 세계 1위의 철강회사로 발돋움했다.

포스코그룹은 철강에서 비철강으로, 제조에서 서비스로, 전통에서 미래로 사업영역을 확대하여 철강 중심의 사업구조에서 기존사업과 신규사업이 조화를 이루는 미래형 사업구조로 전환하고 있다. 이에 따라 포스코그룹은 기본기가 탄탄하고 직무역량이 우수한 인재를 확보하고자 '신입사원 채용 프로세스'를 직무역량 중심으로 실시하고 있다.

포스코그룹은 2023년 상반기 채용부터 PAT 영역을 대폭 변경하였다. 출제 영역이 언어이해 · 자료해석 · 문제해결 · 추리 · 상식 영역으로 바뀌어 기존에 비해 영역이 간소화되었다. 또한 상식 영역에서는 한국사 · 과학 상식이 출제되지 않는 대신 포스코 상식 영역이 강화되었다.

이에 시대에듀에서는 포스코그룹에 입사하고자 하는 수험생들에게 좋은 길잡이가 되어주고자 다음과 같은 특징을 가진 본서를 출간하게 되었다.

도서의 특징

❶ 2024년 상반기에 온라인으로 시행된 PAT 생산직 기출복원문제를 수록하여 최근 출제경향을 한눈에 파악할 수 있도록 하였다.
❷ 영역별 핵심이론과 적중예상문제를 수록하여 단계별로 체계적인 학습을 하도록 하였다.
❸ 최종점검 모의고사 4회분과 도서 동형 온라인 실전연습 서비스를 함께 제공하여 온라인 시험에 대비할 수 있도록 하였다.
❹ 포스코그룹의 인성검사와 실제 면접 기출 질문을 수록하여 한 권으로 포스코그룹 채용 전반에 대비할 수 있도록 하였다.

끝으로 본서를 통해 포스코그룹 입사를 준비하는 여러분 모두에게 합격의 기쁨이 있기를 진심으로 기원한다.

SDC(Sidae Data Center) 씀

◇ **비전**

> 미래를 여는 소재, 초일류를 향한 혁신

◇ **전략방향**

미래기술 기반의
초격차 비즈니스 선도

함께 성장하는
역동적 기업문화 구현

신뢰받는 ESG 경영체제 구축

◇ **핵심가치**

안전	윤리	신뢰	창의	도전
행복한 일터의 기본	건강한 공존의 원칙	소통과 화합의 토대	더 나은 성과의 원천	성장과 성취의 열정

◇ 인재상

실천의식과 배려의 마인드를 갖춘 창의적 인재

기업시민 포스코그룹의 구성원인 임직원은 '실천'의식을 바탕으로
남보다 앞서 솔선하고, 겸손과 존중의 마인드로 '배려'할 줄 알며,
본연의 업무에 몰입하여 새로운 아이디어를 적용하는 '창의'적 인재를 지향한다.

◇ 행동강령

실질	실행	실리
형식보다 실질 우선	보고보다 실행 중시	명분보다 실리 추구

포스코그룹은 실질을 우선하고 실행을 중시하며 실리를 추구해 나가는 가치를 실천한다.
형식보다는 실질을 우선하고, 보고보다는 실행을 중시하고,
명분보다는 실리를 추구함으로써 가치경영, 상생경영, 혁신경영을 실현해 나간다.

◇ 리얼밸류

환경적 가치	핵심기술로 탄소중립 사회를 선도
경제적 가치	철의 새로운 가치 창조를 통해 지속 성장
사회적 가치	인류의 더 나은 미래를 건설

신입사원 채용 안내

◇ 채용절차

| 지원서 작성 | 서류전형 | 인적성검사
(PAT) | 1차 면접
(인성·직무 면접) | 2차 면접
(조직 가치 적합성 면접) | 최종합격 |

서류전형

서류전형에서는 지원자가 입사지원서에 기재한 기본자격과 지원동기, 성격과 생활신조, 성장비전 등을 평가하며, 자격정보를 통해 지원자의 직무 이해도와 직무 적합성을 판단한다.

인적성검사

PAT(Posco Aptitude Test)는 객관적이고 공정한 채용 평가로, 지원자의 업무역량, 인성을 검사한다.

구분		검사내용
적성검사	언어이해	언어의 논리적 사용 및 의미를 파악하는 능력
	자료해석	주어진 자료를 계산하는 능력 및 추론, 산술적 이론을 정립하는 능력
	문제해결	제시된 임의 상황이나 맥락 상황 정보를 활용하여 문제를 해결하는 능력
	추리	주어진 일부의 자료를 통해 전체적인 문제의 흐름 및 정답을 추론하는 능력
상식	포스코 상식	포스코와 관련된 상식 및 이슈 전반

인성·직무 면접

1차 면접은 인성 면접과 직무 면접으로 구성되며, 지원자의 가치관 및 직무역량 수준 등을 종합적으로 검증한다.

조직 가치 적합성 면접

2차 면접은 조직 가치 적합성 면접, GA평가와 Essay평가로 구성되며, 포스코그룹이 추구하는 인재상에 얼마나 적합한지 확인한다.

❖ 채용절차는 채용유형·직무·시기 등에 따라 변동될 수 있으니 반드시 포스코그룹에서 발표하는 채용공고를 확인하기 바랍니다.

포스코그룹 온라인 PAT 합격기

"생각보다 빠듯합니다."

시험 영역이 변경되었다는 소식을 듣고 여러 책을 놓고 고민하다가 시대에듀의 책을 구매해서 풀어봤습니다. 난이도가 생각했던 것보다는 높지 않은 것 같아 큰 걱정 없이 시험에 임하였습니다. 시험은 포스코 상식 영역만 제외하고 모두 영역당 15문제씩 주어졌는데 시간이 생각보다 촉박해 쫓기는 기분으로 문제를 풀었던 것 같습니다. 미리 어떤 유형의 문제들이 나오는지, 해당 유형의 문제들은 어떻게 푸는지 파악하지 않았다면 큰 낭패를 봤을 거라고 생각합니다.

"포스코에 대해 잘 알아야 합니다."

2023년부터 포스코 생산기술직 시험 유형이 바뀌어 이에 대비하기 위해 시대에듀의 책을 구매하였습니다. 전반적으로는 일반적인 인적성검사와 크게 다르지 않아서 유형을 익힌다는 마음으로 공부했는데, 후반 포스코 상식 부분에서는 기업과 관련된 문제들이 많이 나와 당황했습니다. 그런데 실제 시험에서도 포스코와 관련된 상식 문제들이 꽤 나왔고, 미리 준비를 해둔 덕분에 합격할 수 있었습니다.

이 책의 차례 CONTENTS

Add+ 2024년 상반기 기출복원문제 2

PART 1 적성검사

CHAPTER 01 언어이해 2
CHAPTER 02 자료해석 44
CHAPTER 03 문제해결 82
CHAPTER 04 추리 98

PART 2 포스코 상식 116

PART 3 최종점검 모의고사

제1회 최종점검 모의고사 124
제2회 최종점검 모의고사 165
제3회 최종점검 모의고사 200
제4회 최종점검 모의고사 238

PART 4 인성검사 280

PART 5 면접

CHAPTER 01 면접 유형 및 실전 대책 294
CHAPTER 02 포스코그룹 실제 면접 305

별 책 정답 및 해설

PART 1 적성검사 2
PART 2 포스코 상식 24
PART 3 최종점검 모의고사 28

2024년
상반기
기출복원문제

01 ▶ 언어이해

01 다음 글의 내용으로 가장 적절한 것은?

> 지금까지 보았듯이 체계라는 개념은 많은 현실주의자들에게 있어서 중요한 개념이다. 무질서 상태라는 단순한 개념이건 현대의 현실주의자가 고안한 정교한 이론이건 간에 체계라는 것은 국제적인 행위체에 영향을 주기 때문에 중요시되는 것이다. 그런데 최근의 현실주의자들은 체계를 하나의 유기체로 보고 얼핏 국가의 의지나 행동으로부터 독립한 듯이 기술하고 있다. 정치가는 거의 자율성이 없으며 획책할 여지도 없어서, 정책결정 과정에서는 인간의 의지가 별 효과가 없는 것으로 본다. 행위자로서 인간은 눈앞에 버티고 선 냉혹한 체계의 앞잡이에 불과하고 그러한 체계는 이해할 수 없는 기능을 갖는 하나의 구조이며 그러한 메커니즘에 대하여 막연하게 인지할 수밖에 없다. 정치가들은 무수한 제약에 직면하지만 호기는 거의 오지 않는다. 정치가들은 권력정치라고 불리는 세계규모의 게임에 열중할 뿐이며 자발적으로 규칙을 변화시키고 싶어도 그렇게 하지 못한다. 결국 비판의 초점은 현실주의적 연구의 대부분은 숙명론적이며 결정론적이거나 비관론적인 저류가 흐르고 있다고 지적한다. 그 결과, 이러한 비판 중에는 행위자로서 인간과 구조는 상호 간에 영향을 주고 있다는 것을 강조하면서 구조를 보다 동적으로 파악하는 사회학에 눈을 돌리는 학자도 있다.

① 이상주의자들에게 있어서 체계라는 개념은 그리 중요하지 않다.
② 무질서 상태는 국제적 행위체로서 작용하는 체계가 없는 혼란스러운 상태를 의미한다.
③ 현실주의자들은 숙명론 혹은 결정론을 신랄하게 비판한다.
④ 현실주의적 관점에서 정치인들은 체계 앞에서 무기력하다.

정답 및 해설

01 오답분석
① 제시문에서 언급되지 않은 내용이다.
② '무질서 상태'가 '체계가 없는' 상태라고 할 수 없으며, 그것이 '혼란스러운 상태'를 의미하는지도 제시문을 통해서 알 수 없다.
③ 현실주의자들은 숙명론적이며 결정론적이라고 비판받는다.

01 ④ **정답**

02 다음 글의 핵심 내용으로 가장 적절한 것은?

지구 내부는 끊임없이 운동하며 막대한 에너지를 지표면으로 방출하고, 이로 인해 지구 표면에서는 지진이나 화산 등의 자연 현상이 일어난다. 그런데 이러한 자연 현상을 예측하기란 매우 어렵다. 그 이유는 무엇일까?

지구 내부는 지각, 상부 맨틀, 하부 맨틀, 외핵, 내핵이 층상 구조를 이루고 있다. 지구 내부로 들어갈수록 온도가 증가하는데, 이 때문에 외핵은 액체 상태로 존재한다. 고온의 외핵이 하부 맨틀의 특정 지점을 가열하면 이 부분의 중심부 물질은 상승류를 형성하여 움직이기 시작한다. 아주 느린 속도로 맨틀을 통과한 상승류는 지표면 가까이에 있는 판에 부딪치게 된다. 판은 매우 단단한 암석으로 이루어져 있어 거대한 상승류도 쉽게 뚫지 못한다. 그러나 간혹 상승류가 판의 가운데 부분을 뚫고 곧바로 지표면으로 나오기도 하는데, 이곳을 열점이라 한다. 열점에서는 지진과 화산 활동이 활발히 일어난다.

한편 딱딱한 판을 만난 상승류는 꾸준히 판에 힘을 가하여 거대한 길이의 균열을 만들기도 한다. 결국 판이 완전히 갈라지면 이 틈으로 아래의 물질이 주입되어 올라오고, 올라온 물질은 지표면에서 옆으로 확장되면서 새로운 판을 형성한다. 상승류로 인해 판이 갈라지는 이 부분에서도 지진과 화산 활동이 일어난다.

새롭게 생성된 판은 오랜 세월 천천히 이동하는 동안 식으면서 밀도가 높아지는데, 이미 존재하고 있던 다른 판 중 밀도가 낮은 판과 충돌하면 그 아래로 가라앉게 된다. 가라앉는 판이 상부 맨틀의 어느 정도 깊이까지 들어가면 용융 온도가 낮은 일부 물질은 녹는데, 이 물질이 이미 존재하던 판의 지표면으로 상승하면서 지진을 동반한 화산 활동이 일어나기도 한다. 그러나 녹지 않은 대부분의 물질은 위에서 내리누르는 판에 의해 큰 흐름을 만들면서 맨틀을 통과한다. 이 하강류는 핵과 하부 맨틀 경계면까지 내려와 외핵의 한 부분을 누르게 된다. 외핵은 액체로 되어 있으므로 한 부분을 누르면 다른 부분에서 위로 솟아오르는데, 솟아오른 이 지점에서 또 다른 상승류가 시작된다. 그런데 하강류가 규칙적으로 발생하지 않으므로 상승류가 언제 어디서 발생하는지 알기 어렵다.

지금까지 살펴본 바처럼 화산과 지진 등의 자연 현상은 맨틀의 상승류와 하강류로 인해 일어난다. 맨틀의 상승류와 하강류는 흘러가는 동안 여러 장애물을 만나게 되고 이로 인해 그 흐름이 불규칙하게 진행된다. 그런데 현대과학 기술로 지구 내부에 있는 이 장애물의 성질과 상태를 모두 밝혀내기는 어렵다. 바로 이것이 지진이나 화산과 같은 자연 현상을 쉽게 예측할 수 없는 이유이다.

① 판의 분포
② 지각의 종류
③ 지구 내부의 구조
④ 내핵의 구성 성분

정답 및 해설

02 제시문은 지구의 내부가 지각, 상부 맨틀, 하부 맨틀, 외핵, 내핵으로 이루어진 층상 구조라고 밝히며, 지구 내부의 구조에 대해 설명하고 있다. 따라서 글의 핵심 내용으로 가장 적절한 것은 ③이다.

02 ③ **정답**

03 다음 글을 읽고 추론할 수 있는 내용으로 적절하지 않은 것은?

> 세계적으로 저명한 미국의 신경과학자들은 '의식에 관한 케임브리지 선언'을 통해 동물에게도 의식이 있다고 선언했다. 이들은 포유류와 조류 그리고 문어를 포함한 다른 많은 생물도 인간처럼 의식을 생성하는 신경학적 기질을 갖고 있다고 주장하였다. 즉, 동물도 인간과 같이 의식이 있는 만큼 합당한 대우를 받아야 한다는 이야기이다. 그러나 이들과 달리 아직도 동물에게 의식이 있다는 데 회의적인 과학자가 많다.
>
> 인간의 동물관은 고대부터 두 가지로 나누어 왔다. 그리스의 철학자 피타고라스는 윤회설에 입각하여 동물에게 경의를 표해야 한다는 것을 주장했으나, 아리스토텔레스는 '동물에게는 이성이 없으므로 동물은 인간의 이익을 위해서만 존재한다.'고 주장했다. 이러한 동물관의 대립은 근세에도 이어졌다. 17세기 철학자 데카르트는 '동물은 정신을 갖고 있지 않으며, 고통을 느끼지 못하므로 심한 취급을 해도 좋다.'라고 주장한 반면, 18세기 계몽철학자 루소는 『인간불평등 기원론』을 통해 인간과 동물은 동등한 자연의 일부라는 주장을 처음으로 제기했다.
>
> 그러나 인간은 오랫동안 동물의 본성이나 동물답게 살 권리를 무시한 채로 소와 돼지, 닭 등을 사육해왔다. 오로지 더 많은 고기와 달걀을 얻기 위해 '공장식 축산' 방식을 도입한 것이다. 공장식 축산이란 가축 사육 과정이 공장에서 규격화된 제품을 생산하는 것과 같은 방식으로 이루어지는 것을 말하며, 이러한 환경에서는 소와 돼지, 닭 등이 몸조차 자유롭게 움직일 수 없는 좁은 공간에 갇혀 자라게 된다. 가축은 스트레스를 받아 면역력이 떨어지게 되고, 이는 결국 항생제 대량 투입으로 이어질 수밖에 없다. 우리는 그렇게 생산된 고기와 달걀을 맛있다고 먹고 있는 것이다.
>
> 이와 같은 공장식 축산의 문제를 인식하고, 이를 개선하려는 동물 복지 운동은 1960년대 영국을 중심으로 유럽에서 처음 시작되었다. 인간이 가축의 고기 등을 먹더라도 최소한의 배려를 함으로써 항생제 사용을 줄이고, 고품질의 고기와 달걀을 생산하자는 것이다. 한국도 2012년부터 산란계를 시작으로 '동물 복지 축산농장 인증제'를 시행하고 있다. 배고픔·영양 불량·갈증으로부터의 자유, 두려움·고통으로부터의 자유 등의 5대 자유를 보장하는 농장만이 동물 복지 축산농장 인증을 받을 수 있다.
>
> 동물 복지는 가축뿐만이 아니라 인간의 건강을 위한 것이기도 하다. 따라서 정부와 소비자 모두 동물 복지에 좀 더 많은 관심을 가져야 한다.

① 피타고라스는 동물에게도 의식이 있다고 생각했다.

② 아리스토텔레스와 데카르트의 동물관에는 일맥상통하는 점이 있다.

③ 좁은 공간에 갇혀 자란 돼지는 그렇지 않은 돼지에 비해 면역력이 낮을 것이다.

④ 동물 복지 축산농장 인증제는 1960년대 영국에서 처음 시행되었다.

정답 및 해설

03 네 번째 문단에 따르면 공장식 축산의 문제를 개선하기 위한 동물 복지 운동은 1960년대 영국을 중심으로 시작되었으며, 한국에서도 2012년부터 '동물 복지 축산농장 인증제'를 시행하고 있다고 하였다. 따라서 동물 복지 축산농장 인증제는 영국이 아닌 한국에서 올해 시행하고 있는 제도이다.

03 ④ **정답**

04 다음 제시된 문단을 논리적 순서대로 바르게 나열한 것은?

> (가) 오히려 클레나 몬드리안의 작품을 우리 조각보의 멋에 비견되는 것으로 보아야 할 것이다. 조각보는 몬드리안이나 클레의 작품보다 100여 년 이상 앞서 제작된 공간 구성미를 가진 작품이며, 시대적으로 앞설 뿐 아니라 평범한 여성들의 일상에서 시작되었다는 점 그리고 정형화되지 않은 색채감과 구성미로 독특한 예술성을 지닌다는 점에서 차별화된 가치를 지닌다.
>
> (나) 조각보는 일상생활에서 쓰다 남은 자투리 천을 이어서 만든 것으로, 옛 서민들의 절약 정신과 소박한 미의식을 보여준다. 조각보의 색채와 공간 구성 면은 공간 분할의 추상화가로 유명한 클레(Paul Klee)나 몬드리안(Peit Mondrian)의 작품과 비견되곤 한다. 그만큼 아름답고 훌륭한 조형미를 지녔다는 의미이기도 하지만 일견 돌이켜 보면 이것은 잘못된 비교이다.
>
> (다) 조각보는 기하학적 추상을 표방했던 몬드리안의 작품보다 세련된 색상 배치로 각 색상이 가진 느낌을 살렸으며, 동양적 정서가 담긴 '오방색'이라는 원색을 통해 강렬한 추상성을 지닌다. 또한 조각보를 만드는 과정과 그 작업의 내면에 가족의 건강과 행복을 기원하는 마음이 담겨 있어 단순한 오브제이기 이전에 기복신앙적인 부분이 있다. 조각보가 아름답게 느껴지는 이유는 이처럼 일상 속에서 삶과 예술을 함께 담았기 때문일 것이다.

① (가) – (나) – (다)
② (나) – (가) – (다)
③ (나) – (다) – (가)
④ (다) – (가) – (나)

05 다음 제시된 단어와 반대되는 의미를 가진 것은?

정밀

① 조잡
② 해산
③ 억제
④ 촉진

정답 및 해설

04 제시문은 조각보의 정의에서부터 클레와 몬드리안의 차별점 그리고 조각보가 아름답게 느껴지는 이유에 대해 이야기하고 있다. 따라서 (나) 조각보의 정의, 클레와 몬드리안과의 비교가 잘못된 이유 – (가) 조각보는 클레와 몬드리안보다 100여 년 이상 앞서 제작된 작품이며 독특한 예술성을 지니고 있음 – (다) 조각보가 아름답게 느껴지는 이유는 일상 속에서 삶과 예술을 함께 담았기 때문임 순으로 나열하는 것이 적절하다.

05 • 정밀 : 아주 정교하고 치밀하여 빈틈이 없고 자세함
• 조잡 : 말이나 행동, 솜씨 따위가 거칠고 잡스러워 품위가 없음

[오답분석]
② 해산 : 모였던 사람이 흩어짐. 또는 흩어지게 함
③ 억제 : 감정이나 욕망, 충동적 행동 따위를 내리눌러서 그치게 함
④ 촉진 : 다그쳐 빨리 나아가게 함

04 ② **05** ① ◀ 정답

01 둘레가 600m인 연못의 둘레를 A와 B가 서로 반대방향으로 걷는다. A는 분당 15m의 속력으로 걷고, B는 A보다 더 빠른 속력으로 걷는다. 두 사람이 같은 위치에서 동시에 출발하여 걸었더니 1시간 동안 5번을 만났다면 B의 속력은?

① 20m/min

② 25m/min

③ 30m/min

④ 35m/min

02 다음은 A신도시 쓰레기 처리 관련 통계에 대한 자료이다. 이에 대한 설명으로 옳지 않은 것은?

〈A신도시 쓰레기 처리 관련 통계〉

구분	2020년	2021년	2022년	2023년
1kg 쓰레기 종량제 봉투 가격	100원	200원	300원	400원
쓰레기 1kg당 처리비용	400원	400원	400원	400원
쓰레기 발생량	5,013톤	4,521톤	4,209톤	4,007톤
쓰레기 관련 적자 예산	15억 원	9억 원	4억 원	0원

① 1kg 쓰레기 종량제 봉투 가격이 100원이었던 2020년에 비해 400원이 된 2023년에는 쓰레기 발생량이 약 20% 감소하였고 쓰레기 관련 적자 예산은 0원이 되었다.

② 연간 쓰레기 발생량 감소 곡선보다 쓰레기 종량제 봉투 가격의 인상 곡선이 더 가파르다.

③ 쓰레기 1kg당 처리비용이 인상될수록 A신도시의 쓰레기 발생량과 쓰레기 관련 적자가 급격히 감소하는 것을 볼 수 있다.

④ 쓰레기 종량제 봉투 가격이 인상됨으로써 주민들은 비용에 부담을 느끼고 쓰레기 배출량을 줄였다.

정답 및 해설

01 B의 속력을 xm/min라고 하자. 서로 반대 방향으로 걸으므로 1번 만날 때 두 사람은 연못을 1바퀴 걸은 것이다.
1시간 동안 5번을 만났다면, 두 사람의 이동거리는 $600 \times 5 = 3,000$m이다.
$3,000 = 60(15 + x) \rightarrow 60x = 2,100$
$\therefore x = 35$
따라서 B의 속력은 35m/min이다.

02 쓰레기 1kg당 처리비용은 400원으로 동결상태이다. 오히려 쓰레기 종량제 봉투 가격이 인상될수록 A신도시의 쓰레기 발생량과 쓰레기 관련 적자 예산이 급격히 감소하는 것을 볼 수 있다.

01 ④ **02** ③ **정답**

03 빨간 공 4개, 하얀 공 6개가 들어있는 주머니에서 동시에 공 2개를 꺼낼 때, 적어도 1개는 하얀 공을 꺼낼 확률은?

① $\dfrac{1}{4}$

② $\dfrac{9}{15}$

③ $\dfrac{5}{12}$

④ $\dfrac{13}{15}$

04 다음은 우리나라 부패인식지수(CPI) 연도별 변동 추이에 대한 자료이다. 이에 대한 설명으로 옳지 않은 것은?

〈우리나라 부패인식지수(CPI) 연도별 변동 추이〉

구분		2017년	2018년	2019년	2020년	2021년	2022년	2023년
CPI	점수(점)	4.5	5.0	5.1	5.1	5.6	5.5	5.4
	조사대상국(개)	146	159	163	180	180	180	178
	순위(위)	47	40	42	43	40	39	39
	백분율(%)	32.2	25.2	25.8	23.9	22.2	21.6	21.9
OECD	회원국(개)	30	30	30	30	30	30	30
	순위(위)	24	22	23	25	22	22	22

※ CPI 0~10점 : 점수가 높을수록 청렴

① CPI를 확인해 볼 때, 우리나라는 2021년에 가장 청렴했다고 볼 수 있다.

② CPI 순위는 2022년에 처음으로 30위권에 진입했다.

③ 청렴도가 가장 낮은 해와 2023년의 청렴도 점수의 차이는 0.9점이다.

④ OECD 순위는 2017년부터 현재까지 상위권이라고 볼 수 있다.

정답 및 해설

03 (적어도 1개는 하얀 공을 꺼낼 확률)=1−(모두 빨간 공을 꺼낼 확률)
• 전체 공의 개수 : 4+6=10개

• 2개의 공 모두 빨간 공을 꺼낼 확률 : $\dfrac{_4\mathrm{C}_2}{_{10}\mathrm{C}_2}=\dfrac{2}{15}$

따라서 적어도 1개는 하얀 공을 꺼낼 확률은 $1-\dfrac{2}{15}=\dfrac{13}{15}$ 이다.

04 우리나라는 30개의 회원국 중에서 OECD 순위가 매년 20위 이하이므로 상위권이라고 볼 수 없다.

[오답분석]

① 우리나라의 CPI는 2021년에 5.6점으로 가장 높으므로 2021년에 가장 청렴했다고 볼 수 있다.

② 2022년에 39위를 함으로써 처음으로 30위권에 진입했다.

③ 청렴도는 2017년에 4.5점으로 가장 낮고, 2023년과의 차이는 5.4−4.5=0.9점이다.

03 ④ **04** ④ 〈정답

05 다음은 2023년 연령대별 골다공증 진료 현황에 대한 자료이다. 이에 대한 설명으로 옳지 않은 것은?

〈연령대별 골다공증 진료 현황〉

(단위 : 천 명)

구분	합계	20대 이하	30대	40대	50대	60대	70대	80대 이상
남성	388	2	2	8	90	100	122	64
여성	492	1	5	26	103	164	133	60
합계	880	3	7	34	193	264	255	124

① 골다공증 발병이 진료로 이어진다면 여성의 발병률이 남성보다 높다.

② 전체 골다공증 진료 인원 중 40대 이하가 차지하는 비율은 5%이다.

③ 전체 골다공증 진료 인원 중 그 인원이 가장 많은 연령대는 60대이며, 비율은 30%이다.

④ 골다공증 진료율이 가장 높은 연령대는 남성과 여성이 같다.

정답 및 해설

05 남성의 골다공증 진료율이 가장 높은 연령대는 진료 인원이 가장 많은 70대이고, 여성의 골다공증 진료율이 가장 높은 연령대는 진료 인원이 가장 많은 60대로, 남성과 여성이 서로 다르다.

오답분석

① 골다공증 발병이 진료로 이어진다면 여성의 진료 인원이 남성보다 많으므로 여성의 발병률이 남성보다 높은 것을 추론할 수 있다.

② 전체 골다공증 진료 인원 중 40대 이하가 차지하는 비율은 $\frac{3+7+34}{880} \times 100 = 5\%$이다.

③ 전체 골다공증 진료 인원 중 진료 인원이 가장 많은 연령대는 60대이며, 그 비율은 $\frac{264}{880} \times 100 = 30\%$이다.

05 ④ 　정답

06 다음은 2023년 3월에 가구주들이 노후준비방법에 대해 응답한 자료를 변환한 그래프이다. 구성비가 가장 큰 항목의 구성비 대비 구성비가 네 번째로 큰 항목의 구성비의 비율은?(단, 소수점 둘째 자리에서 반올림한다)

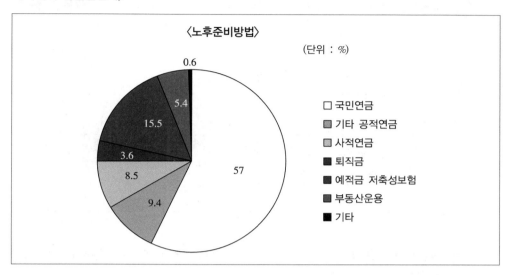

① 11.2% ② 14.9%

③ 17.4% ④ 19.1%

---

06 구성비가 가장 큰 항목은 국민연금으로 57%이며, 구성비가 네 번째로 큰 항목은 사적연금으로 8.5%이다.

따라서 구성비가 가장 큰 항목의 구성비 대비 구성비가 네 번째로 큰 항목의 구성비의 비율은 $\frac{8.5}{57} \times 100 ≒ 14.9\%$이다.

06 ② 정답

※ 다음은 P사원의 집에서 회사까지의 대중교통 경로이다. 이어지는 질문에 답하시오. **[1~2]**

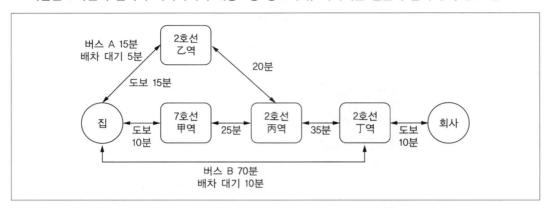

01 P사원은 대중교통을 이용하여 출근하려고 한다. 다음 〈조건〉에 따라 출근할 때, 소요시간이 가장 짧은 경로의 편도 교통비는?

> **조건**
> • 지하철의 호선이 다르면 환승해야 한다.
> • 지하철에 처음 탑승하거나 환승하는 데 필요한 시간은 5분이다.
> • 버스를 탄다면 이동시간에 배차 대기시간까지 포함하여 계산한다.
> • 경로별 편도 교통비는 다음과 같다.
> − 버스 A → 2호선 乙역 → 2호선 丁역 : 1,500원
> − 도보 → 2호선 乙역 → 2호선 丁역 : 1,350원
> − 도보 → 7호선 甲역 → 2호선 丙역 → 2호선 丁역 : 1,400원
> − 버스 B → 2호선 丁역 : 1,300원

① 1,300원　　　　　　　　　② 1,350원
③ 1,400원　　　　　　　　　④ 1,450원

02 P사원은 출장 업무로 A사와 B사를 차례대로 방문해야 한다. A사는 乙역에서 도보로 5분 거리에 있으며, B사는 甲역에서 도보로 5분 거리에 있다. 10시에 회사에서 출발하여 A사에서 1시간 30분 간 미팅 후 B사로 가서 1시간 동안 미팅을 한 후 회사로 돌아올 때, P사원이 회사로 돌아온 시각은?(단, **01**번 문제의 조건에 따르며, 소요시간이 가장 짧은 경로로 이동하고, 이외의 시간은 고려하지 않는다)

① 15시 30분

② 15시 35분

③ 15시 40분

④ 15시 45분

---

01 P사원이 집에서 회사로 갈 수 있는 경로별 소요시간은 각각 다음과 같다.

ⅰ) 집 → 버스 A → 2호선 乙역 → 2호선 丙역 → 2호선 丁역 → 회사 : 5+15+5+20+35+10=90분

ⅱ) 집 → 도보 → 2호선 乙역 → 2호선 丙역 → 2호선 丁역 → 회사 : 15+5+20+35+10=85분

ⅲ) 집 → 도보 → 7호선 甲역 → 2호선 丙역 → 2호선 丁역 → 회사 : 10+5+25+5+35+10=90분

ⅳ) 집 → 버스 B → 2호선 丁역 → 회사 : 10+70+10=90분

따라서 소요시간이 가장 짧은 경로는 ⅱ)이며 편도 교통비는 1,350원이다.

02 • 회사 → A사(2호선 이용) : 10+5+35+20+5=75분

• A사 미팅 : 90분

• A사 → B사(집을 거쳐 도보 이용) : 5+15+10+5=35분

• B사 미팅 : 60분

• B사 → 회사 : 5+5+25+5+35+10=85분

P사원이 미팅을 마치고 회사에 돌아오기까지 걸린 시간은 5시간 45분(75+90+35+60+85=345분)이다.

따라서 회사로 돌아온 시각은 10시+5시간 45분=15시 45분이다.

01 ② **02** ④ 〈정답

03 다음 〈보기〉는 그래프 구성 명령어 실행 예시이다. 이에 따라 제시된 그래프에 알맞은 명령어를 구하면?

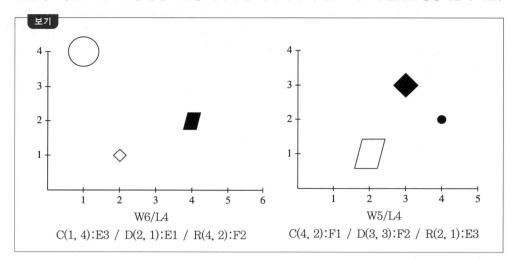

C(1, 4):E3 / D(2, 1):E1 / R(4, 2):F2   C(4, 2):F1 / D(3, 3):F2 / R(2, 1):E3

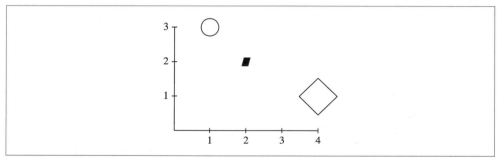

① W4/L3
  C(1, 3):E2 / D(2, 2):F1 / R(4, 1):E3

② W4/L3
  C(1, 3):E2 / D(4, 1):F3 / R(2, 2):F1

③ W4/L3
  C(3, 1):E2 / D(1, 4):E3 / R(2, 2):F1

④ W4/L3
  C(1, 3):E2 / D(4, 1):E3 / R(2, 2):F1

03 W□/L○는 가로축이 □까지, 세로축이 ○까지 있음을 나타낸다. 괄호 앞의 각 문자는 도형의 모양을 나타낸다. 즉, C는 원, D는 마름모, R은 사다리꼴이다. 괄호 안의 숫자는 도형의 위치를 나타낸다. 즉, (1, 2)는 가로축에서 1과 세로축에서 2가 만나는 위치이다. 또한 쌍점(:) 뒤에 위치한 문자와 숫자는 도형의 명암과 크기를 알려준다. 즉, F는 도형의 안쪽이 검은색, E는 도형의 안쪽이 흰색이다. 그리고 1은 도형이 가장 작은 형태, 2는 중간 형태, 3은 가장 큰 형태이다.
• 가로축이 4까지, 세로축이 3까지 있다. → W4/L3
• C는 가로축 1과 세로축 3이 만나는 위치이고, 도형의 안쪽이 흰색이다. 또한 크기가 중간 형태이다. → C(1, 3):E2
• D는 가로축 4와 세로축 1이 만나는 위치이고, 도형의 안쪽이 흰색이다. 또한 크기가 가장 큰 형태이다. → D(4, 1):E3
• R은 가로축 2와 세로축 2가 만나는 위치이고, 도형의 안쪽이 검은색이다. 또한 크기가 가장 작은 형태이다. → R(2, 2):F1

03 ④ 〈정답〉

04 다음 제시된 명령어의 규칙에 따라 숫자를 변환시킬 때, 규칙에 따라 도식을 해결하여 마지막에 나오는 형태를 구하면?(단, 주어진 조건이 두 가지 이상일 때는 모두 일치해야 Yes로 이동한다)

Enter	: 숫자와 색을 한 행씩 아래로 이동
Space	: 숫자와 색을 한 열씩 오른쪽으로 이동
Tab	: 숫자만 시계 방향으로 90° 회전
Shift	: 색 반전

□ : 해당 칸의 배경이 흰색인가?
■ : 해당 칸의 배경이 검은색인가?
사각형 안에 −(빼기) 2개 : 2개 칸 숫자의 차 X가 조건에 맞는지 확인
사각형 안에 +(더하기) 2개 : 2개 칸 숫자의 합 X가 조건에 맞는지 확인

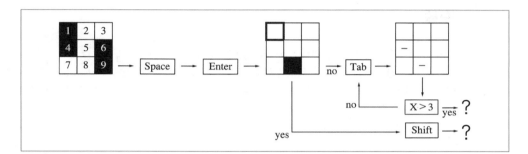

①
1	3	2
4	6	5
7	9	8

②
5	4	6
2	1	3
8	7	9

③
3	6	9
2	5	8
1	4	7

④
1	3	2
4	6	5
7	9	8

04

①	2	3
④	5	⑥
7	8	⑨

Sp →

3	①	2
⑥	④	5
⑨	7	8

E →

⑨	7	8
3	①	2
⑥	④	5

no → T

⑥	3	9
4	①	7
⑤	②	8

no → T

⑤	4	6
2	①	3
⑧	⑦	9

05 P사의 인력 등급별 임금이 다음과 같을 때, 〈조건〉에 따라 P사가 2주 동안 근무한 근로자에게 지급해야 할 임금의 총액은?

〈인력 등급별 임금〉

구분	초급인력	중급인력	특급인력
시간당 기본임금	45,000원	70,000원	95,000원
주중 초과근무수당	시간당 기본임금의 1.5배		시간당 기본임금의 1.7배

※ 기본 1일 근무시간은 8시간이며, 주말 및 공휴일에는 근무하지 않음
※ 각 근로자가 주중 근무일 동안 결근 없이 근무한 경우, 주당 1일(8시간)의 임금에 해당하는 금액을 주휴수당으로 각 근로자에게 추가로 지급함
※ 주중에 근로자가 기본 근무시간을 초과로 근무하는 경우, 초과한 근무한 시간에 대하여 시간당 주중 초과근무수당을 지급함

조건
• 모든 인력은 결근 없이 근무하였다.
• P사는 초급인력 5명, 중급인력 3명, 특급인력 2명을 고용하였다.
• 초급인력 1명, 중급인력 2명, 특급인력 1명은 근무기간 동안 2일은 2시간씩 초과로 근무하였다.
• P사는 1개월 전 월요일부터 그다음 주 일요일까지 2주 동안 모든 인력을 투입하였으며, 근무기간 동안 공휴일은 없다.

① 47,800,000원
② 55,010,500원
③ 61,756,000원
④ 71,080,000원

05 등급별 임금·수당 합계 및 임금 총액은 다음과 같다.

구분	초급인력	중급인력	특급인력
기본임금 총계	45,000×5×8×(10+2) =21,600,000원	70,000×3×8×(10+2) =20,160,000원	95,000×2×8×(10+2) =18,240,000원
초과근무수당 총계	(45,000×1.5)×1×4 =270,000원	(70,000×1.5)×2×4 =840,000원	(95,000×1.7)×1×4 =646,000원
합계	21,600,000+270,000 =21,870,000원	20,160,000+840,000 =21,000,000원	18,240,000+646,000 =18,886,000원
임금 총액	21,870,000+21,000,000+18,886,000=61,756,000원		

따라서 P사가 근로자들에게 지급해야 할 임금의 총액은 61,756,000원이다.

05 ③ **정답**

01 다음은 일정한 규칙에 따라 도형을 배치한 것이다. ?에 들어갈 도형으로 알맞은 것은?

①

②

③

④

01 제시된 도형은 모두 위쪽 → 왼쪽 → 오른쪽 순서로 시침과 분침이 각각 일정한 시간씩 움직인다. 3번째 도형에서 시침은 4시간씩, 분침은 50분씩 움직이고 있다. 따라서 시침은 4시에, 분침은 5분에 있는 ④가 ?에 들어갈 도형이다.

01 ④ 〈정답

02 다음 제시된 도형의 규칙을 보고 ?에 들어갈 알맞은 도형을 고르면?

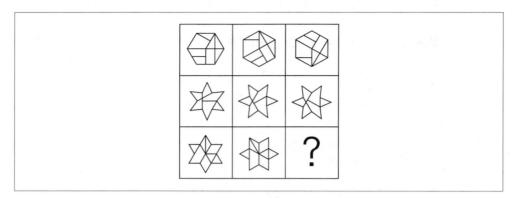

①

②

③

④

02 규칙은 가로로 적용된다.
첫 번째 도형을 시계 반대 방향으로 30° 회전시킨 도형이 두 번째 도형이고, 두 번째 도형을 x축 대칭시킨 도형이 세 번째 도형이다.

02 ① 《정답

03 제시된 도형은 다음 작동 버튼에 따라 변형된다. 〈보기〉의 왼쪽에 있는 도형에서 작동 버튼을 네 번 눌렀더니 오른쪽과 같은 결과가 나타났다. 다음 중 작동 버튼의 순서를 바르게 나열한 것은?

작동 버튼	기능
□	1번과 2번이 적힌 곳의 색을 바꾼다(흰색 ↔ 회색).
■	도형을 180° 회전한다.
○	1번과 4번의 숫자를 바꾼다.
◉	홀수가 적힌 곳의 색을 바꾼다(흰색 ↔ 회색).

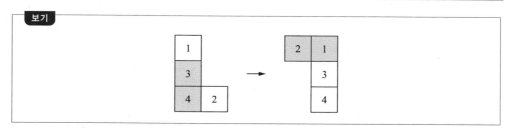

① ◉■○□　　　　　　　　② □○■◉

③ ■◉○□　　　　　　　　④ ○◉□■

정답 및 해설

03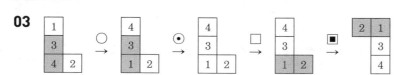

04 다음과 같이 일정한 규칙에 따라 수를 나열할 때, 빈칸에 들어갈 알맞은 수는?

4	2	6	−2	14	−18	( )	

① 46

② −46

③ 52

④ −52

05 다음은 일정한 규칙에 따라 수를 배치한 것이다. 빈칸에 들어갈 알맞은 수는?

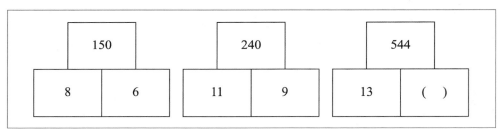

① 11

② 18

③ 27

④ 54

정답 및 해설

04 앞의 항에 -2^1, $+2^2$, -2^3, $+2^4$, -2^5, …인 수열이다.
따라서 ( )$=-18+2^6=46$이다.

05 오른쪽에 위치한 숫자는 위쪽에 있는 숫자를 왼쪽에 있는 숫자로 나누었을 때의 나머지이다.
따라서 $544÷13=41$ … 11이므로 ( )$=11$이다.

04 ① **05** ① 《정답

01 다음 〈보기〉에서 설명하는 포스코의 ESG 전략 실천을 위한 GREEN 키워드는?

> **보기**
> 저탄소 공정 및 에너지 효율 향상, 친환경 제품 개발을 통해 기후변화에 대응해 나가고, 환경에 대한 영향을 최소화하여 인류와 자연이 공생하는 미래를 계획

① Ethics & Integrity
② Green Competency
③ Responsible Value Chain
④ New Governance for Real Value

02 다음 중 2023년 6월 포스코에서 출시된 탄소 감축량 배분형(Mass Balance) 제품의 브랜드 명칭은?

① CCUS Steel
② Free Carbonate Steel
③ Greenate Certified Steel
④ Electric Arc Furnace Steel

03 다음 중 포스코의 탄소중립 목표연도는?

① 2030년
② 2040년
③ 2050년
④ 2060년

정답 및 해설

01 포스코는 기업시민 경영이념 아래 친환경 리더십을 주도하고 지속가능한 사회공동체를 조성하며, 경영체계 선진화로 ESG 경영을 실천하고 있으며, 친환경 미래 소재의 의미를 담은 GREEN을 키워드로 환경(E), 사회(S), 지배구조(G)를 포괄하는 5대 ESG 전략을 수립하였다. 이 중 저탄소 공정 및 에너지 효율 향상 등 친환경에 대한 키워드는 G(Green Competency)에 해당한다.

02 Greenate(그리닛)은 포스코의 모든 친환경 활동과 사업을 대표하는 마스터브랜드이다. Greenate Certified Steel은 포스코가 2023년 6월 국내 최초로 출시한 탄소 감축량 배분형(Mass Balance) 제품으로, 저탄소 공정·기술 등 다양한 노력을 통해 감축한 탄소배출량을 제3자 기관의 검증을 받아 지정된 일부 제품에 배분하여 탄소 배출량을 저감한 제품이다. 탄소 배출량 감축 실적을 특정 강재에 배분하는 탄소 감축량 배분형 방식은 온실가스 배출 관련 공시에 국제적으로 가장 널리 사용되는 표준인 GHG Protocol에 근거를 두고 있다.

03 포스코는 2020년 아시아 철강사 최초로 2050 탄소중립을 선언하고, 이를 구체화하기 위해 2050 탄소중립 기본 로드맵을 수립하였다. 포스코는 탄소중립 로드맵에 따라 2030년에 10%, 2035년에 30%, 2040년에 50%를 저감할 예정이며, 2050년에 이산화탄소를 배출한 만큼 제거·흡수하는 방법으로 실질적 배출량을 0으로 만드는 넷제로(Netzero)를 실천할 계획이다.

01 ② **02** ③ **03** ③ **《정답》**

04 다음 중 하이렉스(HyREX) 공법에 대한 설명으로 옳지 않은 것은?

① 원료인 분광을 별도의 소결과정 없이 사용할 수 있다.
② 환원과정과 용융과정이 별도의 처리과정에서 이루어진다.
③ 용선을 만들기 위해 그린에너지를 사용하는 전기로를 이용한다.
④ 용융로에서 발생한 일산화탄소와 수소가스로 환원철을 제조한다.

05 다음 중 포스코 기가스틸의 특장점으로 옳지 않은 것은?

① 높은 강도로 가공 시 변형이 일어나지 않는다.
② 차량용 알루미늄 대비 소재 가격이 3.5배 저렴하다.
③ 알루미늄과 일반 스틸에 비해 차량 경량화에 유리하다.
④ 10cm×15cm 강판이 약 1,500t의 인장강도를 버티는 초고강도강이다.

정답 및 해설

04 수소환원제철공법인 HyREX(Hydrogen Reduction) 공법은 여러 단계로 나누어진 유동환원로에 분광을 소결과정 없이 그대로 투입하고, 여기에 고온으로 가열된 수소가스를 투입, 환원과정을 거쳐 직접환원철(DRI; Direct Reduced Iron)을 제조한다. 생성된 DRI는 전기용융로에 투입되어 쇳물(용선)이 되고, 전로에서 불순물을 제거하여 깨끗한 쇳물인 용강을 만든다. HyREX 공법은 기존에 포스코에서 사용하는 FINEX 공법과 같이 분광을 그대로 유동환원로에 넣어 DRI를 만들지만, FINEX 공법은 용융로를 가열하기 위해 석탄이 필요하고, 여기서 발생한 일산화탄소와 수소가스를 유동환원로에 투입하여 분광의 환원과정을 하는 차이점이 있다. 반면 HyREX 공법의 경우 용융과정에 그린에너지를 사용하는 전기로를 이용하고, 철의 환원을 위해 100% 수소가스를 사용하여 탄소 배출을 획기적으로 줄이는 제철공법이다.

05 기가스틸(Giga Steel)은 강판을 잡아 당겼을 때 최대로 견딜 수 있는 인장강도가 1GPa 이상인 초고강도강을 의미한다. 포스코의 기가스틸은 다음과 같은 5개의 특장점을 가진다.

- 고강도 : 10cm×15cm의 작은 강판이 1,500t의 하중을 견딜 정도의 초고강도강으로, 차체용 알루미늄 대비 3배 이상 강하다.
- 가공성 : 포스코의 독자적인 망간 배합 비율을 활용하여 강도가 높음에도 불구하고 가공이 쉽다.
- 경량화 : 알루미늄 대비 3배 이상 강하므로 차체를 3배 얇게 만들어도 차체용 알루미늄과 동일한 강도를 얻을 수 있어 경량화에 유리하다.
- 친환경 : 제조·사용·폐차 등 자동차 전체 생애 주기를 기준으로 할 때, 누적 CO_2 배출량은 기존 대비 약 10% 줄일 수 있다.
- 경제성 : 알루미늄 대비 소재 가격이 3.5배 낮고, 가공비는 2.1배 낮아 자동차 생산비용을 낮추는 등 경제성이 높다.

따라서 쉬운 가공성이 기가스틸의 특장점이므로 '가공 시 변형이 일어나지 않는다.'는 기가스틸의 특장점으로 옳지 않다.

04 ④ **05** ① **정답**

PART

1

적성검사

CHAPTER 01 언어이해

CHAPTER 02 자료해석

CHAPTER 03 문제해결

CHAPTER 04 추리

01 | 언어이해 핵심이론

1. 논리구조

논리구조에서는 주로 문장과 문장 간의 관계나 글 전체의 논리적 구조를 정확히 파악했는지를 묻는다. 글의 순서를 바르게 나열하는 유형이 출제되므로 제시문의 전체적인 흐름을 바탕으로 각 문단의 특징, 문단 간의 역할 등을 논리적으로 구조화할 수 있는 능력을 길러야 한다.

(1) 문장과 문장 간의 관계

① **상세화 관계** : 주지 → 구체적 설명(비교, 대조, 유추, 분류, 분석, 인용, 예시, 비유, 부연, 상술 등)

② **문제(제기)와 해결** : 한 문장이 문제를 제기하고, 다른 문장이 그 해결책을 제시하는 관계(과제 제시 → 해결 방안, 문제 제기 → 해답 제시)

③ **선후 관계** : 한 문장이 먼저 발생한 내용을 담고, 다음 문장이 나중에 발생한 내용을 담고 있는 관계

④ **원인과 결과** : 한 문장이 원인이 되고, 다른 문장이 그 결과가 되는 관계(원인 제시 → 결과 제시, 결과 제시 → 원인 제시)

⑤ **주장과 근거** : 한 문장이 필자가 말하고자 하는 바(주장)가 되고, 다른 문장이 그 문장의 증거(근거)가 되는 관계(주장 제시 → 근거 제시, 의견 제안 → 의견 설명)

⑥ **전제와 결론 관계** : 앞 문장에서 조건이나 가정을 제시하고, 뒤 문장에서 이에 따른 결론을 제시하는 관계

(2) 문장의 연결 방식

① **순접** : 원인과 결과, 부연 설명 등의 문장 연결에 쓰임 예 그래서, 그리고, 그러므로 등

② **역접** : 앞글의 내용을 전면적 또는 부분적으로 부정 예 그러나, 그렇지만, 그래도, 하지만 등

③ **대등·병렬** : 앞뒤 문장의 대비와 반복에 의한 접속 예 및, 혹은, 또는, 이에 반하여 등

④ **보충·첨가** : 앞글의 내용을 보다 강조하거나 부족한 부분을 보충하기 위해 다른 말을 덧붙이는 문맥 예 단, 곧, 즉, 더욱이, 게다가, 왜냐하면 등

⑤ **화제 전환** : 앞글과는 다른 새로운 내용을 이야기하기 위한 문맥 예 그런데, 그러면, 다음에는, 이제, 각설하고 등

⑥ **비유·예시** : 앞글에 대해 비유적으로 다시 말하거나 구체적인 예를 보임 예 예를 들면, 예컨대, 마치 등

(3) 논리구조의 원리 접근법

앞뒤 문장의 중심 의미 파악	→	앞뒤 문장의 중심 내용이 어떤 관계인지 파악	→	문장 간의 접속어, 지시어의 의미와 기능 파악	→	문장의 의미와 관계성 파악
각 문장의 의미를 어떤 관계로 연결해서 글을 전개하는지 파악해야 한다.		지문 안의 모든 문장은 서로 논리적 관계성이 있다.		접속어와 지시어를 음미하는 것은 독해의 길잡이 역할을 한다.		문단의 중심 내용을 알기 위한 기본 분석 과정이다.

핵심예제

다음 문장 또는 문단을 논리적 순서대로 바르게 나열한 것은?

(가) 이러한 특징은 구엘 공원에 잘 나타나 있는데, 산의 원래 모양을 최대한 유지하기 위해 지면을 받치는 돌기둥을 만드는가 하면, 건축물에 식물을 심어 그 뿌리로 하여금 무너지지 않게 했다.

(나) 스페인을 대표하는 천재 건축가 가우디가 만든 건축물의 대표적인 특징을 꼽자면, 먼저 곡선을 들 수 있다. 그의 여러 건축물 중 곡선미가 가장 잘 나타나는 것은 바로 1984년 유네스코 세계문화유산으로 지정된 까사 밀라이다.

(다) 또 다른 특징으로는 자연과의 조화로, 그는 건축 역시 사람들이 살아가는 공간이자 자연의 일부라고 생각하여 가능한 자연을 훼손하지 않고 건축하는 것을 원칙으로 삼았다.

(라) 이 건축물의 겉 표면에는 일렁이는 파도를 연상시키는 곡선이 보이는데, 이는 당시 기존 건축 양식과는 거리가 매우 멀어 처음엔 조롱거리가 되었다. 하지만 훗날 비평가들은 그의 창의성을 인정하게 됐고 현대 건축의 출발점으로 지금까지 평가되고 있다.

① (가) - (나) - (라) - (다)
② (가) - (다) - (나) - (라)
③ (나) - (라) - (가) - (다)
④ (나) - (라) - (다) - (가)

| **해설** | 제시문은 스페인의 건축가 가우디의 건축물에 대해 설명하는 글이다. 따라서 (나) 가우디 건축물의 특징인 곡선과 대표 건축물인 까사 밀라 - (라) 까사 밀라에 대한 설명 - (다) 가우디 건축의 또 다른 특징인 자연과의 조화 - (가) 이를 뒷받침하는 건축물인 구엘 공원의 순서로 나열하는 것이 적절하다.

정답 ④

2. 논리적 이해

(1) 분석적 이해

글의 내용을 분석적으로 파악하는 것으로, 분석적 이해의 핵심은 글의 세부 내용을 파악하고, 이를 바탕으로 글의 중심 내용을 파악하는 것이다.

① 글을 구성하는 각 단위의 내용 관계 파악하기 : 글은 단어, 문장, 문단 등의 단위가 모여 이루어진다. 글을 이해하기 위해서는 각각의 단어와 단어들이 모여 이루어진 문장, 문장들이 모여 이루어진 문단의 내용을 정확하게 파악하고 각각의 의미 관계를 이해하는 것이 필요하다.

② 글의 중심 내용 파악하기 : 글의 작은 단위를 분석하여 부분적인 내용을 파악했더라도 글 전체의 중심 내용을 파악했다고 할 수 없다. 글의 중심 내용을 파악하는 데는 글을 구성하고 있는 각 단위, 특히 문단의 중심 내용이 중요하다. 따라서 글의 전체적인 맥락을 고려해야 하고, 중심 내용을 파악해 내는 기술이 필요하다.

③ 글의 전개 방식과 구조적 특징 파악하기 : 모든 글은 종류에 따라 다양한 전개 방식을 활용하고 있다. 대표적인 전개 방식은 서사, 비교, 대조, 열거, 인과, 논증 등이 있다. 이와 같은 전개 방식을 이해하면 글의 내용을 이해하는 데 큰 도움이 된다.

핵심예제

다음 제시문의 제목으로 가장 적절한 것은?

만공탑에서 다시 돌계단을 오르면 정혜사 능인선원이 나온다. 정혜사 앞뜰에 서서 담장을 앞에 두고 올라온 길을 내려다보면 홍성 일대의 평원이 일망무제로 펼쳐진다. 산마루와 가까워 바람이 항시 세차게 불어오는데, 살면서 쌓인 피곤과 근심이 모두 씻겨지는 후련한 기분을 느낄 수 있을 것이다. 자신도 모르게 물 한 모금을 마시며 이 호탕하고 맑은 기분을 오래 간직하고 싶어질 것이다. 정혜사 약수는 바위틈에서 비집고 올라오는 샘물이 공을 반으로 자른 모양의 석조에 넘쳐흐르는데 이 약수를 덮고 있는 보호각에는 '불유각(佛乳閣)'이라는 현판이 걸려 있다. '부처님의 젖이라!' 글씨는 분명 스님의 솜씨. 말을 만들어낸 솜씨도 예사롭지 않다. 누가 저런 멋을 가졌던가. 누구에게 묻지 않아도 알 것 같았고 설혹 틀린다 해도 상관할 것이 아니었다(훗날 다시 가서 확인해보았더니 예상대로 만공의 글씨였다). 나는 그것을 사진으로 찍어 그만한 크기로 인화해서 보며 즐겼다. 그런데 우리 집에는 그것을 걸 자리가 마땅치 않았다. 임시방편이지만 나는 목욕탕 문짝에 압정으로 눌러 놓았다.

① 돌계단을 오르면서   ② 정혜사 능인선원
③ 정혜사의 불유각   ④ 약수 보호각

|해설| 제시문의 중심 제재는 정혜사 약수를 덮고 있는 보호각에 쓰인 '불유각'이라는 현판의 글이다. 제목을 ④로 볼 수 없는 이유는 필자가 약수를 덮고 있는 보호각 자체보다는 거기에 쓰인 글귀에 더 관심을 두고 글을 쓰고 있기 때문이다.

정답 ③

(2) 추론적 이해

제시문에 나와 있는 정보들의 관계를 파악하거나 글에서 명시되지 않은 생략된 내용을 상상하며 글을 읽고 내용을 파악하는 것이다. 제시문의 정보를 근거로 하여 글에 드러나 있지 않은 정보를 추리해 낼 수 있어야 한다.

① **내용의 추론** : 제시문의 정보를 바탕으로 숨겨진 의미를 찾거나 생략된 의미를 앞뒤 내용의 흐름 및 내용 정보의 관계를 통해서 짐작한 다음, 다른 상황에 적용할 수 있어야 한다.

    ㉠ 숨겨진 정보를 추리하기

    ㉡ 제시되지 않은 부분의 내용을 추리하기

    ㉢ 문맥 속의 의미나 함축적 의미를 추리하기

    ㉣ 알고 있는 지식을 다른 상황에 적용하기

② **과정의 추론** : 제시문에 설명된 정보에 대한 가정이나 그것의 전체 또는 대상을 보는 관점, 태도나 입장을 파악하는 것이다.

    ㉠ 정보의 가정이나 전제

    ㉡ 글을 쓰는 관점 추리하기

    ㉢ 글 속에 나타나는 대상 또는 정서·심리 상태, 어조 추리하기

    ㉣ 글을 쓰게 된 동기나 목적 추리하기

핵심예제

다음 제시문의 내용으로부터 추론할 수 없는 것은?

> 1994년 미국의 한 과학자는 흥미로운 실험 결과를 발표하였다. 정상 유전자를 가진 쥐에게 콜레라 독소를 주입하자 심한 설사로 죽었다. 그러나 낭포성 섬유증 유전자를 한 개 가진 쥐에게 독소를 주입하자 설사 증상은 보였지만 그 정도는 반감했다. 낭포성 섬유증 유전자를 두 개 가진 쥐는 독소를 주입해도 전혀 증상을 보이지 않았다.
> 낭포성 섬유증 유전자를 가진 사람은 장과 폐로부터 염소 이온을 밖으로 퍼내는 작용을 정상적으로 하지 못한다. 그 과학자는 이에 따라 1800년대 유럽을 강타했던 콜레라의 대유행에서 살아남은 사람은 낭포성 섬유증 유전자를 가졌을 것이라고 추측하였다.

① 장과 폐에서 염소 이온을 밖으로 퍼내는 작용을 하지 못하면 생명이 위험하다.

② 콜레라 독소는 장으로부터 염소 이온을 비롯한 염분을 과다하게 분비하게 한다.

③ 염소 이온을 과다하게 분비하게 하면 설사를 일으킨다.

④ 낭포성 섬유증 유전자는 콜레라 독소가 과도한 설사를 일으키는 것을 방지한다.

> **│해설│** 낭포성 섬유증 유전자를 가진 사람이 장과 폐에서 염소 이온을 밖으로 퍼내는 작용을 정상적으로 하지 못한다고는 했으나, 그 덕분에 콜레라에서 살아남았으므로, 생명이 위험했는지는 알 수 없다.
>
> **정답** ①

③ 구조의 추론
   ㉠ 구성 방식 : 전체 글의 짜임새 및 단락의 짜임새
   ㉡ 구성 원리 : 정확한 의미 전달을 위한 통일성, 완결성, 일관성

(3) 비판적 이해
제시문의 주요 논지에 대한 비판의 여지를 탐색하고 따져보거나 글이나 자료의 생성 과정 및 그것을 구성한 관점, 태도 등을 파악하는 등 글의 내용으로부터 객관적인 거리를 두고 판단하거나 평가함으로써 도달하는 것이다.
① **핵심어 이해** : 제시문이 객관적인지, 또는 현실과 어떤 연관성이 있는지 등을 판단해 본다. 그리고 핵심 개념을 정의하는 부분에 비논리적 내용이나 주제를 강조하기 위한 의도에서 오류는 없는지를 파악해 본다.
② **쟁점 파악** : 제시문의 핵심 내용을 파악했다면, 주장이 무엇인지, 그리고 타당한지를 비판적으로 고려해 보아야 한다.
③ **주장과 근거** : 제시문의 주제를 비판적으로 고려했다면, 그 주장이 어떤 근거에 바탕을 두고 있는지, 그리고 근거와 주장 사이에 논리적 오류가 없는지 비판적으로 생각해 본다.

핵심예제

다음 주장에 대한 반박으로 가장 적절한 것은?

고전적 귀납주의는 경험적 증거가 배제하지 않는 가설들 사이에서 선택을 가능하게 해 준다. 고전적 귀납주의는 특정 가설에 부합하는 경험적 증거가 많을수록 그 가설이 더욱 믿을 만하게 된다고 주장한다. 이에 따르면 우리는 관련된 경험적 증거 전체를 고려하여 가설을 선택할 수 있다. 예를 들어, 비슷한 효능이 기대되는 두 신약 중 어느 것을 건강보험 대상 약품으로 지정할 것인지를 결정하는 경우를 생각해 보자. 고전적 귀납주의는 우리가 두 신약에 대한 다양한 임상 시험 결과를 종합적으로 고려해서 긍정적 결과를 더 많이 얻은 신약을 선택해야 한다고 조언한다.

① 가설의 신뢰도가 높아지려면 가설에 부합하는 새로운 증거가 계속 등장해야 한다.
② 경험적 증거가 여러 가설에 부합하는 경우 아무런 도움이 되지 않는다.
③ 가설로부터 도출된 예측과 경험적 관찰이 모순되는 가설은 배제해야 한다.
④ 가설의 신뢰도가 경험적 증거로 인하여 얼마나 높아지는지를 정량적으로 판단할 수 없다.

| **해설** | 고전적 귀납주의에 따르면 여러 가설 사이에서 관련된 경험적 증거 전체를 고려하여 경험적 증거가 많은 가설을 선택할 수 있다. 즉, 가설에 부합하는 경험적 증거가 많을수록 가설의 신뢰도가 더 높아진다고 본 것이다. 따라서 이러한 주장에 대한 반박으로는 경험적 증거로 인해 높아지는 가설의 신뢰도를 정량적으로 판단할 수 없다는 ④가 가장 적절하다.

정답 ④

| 언어추리 |

대표유형 1   참/거짓

제시문 A를 읽고 제시문 B가 참인지, 거짓인지, 혹은 알 수 없는지 고르면?

[제시문 A]
- 소꿉놀이를 좋아하는 아이는 수영을 좋아하지 않는다.
- 공놀이를 좋아하지 않는 아이는 장난감 로봇을 좋아한다.
- 공놀이를 좋아하는 아이는 소꿉놀이를 좋아하지 않는다.

[제시문 B]
장난감 로봇을 좋아하지 않는 아이는 소꿉놀이를 좋아하지 않는다.

① 참   ② 거짓   ③ 알 수 없음

| 해설 | · A : 소꿉놀이를 좋아하는 아이
         · B : 수영을 좋아하는 아이
         · C : 공놀이를 좋아하는 아이
         · D : 장난감 로봇을 좋아하는 아이
제시문 A를 간단히 나타내면 A → ~B, ~C → D, C → ~A이다.
따라서 A → ~C → D가 성립하고 이의 대우 명제인 ~D → ~A도 참이다.

정답 ①

※ 제시문 A를 읽고 제시문 B가 참인지, 거짓인지, 혹은 알 수 없는지 고르시오. **[1~10]**

01

[제시문 A]
• 수진이는 2개의 화분을 샀다.
• 지은이는 6개의 화분을 샀다.
• 효진이는 화분을 수진이보다는 많이 샀지만, 지은이보다는 적게 샀다.

[제시문 B]
효진이는 4개 이하의 화분을 샀다.

① 참   ② 거짓   ③ 알 수 없음

02

[제시문 A]
• 독서실에 가면 영어공부를 할 것이다.
• 도서관에 가면 과제를 할 것이다.
• 영어공부를 하면 과제를 하지 않을 것이다.

[제시문 B]
독서실에 가면 도서관에 가지 않을 것이다.

① 참   ② 거짓   ③ 알 수 없음

03

[제시문 A]
- 안구 내 안압이 상승하면 시신경 손상이 발생한다.
- 시신경이 손상되면 주변 시야가 좁아진다.

[제시문 B]
안구 내 안압이 상승하면 주변 시야가 좁아진다.

① 참   ② 거짓   ③ 알 수 없음

04

[제시문 A]
- 노화가 오면 귀가 잘 들리지 않는다.
- 귀가 잘 안 들리면 큰 소리로 이야기한다.

[제시문 B]
큰 소리로 이야기하는 사람은 노화가 온 사람이다.

① 참   ② 거짓   ③ 알 수 없음

05

[제시문 A]
- 부모에게 칭찬을 많이 받은 사람은 인간관계가 원만하다.
- 인간관계가 원만한 모든 사람은 긍정적으로 사고한다.

[제시문 B]
부모에게 칭찬을 많이 받은 주영이는 사고방식이 긍정적이다.

① 참   ② 거짓   ③ 알 수 없음

06

[제시문 A]
- 게으른 사람은 항상 일을 미룬다.
- 일을 미루는 사람은 목표를 달성하지 못한다.

[제시문 B]
목표를 달성하지 못한 사람은 게으른 사람이다.

① 참   ② 거짓   ③ 알 수 없음

07

[제시문 A]
- 산을 정복하고자 하는 사람은 항상 도전정신과 끈기가 있다.
- 도전정신과 끈기가 있는 사람은 공부를 잘한다.

[제시문 B]
공부를 잘하는 사람은 산을 정복하고자 한다.

① 참   ② 거짓   ③ 알 수 없음

08

[제시문 A]
- 만일 내일 비가 온다면 소풍을 가지 않는다.
- 뉴스에서는 내일 비가 온다고 하였다.

[제시문 B]
내일 학교를 갈 것이다.

① 참   ② 거짓   ③ 알 수 없음

09

[제시문 A]
- 철수는 자전거보다 오토바이를 더 좋아한다.
- 철수는 오토바이보다 자동차를 더 좋아한다.
- 철수는 대중교통을 가장 좋아한다.

[제시문 B]
철수는 제시된 교통수단 중에서 자동차를 두 번째로 좋아한다.

① 참   ② 거짓   ③ 알 수 없음

10

[제시문 A]
- 바다에 가면 문어 라면을 먹겠다.
- 산에 가면 쑥을 캐겠다.
- 문어 라면을 먹으면 쑥을 캐지 않겠다.

[제시문 B]
바다에 가면 산에 가지 않겠다.

① 참   ② 거짓   ③ 알 수 없음

제시된 명제가 모두 참일 때, 빈칸에 들어갈 명제로 가장 적절한 것은?

- 철학은 학문이다.
- 모든 학문은 인간의 삶을 의미 있게 해준다.
- 그러므로 _____

① 철학과 학문은 같다.
② 학문을 하려면 철학을 해야 한다.
③ 철학은 인간의 삶을 의미 있게 해준다.
④ 철학을 하지 않으면 삶은 의미가 없다.

| 해설 | 철학은 학문이고, 모든 학문은 인간의 삶을 의미 있게 해준다. 따라서 철학은 인간의 삶을 의미 있게
해준다.

정답 ③

※ 제시된 명제가 모두 참일 때, 빈칸에 들어갈 명제로 가장 적절한 것을 고르시오. [11~20]

11

- 문제를 빠르게 푸는 사람은 집중력이 좋다.
- 침착하지 않은 사람은 집중력이 좋지 않다.
- 그러므로 _____

① 집중력이 좋으면 문제를 빠르게 푸는 사람이다.
② 집중력이 좋으면 침착한 사람이다.
③ 집중력이 좋지 않으면 문제를 빠르게 푸는 사람이 아니다.
④ 문제를 빠르게 푸는 사람은 침착한 사람이다.

12

- 지구 온난화를 해소하려면 탄소 배출을 줄여야 한다.
- 지구 온난화가 해소되지 않으면 기후 위기가 발생한다.
- 그러므로 _____

① 탄소 배출을 줄이면 지구 온난화가 해소된다.
② 기후 위기가 발생하면 지구 온난화가 해소된다.
③ 탄소 배출을 줄이면 기후 위기가 발생하지 않는다.
④ 기후 위기가 발생하지 않으려면 탄소 배출을 줄여야 한다.

13

- 영양소는 체내에서 에너지원 역할을 한다.
- 탄수화물은 영양소이다.
- 그러므로 _____

① 탄수화물은 체내에서 에너지원 역할을 한다.
② 에너지원 역할을 하는 것은 탄수화물이다.
③ 탄수화물은 체내에 필요하다.
④ 에너지원 역할을 하는 것은 영양소이다.

14

- 강아지를 좋아하는 사람은 자연을 좋아한다.
- 나무를 좋아하는 사람은 자연을 좋아한다.
- 그러므로 _____

① 나무를 좋아하지 않는 사람은 강아지를 좋아한다.
② 자연을 좋아하지 않는 사람은 강아지도 나무도 좋아하지 않는다.
③ 강아지를 좋아하는 사람은 나무를 좋아하지 않는다.
④ 나무를 좋아하지만 강아지를 좋아하지 않는 사람이 있다.

15

- 모든 음악가는 베토벤을 좋아한다.
- 나는 음악가가 아니다.
- 그러므로 _____

① 나는 베토벤을 좋아한다.
② 나는 베토벤을 좋아하지 않는다.
③ 미술가인 내 어머니는 베토벤을 좋아하지 않는다.
④ 내가 베토벤을 좋아하는지 좋아하지 않는지 알 수 없다.

16

- 딸기 맛 사탕은 빨간색이다.
- 딸기 맛을 제외한 모든 사탕들은 동그랗다.
- 그러므로 _____

① 동그랗지 않은 사탕은 딸기 맛이 아니다.
② 빨간색 사탕은 동그랗다.
③ 빨간색이 아닌 사탕은 모두 동그랗다.
④ 딸기 맛 사탕은 동그랗다.

17

- 미영이는 일요일에 직장에 가지 않는다.
- 미영이는 직장에 가지 않는 날이면 집에서 밥을 먹는다.
- 그러므로 _____

① 미영이는 월요일에 집에서 밥을 먹는다.
② 미영이는 직장에 가는 날이면 외식을 한다.
③ 미영이는 일요일에 집에서 밥을 먹는다.
④ 미영이가 외식을 한다면 그날은 일요일이다.

18

> • 검은 새끼 양은 더위를 많이 탄다.
> • 어미 양이 검은 양이면 새끼 양도 검은 양이다.
> • 그러므로 _____

① 새끼 양이 검은 양이 아니면 어미 양은 검은 양이다.
② 어미 양이 더위를 많이 타면 새끼 양도 더위를 많이 탄다.
③ 새끼 양이 검은 양이면 어미 양은 더위를 많이 탄다.
④ 어미 양이 검은 양이면 새끼 양도 더위를 많이 탄다.

19

> • 갑의 수학 점수는 을보다 15점이 낮다.
> • 병의 수학 점수는 갑보다 5점이 높다.
> • 그러므로 _____

① 갑의 점수가 가장 높다.
② 갑의 점수가 병의 점수보다 높다.
③ 을의 점수가 병의 점수보다 낮다.
④ 갑의 점수가 가장 낮다.

20

> • 땅이 산성이면 빨간 꽃이 핀다.
> • 땅이 산성이 아니면 하얀 꽃이 핀다.
> • 그러므로 _____

① 하얀 꽃이 피지 않으면 땅이 산성이 아니다.
② 땅이 산성이면 하얀 꽃이 핀다.
③ 하얀 꽃이 피지 않으면 빨간 꽃이 핀다.
④ 빨간 꽃이 피면 땅이 산성이 아니다.

주어진 명제가 모두 참일 때, 다음 중 바르게 유추한 것은?

- 정직한 사람은 이웃이 많을 것이다.
- 성실한 사람은 외롭지 않을 것이다.
- 이웃이 많은 사람은 외롭지 않을 것이다.

① 이웃이 많은 사람은 성실할 것이다.
② 성실한 사람은 정직할 것이다.
③ 정직한 사람은 외롭지 않을 것이다.
④ 외롭지 않은 사람은 정직할 것이다.

| 해설 | 정직한 사람은 이웃이 많고, 이웃이 많은 사람은 외롭지 않을 것이다. 따라서 정직한 사람은 외롭지 않을 것이다.

정답 ③

※ 다음 제시문을 바탕으로 추론할 수 있는 것을 고르시오. [21~30]

21

- 신혜와 유민이 앞에 사과, 포도, 딸기가 놓여있다.
- 사과, 포도, 딸기 중에는 각자 좋아하는 과일이 반드시 있다.
- 신혜는 사과와 포도를 싫어한다.
- 유민이가 좋아하는 과일은 신혜가 싫어하는 과일이다.

① 신혜는 좋아하는 과일이 없다.
② 유민이가 딸기를 좋아하는지 알 수 없다.
③ 신혜는 딸기를 좋아한다.
④ 유민이와 신혜가 같이 좋아하는 과일이 있다.

22

- 국어를 좋아하는 학생은 영어를 좋아한다.
- 수학을 싫어하는 학생은 국어를 좋아한다.
- 수학을 좋아하는 학생은 영어를 싫어한다.
- 영어를 좋아하는 학생은 사회를 좋아한다.

① 영어를 싫어하는 학생은 국어를 좋아한다.
② 국어를 싫어하는 학생은 영어도 싫어한다.
③ 영어를 좋아하는 학생은 수학도 좋아한다.
④ 사회를 좋아하는 학생은 수학도 좋아한다.

23

- 가위는 테이프보다 비싸다
- 볼펜은 테이프보다 싸다.
- 공책은 가위보다 비싸다.

① 제시된 문구 중에서 가장 비싼 것은 테이프다.
② 테이프는 공책보다 비싸다.
③ 제시된 문구 중에서 두 번째로 비싼 것은 가위다.
④ 공책은 볼펜보다 싸다.

24

- 아메리카노는 카페라테보다 많이 팔린다.
- 유자차는 레모네이드보다 덜 팔린다.
- 카페라테는 레모네이드보다 많이 팔리지만, 녹차보다는 덜 팔린다.
- 녹차는 스무디보다 덜 팔리지만, 아메리카노보다 많이 팔린다.

① 가장 많이 팔리는 음료는 스무디이다.
② 유자차는 가장 안 팔리지는 않는다.
③ 카페라테보다 덜 팔리는 음료는 3개이다.
④ 녹차가 가장 많이 팔린다.

25

- 티라노사우르스는 공룡이다.
- 곤충을 먹으면 공룡이 아니다.
- 곤충을 먹지 않으면 직립보행을 한다.

① 직립보행을 하지 않으면 공룡이다.
② 직립보행을 하면 티라노사우르스이다.
③ 곤충을 먹지 않으면 티라노사우르스이다.
④ 티라노사우르스는 직립보행을 한다.

26

- 마라톤을 좋아하는 사람은 체력이 좋고, 인내심도 있다.
- 몸무게가 무거운 사람은 체력이 좋다.
- 명랑한 사람은 마라톤을 좋아한다.

① 체력이 좋은 사람은 인내심이 없다.
② 인내심이 없는 사람은 명랑하지 않다.
③ 마라톤을 좋아하는 사람은 몸무게가 가볍다.
④ 몸무게가 무겁지 않은 사람은 인내심이 있다.

27

- 갑과 을 앞에 감자칩, 쿠키, 비스킷이 놓여 있다.
- 세 가지의 과자 중에는 각자 좋아하는 과자가 반드시 있다.
- 갑은 감자칩과 쿠키를 싫어한다.
- 을이 좋아하는 과자는 갑이 싫어하는 과자이다.

① 갑은 좋아하는 과자가 없다.
② 을이 비스킷을 좋아하는지는 알 수 없다.
③ 갑은 비스킷을 좋아한다.
④ 갑과 을이 같이 좋아하는 과자가 있다.

28

> • 카페에 가면 타르트를 주문한다.
> • 빙수를 주문하면 타르트를 주문하지 않는다.
> • 타르트를 주문하면 아메리카노를 주문한다.

① 아메리카노를 주문하면 빙수를 주문하지 않는다.
② 빙수를 주문하지 않으면 카페를 가지 않았다는 것이다.
③ 아메리카노를 주문하지 않으면 카페를 가지 않았다는 것이다.
④ 타르트를 주문하지 않으면 빙수를 주문한다.

29

> • 달리기를 잘하는 모든 사람은 영어를 잘한다.
> • 영어를 잘하는 모든 사람은 부자이다.
> • 나는 달리기를 잘한다.

① 부자는 반드시 영어를 잘한다.
② 부자는 반드시 달리기를 잘한다.
③ 나는 부자이다.
④ 영어를 잘하는 사람은 반드시 달리기를 잘한다.

30

> • 수진이는 어제 밤 10시에 자서 오늘 아침 7시에 일어났다.
> • 지은이는 어제 수진이보다 30분 늦게 자서 오늘 아침 7시가 되기 10분 전에 일어났다.
> • 혜진이는 항상 9시에 자고, 8시간의 수면 시간을 지킨다.
> • 정은이는 어제 수진이보다 10분 늦게 잤고, 혜진이보다 30분 늦게 일어났다.

① 지은이는 가장 먼저 일어났다.
② 정은이는 가장 늦게 일어났다.
③ 혜진이의 수면 시간이 가장 짧다.
④ 수진이의 수면 시간이 가장 길다.

대표유형 1 **나열하기**

다음 문장을 논리적 순서대로 바르게 나열한 것은?

> (가) 하지만 몇몇 전문가들은 유기 농업이 몇 가지 결점을 안고 있다고 말한다.
>
> (나) 유기 농가들의 작물 수확량이 전통적인 농가보다 훨씬 낮으며, 유기농 경작지가 전통적인 경작지보다 잡초와 벌레로 인해 많은 피해를 입고 있다는 점이다.
>
> (다) 최근 많은 소비자들이 지구에 도움이 되는 일을 하고 있고, 건강에 좀 더 좋은 음식을 먹고 있다고 확신하면서 유기농 식품 생산이 급속도로 증가하고 있다.
>
> (라) 또한 유기 농업이 틈새시장의 부유한 소비자들에게 먹을거리를 제공하지만, 전 세계 수십억의 굶주리는 사람을 먹여 살릴 수는 없다는 점이다.

① (나) – (가) – (다) – (라)   ② (나) – (다) – (라) – (가)

③ (다) – (가) – (나) – (라)   ④ (다) – (나) – (라) – (가)

| 해설 | 제시문은 유기농 식품의 생산이 증가하고 있지만, 몇몇 전문가들은 유기 농업을 부정적으로 보고 있다는 내용을 말하고 있다. 따라서 (다) 최근 유기농 식품 생산의 증가 – (가) 유기 농업을 부정적으로 보는 몇몇 전문가들의 시선 – (나) 전통 농가에 비해 수확량도 적고 벌레의 피해가 잦은 유기 농가 – (라) 유기 농업으로는 굶주리는 사람을 충분히 먹여 살릴 수 없음 순으로 나열되어야 한다.

정답 ③

※ 다음 문장 및 문단을 논리적 순서대로 바르게 나열한 것을 고르시오. [1~5]

01

> (가) 이는 말레이 민족 위주의 우월적 민족주의 경향이 생기면서 문화적 다원성을 확보하는 데 뒤처진 경험을 갖고 있는 말레이시아의 경우와 대비되기도 한다.
>
> (나) 지금과 같은 세계화 시대에 다원주의적 문화 정체성은 반드시 필요한 것이기 때문에 이러한 점은 긍정적이다.
>
> (다) 영어 공용화 국가의 상황을 긍정적 측면에서 본다면, 영어 공용화 실시는 인종 중심적 문화로부터 탈피하여 다원주의적 문화 정체성을 수립하는 계기가 될 수 있다.
>
> (라) 그러나 영어 공용화 국가는 모두 다민족 다언어 국가이기 때문에 한국과 같은 단일 민족 단일 모국어 국가와는 처한 환경이 많이 다르다.
>
> (마) 특히, 싱가포르인들은 영어를 통해 국가적 통합을 이룰 뿐만 아니라 다양한 민족어를 수용함으로써 문화적 다원성을 일찍부터 체득할 수 있는 기회를 얻고 있다.

① (다) – (나) – (가) – (마) – (라)   ② (다) – (나) – (마) – (가) – (라)

③ (다) – (마) – (나) – (라) – (가)   ④ (다) – (마) – (라) – (가) – (나)

02

(가) 이렇게 버려지는 폐휴대전화 속에는 금, 은 등의 귀한 금속 자원이 들어 있으며, 이들 자원을 폐휴대전화에서 추출하여 재활용하면 자원의 낭비를 줄일 수 있다.

(나) 한편 폐휴대전화는 공해를 일으킬 수 있는 물질들이 포함되어 있고, 이런 물질들은 일반 쓰레기와 함께 태우거나 땅속에 파묻히게 되면 환경오염을 유발하기도 한다.

(다) 최근 다양한 기능을 갖춘 휴대전화들이 출시되면서 휴대전화 교체 주기가 짧아지고 있고, 이에 따라 폐휴대전화 발생량도 증가하고 있다.

(라) 그래서 우리 기업에서는 소중한 금속 자원을 재활용하고 환경오염을 줄이는 데에도 기여하자는 취지에서 '폐휴대전화 수거 운동'을 벌이기로 했다.

① (라) – (나) – (다) – (가) ② (다) – (가) – (나) – (라)

③ (나) – (가) – (다) – (라) ④ (가) – (다) – (나) – (라)

03

(가) 또 그는 현대 건축 이론 중 하나인 '도미노' 이론을 만들었는데, 도미노란 집을 뜻하는 라틴어 '도무스(Domus)'와 혁신을 뜻하는 '이노베이션(Innovation)'을 결합한 단어다.

(나) 그는 이들 원칙을 통해 인간이 효율적으로 살 수 있는 집을 꾸준히 연구해 왔으며, 그가 제안한 건축방식 중 필로티와 옥상정원 등이 최근 우리나라 주택에 많이 쓰이고 있다.

(다) 건물을 돌이나 벽돌을 쌓아 올리는 조적식 공법으로만 지었던 당시에 이와 같은 구조는 많은 이들에게 적지 않은 충격을 주었다.

(라) 스위스 출신의 프랑스 건축가 르 꼬르뷔지에(Le Corbusier)는 근대주택의 기본형을 추구했다는 점에서 현대 건축의 거장으로 불린다.

(마) 최소한의 철근콘크리트 기둥들이 모서리를 지지하고 평면의 한쪽에서 각 층으로 갈 수 있게 계단을 만든 개방적 구조가 이 이론의 핵심이다.

(바) 현대 건축의 5원칙이란 필로티, 자유로운 파사드(입면), 자유로운 평면, 수평 창, 옥상정원을 말한다.

(사) 이러한 도미노 이론을 바탕으로 그는 주택 건축에 적용하는 '현대 건축의 5원칙'도 확립했다.

(아) 그는 현대 건축에서의 집의 개념을 '거주 공간'에서 '더 많은 사람이 효율적으로 살 수 있는 공간'으로 바꿨다.

① (가) – (라) – (다) – (아) – (나) – (사) – (마) – (바)

② (나) – (라) – (아) – (가) – (마) – (다) – (바) – (사)

③ (다) – (마) – (아) – (나) – (가) – (바) – (라) – (사)

④ (라) – (아) – (가) – (마) – (다) – (사) – (바) – (나)

04

(가) 여름에는 찬 음식을 많이 먹거나 냉방기를 과도하게 사용하는 경우가 많은데, 그렇게 되면 체온이 떨어져 면역력이 약해지기 때문이다.

(나) 만약 감기에 걸렸다면 탈수로 인한 탈진을 방지하기 위해 수분을 충분히 섭취해야 한다.

(다) 특히 감기로 인해 열이 나거나 기침을 할 때에는 따뜻한 물을 여러 번에 나누어 먹는 것이 좋다.

(라) 여름철 감기를 예방하기 위해서는 찬 음식은 적당히 먹어야 하고 냉방기에 장시간 노출되는 것을 피해야 하며, 충분한 휴식을 취하고, 집에 돌아온 후에는 손발을 꼭 씻어야 한다.

(마) 일반적으로 감기는 겨울에 걸린다고 생각하지만 의외로 여름에도 감기에 걸린다.

① (가) – (라) – (다) – (마) – (나)
② (나) – (다) – (라) – (마) – (가)
③ (라) – (다) – (나) – (가) – (마)
④ (마) – (가) – (라) – (나) – (다)

05

(가) '빅뱅 이전에 아무 일도 없었다.'는 말을 달리 해석하는 방법도 있다. 그것은 바로 빅뱅 이전에는 시간도 없었다고 해석하는 것이다. 그 경우 '빅뱅 이전'이라는 개념 자체가 성립하지 않으므로 그 이전에 아무 일도 없었던 것은 당연하다. 그렇게 해석한다면 빅뱅이 일어난 이유도 설명할 수 있게 된다. 즉 빅뱅은 '0년'을 나타내는 것이다. 시간의 시작은 빅뱅의 시작으로 정의되기 때문에 우주가 그 이전이든 이후든 왜 탄생했느냐고 묻는 것은 이치에 맞지 않는다.

(나) 단지 지금 설명할 수 없다는 뜻이 아니라 설명 자체가 있을 수 없다는 뜻이다. 어떻게 설명이 가능하겠는가? 수도관이 터진 이유는 그전에 닥쳐온 추위로 설명할 수 있다. 공룡이 멸종한 이유는 그 전에 지구와 운석이 충돌했을 가능성으로 설명하면 된다. 바꿔 말해서, 우리는 한 사건을 설명하기 위해 그 사건 이전에 일어났던 사건에서 원인을 찾는다. 그러나 빅뱅의 경우에는 그 이전에 아무것도 없었으므로 어떠한 설명도 찾을 수 없는 것이다.

(다) 그런데 이런 식으로 사고하려면, 아무 일도 일어나지 않고 시간만 존재하는 것을 상상할 수 있어야 한다. 그것은 곧 시간을 일종의 그릇처럼 상상하고 그 그릇 안에 담긴 것과 무관하게 여긴다는 뜻이다. 시간을 이렇게 본다면 변화는 일어날 수 없다. 여기서 변화는 시간의 경과가 아니라 사물의 변화를 가리킨다. 이런 전제하에서 우리가 마주하는 문제는 이것이다. 어떤 변화가 생겨나기도 전에 영겁의 시간이 있었다면 왜 우주가 탄생하게 되었는지를 설명할 수 없다.

(라) 우주론자들에 따르면 우주는 빅뱅으로부터 시작되었다고 한다. 빅뱅이란 엄청난 에너지를 가진 아주 작은 우주가 폭발하듯 갑자기 생겨난 사건을 말한다. 그게 사실이라면 빅뱅 이전에는 무엇이 있었느냐는 질문이 나오는 게 당연하다. 아마 아무것도 없었을 것이다. 하지만 빅뱅 이전에 아무것도 없었다는 말은 무슨 뜻일까? 영겁의 시간 동안 단지 진공이었다는 뜻이다. 움직이는 것도, 변화하는 것도 없었다는 것이다.

① (가) – (나) – (다) – (라)
② (나) – (다) – (가) – (라)
③ (다) – (라) – (나) – (가)
④ (라) – (다) – (나) – (가)

06

케인스학파에서는 시장에서 임금이나 물가 등의 가격 변수가 완전히 탄력적으로 작용하지는 않기 때문에 경기적 실업은 자연스럽게 해소될 수 없다고 주장한다.

(가) 그래서 경기 침체에 의해 물가가 하락하더라도 화폐환상현상으로 인해 노동자들은 명목임금의 하락을 받아들이지 않게 되고, 결국 명목임금은 경기적 실업이 발생하기 이전의 수준과 비슷하게 유지된다. 이는 기업에서 노동의 수요량을 늘리지 못하는 결과로 이어지게 되고 실업은 지속된다. 따라서 케인스학파에서는 정부가 정책을 통해 노동의 수요를 늘리는 등의 경기적 실업을 감소시킬 수 있는 적극적인 역할을 해야 한다고 주장한다.

(나) 이에 대해 케인스학파에서는 여러 가지 이유를 제시하는데 그중 하나가 화폐환상현상이다. 화폐환상현상이란 경기 침체로 인해 물가가 하락하고 이에 영향을 받아 명목임금이 하락하였을 때의 실질임금이, 명목임금의 하락 이전과 동일하다는 것을 노동자가 인식하지 못하는 현상을 의미한다.

(다) 즉 명목임금이 변하지 않은 상태에서 경기 침체로 인한 물가 하락으로 실질임금이 상승하더라도, 고전학파에서 말하는 것처럼 명목임금이 탄력적으로 하락하는 현상은 일어나기 어렵다고 본 것이다.

① (가) – (나) – (다) 　　　② (가) – (다) – (나)
③ (다) – (가) – (나) 　　　④ (다) – (나) – (가)

07

구체적 행위에 대한 도덕적 판단 문제를 다루는 것이 규범 윤리학이라면, 옳음의 의미 문제, 도덕적 진리의 존재 문제 등과 같이 규범 윤리학에서 사용하는 개념과 원칙에 대해 다루는 것은 메타 윤리학이다. 메타 윤리학에서 도덕 실재론과 정서주의는 '옳음'과 '옳지 않음'의 의미를 이해하는 방식과 도덕적 진리의 존재 여부에 대해 상반된 주장을 펼친다.

(가) 따라서 '옳다' 혹은 '옳지 않다'라는 도덕적 판단을 내리지만, 과학적 진리와 같은 도덕적 진리는 없다는 입장을 보인다.

(나) 도덕 실재론에서는 도덕적 판단과 도덕적 진리를 과학적 판단 및 과학적 진리와 마찬가지라고 본다.

(다) 한편, 정서주의에서는 어떤 도덕적 행위에 대해 도덕적으로 옳음이나 도덕적으로 옳지 않음이라는 성질은 객관적으로 존재하지 않는 것이고 도덕적 판단도 참 또는 거짓으로 판정되는 명제를 나타내지 않는다.

(라) 즉, 과학적 판단이 '참' 또는 '거짓'을 판정할 수 있는 명제를 나타내고 이때 참으로 판정된 명제를 과학적 진리라고 부르는 것처럼, 도덕적 판단도 참 또는 거짓으로 판정할 수 있는 명제를 나타내고 참으로 판정된 명제가 곧 도덕적 진리라고 규정하는 것이다.

① (가) – (나) – (다) – (라) 　　　　② (나) – (가) – (다) – (라)
③ (나) – (라) – (다) – (가) 　　　　④ (다) – (라) – (나) – (가)

08

우리가 익숙하게 먹는 음식인 피자는 이탈리아에서 시작된 음식으로, 고대 로마에서도 이와 비슷한 음식을 먹었다는 기록은 있지만 현대적 의미에서의 피자의 시작은 19세기 말에 이탈리아에서 등장했다고 볼 수 있다.

(가) 그러나 나폴리식 피자는 재료의 풍족하지 못함을 철저한 인증제도의 도입으로 메꿈으로써 그 영향력을 발휘하고 있는데, 나폴리식 피자의 인증을 받기 위해서는 밀가루부터 피자를 굽는 과정까지 철저한 검증을 받아야 한다.

(나) 피자의 본토인 이탈리아나 피자가 유명한 미국 등에서 피자가 간편하고 저렴한 음식으로 인식되고 있는 것에 비해, 한국에서 피자는 저렴한 음식이라고는 볼 수 없는데, 이는 피자의 도입과 확산의 과정과 무관하다고 하기는 어려울 것이다.

(다) 이탈리아의 피자는 남부의 나폴리식 피자와 중북부의 로마식 피자로 나뉘는데, 이탈리아의 남부는 예전부터 중북부에 비해 가난한 지역이었기 때문에 로마식 피자에 비해 나폴리식 피자의 토핑은 풍족하지 못한 편이다.

(라) 한국의 경우 피자가 본격적으로 자리 잡기 시작한 것은 1960년대부터로, 한국에서 이탈리아 음식을 최초로 전문적으로 팔기 시작한 '라 칸티나'의 등장과 함께였다. 이후 피자는 호텔을 중심으로 퍼져나가게 되었다.

① (가) – (다) – (라) – (나) 　　　　② (다) – (가) – (라) – (나)
③ (다) – (라) – (가) – (나) 　　　　④ (라) – (나) – (가) – (다)

09

과거에 우리 사회의 미래가 어떻게 될 것인가를 고민하던 소설가가 두 명 있었다. 한 명은 '조지 오웰(George Orwell)'이고, 한 명은 '올더스 헉슬리(Aldous Huxley)'이다. 둘 다 미래 세계에 대해 비관적이었지만 그들이 그린 미래 세계는 각각 달랐다.

(가) 모든 성적인 활동은 자유롭고, 아이들은 인공수정으로 태어나며, 모든 아이의 양육은 국가가 책임진다. 그러나 사랑의 방식은 성애로 한정되고, 시나 음악과 같은 방법을 통한 낭만적인 사랑, 혹은 결혼이나 부모라는 개념은 비문명적인 것으로 인식된다. 그리고 태어나기 전의 지능에 따라서 사회적 계급은 이미 결정되어 있는 사회다.

(나) 조지 오웰은 그의 소설 『1984』에서 국가권력에 감시당하는 개인과 사회를 설정했다. 이제는 신문에서도 자주 볼 수 있는, 감시적 국가권력의 상징인 '빅브라더'가 바로 『1984』에서 가공의 나라 오세아니아의 최고 권력자를 일컫는 명칭이다.

(다) 『1984』와 『멋진 신세계』 중 어느 쪽이 미래의 암울한 면을 잘 그려냈는지 우열을 가려내기는 어렵다. 현재 산업 발전의 이면에 있는 사회의 어두운 면은 『1984』와 『멋진 신세계』에 나타난 모든 부분을 조금씩 포함하고 있다. 즉, 우리가 두려워해야 할 것은 두 작품이 예상한 단점 중 한쪽만 나타나지 않고, 중첩되어 나타나고 있다는 점이다.

(라) 반면에 올더스 헉슬리는 그의 소설 『멋진 신세계』에서 다른 미래를 생각해냈다. 『1984』가 '빅브라더'에게 지배받고 감시당함으로써 시민들의 개인적 자유와 권리가 보장받지 못하는, 우리가 생각하는 전형적인 디스토피아였다면, 『멋진 신세계』에서 그려내는 미래는 그와는 정반대이다.

① (나) – (라) – (가) – (다)　　　　② (다) – (가) – (라) – (나)
③ (다) – (라) – (나) – (가)　　　　④ (라) – (가) – (나) – (다)

10

현대 대부분 국가가 선택하는 정치체제는 민주주의이다. 민주주의도 물론 단점을 가지고 있지만, 여태까지 성립된 정치체제 중에서 가장 나은 체제라는 평가를 받고 있다.

(가) 일반적으로 민주주의에서 가장 중요한 것은 국민주권이며, 따라서 사회적 계급은 존재할 수 없다. 민주주의 체제가 성립되기 이전에 대부분 국가의 정치체제는 전제주의였는데, 전제주의에서는 특권자인 국왕에게 주권이 있는 것과 극명히 대비되는 부분이다.

(나) 입헌군주제에서 국왕은 통치능력이 없다. 일종의 국가 상징으로서만 받아들여지는 것이다. 이러한 입헌군주제에서의 국왕을 가장 잘 표현하는 말이 '군림하나 통치하지 않는다.'일 것이다.

(다) 아무리 상징으로서만 국왕이 존재한다고 해도 영국에서 입헌군주제를 폐기하자는 움직임이 존재한다. 이들은 입헌군주제를 옹호하는 '근왕파'와 대비되어 '공화파'라 불리며, 어떤 신문은 공화파를 위한 신문 사이트를 따로 개설, 국왕의 소식이 보이지 않게 하기도 했다.

(라) 그럼에도 불구하고 민주주의가 시작된 나라 중 하나인 영국에는 아직도 국왕이 있다. 이러한 정치체제를 입헌군주제라 하는데, 입헌군주제에서의 왕은 입법, 사법, 행정의 모든 권력을 행사하던 전제주의에서의 국왕과는 다르다.

① (가) – (다) – (나) – (라)　　　　② (가) – (라) – (나) – (다)
③ (나) – (라) – (다) – (가)　　　　④ (라) – (나) – (다) – (가)

다음은 회사의 급여규정 중 일부이다. 잘못 쓰인 글자는 모두 몇 개인가?

〈제3장 퇴직금 중간정산〉

제13조(정산요청)

① 대상자의 명시적 반대의사가 없는 한 연봉제 적용대상자의 퇴직금은 연봉 개정 시 중간정산함을 원칙으로 한다.

② 퇴직금 중간정산의 대상이 되는 직원은 연봉 개정 전 소적 신청양식에 의거, 퇴직금 중간정산 신청서를 제출하여야 한다.

제14조(정산결정)

① 회사는 연봉제 적용대상자의 정산요청에 대하여 중간정산 심의회의의 심의를 거쳐 그 지금을 결정한다.

② 이때 퇴직금 중간정산의 수요 여부는 회사의 고유권으로 한다.

---

① 0개

② 1개

③ 2개

④ 3개

| 해설 |　소적 → 소정 / 지금 → 지급 / 수요 → 수용

정답 ④

11　다음 밑줄 친 부분의 수정 방안으로 적절하지 않은 것은?

> 옛것을 본받는 사람은 옛 자취에 얽메이는 것이 문제다. 새것을 만드는 사람은 이치에 합당지 않은 것이 걱정이다. 진실로 능히 옛것을 변화할줄 알고, 새것을 만들면서 법도에 맞을 수만 있다면 지금 글도 옛글만큼 훌륭하게 쓸 수 있을 것이다.

① 본받는 → 본 받는

② 얽메이는 → 얽매이는

③ 합당지 → 합당치

④ 변화할줄 → 변화할 줄

12 다음 밑줄 친 부분의 띄어쓰기가 모두 적절한 것은?

① 최선의 세계를 만들기 위해서 <u>무엇 보다</u> 이 세계에 있는 모든 대상들이 지닌 성질을 정확하게 <u>인식해야 만</u> 한다.

② 일과 여가 <u>두가지를</u> 어떻게 <u>조화시키느냐하는</u> 문제는 항상 인류의 관심대상이 되어 왔다.

③ <u>내로라하는</u> 영화배우 중 내 고향 출신도 상당수 된다. 그래서 자연스럽게 영화배우를 꿈꿨고, <u>그러다 보니</u> 영화는 내 생활의 일부가 되었다.

④ 실기시험은 까다롭게 <u>심사하는만큼</u> 준비를 철저히 해야 한다. <u>한 달 간</u> 실전처럼 연습하면서 시험에 대비하자.

13 다음 ㉠ ~ ㉣ 중 어법상 적절하지 않은 것은?

> 훈민정음은 크게 '예의'와 '해례'로 ㉠ <u>나뉘어져</u> 있다. 예의는 세종이 직접 지었는데 한글을 만든 이유와 한글의 사용법을 간략하게 설명한 글이다. 해례는 집현전 학사들이 한글의 자음과 모음을 만든 원리와 용법을 상세하게 설명한 글이다.
>
> 서문을 포함한 예의 부분은 무척 간략해 『세종실록』과 『월인석보』 등에도 실리며 전해져 왔지만, 한글 창제 원리가 ㉡ <u>밝혀져</u> 있는 해례는 전혀 알려져 있지 않았다. 그런데 예의와 해례가 모두 실려 있는 훈민정음 정본이 1940년에야 ㉢ <u>발견됐다</u>. 그것이 『훈민정음 해례본』이다. 그러나 이 『훈민정음 해례본』이 대중에게, 그리고 한글학회 간부들에게 공개된 것은 해방 후에 이르러서였다.
>
> 하나의 나라, 하나의 민족정신을 담는 그릇은 바로 그들의 언어이다. 언어가 사라진다는 것은 세계를 바라보는 방법, 즉 세계관이 사라진다는 것과 ㉣ <u>진배없다</u>. 일제강점기 일제의 민족말살정책 중 가장 악랄했던 것 중 하나가 바로 우리말과 글에 대한 탄압이었다. 일제는 진정으로 우리말과 글이 사라지길 바랐다. 18세기 조선의 실학 연구자들은 중국의 중화사관에서 탈피하여 우리 고유의 문물과 사상에 대한 연구를 본격화했다. 이때 실학자들의 학문적 성과가 바로 훈민정음 해례를 한글로 풀어쓴 언해본의 발견이었다. 일제는 그것을 18세기에 만들어진 위작이라는 등 허구로 몰아갔고, 해례본을 찾느라 혈안이 되어 있었다. 해례본을 없앤다면 세종의 한글 창제를 완벽히 허구화할 수 있기 때문이었다.

① ㉠   ② ㉡

③ ㉢   ④ ㉣

다음은 '도시 농업의 활성화 방안'에 대한 글을 쓰기 위해 작성한 개요이다. 빈칸에 들어갈 내용으로 적절하지 않은 것은?

Ⅰ. 서론 : 도시 농업이란?
Ⅱ. 본론 : 도시 농업의 현황과 문제점, 그에 따른 활성화 방안
　1. 현황
　　가. 도시 농업에 대한 관심 증가
　　나. 도시 농업 활동의 부진
　2. 문제점 분석
　　가. 도시 농업에 필요한 경작 공간의 부족
　　나. 도시 농업 관련 연구 및 기술 부족
　　다. 도시 농업을 담당할 전문 인력의 부족
　　라. 도시 농업의 제도적 기반 미흡
　3. 활성화 방안
　　　　_____
Ⅲ. 결론 : 도시 농업 활성화를 위한 지자체의 노력 촉구

---

① 도시 농업 전문 인력 양성 및 교육
② 도시 농업 관련 제도적 기반 구축
③ 도시 농업을 통한 안전한 먹을거리 확보
④ 도시 농업 공간 확보

| 해설 | '도시 농업을 통한 안전한 먹을거리 확보'는 'Ⅱ-2'에서 제시한 문제점들과 관련이 없으며, 내용상 도시 농업의 활성화 방안보다는 도시 농업을 통해 얻을 수 있는 이점에 해당하므로 빈칸에 들어갈 내용으로 ③이 적절하지 않다.

오답분석
①은 'Ⅱ-2-다', ②는 'Ⅱ-2-라', ④는 'Ⅱ-2-가'와 관련이 있다.

정답 ③

14 다음 중 〈보기〉의 개요에 대한 수정 및 보완 방안으로 적절하지 않은 것은?

> **보기**
>
> 주제문 : 인터넷상의 개인 정보 유출 문제의 심각성
> Ⅰ. 서론 : 개인 정보가 유출되어 인터넷에 떠돌고 있는 현실
> Ⅱ. 본론
>   1. 개인 정보 유출의 사회적 의미
>   (1) 범죄에 악용될 위험성
>   (2) 사생활 침해 우려
>   2. 개인 정보 유출의 원인
>   (1) 공공 및 민간 기관의 개인 정보 관리 소홀
>   (2) 개인 정보의 중요성에 대한 인식 부족
>   3. 문제의 해결 방안
>   (1) 개인 정보 보호를 위한 체계적인 관리망 구축
>   (2) 개인 정보 유출 피해자에 대한 적극적인 보상
>   (3) 개인 정보의 중요성에 대한 의식 고취
> Ⅲ. 결론 : 관련 기관 및 개인의 노력 촉구

① 주제문의 형식에도 맞고 전체 내용도 포괄할 수 있도록 주제문을 '인터넷상의 개인 정보 유출 문제의 심각성을 알고 이를 해결하자.'로 수정한다.

② 'Ⅱ－1. 개인 정보 유출의 사회적 의미'는 하위 항목의 내용과 어울리지 않으므로 '개인 정보 유출의 문제점'으로 수정한다.

③ 'Ⅱ－2'의 내용을 보완하기 위해 '개인 정보 유출의 피해 양상'이라는 항목을 추가한다.

④ 'Ⅱ－3－(2)'은 내용의 논리적 흐름에 비추어 적절하지 않으므로 삭제한다.

15 '고령화 사회에 대비하자.'라는 주제로 글을 쓰기 위해 개요 〈가〉를 작성하였다가 〈나〉로 고쳤다. 고친 이유로 가장 적절한 것은?

〈가〉
Ⅰ. 서론 : 고령화 사회로의 진입
Ⅱ. 본론
    1. 고령화 사회의 실태
        (1) 인구 증가율 마이너스
        (2) 초고속 고령화 사회로의 진입
    2. 고령화 사회의 문제점
        (1) 사회 비용 증가
        (2) 인구 감소로 인한 문제 발생
    3. 고령화 사회 해결 방안
        (1) 노인에게 일자리 제공
        (2) 국민 연금제도의 개편
        (3) 법과 제도의 개선
Ⅲ. 결론 : 고령화 사회 대비 강조

〈나〉
Ⅰ. 서론 : 고령화 사회의 심각성
Ⅱ. 본론
    1. 고령화 사회의 실태
        (1) 인구 증가율 마이너스
        (2) 초고속 고령화 사회로의 진입
    2. 고령화 사회의 문제점
        (1) 의료·복지 비용 증가
        (2) 노동력 공급 감소
        (3) 노동 생산성 저하
    3. 고령화 사회 해결 방안
        (1) 노인에게 일자리 제공
        (2) 국민연금제도의 개편
        (3) 법과 제도의 개선
Ⅲ. 결론 : 고령화 사회 대비 촉구

① 문제 상황을 보는 관점이 다양함을 드러내기 위해
② 문제 상황을 구체화하여 주제의 설득력을 높이기 위해
③ 문제 해결과정에 발생할 불필요한 논쟁을 피하기 위해
④ 논의 대상의 범위를 보다 구체적으로 한정하기 위해

대표유형 4 **내용일치**

다음 제시문의 내용으로 적절하지 않은 것은?

> 2022년 기초생활보장 생계급여는 1인 기준 중위소득(194만 4,812원)의 30%인 58만 3,444원으로 국민기초생활수급자의 수급비가 현실을 반영하지 못한 채 여전히 불충분한 상황에 놓여 있다. 여기에 애초 신청조차 할 수 없도록 한 복지제도가 많아 역차별 논란까지 빚고 있다.
>
> 통계청에 따르면 전국의 만 18세 이상 34세 이하 청년들의 생활비는 월 84만 9222원인 것으로 나타났으며, 나이가 많아질수록 생활비는 더 늘어났다.
>
> 하지만 생계급여 수급비 액수 자체가 물가인상률 등 현실적인 요소를 제대로 반영하지 못하고 있는데다가, 수급자들의 근로소득 공제율이 낮아 근로를 하고 싶어도 수급자 탈락을 우려해 일을 하지 않거나 일부러 적게 하는 경우도 생겨나고 있다.
>
> 특히 현 제도하에서의 소득하위 20%인 수급자들은 생필품조차 제대로 구입하지 못하고 있는 것으로 나타났으며, 이들은 취업시장과도 거리가 멀어져 탈수급도 요원해지는 상황이다. 여기에다 기초수급자들은 생계급여를 받는다는 이유로 긴급복지지원제도·국민내일배움카드·노인일자리사업·구직촉진수당·연금(기초·공적연금) 등 5가지 복지제도에 신청조차 할 수 없어, 기초수급비가 충분한 금액이 아니기 때문에 조그마한 일이 생겨도 위기상황에 처하는 등 위험에 노출돼 있어 극단적 선택을 하는 경우가 많아지고 있다.

① 복지혜택이 가장 시급한 이들이 일부 복지제도에서 제외되고 있다.

② 수급자들이 근로를 할 경우 오히려 근로 이전보다 생계가 어려워질 수도 있다.

③ 근로소득 공제율을 높이면 탈수급을 촉진할 수 있다.

④ 현 생계급여 수급비로는 생계 유지가 곤란한 상황이다.

│해설│ 세 번째 문단에서 '수급자들의 근로소득 공제율이 낮아 근로를 하고 싶어도 수급자 탈락을 우려해 일을 하지 않거나 일부러 적게 하는 경우도 생겨나고 있다.'고 하였다. 즉, 수급자들은 수급자 탈락을 우려해 근로를 피하고 있으므로, 근로소득 공제율을 높이는 것이 탈수급을 촉진한다고 보기 어려우며, 이는 수급자들의 근로 의욕을 촉진한다고 보는 것이 더 적절하다.

오답분석

① 첫 번째 문단의 '신청조차 할 수 없도록 한 복지제도가 많아 역차별 논란'이라는 내용과, 마지막 문단의 '기초수급자들은 생계급여를 받는다는 이유로 긴급복지지원제도·국민내일배움카드·노인일자리사업·구직촉진수당·연금(기초·공적연금) 등 5가지 복지제도에 신청조차 할 수 없다.'는 내용을 통해 알 수 있다.

② 세 번째 문단에 따르면, 근로를 하다가 수급자 탈락을 할 가능성이 있어 근로 이전보다 생계가 어려워질 수도 있다.

④ 네 번째 문단에서 '수급자들은 생필품조차 제대로 구입하지 못하고 있는 것으로 나타났으며'는 내용을 통해 알 수 있다.

 정답 ③

※ 다음 제시문을 통해 알 수 있는 내용으로 적절하지 않은 것을 고르시오. [16~17]

16

헤로도토스의 앤드로파기(식인종)나 신화나 전설적 존재들인 반인반양, 켄타우로스, 미노타우로스 등은 아무래도 역사적인 구체성이 크게 결여된 편이다. 반면에 르네상스의 야만인 담론에 등장하는 야만인들은 서구의 전통 야만인관에 의해 각색되었지만, 이전과는 달리 현실적 구체성을 띠고 나타난다. 하지만 이때도 문명의 시각이 작동하여 야만인이 저질 인간으로 인식되는 것은 마찬가지이다. 다만 이런 인식이 서구 중심의 세계체제 형성과 관련을 맺는다는 점이 이전과의 차이점이다. 르네상스 야만인상은 서구인의 문명건설 과업과 관련하여 만들어진 것이다. '신대륙 발견'과 더불어 '문명'과 '야만'의 접촉이 빈번해지자 야만인은 더는 신화적·상징적·문화적 이해 대상이 아니다. 이제 그는 실제 경험의 대상으로서 서구인의 일상생활에까지 모습을 드러내는 존재이다.

특히 주목해야 할 점은 콜럼버스의 '신대륙 발견' 이후로 야만인 담론은 유럽인이 '발견'한 지역의 원주민들과 집단으로 직접 만나는 실제 체험과 관련되어 있다는 사실이다. 르네상스 이전이라고 해서 이방의 원주민들을 만나지 않았을 리 없겠지만 그때에는 원주민에 관한 정보가 직접 경험에 의한 것이라기보다는 뜬소문에 근거하거나 아니면 순전히 상상의 산물인 경우가 많았다. 반면에 르네상스 시대 야만인은 그냥 원주민이 아니다. 이때 원주민은 식인종이며 바로 이 점 때문에 문명인의 교화를 받거나 정복과 절멸의 대상이 된다. 이 점은 코르테스가 정복한 아스테카 제국인 멕시코를 생각하면 쉽게 이해할 수 있다.

멕시코는 당시 거대한 제국으로서 유럽에서도 유례를 찾아보기 힘들 정도로 인구 25만의 거대한 도시를 건설한 '문명국'이었다. 하지만 멕시코 정벌에 참여한 베르날 디아즈는 나중에 이 경험을 토대로 한 회고록 『뉴 스페인 정복사』에서 멕시코 원주민들을 지독한 식인습관을 가진 것으로 매도한다. 멕시코 원주민들이 식인종으로 규정되고 나면 그들이 아무리 스페인 정복군이 눈이 휘둥그레질 정도로 발달된 문화를 가지고 있어도 소용이 없다. 그들은 집단으로 '식인 야만'으로 규정됨으로써 정복의 대상이 되고 또 이로 말미암아 세계사의 흐름에 큰 변화가 오게 된다. 거대한 대륙의 주인이 바뀌는 것이다.

① 고대에 형성된 야만인 이미지들은 경험에 의한 것이기보다 허구의 산물이었다.
② 르네상스 이후 서구인의 야만인 담론은 전통적인 야만인관과 단절을 이루었다.
③ 르네상스 이후 야만인은 서구의 세계제패 전략의 관점에서 인식되고 평가되었다.
④ 스페인 정복군에 의한 아즈테카 문명의 정복은 서구 야만인 담론을 통해 합리화되었다.

17

1879년 8월 23일 400명의 포르투갈 이민족을 태운 레이븐슨 클라크호가 하와이 왕국 호놀룰루항에 도착하였다. 당시 많은 노동력이 필요했던 하와이 왕국은 일본을 비롯한 다른 여러 나라의 이민을 받아들이고 있었다. 포르투갈 이주민들을 태운 배가 도착하고, 무사 도착을 알리는 축하연을 열었는데 당시 배에 타고 있던 뮤지션 출신의 호안 페르난데스(Joan Fernandez)가 포르투갈 민속 악기인 브라기냐(Braguinha)를 연주하였다. 당시 브라기냐 연주를 처음 본 하와이 사람들은 이 작고 귀여운 이국의 악기에 관심을 갖게 되었고, 연주하는 손 모양이 마치 벼룩이 통통 튀는 것 같다고 하여 'Uke(벼룩)+Lele(통통 튀다)'라는 하와이어를 붙여 우쿨렐레라고 이름 짓게 되었다.

한편 레이븐슨 클라크호에는 마누엘 누네스(Manuel Nunes)라는 악기와 가구를 만드는 장인도 타고 있었는데, 이후 호놀룰루에 정착한 누네스는 브라기냐를 개량하여 우쿨렐레를 제작하기 시작하였다. 세계 최초로 우쿨렐레를 제작한 마누엘 누네스는 바이올린과 만돌린에 사용되던 5도 튜닝을 기타와 비슷한 4도 튜닝으로 바꾸어 코드폼을 심플하게 바꾸는 데 기여하였다. 그리고 금속줄을 거트현으로 바꾸고, 하와이산 코아나무를 사용하여 악기를 제작하였다. 당시 하와이 국왕이었던 칼라카우에와 마지막 여왕이었던 릴리우오칼라니도 직접 우쿨렐레를 연주하고 이를 보급하는 데 많은 노력을 기울였다.

하와이가 미국에 합병된 후 우쿨렐레는 하와이를 넘어 미국 본토에까지 알려지기 시작하면서 큰 붐을 일으켰다. 레이븐슨 클라크호가 호놀룰루항에 도착한 지 100년 후인 1979년 8월 23일 미국 주 정부는 이 날을 우쿨렐레의 날로 지정하였고, 그 덕분에 우쿨렐레는 하와이의 전통악기로서 전 세계에 널리 알려지게 되었다.

우쿨렐레는 외관상 기타와 매우 비슷하지만 기타의 현이 6줄로 이루어져 있는 반면 우쿨렐레는 4줄로 구성되어 있다. 그리고 우쿨렐레는 크기에 따라 소프라노(Soprano), 콘서트(Concert), 테너(Tenor), 바리톤(Baritone)과 같은 네 가지 종류로 나뉜다. 우쿨렐레의 오리지널 사이즈인 소프라노는 가장 작은 사이즈로 통통 튀듯 밝고 귀여운 소리가 특징이다. '스탠다드(Standard)'라고도 불리며 전형적인 클래식 우쿨렐레의 소리를 낸다. 콘서트는 우리나라에서 가장 보편적으로 사용되는 종류로 플랫수와 울림이 적다는 소프라노의 단점을 보완하여 만들어졌다. 사이즈도 울림도 적당하여 우쿨렐레 입문용으로 많이 사용된다. 테너는 소프라노나 콘서트에 비해 고전적인 기타 소리에 가깝다. 음량이 풍부하여 우쿨렐레 뮤지션 다수가 사용하고 있으며, 연주곡에 많이 사용된다. 바리톤은 우쿨렐레 중 가장 큰 사이즈로 기타같이 깊고 중후한 소리가 난다.

① 우쿨렐레는 포르투갈의 민속 악기에서 기원하였다.
② 우쿨렐레는 4개의 현으로 이루어진 기타보다 현의 수가 적다.
③ 우쿨렐레는 그 크기에 따라 총 4가지 종류로 나뉜다.
④ 우리나라에서 가장 대중적으로 사용되는 우쿨렐레는 콘서트(Concert)이다.

18 다음 제시문을 통해 알 수 있는 내용으로 가장 적절한 것은?

> 근대 산업 문명은 사람들의 정신을 병들게 하고, 끊임없이 이기심을 자극하여, 금전과 물건의 노예로 타락시킬 뿐만 아니라, 내면적인 평화와 명상의 생활을 불가능하게 만든다. 그로 인하여 유럽의 노동 계급과 빈민에게 사회는 지옥이 되고, 비서구 지역의 수많은 민중은 제국주의의 침탈 밑에서 허덕이게 되었다. 여기에서 간디 사상 속 물레가 갖는 상징적인 의미가 드러난다. 간디는 모든 인도 사람들이 매일 한두 시간만이라도 물레질을 할 것을 권유하였다. 물레질의 가치는 경제적 필요 이상의 것이라고 생각한 것이다.
>
> 물레는 무엇보다 인간의 노역에 도움을 주면서 결코 인간을 소외시키지 않는 인간적 규모의 기계의 전형이다. 간디는 기계 자체에 대해 반대한 적은 없지만, 거대 기계에는 필연적으로 복잡하고 위계적인 사회 조직, 지배와 피지배의 구조, 도시화, 낭비적 소비가 수반된다는 것을 주목했다. 생산 수단이 민중 자신의 손에 있을 때 비로소 착취 구조가 종식되는 반면, 복잡하고 거대한 기계는 그 자체로 비인간화와 억압의 구조를 강화하기 때문이다.
>
> 간디는 산업화의 확대, 또는 경제 성장이 참다운 인간의 행복에 기여한다고는 결코 생각할 수 없었다. 간디가 구상했던 이상적인 사회는 자기 충족적인 소농촌 공동체를 기본 단위로 하면서 궁극적으로는 중앙 집권적인 국가 기구의 소멸과 더불어 마을 민주주의에 의한 자치가 실현되는 공간이다. 거기에서는 인간을 도외시한 이윤 추구도, 물건과 권력에 대한 맹목적인 탐욕도 있을 수가 없다. 이것은 비폭력과 사랑과 유대 속에 어울려 살 때에 사람은 가장 행복하고 자기완성이 가능하다고 믿는 사상에 매우 적합한 정치 공동체라 할 수 있다.
>
> 물레는 간디에게 그러한 공동체의 건설에 필요한 인간 심성 교육에 알맞은 수단이기도 하였다. 물레질과 같은 단순하지만 생산적인 작업의 경험은 정신노동과 육체노동의 분리 위에 기초하는 모든 불평등 사상의 문화적·심리적 토대의 소멸에 기여할 것이다.

① 거대 기계는 억압의 구조를 제거해 준다.
② 간디는 기계 자체를 반대하였다.
③ 근대 산업 문명은 인간의 내면적 평화를 가져왔다.
④ 물레는 노역에 도움을 주면서 인간을 소외시키지 않는다.

19

교육센터는 7가지 코스로 구성된다. 먼저, 기초훈련코스에서는 자동차 특성의 이해를 통해 안전운전의 기본 능력을 향상시킨다. 자유훈련코스는 운전자의 운전자세 및 공간 지각능력에 따른 안전위험 요소를 교육한다. 위험회피코스에서는 돌발 상황 발생 시 위험회피 능력을 향상시키며, 직선제동코스에서는 다양한 도로환경에 적응하여 긴급 상황 시 효과적으로 제동할 수 있도록 교육한다. 빗길제동코스에서는 빗길 주행 시 위험요인을 체득하여 안전운전 능력을 향상시키고, 곡선주행코스에서는 미끄러운 곡선주행에서 안전운전을 할 수 있도록 가르친다. 마지막으로 일반·고속주행코스에서는 속도에 따라 발생할 수 있는 다양한 위험요인의 대처 능력을 향상시켜 방어운전 요령을 습득하도록 돕는다. 이외에도 친환경 운전 방법 '에코 드라이브'에 대해 교육하는 에코 드라이빙존, 안전한 교차로 통행방법을 가르치는 딜레마존이 있다. 안전운전의 기본은 사업용 운전자의 올바른 습관이다. 교통안전 체험교육센터에서 교육만 받더라도 교통사고 발생확률이 크게 낮아진다.

① 여러 가지를 비교하면서 그 우월성을 논하고 있다.
② 각 구조에 따른 특성을 대조하고 있다.
③ 상반된 결과를 통해 결론을 도출하고 있다.
④ 각 구성에 따른 특징과 그에 따른 기대효과를 설명하고 있다.

20

어느 의미에서는 고정불변(固定不變)의 신비로운 전통이라는 것이 존재(存在)한다기보다 오히려 우리 자신이 전통을 찾아내고 창조한다고도 할 수가 있다. 따라서 과거에는 훌륭한 문화적 전통의 소산으로 생각되던 것이, 후대에는 버림을 받게 되는 예도 허다하다. 한편 과거에는 돌보아지지 않던 것이 후대에 높이 평가되는 일도 한두 가지가 아니다. 연암 박지원의 문학은 바로 그러한 예인 것이다. 비단 연암의 문학만이 아니다. 우리가 현재 민족 문화의 전통과 명맥을 이어 준 것이라고 생각하는 것의 대부분이 그러한 것이다. 신라의 향가, 고려의 가요, 조선 시대의 사설시조, 백자, 풍속화 같은 것이 다 그러한 것이다.

① 대상의 직접적인 평가를 피하며 상상력을 자극하고 있다.
② 설명하고자 하는 바를 예를 들어 설명하고 있다.
③ 비유를 통해 대상의 다양한 속성을 드러내고 있다.
④ 과거의 일을 회상하는 방식을 통해 설명하고 있다.

21 다음 제시문에 대한 평가로 가장 적절한 것은?

> 대중문화는 매스미디어의 급속한 발전과 더불어 급속히 대중 속에 파고든, 젊은 세대를 중심으로 이루어진 문화를 의미한다. 그들은 TV 속에서 그들의 우상을 찾아 모방하는 것으로 대리 만족을 느끼고자 한다. 그러나 대중문화라고 해서 반드시 젊은 사람을 중심으로 이루어지는 것은 아니다. 넓은 의미에서의 대중문화는 사실 남녀노소 누구나가 느낄 수 있는 우리 문화의 대부분을 의미할 수 있다. 따라서 대중문화가 우리 생활에서 차지하는 비중은 가히 상상을 초월하며, 우리의 사고 하나하나가 대중문화와 떼어놓고 생각할 수 없는 것이다.

① 앞, 뒤에서 서로 모순되는 설명을 하고 있다.
② 충분한 사례를 들어 자신의 주장을 뒷받침하고 있다.
③ 사실과 다른 내용을 사실인 것처럼 논거로 삼고 있다.
④ 말하려는 내용 없이 지나치게 기교를 부리려고 하였다.

22 다음 중 글쓴이의 입장과 가장 거리가 먼 것은?

> 문화상대주의는 다른 문화를 서로 다른 역사, 환경의 맥락에서 이해해야 한다는 인식론이자 방법론이며 관점이고 원칙이다. 하지만 문화상대주의가 차별을 정당화하거나 빈곤과 인권침해, 저개발상태를 방치하는 윤리의 백치상태를 정당화하는 수단이 될 수는 없다. 만일 문화상대주의가 타문화를 이해하는 방법이 아니라, 윤리적 판단을 회피하거나 보류하는 도덕적 문화상대주의에 빠진다면, 이는 문화상대주의를 남용한 것이다. 문화상대주의는 다른 문화를 강요하거나 똑같이 적용해서는 안 된다는 의견일 뿐이므로 보편윤리와 인권을 부정하는 윤리적 회의주의와 혼동되어서는 안 된다.

① 문화상대주의와 윤리적 회의주의는 구분되어야 한다.
② 문화상대주의가 도덕적 문화상대주의에 빠지는 것을 경계해야 한다.
③ 문화상대주의자는 일반적으로 도덕적 판단에 대해 가치중립적이어야 한다.
④ 문화상대주의는 타문화에 대한 관용의 도구가 될 수 있다.

23 다음 제시문을 읽고 추론한 내용으로 가장 적절한 것은?

사람과 동물처럼 우리 몸을 구성하는 세포도 자의적으로 죽음을 선택하기도 한다. 그렇다면 왜 세포는 죽음을 선택할까? 소위 '진화'의 관점으로 본다면 개별 세포도 살기 위해 발버둥 쳐야 마땅한데 스스로 죽기로 결정한다니 역설적인 이야기처럼 들린다. 세포가 죽음을 선택하는 이유는 자신이 죽는 것이 전체 개체에 유익하기 때문이다. 도대체 '자의적'이란 말을 붙일 수 있는 세포의 죽음은 어떤 것일까?

세포의 '자의적' 죽음이 있다는 말은 '타의적' 죽음도 있다는 말일 것이다. 타의적인 죽음은 네크로시스(Necrosis), 자의적인 죽음은 아포토시스(Apoptosis)라고 부른다. 이 두 죽음은 그 과정과 형태에서 분명한 차이를 보인다. 타의적인 죽음인 네크로시스는 세포가 손상돼 어쩔 수 없이 죽음에 이르는 과정을 말한다. 세포 안팎의 삼투압 차이가 수만 배까지 나면 세포 밖의 물이 세포 안으로 급격하게 유입돼 세포가 터져 죽는다. 마치 풍선에 바람을 계속 불어넣으면 '펑!' 하고 터지듯이 말이다. 이때 세포의 내용물이 쏟아져 나와 염증 반응을 일으킨다. 이러한 네크로시스는 정상적인 발생 과정에서는 나타나지 않고 또한 유전자의 발현이나 새로운 단백질의 생산도 필요 없다.

반면 자의적인 죽음인 아포토시스는 유전자가 작동해 단백질을 만들어 내면 세포가 스스로 죽기로 결정하고 생체 에너지인 ATP를 적극적으로 소모하면서 죽음에 이르는 과정을 말한다. 네크로시스와는 정반대로 세포는 쪼그라들고, 세포 내의 DNA는 규칙적으로 절단된다. 그 다음 쪼그라들어 단편화된 세포 조각들을 주변의 식세포가 시체 처리하듯 잡아먹는 것으로 과정이 종료된다.

인체 내에서 아포토시스가 일어나는 경우는 크게 두 가지이다. 하나는 발생과 분화의 과정 중에 불필요한 부분을 없애기 위해서 일어난다. 사람은 태아의 손이 발생할 때 몸통에서 주걱 모양으로 손이 먼저 나온 후에 손가락 위치가 아닌 나머지 부분의 세포들이 사멸해서 우리가 보는 일반적인 손 모양을 만든다. 이들은 이미 죽음이 예정돼 있다고 해서 이런 과정을 PCD(Programed Cell Death)라고 부른다.

다른 하나는 세포가 심각하게 훼손돼 암세포로 변할 가능성이 있을 때로, 전체 개체를 보호하기 위해 세포는 죽음을 선택한다. 즉, 방사선, 화학 약품, 바이러스 감염 등으로 유전자 변형이 일어나면 세포는 이를 감지하고 자신이 암세포로 변해 전체 개체에 피해를 입히기 전에 스스로 죽음을 결정한다. 이때 아포토시스 과정에 문제가 있는 세포는 죽지 못하고 암세포로 변한다. 과학자들은 이와 같은 아포토시스와 암의 관계를 알게 되자 암세포의 죽음을 유발하는 물질을 이용해 항암제를 개발하려는 연구를 진행하고 있다.

흥미로운 것은 외부로부터 침입한 세균 등을 죽이는 역할의 T - 면역 세포(Tk Cell)도 아포토시스를 이용한다는 사실이다. 세균이 몸 안에 침입하면 T - 면역 세포는 세균에 달라붙어서 세균의 세포벽에 구멍을 뚫고 아포토시스를 유발하는 물질을 집어넣는다. 그러면 세균은 원치 않는 죽음을 맞이하게 되는 것이다.

① 손에 난 상처가 회복되는 것은 네크로시스와 관련이 있겠군.
② 우리 몸이 일정한 형태를 갖추게 된 것은 아포토시스와 관련이 있겠군.
③ 아포토시스를 이용한 항암제는 세포의 유전자 변형을 막는 역할을 하겠군.
④ 화학 약품은 네크로시스를 일으켜 암세포로 진행되는 것을 막는 역할을 하겠군.

24 다음 중 제시문에서 언급되지 않은 것은?

고전주의 예술관에 따르면 진리는 예술 작품 속에 이미 완성된 형태로 존재한다. 독자는 작가가 담아 놓은 진리를 '원형 그대로' 밝혀내야 하고 작품에 대한 독자의 감상은 언제나 작가의 의도와 일치해야 한다. 결국 고전주의 예술관에서 독자는 작품의 의미를 수동적으로 받아들이는 존재일 뿐이다. 하지만 작품의 의미를 해석하고 작가의 의도를 파악하는 존재는 결국 독자이다. 특히 현대 예술에서는 독자에 따라 작품에 대한 다양한 해석이 가능하다고 여긴다. 바로 여기서 수용미학이 등장한다. 수용미학을 처음으로 제기한 사람은 야우스이다. 그는 "문학사는 작품과 독자 간의 대화의 역사로 쓰여야 한다."고 주장했다. 이것은 작품의 의미는 작품 속에 갇혀 있는 것이 아니라 독자에 의해 재생산되는 것임을 말한 것이다. 이로부터 문학을 감상할 때 작품과 독자의 관계에서 독자의 능동성이 강조되었다.

야우스에 의해 제기된 독자의 역할을 체계적으로 정리한 사람이 이저이다. 그는 독자의 능동적 역할을 밝히기 위해 '텍스트'와 '작품'을 구별했다. 텍스트는 독자와 만나기 전의 것을, 작품은 독자가 텍스트와의 상호작용을 통해 그 의미가 재생산된 것을 가리킨다. 그런데 이저는 텍스트에는 '빈틈'이 많다고 보았다. 이 빈틈으로 인해 텍스트는 '불명료성'을 가진다. 텍스트에 빈틈이 많다는 것은 부족하다는 의미가 아니라, 독자의 개입에 의해 언제나 새롭게 해석될 수 있다는 것을 의미한다. 텍스트가 작품이 되기 위해서는 독자 스스로 빈틈을 채우는 '구체화 과정'이 필요하다. 가령, 시에 '갈색 커피 잔'이 나온다면, 이 잔은 색깔만 가지고 있을 뿐 크기, 무게, 모양 등은 정해져 있지 않다. 반면 실재적 대상으로서 커피 잔은 무한한 속성을 갖고 있고 그 속성들은 모두 정해져 있다. 결국 텍스트에는 정해지지 않은 부분이 있기 마련이며, 이 빈틈은 독자가 스스로 채워 넣어야 할 부분인 것이다.

여기에서 이저의 독특한 독자관이 나온다. 이저는 텍스트 속에 독자의 역할이 들어 있다고 보았다. 그러나 독자가 어떠한 역할을 수행할지는 정해져 있지 않기 때문에 독자는 텍스트를 읽는 과정에서 텍스트의 내용과 형식에 끊임없이 반응한다. 이러한 상호작용 과정을 통해 독자는 작품을 재생산한다. 텍스트는 다양한 독자에 따라 다른 작품으로 태어날 수 있으며, 같은 독자라도 시간과 장소에 따라 다른 작품으로 생산될 수 있는 것이다. 이처럼 텍스트와 독자의 상호작용을 강조한 이저는 작품의 내재적 미학에서 탈피하여 작품에 대한 다양한 해석의 가능성을 열어주었다.

① 고전주의 예술관이 등장한 배경
② 고전주의 예술관에서 독자의 위상
③ 수용미학에서 작품과 독자의 관계
④ 수용미학과 이전 예술관의 차이점

25 다음 제시문의 글쓴이가 〈보기〉의 글쓴이에게 해 줄 수 있는 말로 가장 적절한 것은?

> 행랑채가 퇴락하여 지탱할 수 없게끔 된 것이 세 칸이었다. … (중략) … 그 중의 두 칸은 앞서 장마에 비가 샌 지 오래되었으나, 나는 그것을 알면서도 이럴까 저럴까 망설이다가 손을 대지 못했던 것이고, 나머지 한 칸은 비를 한 번 맞고 샜던 것이라 서둘러 기와를 갈았던 것이다. 이번에 수리하려고 본즉 비가 샌 지 오래된 것은 그 서까래, 추녀, 기둥, 들보가 모두 썩어서 못 쓰게 되었던 까닭으로 수리비가 엄청나게 들었고, 한 번밖에 비를 맞지 않았던 한 칸의 재목들은 완전하여 다 쓸 수 있었던 까닭으로 그 비용이 많지 않았다.
>
> 나는 이에 느낀 것이 있었다. 사람의 몸에 있어서도 마찬가지라는 사실을. 잘못을 알고서도 바로 고치지 않으면 곧 그 자신이 나쁘게 되는 것이 마치 나무가 썩어서 못쓰게 되는 것과 같으며, 잘못을 알고 고치기를 꺼리지 않으면 해(害)를 받지 않고 다시 착한 사람이 될 수 있으니, 저 집의 재목처럼 말끔하게 다시 쓸 수 있는 것이다. 뿐만 아니라 나라의 정치도 이와 같다. 백성을 좀먹는 무리들을 내버려 두었다가는 백성들이 도탄에 빠지고 나라가 위태롭게 된다. 그런 연후에 급히 바로잡으려 하면 이미 썩어버린 재목처럼 때는 늦은 것이다. 어찌 삼가지 않겠는가.
>
> — 이규보, 「이옥설(理屋說)」

보기

> 임금은 하늘의 뜻을 받드는 존재이다. 그가 정치를 잘 펴서 백성들을 평안하게 하는 것은 하늘의 뜻을 바르게 펴는 증거요, 임금이 정치를 바르게 하지 않는 것 역시 하늘의 뜻이다. 하늘의 뜻은 쉽게 판단할 수는 없기 때문이다. 임금이 백성들을 괴롭게 하더라도 그것에 대한 평가는 그가 죽은 뒤에 할 일이다.

① 태평천하(太平天下)인 상황에서도 한가롭게 하늘의 뜻을 생각할 겁니까?
② 가렴주구(苛斂誅求)의 결과로 나라가 무너지고 나면 그때는 어떻게 할 겁니까?
③ 과유불급(過猶不及)이라고 하지 않습니까? 무엇이든 적당히 해야 좋은 법입니다.
④ 대기만성(大器晩成)이라고 했습니다. 결과는 나중에 확인하는 것이 바람직합니다.

26

고대 그리스 시대의 사람들은 신에 의해 우주가 운행된다고 믿는 결정론적 세계관 속에서 신에 대한 두려움이나 신이 야기한다고 생각되는 자연재해나 천체 현상 등에 대한 두려움을 떨치지 못했다. 에피쿠로스는 당대의 사람들이 이러한 잘못된 믿음에서 벗어나도록 하는 것이 중요하다고 보았고, 이를 위해 인간이 행복에 이를 수 있도록 자연학을 바탕으로 자신의 사상을 전개하였다.

에피쿠로스는 신의 존재는 인정하나 신의 존재 방식이 인간이 생각하는 것과는 다르다고 보고, 신은 우주들 사이의 중간 세계에 살며 인간사에 개입하지 않는다는 이신론적(理神論的) 관점을 주장한다. 그는 불사의 존재인 신이 최고로 행복한 상태이며, 다른 어떤 것에게도 고통을 주지 않고, 모든 고통은 물론 분노와 호의와 같은 것으로부터 자유롭다고 말한다. 따라서 에피쿠로스는 인간의 세계가 신에 의해 결정되지 않으며, 인간의 행복도 자율적 존재인 인간 자신에 의해 완성된다고 본다. 한편 에피쿠로스는 인간의 영혼도 육체와 마찬가지로 미세한 입자로 구성된다고 본다. 영혼은 육체와 함께 생겨나고 육체와 상호작용하며 육체가 상처를 입으면 영혼도 고통을 받는다. 더 나아가 육체가 소멸하면 영혼도 함께 소멸하게 되어 인간은 사후(死後)에 신의 심판을 받지 않으므로, 살아있는 동안 인간은 사후에 심판이 있다고 생각하여 두려워 할 필요가 없게 된다. 이러한 생각은 인간으로 하여금 죽음에 대한 모든 두려움에서 벗어나게 하는 근거가 된다.

① 신은 우리가 생각하는 것처럼 인간 세계에 대해 그다지 관심이 많지 않다.
② 인간은 신을 믿지 않기 때문에 두려움도 느끼지 않는다.
③ 신이 만든 인간의 육체와 영혼은 서로 분리될 수 없으므로 사후세계는 인간의 허상에 불과하다.
④ 인간이 아픔 때문에 죽음에 대해 두려움을 느낀다면, 사후에 대한 두려움을 떨쳐버리는 것만으로 두려움은 해소될 수 없다.

27

비타민D 결핍은 우리 몸에 심각한 건강 문제를 일으킬 수 있다. 비타민D는 칼슘이 체내에 흡수되어 뼈와 치아에 축적되는 것을 돕고 가슴뼈 뒤쪽에 위치한 흉선에서 면역세포를 생산하는 작용에 관여하는데, 비타민D가 부족할 경우 칼슘과 인의 흡수량이 줄어들고 면역력이 약해져 뼈가 약해지거나 신체 불균형이 일어날 수 있다.

비타민D는 주로 피부가 중파장 자외선에 노출될 때 형성된다. 중파장 자외선은 피부와 혈류에 포함된 7-디하이드로콜레스테롤을 비타민D로 전환시키는데, 이렇게 전환된 비타민D는 간과 신장을 통해 칼시트리롤(Calcitriol)이라는 호르몬으로 활성화된다. 바로 이 칼시트리롤을 통해 우리는 혈액과 뼈에 흡수될 칼슘과 인의 흡수를 조절하는 것이다.

이러한 기능을 담당하는 비타민D를 함유하고 있는 식품은 자연에서 매우 적기 때문에, 우리의 몸은 충분한 비타민D를 생성하기 위해 주기적으로 태양빛에 노출될 필요가 있다.

① 태양빛에 노출될 경우 피부암 등의 질환이 발생하여 도리어 건강이 더 악화될 수 있다.

② 비타민D 결핍으로 인해 생기는 부작용은 주기적인 칼슘과 인의 섭취를 통해 해결할 수 있다.

③ 비타민D 보충제만으로는 체내에 필요한 비타민D를 얻을 수 없다.

④ 태양빛에 직접 노출되지 않거나 자외선 차단제를 사용했음에도 체내 비타민D 수치가 정상을 유지한다는 연구결과가 있다.

28

서양에서는 아리스토텔레스가 중용을 강조했다. 하지만 우리의 중용과는 다르다. 아리스토텔레스가 말하는 중용은 균형을 중시하는 서양인의 수학적 의식에 기초했으며 또한 우주와 천체의 운동을 완벽한 원과 원운동으로 이해한 우주관에 기초한 것이다. 그러므로 그것은 명백한 대칭과 균형의 의미를 갖는다. 팔씨름에 비유해 보면 아리스토텔레스는 똑바로 두 팔이 서 있을 때 중용이라고 본 데 비해 우리는 팔이 한 쪽으로 완전히 기울었다 해도 아직 승부가 나지 않았으면 중용이라고 보는 것이다. 그러므로 비대칭도 균형을 이루면 중용을 이룰 수 있다는 생각은 분명 서양의 중용관과는 다르다.

이러한 정신은 병을 다스리고 약을 쓰는 방법에도 나타난다. 서양의 의학은 병원체와의 전쟁이고 그 대상을 완전히 제압하는 데 반해, 우리 의학은 각 장기 간의 균형을 중시한다. 만약 어떤 이가 간장이 나쁘다면 서양 의학은 그 간장의 능력을 회생시키는 방향으로만 애를 쓴다. 그런데 우리는 만약 더 이상 간장 기능을 강화할 수 없다고 할 때 간장과 대치되는 심장의 기능을 약하게 만드는 방법을 쓰는 것이다. 한쪽의 기능이 치우치면 병이 심해진다고 보기 때문이다. 우리는 의학 처방에 있어서조차 중용관에 기초해서 서양의 그것과는 다른 가치관과 세계관을 적용하면서 살아온 것이다.

① 아리스토텔레스의 중용의 의미
② 서양 의학과 우리 의학의 차이
③ 서양과 우리의 가치관
④ 서양 중용관과 우리 중용관의 차이

29

누구나 깜빡 잊어버리는 증상을 겪을 수 있다. 나이가 들어서 자꾸 이런 증상이 나타난다면 치매가 아닐까 걱정하게 마련인데 이 중 정말 치매인 경우와 단순 건망증을 어떻게 구분해 낼 수 있을까? 치매란 기억력 장애와 함께 실행증, 집행기능의 장애 등의 증상이 나타나며 이런 증상이 사회적, 직업적 기능에 중대한 지장을 주는 경우라고 정의한다. 증상은 원인 질환의 종류 및 정도에 따라 다른데 아주 가벼운 기억장애부터 매우 심한 행동장애까지 다양하게 나타난다. 일상생활은 비교적 정상적으로 수행하지만 뚜렷한 건망증이 있는 상태를 '경도인지장애'라고 하는데, 경도인지장애는 매년 10 ~ 15%가 치매로 진행되기 때문에 치매의 위험인자로 불린다. 모든 치매 환자에게서 공통으로 보이는 증상은 기억장애와 사고력, 추리력, 언어능력 등의 영역에서 동시에 장애를 보이는 것이며 인격 장애, 공격성, 성격의 변화와 비정상적인 행동들도 치매가 진행됨에 따라 나타날 수 있는 증상들이다. 국민건강보험 일산병원 신경과 교수는 "치매를 예방하기 위해서는 대뇌(Cerebrum) 활동 참여, 운동, 뇌졸중 예방, 식습관 개선 및 음주, 흡연을 자제해야 한다."고 말했다.

한편 치매는 시간이 지나면 악화가 되고 여러 행동이상(공격성, 안절부절 못함, 수면장애, 배회 등)을 보인다. 병세가 깊어질수록 기억력 저하 등의 증상보다는 이런 행동이상에 의한 문제가 더 크게 발생하기 때문에 행동이상에 대한 조사도 적절히 시행돼야 한다.

① 치매의 정의와 특징   ② 노환의 종류
③ 인지장애단계 구분   ④ 건망증의 분류

30

유전학자들의 최종 목표는 결함이 있는 유전자를 정상적인 유전자로 대체하는 것이다. 이렇게 가장 기본적인 세포 차원에서 유전병을 치료하는 것을 '유전자 치료'라 일컫는다. '유전자 치료'를 하기 위해서는 이상이 있는 유전자를 찾아야 한다. 이를 위해 과학자들은 DNA의 특성을 이용한다. DNA는 두 가닥이 나선형으로 꼬여 있는 이중 나선 구조로 이루어진 분자이다. 그런데 이 두 가닥에 늘어서 있는 염기들은 임의적으로 배열되어 있는 것이 아니다. 한쪽에 늘어선 염기에 따라, 다른 쪽 가닥에 늘어선 염기들의 배열이 결정되는 것이다. 즉 한쪽에 A염기가 존재하면 거기에 연결되는 반대쪽에는 반드시 T염기가, 그리고 C염기에 대응해 반드시 G염기가 존재하게 된다. 염기들이 짝을 지을 때 나타나는 이러한 선택적 특성을 이용하여 유전병을 일으키는 유전자를 찾아낼 수 있다. 유전자를 찾기 위해 사용하는 첫 번째 도구는 DNA 한 가닥 중 극히 일부이다. '프로브(Probe)'라 불리는 이 DNA 조각은, 염색체상의 위치가 알려져 있는 이십여 개의 염기들로 이루어진다. 한 가닥으로 이루어져 있는 특성으로 인해, 프로브는 자신의 염기 배열에 대응하는 다른 쪽 가닥의 DNA 부분에 가서 결합할 것이다. 대응하는 두 가닥의 DNA가 이렇게 결합하는 것을 '교잡'이라고 일컫는다. 조사 대상인 염색체로부터 추출한 많은 한 가닥의 염색체 조각들과 프로브를 섞어 놓았을 때, 프로브는 신비스러울 정도로 자신의 짝을 정확하게 찾아 교잡한다. 두 번째 도구는 '겔 전기영동'이라는 방법이다. 생물을 구성하고 있는 단백질·핵산 등 많은 분자들은 전하를 띠고 있어서 전기장 속에서 각 분자마다 독특하게 이동을 한다. 이러한 성질을 이용해 생물을 구성하고 있는 물질의 분자량, 각 물질의 전하량이나 형태의 차이를 이용하여 물질을 분리하는 것이 전기영동법이다. 이를 활용하여 DNA를 분리하려면 우선 DNA 조각들을 전기장에서 이동시키고, 이것을 젤라틴 판을 통과하게 함으로써 분리하면 된다.

이러한 조사 도구들을 갖추고서, 유전학자들은 유전병을 일으키는 유전자를 추적하는 데 나섰다. 유전학자들은 먼저 겔 전기영동법으로 유전병을 일으키는 유전자로 의심되는 부분과 동일한 부분에 존재하는 프로브를 건강한 사람에게서 떼어내었다. 그리고 건강한 사람에게서 떼어낸 프로브에 방사성이나 형광성을 띠게 하였다. 그 후에 유전병 환자들에게서 채취한 DNA 조각들과 함께 교잡 실험을 반복하였다. 유전병과 관련된 유전 정보가 담긴 부분의 염기 서열이 정상인과 다르므로 이 부분은 프로브와 교잡하지 않는다는 점을 이용하는 것이다. 교잡이 일어난 후 프로브가 위치하는 곳은 X선 필름을 통해 쉽게 찾아낼 수 있고, 이로써 DNA의 특정 조각은 염색체상에서 프로브와 같은 위치에 존재한다는 것을 알 수 있다.

언뜻 보기에는 대단한 진보를 이룬 것 같지 않지만, 유전자 치료는 최근 들어 공상 과학을 방불케 하는 첨단 의료 기술의 대표적인 주자로 부각되고 있다. DNA 연구 결과로 인해, 우리는 지금까지 절망적이라고 여겨 온 질병들을 치료할 수 있다는 희망을 갖게 되었다.

① 유전자의 종류와 기능
② 유전자 추적의 도구와 방법
③ 유전자 치료의 의의와 한계
④ 유전자 치료의 상업적 가치

02 | 자료해석 핵심이론

| 응용수리 |

01 ▶ 방정식의 활용

1. 날짜 · 요일 · 시계에 관한 문제

(1) 날짜, 요일

　① 1일=24시간=1,440분=86,400초

　② 날짜, 요일 관련 문제는 대부분 나머지를 이용해 계산한다.

핵심예제

P사는 창립일을 맞이하여 초대장을 준비하려고 한다. VIP 초대장을 완성하는데 혼자서 만들 경우 A대리는 6일, B사원은 12일이 걸린다. A대리와 B사원이 함께 VIP 초대장을 만들 경우, 완료할 때까지 걸리는 기간은?

① 7일　　　　　　　　　　　　② 6일

③ 5일　　　　　　　　　　　　④ 4일

| **해설** | VIP 초대장을 만드는 일의 양을 1이라고 가정하자. 혼자서 만들 때 걸리는 기간은 A대리는 6일, B사원은 12일이므로 각각 하루에 끝낼 수 있는 일의 양은 각각 $\frac{1}{6}$, $\frac{1}{12}$이다. 두 사람이 함께 일하면 하루에 끝낼 수 있는 양은 $\frac{1}{6}+\frac{1}{12}=\frac{3}{12}=\frac{1}{4}$이다.

따라서 A대리와 B사원이 함께 초대장을 모두 만들 때 걸리는 시간은 4일이다.

정답 ④

---

(2) 시계

① 시침이 1시간 동안 이동하는 각도 : 30°

② 시침이 1분 동안 이동하는 각도 : 0.5°

③ 분침이 1분 동안 이동하는 각도 : 6°

핵심예제

시계가 6시 30분을 가리킬 때, 시침과 분침이 이루는 작은 각도는?

① 0°   ② 15°

③ 25°   ④ 35°

| 해설 | 6시 30분일 때, 시침과 분침의 각도는 다음과 같다.

• 시침 : $6 \times 30 + 0.5 \times 30 = 180 + 15 = 195°$

• 분침 : $6 \times 30 = 180°$

따라서 시침과 분침이 이루는 작은 각도는 $195 - 180 = 15°$이다.

정답 ②

---

2. 시간ㆍ거리ㆍ속력에 관한 문제

$$시간 = \frac{거리}{속력}, \quad 거리 = 속력 \times 시간, \quad 속력 = \frac{거리}{시간}$$

핵심예제

신입사원 A는 집에서 거리가 10km 떨어진 회사에 근무하고 있다. 출근할 때는 자전거를 타고 1시간이 걸린다. 퇴근할 때는 회사에서 4km 떨어진 헬스장을 들렸다가 운동 후 7km 거리를 이동하여 집에 도착한다. 퇴근할 때 회사에서 헬스장까지 30분, 헬스장에서 집까지 1시간 30분이 걸린다면 신입사원 A가 출ㆍ퇴근하는 평균속력은?

① 5km/h   ② 6km/h

③ 7km/h   ④ 8km/h

| 해설 | $(평균속력) = \dfrac{(전체\ 이동거리)}{(전체\ 이동시간)}$이다.

전체 이동거리는 $10 + 4 + 7 = 21$km이고, 전체 이동시간은 $1 + 0.5 + 1.5 = 3$시간이다.

따라서 평균속력은 $21 \div 3 = 7$km/h이다.

정답 ③

3. 나이 · 개수에 관한 문제

구하고자 하는 것을 미지수로 놓고 식을 세운다. 동물의 경우 다리의 개수에 유의해야 한다.

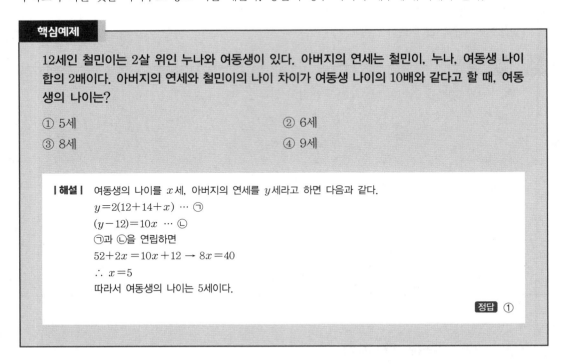

핵심예제

12세인 철민이는 2살 위인 누나와 여동생이 있다. 아버지의 연세는 철민이, 누나, 여동생 나이 합의 2배이다. 아버지의 연세와 철민이의 나이 차이가 여동생 나이의 10배와 같다고 할 때, 여동생의 나이는?

① 5세 ② 6세
③ 8세 ④ 9세

| 해설 | 여동생의 나이를 x세, 아버지의 연세를 y세라고 하면 다음과 같다.

$y = 2(12 + 14 + x)$ ⋯ ㉠
$(y - 12) = 10x$ ⋯ ㉡
㉠과 ㉡을 연립하면
$52 + 2x = 10x + 12 \rightarrow 8x = 40$
$\therefore x = 5$
따라서 여동생의 나이는 5세이다.

정답 ①

4. 원가 · 정가에 관한 문제

(1) 정가＝원가＋이익, 이익＝정가－원가

(2) a원에서 $b\%$ 할인한 가격 : $a \times \left(1 - \dfrac{b}{100}\right)$

핵심예제

원가가 5,000원인 물건을 25% 인상한 가격으로 판매하였으나, 잘 판매되지 않아 다시 10%를 인하하여 팔았다. 물건 4개를 판매하였을 때, 이익은?

① 2,000원

② 2,500원

③ 3,000원

④ 3,500원

│해설│ • 인상 가격 : 5,000×1.25＝6,250원
• 인하 가격 : 6,250×(1-0.1)＝5,625원
• 제품 1개당 이익 : 5,625-5,000＝625원
따라서 이익은 625×4＝2,500원이다.

정답 ②

PART 1

5. 일 · 톱니바퀴에 관한 문제

(1) 일

전체 일의 양을 1로 놓고, 시간 동안 한 일의 양을 미지수로 놓고 식을 세운다.

핵심예제

어느 공장에서 완성품 1개를 만드는 데 걸리는 기간은 A기계가 20일, B기계가 30일이다. A와 B기계를 함께 사용하면 완성품 1개를 만드는 데 걸리는 기간은?

① 5일   ② 9일

③ 12일   ④ 15일

> **|해설|** 완성품 1개를 만드는 데 필요한 일의 양을 1이라 하고, A와 B기계가 x일 만에 완성품을 1개 만들었다고 하면 다음과 같다.
>
> - A기계가 하루에 하는 일의 양 : $\dfrac{1}{20}$
>
> - B기계가 하루에 하는 일의 양 : $\dfrac{1}{30}$
>
> $(\dfrac{1}{20} + \dfrac{1}{30}) \times x = 1 \rightarrow \dfrac{5}{60} \times x = 1$
>
> $\rightarrow \dfrac{1}{12} \times x = 1$
>
> $\therefore \ x = 12$
>
> 따라서 A와 B기계를 함께 사용하면 12일만에 완성품 1개를 만들 수 있다.
>
> **정답** ③

(2) 톱니바퀴

톱니 수×회전수=총 톱니 수

즉, A, B 두 톱니에 대하여, A의 톱니 수×A의 회전수=B의 톱니 수×B의 회전수가 성립한다.

핵심예제

톱니 수가 90개인 A톱니바퀴는 B, C톱니바퀴와 서로 맞물러 돌아가고 있다. A톱니바퀴가 8번 도는 동안 B톱니바퀴가 15번, C톱니바퀴가 18번 돌았다면, B톱니바퀴 톱니 수와 C톱니바퀴 톱니 수의 합은?

① 76개

② 80개

③ 84개

④ 88개

| 해설 | B톱니바퀴와 C톱니바퀴의 톱니 수를 각각 b개, c개라 하자.

A톱니바퀴는 B, C톱니바퀴와 서로 맞물려 돌아가므로 A, B, C톱니바퀴의 (톱니 수)×(회전 수)의 값은 같다.

즉, $90×8=15b=18c$이므로

$15b=720 \rightarrow b=48$

$18c=720 \rightarrow c=40$

$\therefore b+c=88$

따라서 B톱니바퀴의 톱니 수와 C톱니바퀴의 톱니 수의 합은 88개이다.

정답 ④

6. 농도에 관한 문제

(1) 농도$=\dfrac{\text{용질의 양}}{\text{용액의 양}}\times 100$

(2) 용질의 양$=\dfrac{\text{농도}}{100}\times$용액의 양

핵심예제

농도가 5%인 100g의 설탕물을 증발시켜 농도가 10%인 설탕물이 되게 하려고 한다. 1시간에 2g씩 증발한다고 할 때, 몇 시간이 걸리겠는가?

① 22시간   ② 23시간

③ 24시간   ④ 25시간

> **| 해설 |** 5% 설탕물에 들어있는 설탕의 양은 $100\times\dfrac{5}{100}=5\text{g}$이다.
>
> $x\text{g}$의 물을 증발시켜 10%의 농도가 되게 하려면 $\dfrac{5}{100-x}\times 100=10\%$이므로, 50g만큼 증발시켜야 한다.
>
> 따라서 1시간에 2g씩 증발한다고 했으므로 농도가 10%인 설탕물이 되려면 $50\div 2=25$시간이 소요된다.
>
> **정답** ④

7. 수에 관한 문제(I)

(1) 연속하는 세 자연수 : $x-1$, x, $x+1$

(2) 연속하는 세 짝수(홀수) : $x-2$, x, $x+2$

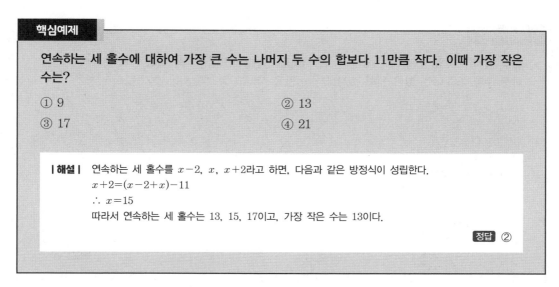

핵심예제

연속하는 세 홀수에 대하여 가장 큰 수는 나머지 두 수의 합보다 11만큼 작다. 이때 가장 작은 수는?

① 9

② 13

③ 17

④ 21

| 해설 | 연속하는 세 홀수를 $x-2$, x, $x+2$라고 하면, 다음과 같은 방정식이 성립한다.

$x+2=(x-2+x)-11$

$\therefore x=15$

따라서 연속하는 세 홀수는 13, 15, 17이고, 가장 작은 수는 13이다.

정답 ②

8. 수에 관한 문제(II)

(1) 십의 자릿수가 x, 일의 자릿수가 y인 두 자리 자연수 : $10x + y$

   이 수에 대해, 십의 자리와 일의 자리를 바꾼 수 : $10y + x$

(2) 백의 자릿수가 x, 십의 자릿수가 y, 일의 자릿수가 z인 세 자리 자연수 : $100x + 10y + z$

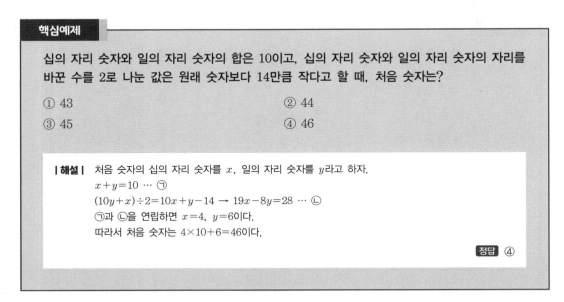

핵심예제

십의 자리 숫자와 일의 자리 숫자의 합은 10이고, 십의 자리 숫자와 일의 자리 숫자의 자리를 바꾼 수를 2로 나눈 값은 원래 숫자보다 14만큼 작다고 할 때, 처음 숫자는?

① 43

② 44

③ 45

④ 46

| 해설 | 처음 숫자의 십의 자리 숫자를 x, 일의 자리 숫자를 y라고 하자.

$x + y = 10 \cdots$ ㉠

$(10y + x) \div 2 = 10x + y - 14 \rightarrow 19x - 8y = 28 \cdots$ ㉡

㉠과 ㉡을 연립하면 $x = 4$, $y = 6$이다.

따라서 처음 숫자는 $4 \times 10 + 6 = 46$이다.

정답 ④

9. 열차와 터널에 관한 문제

열차가 이동한 거리＝터널의 길이＋열차의 길이

핵심예제

용산에서 출발하여 춘천에 도착하는 ITX-청춘열차가 있다. 이 열차가 용산에서 청량리로 가는 길에는 240m 길이의 다리가, 가평에서 춘천으로 가는 길에는 840m 길이의 터널이 있다. 열차가 다리와 터널을 완전히 통과하는 데 각각 16초, 40초가 걸렸다고 할 때, 열차의 길이는?(단, 열차의 속력은 일정하다)

① 140m
② 150m
③ 160m
④ 170m

| 해설 | 열차의 길이를 xm라고 하자.

열차가 다리 또는 터널을 지날 때의 이동거리는 (열차의 길이)+(다리 또는 터널의 길이)이다.

열차의 속력은 일정하므로 다리를 통과할 때 속력과 터널을 통과할 때의 속력은 같다.

즉, $\dfrac{(x+240)}{16} = \dfrac{(x+840)}{40} \rightarrow 5(x+240) = 2(x+840)$

$\rightarrow 3x = 480$

$\therefore x = 160$

따라서 열차의 길이는 160m이다.

정답 ③

10. 증가 · 감소에 관한 문제

(1) x가 a% 증가하면, $\left(1 + \dfrac{a}{100}\right)x$

(2) x가 a% 감소하면, $\left(1 - \dfrac{a}{100}\right)x$

핵심예제

작년에 어느 회사의 사원 수는 300명이었다. 올해는 작년보다 남자 사원이 6% 증가하고 여자 사원은 3% 감소하여 전체 사원 수는 9명이 늘었다고 한다. 올해 이 회사의 여자 사원의 수는?

① 97명   ② 100명

③ 103명   ④ 106명

|해설| 작년 남자 사원과 여자 사원의 수를 각각 x명, y명이라 하면 다음과 같다.

- $x + y = 300 \cdots$ ㉠
- $0.06x - 0.03y = 9 \cdots$ ㉡

㉠$+ \dfrac{100}{3} \times$㉡으로 연립하면 $x = 200$, $y = 100$이다.

따라서 올해는 여자 사원의 수가 3명 감소하였으므로 $100 \times (1 - 0.03) = 100 \times 0.97 = 97$명이다.

정답 ①

11. 그 외의 방정식 활용문제

핵심예제

길이가 50cm인 빵이 있다. 이 빵을 두 조각으로 나누었더니 긴 빵의 길이는 짧은 빵의 길이의 2배보다 5cm가 더 길었다. 이 때 긴 빵의 길이는?

① 32cm   ② 33cm

③ 34cm   ④ 35cm

|해설| 긴 빵의 길이를 $x$cm, 짧은 빵의 길이를 $(50 - x)$cm라고 하자.

$2(50 - x) + 5 = x \rightarrow 105 = 3x$

$\therefore x = 35$

따라서 긴 빵의 길이는 35cm이다.

정답 ④

02 ▶ 부등식의 활용

문제에 '이상', '이하', '최대', '최소' 등이 들어간 경우로 방정식의 활용과 해법이 비슷하다.

핵심예제

10,000원으로 사과와 배를 사려고 한다. 사과 한 개의 가격은 300원, 배 한 개의 가격은 500원이다. 배를 3개 사려고 할 때, 사과는 최대 몇 개까지 살 수 있는가?

① 27개   ② 28개

③ 29개   ④ 30개

> **|해설|** 사과의 개수를 x개라고 하면 다음과 같은 부등식이 성립한다.
>
> $300x + 500 \times 3 \leq 10,000$
>
> $\therefore\ x \leq 28\dfrac{1}{3}$
>
> 따라서 사과는 최대 28개까지 살 수 있다.
>
> **정답** ②

P고등학교는 도서관에 컴퓨터를 설치하려고 한다. 컴퓨터 구매 가격을 알아보니, 한 대당 100만 원이고 4대 이상 구매 시 3대까지는 한 대당 100만 원, 4대 이상부터는 한 대당 80만 원에 판매가 되고 있었다. 컴퓨터 구매에 배정된 예산이 2,750만 원일 때, 최대 몇 대의 컴퓨터를 구매할 수 있는가?

① 33대   ② 34대

③ 35대   ④ 36대

> **|해설|** 구매할 수 있는 컴퓨터를 x대라고 하자.
>
> 3대까지는 한 대당 100만 원을 지불해야 하므로 80만 원에 구매할 수 있는 컴퓨터는 $(x-3)$대이다.
>
> $100 \times 3 + 80 \times (x-3) \leq 2,750 \rightarrow 80(x-3) \leq 2,450$
>
> $\rightarrow x - 3 \leq 30.625$
>
> $\therefore\ x \leq 33.625$
>
> 따라서 컴퓨터는 최대 33대 구매 가능하다.
>
> **정답** ①

03 ▶ 경우의 수, 확률

1. 경우의 수

(1) 경우의 수

어떤 사건이 일어날 수 있는 모든 가짓수

예 주사위 한 개를 던졌을 때, 나올 수 있는 모든 경우의 수는 6가지이다.

(2) 합의 법칙

① 두 사건 A, B가 동시에 일어나지 않을 때, A가 일어나는 경우의 수를 m, B가 일어나는 경우의 수를 n이라고 하면, 사건 A 또는 B가 일어나는 경우의 수는 $m+n$이다.

② '또는', '~이거나'라는 말이 나오면 합의 법칙을 사용한다.

예 한 식당의 점심 메뉴는 김밥 3종류, 라면 2종류, 우동 1종류가 있다. 이 중 한 가지의 메뉴를 고르는 경우의 수는 $3+2+1=6$가지이다.

(3) 곱의 법칙

① A가 일어나는 경우의 수를 m, B가 일어나는 경우의 수를 n이라고 하면, 사건 A와 B가 동시에 일어나는 경우의 수는 $m \times n$이다.

② '그리고', '동시에'라는 말이 나오면 곱의 법칙을 사용한다.

예 집에서 학교를 가는 방법 수는 2가지, 학교에서 집으로 오는 방법 수는 3가지이다. 집에서 학교까지 갔다가 오는 경우의 수는 $2 \times 3 = 6$가지이다.

(4) 여러 가지 경우의 수

① 동전 n개를 던졌을 때, 경우의 수 : 2^n

② 주사위 n개를 던졌을 때, 경우의 수 : 6^n

③ 동전 n개와 주사위 m개를 던졌을 때, 경우의 수 : $2^n \times 6^m$

　예 동전 3개와 주사위 2개를 던졌을 때, 경우의 수는 $2^3 \times 6^2 = 288$가지

④ n명을 한 줄로 세우는 경우의 수 : $n! = n \times (n-1) \times (n-2) \times \cdots \times 2 \times 1$

⑤ n명 중, m명을 뽑아 한 줄로 세우는 경우의 수 : $_n \mathrm{P}_m = n \times (n-1) \times \cdots \times (n-m+1)$

　예 5명을 한 줄로 세우는 경우의 수는 $5 \times 4 \times 3 \times 2 \times 1 = 120$가지, 5명 중 3명을 뽑아 한 줄로 세우는 경우의 수는 $5 \times 4 \times 3 = 60$가지

⑥ n명을 한 줄로 세울 때, m명을 이웃하여 세우는 경우의 수 : $(n-m+1)! \times m!$

　예 갑, 을, 병, 정, 무 5명을 한 줄로 세우는데, 을, 병이 이웃하여 서는 경우의 수는 $4! \times 2! = 4 \times 3 \times 2 \times 1 \times 2 \times 1 = 48$가지

⑦ 0이 아닌 서로 다른 한 자리 숫자가 적힌 n장의 카드에서, m장을 뽑아 만들 수 있는 m자리 정수의 개수 : $_n \mathrm{P}_m$

　예 0이 아닌 서로 다른 한 자리 숫자가 적힌 4장의 카드에서, 3장을 뽑아 만들 수 있는 3자리 정수의 개수는 $_4 \mathrm{P}_3 = 4 \times 3 \times 2 = 24$가지

⑧ 0을 포함한 서로 다른 한 자리 숫자가 적힌 n장의 카드에서, m장을 뽑아 만들 수 있는 m자리 정수의 개수 : $(n-1) \times _{n-1}P_{m-1}$

　　예 0을 포함한 서로 다른 한 자리 숫자가 적힌 6장의 카드에서, 3장을 뽑아 만들 수 있는 3자리 정수의 개수는 $5 \times _5P_2 = 5 \times 5 \times 4 = 100$가지

⑨ n명 중 자격이 다른 m명을 뽑는 경우의 수 : $_nP_m$

　　예 5명의 학생 중 반장 1명, 부반장 1명을 뽑는 경우의 수는 $_5P_2 = 5 \times 4 = 20$가지

⑩ n명 중 자격이 같은 m명을 뽑는 경우의 수 : $_nC_m = \dfrac{_nP_m}{m!}$

　　예 5명의 학생 중 부반장 2명을 뽑는 경우의 수는 $_5C_2 = \dfrac{_5P_2}{2!} = \dfrac{5 \times 4}{2 \times 1} = 10$가지

⑪ 원형 모양의 탁자에 n명을 앉히는 경우의 수 : $(n-1)!$

　　예 원형 모양의 탁자에 5명을 앉히는 경우의 수는 $4! = 4 \times 3 \times 2 \times 1 = 24$가지

(5) 최단거리 문제

A와 B 사이에 P가 주어져 있다면, A와 P의 거리, B와 P의 거리를 각각 구하여 곱한다.

핵심예제

P배드민턴 동아리는 대진표를 작성해서 배드민턴 시합을 하기로 했다. 동아리 회원 수는 8명이고 이 중 빠진 사람은 없다고 할 때, 가능한 대진표의 경우의 수는?(단, 부전승의 경우는 존재하지 않는다)

① 75가지　　　　　　　　　　　② 90가지

③ 105가지　　　　　　　　　　④ 120가지

| 해설 | 8명의 사람이 두 명씩 짝을 지어 경기를 진행하고, 부전승의 경우는 존재하지 않는다.

따라서 가능한 대진표의 경우의 수는 $_8C_2 \times _6C_2 \times _4C_2 \times _2C_2 \times \dfrac{1}{4!} = 105$가지이다.

정답 ③

2. 확률

(1) 확률

사건 A가 일어날 확률$=\dfrac{\text{사건 A가 일어나는 경우의 수}}{\text{모든 경우의 수}}$

예 주사위 1개를 던졌을 때, 3 또는 5가 나올 확률은 $\dfrac{2}{6}=\dfrac{1}{3}$

(2) 여사건의 확률

① 사건 A가 일어날 확률이 p일 때, 사건 A가 일어나지 않을 확률은 $1-p$이다.
② '적어도'라는 말이 나오면 주로 사용한다.

(3) 확률의 계산

① 확률의 덧셈
두 사건 A, B가 동시에 일어나지 않을 때, A가 일어날 확률을 p, B가 일어날 확률을 q라고 하면, 사건 A 또는 B가 일어날 확률은 $p+q$이다.
② 확률의 곱셈
A가 일어날 확률을 p, B가 일어날 확률을 q라고 하면, 사건 A와 B가 동시에 일어날 확률은 $p \times q$ 이다.

(4) 여러 가지 확률

① 연속하여 뽑을 때, 꺼낸 것을 다시 넣고 뽑는 경우 : 처음과 나중의 모든 경우의 수는 같다.
예 자루에 흰 구슬 4개와 검은 구슬 5개가 들어 있다. 연속하여 2번을 뽑을 때, 처음에는 흰 구슬, 두 번째는 검은 구슬을 뽑을 확률은?(단, 꺼낸 것은 다시 넣는다)

→ 처음에 흰 구슬을 뽑을 확률은 $\dfrac{4}{9}$이고, 꺼낸 것은 다시 넣는다고 하였으므로 두 번째에 검은 구슬을 뽑을 확률은 $\dfrac{5}{9}$이다. 즉, $\dfrac{4}{9} \times \dfrac{5}{9} = \dfrac{20}{81}$

② 연속하여 뽑을 때, 꺼낸 것을 다시 넣지 않고 뽑는 경우 : 나중의 모든 경우의 수는 처음의 모든 경우의 수보다 1만큼 작다.
예 자루에 흰 구슬 4개와 검은 구슬 5개가 들어 있다. 연속하여 2번을 뽑을 때, 처음에는 흰 구슬, 두 번째는 검은 구슬을 뽑을 확률은?(단, 꺼낸 것은 다시 넣지 않는다)

→ 처음에 흰 구슬을 뽑을 확률은 $\dfrac{4}{9}$이고, 꺼낸 것은 다시 넣지 않는다고 하였으므로 자루에는 흰 구슬 3개, 검은 구슬 5개가 남아 있다. 따라서 두 번째에 검은 구슬을 뽑을 확률은 $\dfrac{5}{8}$이므로, $\dfrac{4}{9} \times \dfrac{5}{8} = \dfrac{5}{18}$

③ 도형에서의 확률$=\dfrac{\text{해당하는 부분의 넓이}}{\text{전체 넓이}}$

30명의 남학생 중에서 16명, 20명의 여학생 중에서 14명이 수학여행으로 국외를 선호하였다. 전체 50명의 학생 중 임의로 선택한 한 명이 국내 여행을 선호하는 학생일 때, 이 학생이 남학생일 확률은?

① $\dfrac{3}{5}$

② $\dfrac{7}{10}$

③ $\dfrac{4}{5}$

④ $\dfrac{9}{10}$

| 해설 | • 국내 여행을 선호하는 남학생 수 : $30-16=14$명
  • 국내 여행을 선호하는 여학생 수 : $20-14=6$명

따라서 국내 여행을 선호하는 학생 수는 $14+6=20$명이므로 구하는 확률은 $\dfrac{14}{20}=\dfrac{7}{10}$ 이다.

정답 ②

| 자료계산 |

(1) 꺾은선(절선)그래프

① 시간적 추이(시계열 변화)를 표시하는 데 적합하다.

예 연도별 매출액 추이 변화 등

② 경과·비교·분포를 비롯하여 상관관계 등을 나타낼 때 사용한다.

〈중학교 장학금, 학비감면 수혜현황〉

(2) 막대그래프

① 비교하고자 하는 수량을 막대 길이로 표시하고, 그 길이를 비교하여 각 수량 간의 대소 관계를 나타 내는 데 적합하다.

예 영업소별 매출액, 성적별 인원분포 등

② 가장 간단한 형태로 내역·비교·경과·도수 등을 표시하는 용도로 사용한다.

〈연도별 암 발생 추이〉

(3) 원그래프

① 내역이나 내용의 구성비를 분할하여 나타내는 데 적합하다.

　　예 제품별 매출액 구성비 등

② 원그래프를 정교하게 작성할 때는 수치를 각도로 환산해야 한다.

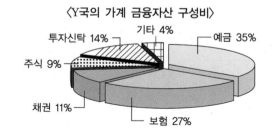

〈Y국의 가계 금융자산 구성비〉

(4) 점그래프

① 지역분포를 비롯하여 도시, 지방, 기업, 상품 등의 평가나 위치, 성격을 표시하는 데 적합하다.

　　예 광고비율과 이익률의 관계 등

② 종축과 횡축에 두 요소를 두고, 보고자 하는 것이 어떤 위치에 있는가를 알고자 할 때 사용한다.

〈OECD 국가의 대학졸업자 취업률 및 경제활동인구 비중〉

(5) 층별그래프

① 합계와 각 부분의 크기를 백분율로 나타내고 시간적 변화를 보는 데 적합하다.

② 합계와 각 부분의 크기를 실수로 나타내고 시간적 변화를 보는 데 적합하다.

　　예 상품별 매출액 추이 등

③ 선의 움직임보다는 선과 선 사이의 크기로써 데이터 변화를 나타내는 그래프이다.

〈우리나라 세계유산 현황〉

(6) 레이더 차트(거미줄그래프)

① 다양한 요소를 비교할 때, 경과를 나타내는 데 적합하다.

　　예 매출액의 계절변동 등

② 비교하는 수량을 직경, 또는 반경으로 나누어 원의 중심에서의 거리에 따라 각 수량의 관계를 나타내는 그래프이다.

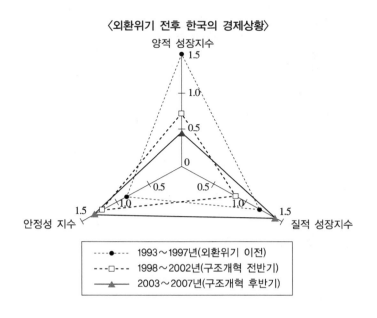

〈외환위기 전후 한국의 경제상황〉

다음은 주요 온실가스의 연평균 농도 변화 추이를 나타낸 자료이다. 이에 대한 설명으로 옳지 않은 것은?

〈주요 온실가스의 연평균 농도 변화 추이〉

구분	2017년	2018년	2019년	2020년	2021년	2022년	2023년
이산화탄소(CO_2, ppm)	387.2	388.7	389.9	391.4	392.5	394.5	395.7
오존전량(O_3, DU)	331	330	328	325	329	343	335

① 이산화탄소의 농도는 계속해서 증가하고 있다.

② 오존전량은 계속해서 증가하고 있다.

③ 2023년 오존전량은 2017년의 오존전량보다 4DU 증가했다.

④ 2023년 이산화탄소의 농도는 2018년보다 7ppm 증가했다.

| 해설 | 이산화탄소의 농도는 계속해서 증가하고 있는 것과 달리 오존전량은 2017년부터 2020년까지 차례로 감소하고 있다.

[오답분석]

① 이산화탄소의 농도는 2017년 387.2에서 시작하여 2023년 395.7ppm으로 해마다 증가했다.

③ 2023년 오존전량은 335DU로, 2017년의 331DU보다 4DU 증가했다.

④ 2023년 이산화탄소 농도는 2018년의 388.7ppm에서 395.7ppm으로 7ppm 증가했다.

정답 ②

01 ▶ 응용수리

01 P사의 해외사업부, 온라인 영업부, 영업지원부에서 각각 2명, 2명, 3명이 대표로 회의에 참석하기로 하였다. 자리 배치는 원탁 테이블에 같은 부서 사람이 옆자리로 앉는다고 할 때, 7명이 앉을 수 있는 경우의 수는?

① 48가지

② 36가지

③ 27가지

④ 24가지

02 주머니 A, B가 있는데 A주머니에는 흰 공 3개, 검은 공 2개가 들어있고, B주머니에는 흰 공 1개, 검은 공 4개가 들어있다. 주머니에서 한 개의 공을 꺼낼 때, 검은 공을 뽑을 확률은?

① $\dfrac{3}{10}$

② $\dfrac{2}{5}$

③ $\dfrac{1}{2}$

④ $\dfrac{3}{5}$

03 진희가 자전거 뒷좌석에 동생을 태우고 10km/h의 속력으로 회사에 가고 있었다. 회사 가는 길에 있는 어린이집에 동생을 내려주고, 아까의 1.4배의 속력으로 회사에 갔다. 진희의 집에서 회사까지의 거리는 12km이고, 진희가 8시에 집에서 나와 9시에 도착했다면, 진희가 어린이집에서 출발한 시각은?

① 8시 25분

② 8시 30분

③ 8시 35분

④ 8시 40분

04 가현이는 강의 A지점에서 B지점까지 일정한 속력으로 수영하여 왕복하였다. 가현이가 강물이 흐르는 방향으로 수영을 하면서 걸린 시간은 반대방향으로 거슬러 올라가며 걸린 시간의 0.2배라고 한다. 가현이가 수영한 속력은 강물의 속력의 몇 배인가?

① 0.5배　　　　　　　　　　　　　② 1배

③ 1.5배　　　　　　　　　　　　　④ 2배

05 아버지와 어머니의 연세 차는 4세이고 형과 동생의 나이 차는 2세이다. 또한, 아버지와 어머니의 연세의 합은 형의 나이보다 6배 많다고 한다. 형과 동생의 나이의 합이 40세라면 아버지의 연세는?(단, 아버지가 어머니보다 연세가 더 많다)

① 59세　　　　　　　　　　　　　② 60세

③ 63세　　　　　　　　　　　　　④ 65세

06 어떤 가게에서 사과 10개들이 한 상자를 9,500원에 판매하고 있다. 이 가게에서 사과를 낱개로 구매하려면 개당 1,000원을 지불해야 한다. 50,000원으로 이 가게에서 살 수 있는 사과의 최대 개수는?

① 48개　　　　　　　　　　　　　② 50개

③ 52개　　　　　　　　　　　　　④ 54개

07 작년 P고등학교의 학생 수는 재작년에 비해 10% 증가하였고, 올해는 55명이 전학을 와서 작년보다 10% 증가하였다. 그렇다면 재작년 P고등학교의 학생 수는?

① 400명　　　　　　　　　　　　　② 455명

③ 500명　　　　　　　　　　　　　④ 555명

08 A가게에서는 감자 한 박스에 10,000원이고 배송비는 무료이며, B가게에서는 한 박스에 8,000원이고 배송비는 3,000원이라고 할 때, 최소한 몇 박스를 사야 B가게에서 사는 것이 A가게에서 사는 것보다 저렴한가?

① 2박스   ② 3박스

③ 4박스   ④ 5박스

09 빨간 장미와 노란 장미가 섞인 꽃다발을 만들려고 하는데, 빨간 장미는 한 송이에 500원, 노란 장미는 한 송이에 700원이라고 한다. 총 30송이의 꽃으로 꽃다발을 만들었더니 16,000원이 들었다고 할 때, 빨간 장미는 몇 송이를 샀는가?

① 10송이   ② 15송이

③ 20송이   ④ 25송이

10 원가의 20%를 추가한 금액을 정가로 하는 제품을 15% 할인해서 50개를 판매한 금액이 127,500원일 때, 이 제품의 원가는?

① 1,500원   ② 2,000원

③ 2,500원   ④ 3,000원

11 어떤 백화점에서 20% 할인해서 팔던 옷을 할인된 가격의 30%를 추가로 할인하여 28만 원에 구매하였다면 할인받은 금액은?

① 14만 원   ② 18만 원

③ 22만 원   ④ 28만 원

12 어린이 6명과 어른 8명이 뷔페에 가는데 어른의 식권은 어린이 식권 가격의 1.5배이다. 14명의 식권의 값이 72,000원이라면 어른 1명의 식권 가격은?

① 4,000원   ② 5,000원

③ 6,000원   ④ 7,000원

13 A, B는 오후 1시부터 오후 6시까지 근무를 한다. A는 310개의 제품을 포장하는 데 1시간이 걸리고, B는 작업속도가 1시간마다 바로 전 시간의 2배가 된다. 두 사람이 받는 하루 임금이 같다고 할 때, B는 처음 시작하는 1시간 동안에 포장할 수 있는 제품의 개수는?(단, 일급은 그날 포장한 제품의 개수에 비례한다)

① 25개   ② 50개

③ 75개   ④ 100개

14 어떤 일을 A가 혼자 하면 15일, B가 혼자 하면 10일, C가 혼자 하면 30일이 걸린다. A, B, C가 함께 일할 때, 걸리는 기간은?

① 5일   ② 6일

③ 7일   ④ 8일

15 1시간에 책을 60페이지 읽는 사람이 있다. 40분씩 책을 읽고 난 후 5분씩 휴식하면서 4시간 동안 읽는다면, 총 몇 페이지를 읽겠는가?

① 215페이지   ② 220페이지

③ 230페이지   ④ 235페이지

16 P공장에서 제품을 A기계로 제작하면 14일이 소요되고, B기계로 제작하면 24일이 소요된다. 두 기계를 동시에 이용하였을 때 하루 생산량은 전체의 몇 %인가?

① 약 9%   ② 약 10%

③ 약 11%   ④ 약 12%

17 수학시험에서 동일이는 101점, 나정이는 105점, 윤진이는 108점을 받았다. 천포의 수학 점수까지 합친 평균이 105점일 때 천포의 점수는?

① 105점   ② 106점

③ 107점   ④ 108점

18 프로농구 결승전에서 A, B 두 팀이 시합을 했다. 2쿼터까지 A팀은 B팀보다 7점을 더 얻었고, 3쿼터와 4쿼터에 A팀은 B팀이 얻은 점수의 $\frac{3}{5}$을 얻어 75 : 78로 B팀이 이겼다. A팀이 3쿼터, 4쿼터에 얻은 점수는?

① 15점

② 20점

③ 25점

④ 30점

19 농도가 3%로 오염된 물 30L가 있다. 깨끗한 물을 채워서 오염물질의 농도를 0.5%p 줄이려고 한다. 깨끗한 물은 얼마나 더 넣어야 할까?

① 3L

② 4L

③ 5L

④ 6L

20 둘레가 600m인 호수가 있다. 서희와 소정이가 자전거를 타고 서로 반대 방향으로 동시에 출발하여 각각 초속 7m, 초속 5m의 속력으로 달렸을 때, 세 번째로 만나는 지점은 출발점에서 얼마나 떨어져 있는가?(단, 양쪽 중 더 짧은 거리를 기준으로 한다)

① 120m

② 150m

③ 200m

④ 220m

01 다음은 1월 2일에 P사 주식에 100,000원을 투자한 후 매일 주가 등락률을 정리한 자료이다. 이를 참고하여 주식을 모두 매도했을 때 옳은 것은?

〈전일 대비 주가 등락률〉

구분	1월 3일	1월 4일	1월 5일	1월 6일	1월 7일
등락률	10% 상승	20% 상승	10% 하락	20% 하락	10% 상승

① 1월 4일은 매도할 경우 이익률은 30%이다.

② 1월 5일에 매도할 경우 5,320원 이익이다.

③ 1월 6일에 매도할 경우 이익률은 −6.9%이다.

④ 1월 7일에 매도할 경우 주식 가격은 104,544원이다.

02 다음은 A, B, C대학교 입학 및 졸업자 인원 현황에 대한 자료이다. 빈칸에 들어갈 값으로 가장 적절한 것은?(단, 각 수치는 매년 일정한 규칙으로 변화한다)

〈대학교별 입학 및 졸업자 추이〉

(단위 : 명)

구분	A대학교		B대학교		C대학교	
	입학	졸업	입학	졸업	입학	졸업
2019년	670	613	502	445	422	365
2020년	689	632	530	473	436	379
2021년	740	683	514		452	395
2022년	712	655	543	486	412	355
2023년	749	692	540	483	437	380

① 448

② 457

③ 462

④ 473

03 P사에서는 업무효율을 높이기 위해 근무여건 개선방안에 대하여 논의하고자 한다. 귀하는 논의 자료를 위하여 전 사원의 야간근무 현황을 조사하였다. 다음 중 조사 내용에 대한 설명으로 옳지 않은 것은?

〈야간근무 현황(주 단위)〉

(단위 : 일, 시간)

구분	임원	부장	과장	대리	사원
평균 야근 빈도	1.2	2.2	2.4	1.8	1.4
평균 야근 시간	1.8	3.3	4.8	6.3	4.2

※ 60분의 3분의 2 이상을 채울 시 1시간으로 야근수당을 계산함

① 과장급 사원은 한 주에 평균적으로 2.4일 정도 야간근무를 한다.
② 전 사원의 주 평균 야근 빈도는 1.8일이다.
③ 평사원은 한 주 동안 평균 4시간 12분 정도 야간근무를 하고 있다.
④ 1회 야간근무 시 평균적으로 가장 긴 시간 동안 일하는 사원은 대리이다.

04 다음은 2019 ~ 2023년 P사의 경제 분야 투자에 대한 자료이다. 이에 대한 설명으로 옳지 않은 것은?

〈P사의 경제 분야 투자규모〉

(단위 : 억 원, %)

연도 구분	2019년	2020년	2021년	2022년	2023년
경제 분야 투자규모	20	24	23	22	21
총지출 대비 경제 분야 투자규모 비중	6.5	7.5	8	7	6

① 2023년 총지출은 320억 원 이상이다.
② 2020년 경제 분야 투자규모의 전년 대비 증가율은 25% 이하이다.
③ 2021년이 2022년보다 경제 분야 투자규모가 전년에 비해 큰 비율로 감소하였다.
④ 2019 ~ 2023년 동안 경제 분야에 투자한 금액은 110억 원이다.

05 다음은 기업 집중도 현황에 대한 자료이다. 이에 대한 설명으로 옳지 않은 것은?

<기업 집중도 현황>

구분	2021년	2022년	2023년	전년 대비
상위 10대 기업	25.0%	26.9%	25.6%	▽ 1.3%p
상위 50대 기업	42.2%	44.7%	44.7%	−
상위 100대 기업	48.7%	51.2%	51.0%	▽ 0.2%p
상위 200대 기업	54.5%	56.9%	56.7%	▽ 0.2%p

① 2023년의 상위 10대 기업의 점유율은 전년도에 비해 낮아졌다.
② 2021년 상위 101 ~ 200대 기업이 차지하고 있는 비율은 5% 미만이다.
③ 전년 대비 2023년에는 상위 50대 기업을 제외하고 모두 점유율이 감소했다.
④ 전년 대비 2023년의 상위 100대 기업이 차지하고 있는 점유율은 약간 감소했다.

06 다음은 우표 발행 현황에 대한 자료이다. 이에 대한 설명으로 가장 적절한 것은?

<우표 발행 현황>

(단위 : 천 장)

구분	2019년	2020년	2021년	2022년	2023년
보통우표	163,000	164,000	69,000	111,000	105,200
기념우표	47,180	58,050	43,900	35,560	33,630
나만의 우표	7,700	2,368	1,000	2,380	1,908
합계	217,880	224,418	113,900	148,940	140,738

① 기념우표는 나만의 우표 발행 수효와 등락폭을 같이 한다.
② 모든 종류의 우표 발행 수가 가장 낮은 연도는 2021년이다.
③ 보통우표와 기념우표 발행 수가 가장 큰 차이를 보이는 해는 2019년이다.
④ 2021년 전체 발행 수와 비교해 나만의 우표가 차지하고 있는 비율은 1% 이상이다.

07 P과장은 사내 체육대회 때 사용하게 될 생수를 구매하려고 한다. 다음 4개 업체의 생수 중에서 어떤 것을 고르는 것이 가장 이득이겠는가?(단, 생수의 품질은 모두 같고 물을 마시는 방법은 무시한다)

〈업체별 생수 비교〉

구분	A업체	B업체	C업체	D업체
가격(원)	6,000	4,000	5,000	4,500
부피(mL)	500	700	1,000	1,500
묶음 개수(개)	20	15	10	8

① A업체   ② B업체

③ C업체   ④ D업체

08 다음은 연도별 국내 스포츠 경기 수 현황에 대한 자료이다. 빈칸에 들어갈 수치로 가장 적절한 것은?(단, 각 수치는 매년 일정한 규칙으로 변화한다)

〈연도별 국내 스포츠 경기 수〉

(단위 : 경기)

구분	2018년	2019년	2020년	2021년	2022년	2023년
농구	450	468	428	457	444	463
야구	412	415	406	411	407	
배구	352	366	345	358	341	362
축구	385	390	374	380	378	389

① 399   ② 403

③ 406   ④ 412

※ 다음은 국가별 교통서비스 수입 현황을 나타낸 자료이다. 이어지는 질문에 답하시오. [9~10]

<국가별 교통서비스 수입 현황>

(단위 : 백만 달러)

구분	해상	항공	기타	합계
한국	25,160	5,635	776	31,571
인도	63,835	13,163	258	77,256
터키	5,632	4,003	522	10,157
멕시코	8,550	6,136	–	14,686
미국	36,246	53,830	4,268	94,344
브라질	9,633	4,966	305	14,904
이탈리아	7,598	10,295	8,681	26,574

09 다음 중 해상 교통서비스 수입액이 많은 국가부터 순서대로 바르게 나열한 것은?

① 인도 – 미국 – 한국 – 브라질 – 멕시코 – 이탈리아 – 터키
② 인도 – 미국 – 한국 – 멕시코 –브라질 – 터키 – 이탈리아
③ 인도 – 한국 – 미국 – 브라질 – 멕시코 – 이탈리아 – 터키
④ 인도 – 미국 – 한국 – 브라질 – 이탈리아 – 터키 – 멕시코

10 다음 중 자료에 대한 설명으로 옳지 않은 것은?

① 터키의 교통서비스 수입에서 항공 수입이 차지하는 비중은 45% 미만이다.
② 전체 교통서비스 수입 금액이 첫 번째와 두 번째로 높은 국가의 차이는 17,088백만 달러이다.
③ 해상 교통서비스 수입보다 항공 교통서비스 수입이 더 높은 국가는 미국과 터키이다.
④ 멕시코는 해상과 항공 교통서비스만 수입하였다.

11 다음은 우리나라 1차 에너지 소비량 자료이다. 이에 대한 설명으로 옳은 것은?

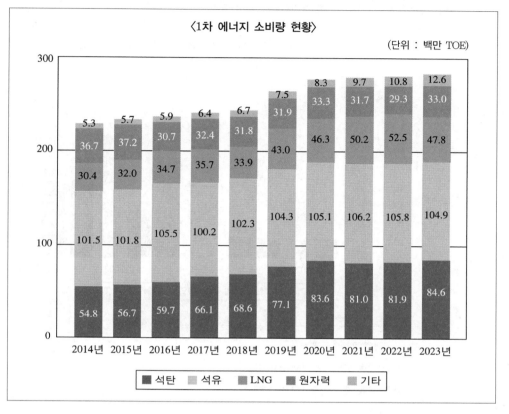

① 매년 석유 소비량이 나머지 에너지 소비량의 합보다 많다.
② 석탄 소비량은 완만한 하락세를 보이고 있다.
③ 기타 에너지 소비량이 지속적으로 감소하는 추세이다.
④ 2015 ~ 2019년 원자력 소비량은 증감을 반복하고 있다.

12 다음은 2020년과 2023년의 장소별 인터넷 이용률을 나타낸 자료이다. 이 자료를 변환한 그래프로 옳은 것은?(단, 모든 그래프의 단위는 '%'이다)

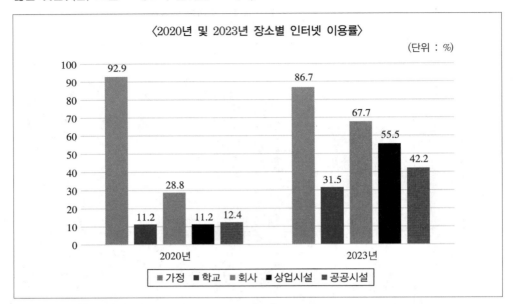

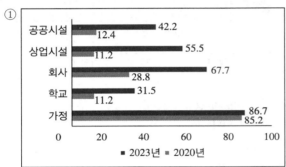

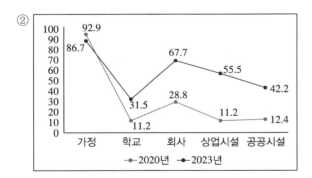

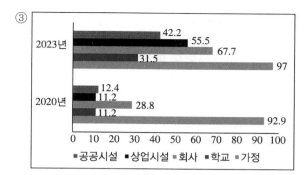

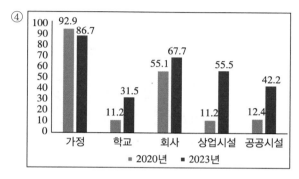

13 다음은 초 · 중 · 고등학생의 사교육비에 대한 자료이다. 학생 만 명당 사교육비가 가장 높은 해는?

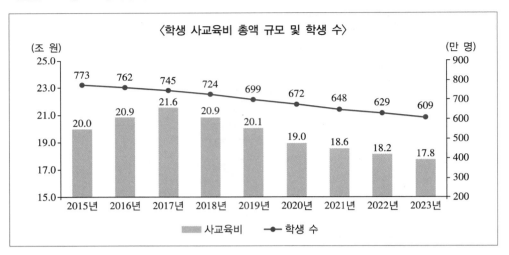

〈학생 사교육비 총액 규모 및 학생 수〉

① 2023년　　　　　　　　② 2021년
③ 2019년　　　　　　　　④ 2017년

※ 다음은 아시아 국가별 평균 교육기간을 나타낸 그래프이다. 이어지는 질문에 답하시오. [14~15]

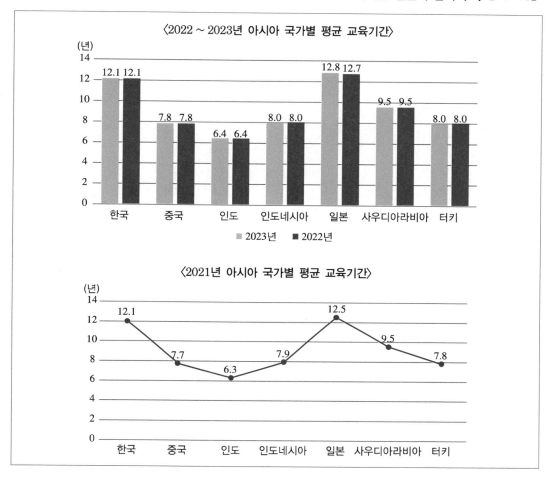

14 다음 중 자료에 대한 설명으로 옳지 않은 것은?

① 한국은 2021 ~ 2023년까지의 평균 교육기간은 동일하다.

② 2021년보다 2022년의 평균 교육기간이 높아진 국가는 5개국이다.

③ 2022년과 2023년의 아시아 각 국가의 평균 교육기간은 동일하다.

④ 2021 ~ 2023년 동안 매년 평균 교육기간이 8년 이하인 국가는 4개국이다.

15 2021년에 평균 교육기간이 8년 이하인 국가들의 평균 교육기간의 평균은?

① 7.105년 ② 7.265년

③ 7.425년 ④ 7.595년

※ 다음은 2022 ~ 2023년도 광역시별 인구 대비 헌혈 인구 비율을 나타낸 그래프이다. 이어지는 질문에 답하시오. [16~17]

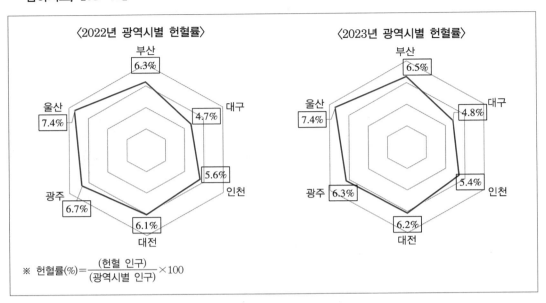

16 다음 중 전년 대비 2023년 헌혈률이 감소한 지역은?

① 울산광역시   ② 부산광역시

③ 광주광역시   ④ 대전광역시

17 2023년도 대구광역시 인구가 240만 명, 인천광역시 인구는 300만 명일 때, 각 지역의 헌혈 인구는?

	대구광역시	인천광역시
①	106,200명	157,000명
②	115,200명	162,000명
③	115,200명	157,000명
④	106,200명	162,000명

※ 다음은 P초등학교 남학생 500명과 여학생 450명의 도서 선호 분야를 비율로 나타낸 자료이다. 이어지는 질문에 답하시오. [18~20]

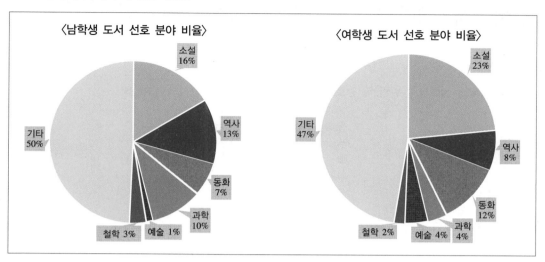

18 다음 중 과학 분야를 선호하는 총 학생 수는?

① 60명　　　　　　　　　② 68명

③ 70명　　　　　　　　　④ 75명

19 기타를 제외한 도서 선호 분야에서 남학생과 여학생 각각 가장 낮은 비율을 차지하는 분야의 학생 수를 구하려고 한다. 해당하는 분야의 총 학생 수의 10배는?

① 104명　　　　　　　　② 115명

③ 126명　　　　　　　　④ 140명

20 다음 중 자료에 대한 설명으로 옳은 것은?

① 남학생과 여학생은 예술 분야보다 철학 분야를 더 선호한다.

② 과학 분야는 선호하는 여학생 비율이 선호하는 남학생 비율보다 높다.

③ 역사 분야는 선호하는 남학생 비율이 선호하는 여학생 비율의 2배 미만이다.

④ 동화 분야는 선호하는 여학생 비율이 선호하는 남학생 비율의 2배 이상이다.

※ 다음은 버스 정류장의 위치 및 경로이다. 이어지는 질문에 답하시오. [1~2]

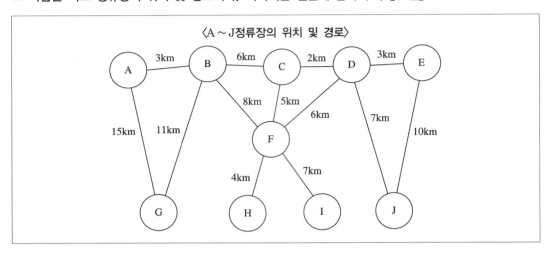

〈A ~ J정류장의 위치 및 경로〉

01 G에서 D까지 갈 수 있는 최소 이동거리는?(단, 한 번 지나간 길은 되돌아갈 수 없다)

① 19km
② 21km
③ 23km
④ 25km

02 A에서 J까지 가는 어떤 버스가 있다. 다음 〈조건〉에 따라 A에서 출발하여 J에 도착하기까지 걸리는 시간은?

> **조건**
> - A에서 J까지 버스가 거치는 정거장 수는 A, J를 포함하여 7개이다.
> - 한 번 지나간 정거장은 다시 지나가지 않는다.
> - 각 정거장 사이의 거리가 10km를 초과하는 곳은 지나가지 않는다.
> - F는 4번째로 거친다.
> - 버스의 속력은 시속 30km이며 정속으로 주행한다.
> - 승객 승·하차 등에 의한 정차 및 신호 대기, 교통 체증 등으로 지연되는 시간은 고려하지 않는다.

① 1시간
② 1시간 2분
③ 1시간 4분
④ 1시간 6분

※ 다음은 P사에 다니고 있는 김대리의 회사에서 집까지의 주변지도이다. 주어진 지도와 자료를 보고 이어지는 질문에 답하시오. [3~5]

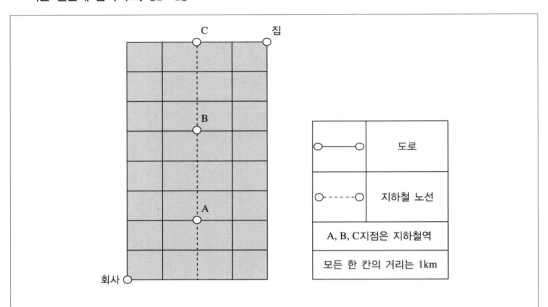

〈교통수단별 평균 속력〉

구분	속력
지하철	60km/h
버스	30km/h
택시	
도보	6km/h

〈교통수단별 요금 및 이용조건〉

구분	요금 및 이용조건
지하철	승차권 : 2,000원
	역이 위치한 A, B, C지점에서만 승하차 가능
버스	승차권 : 1,500원
	어디서나 승·하차 가능하나, 직선으로 2km씩 이동 가능
택시	기본요금 : 2,500원(5km까지), 추가 1km당 150원
	승·하차 및 이동에는 제약 없음(기사 포함 최대 4인 탑승 가능)

03 지하철을 반드시 이용하여 가장 빠르게 집에 도착하였을 때의 소요시간은?(단, 환승 등의 소요시간은 고려하지 않는다)

① 18분   ② 20분

③ 22분   ④ 24분

04 김대리는 회사에서 3명의 동료들과 함께 출발하여 집에서 식사를 한 후, 동료들은 김대리의 집에서 가장 가까운 지하철역으로 가려고 한다. 이때 소요되는 교통비로 가장 저렴한 것은?(단, 회사에서 집으로, 집에서 지하철역으로 이동할 때 모든 인원은 동일하게 한 가지 수단을 이용하며, 도보로 이동하지 않는다)

① 7,400원   ② 8,500원

③ 9,600원   ④ 10,700원

05 외부 업무를 위해, 김대리의 동료 정대리는 회사에서 택시를 타고 지하철역 B에 위치한 약속장소로 가려 한다. 오후 2시 30분에 예정된 약속을 위해 약속장소에 10분 미리 도착하여 일정을 준비하려고 할 때, 약속시간에 늦지 않기 위해 정대리는 적어도 몇 시에 회사에서 택시를 탑승해야 하는가?

① 오후 1시 51분   ② 오후 1시 56분

③ 오후 2시 1분   ④ 오후 2시 6분

※ 다음 제시된 명령어의 규칙에 따라 숫자를 변환시킬 때, 규칙에 따라 도식을 해결하여 마지막에 나오는 형태를 고르시오. [6~7]

06

Enter : 숫자와 색을 한 행씩 아래로 이동
Space : 숫자와 색을 한 열씩 오른쪽으로 이동
Tab : 숫자만 시계 방향으로 90° 회전
Shift : 색 반전
◇ : 해당 칸의 숫자가 초기 숫자보다 큰가?
□ : 해당 칸의 배경이 흰색인가?
■ : 해당 칸의 배경이 검은색인가?
사각형 안에 −(빼기) 2개 : 2개 칸 숫자의 차 X가 조건에 맞는지 확인
사각형 안에 +(더하기) 2개 : 2개 칸 숫자의 합 X가 조건에 맞는지 확인

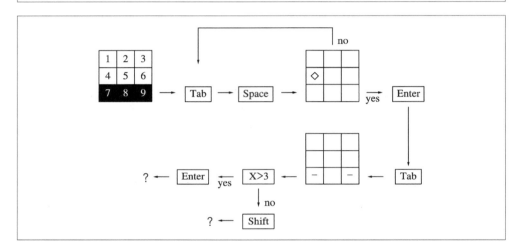

①
3	6	9
2	5	8
1	4	7

②
4	7	1
6	9	3
5	8	2

③
7	1	4
9	3	6
8	2	5

④
7	4	1
9	6	3
8	5	2

07

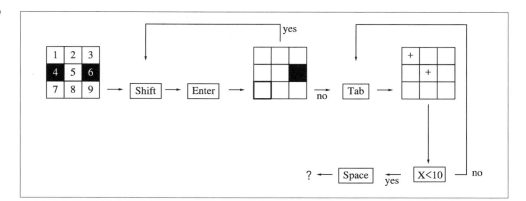

①
9	7	8
6	4	5
3	1	2

②
9	8	7
6	5	4
3	2	1

③
4	6	5
1	3	2
7	9	8

④
4	1	7
5	2	8
6	3	9

※ 다음 〈보기〉는 그래프 구성 명령어 실행 예시이다. 이어지는 질문에 답하시오. [8~10]

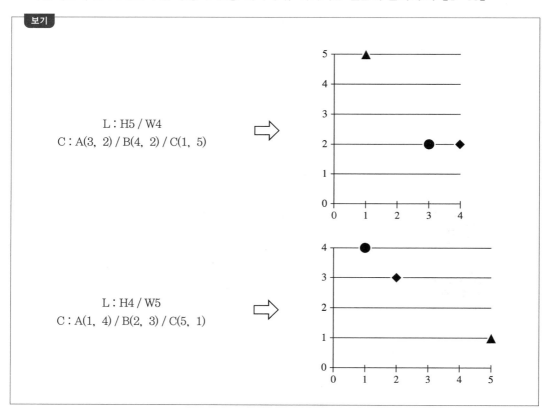

08 다음의 그래프를 산출하기 위한 명령어는?

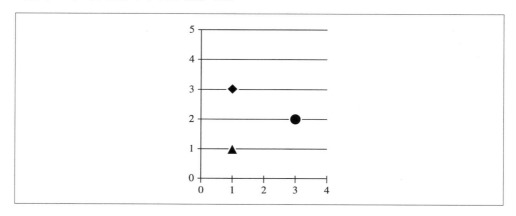

① L : H4 / W5
   C : A(3, 2) / B(1, 1) / C(1, 3)

② L : H4 / W5
   C : A(2, 3) / B(1, 3) / C(1, 1)

③ L : H5 / W4
   C : A(3, 2) / B(3, 1) / C(1, 1)

④ L : H5 / W4
   C : A(3, 2) / B(1, 3) / C(1, 1)

09 다음 그래프를 산출하기 위한 명령어는?

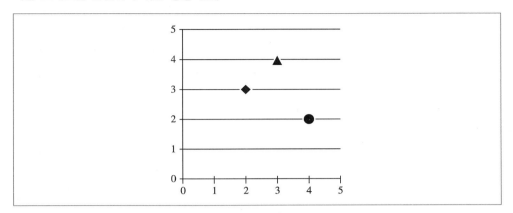

① L : H5 / W5
   C : A(4, 2) / B(3, 4) / C(3, 2)

② L : H5 / W5
   C : A(2, 4) / B(3, 4) / C(2, 3)

③ L : H5 / W5
   C : A(4, 2) / B(2, 3) / C(3, 4)

④ L : H5 / W5
   C : A(4, 2) / B(2, 3) / C(4, 3)

10 L : H5 / W4, C : A(1, 3) / B(2, 4) / C(4, 2)의 그래프를 산출할 때, 오류가 발생하여 아래와 같은 그래프가 산출되었다. 다음 중 오류가 발생한 값은?

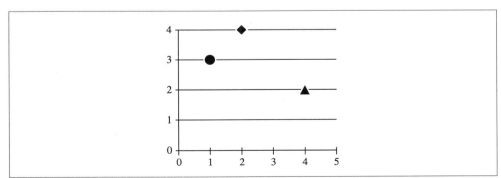

① H5 / W4

② A(1, 3)

③ B(2, 4)

④ C(4, 2)

※ 다음 〈보기〉는 그래프 구성 명령어 실행 예시이다. 이어지는 질문에 답하시오. [11~13]

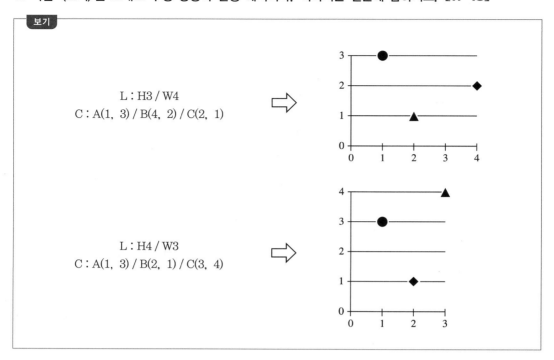

11 다음 그래프를 산출하기 위한 명령어는?

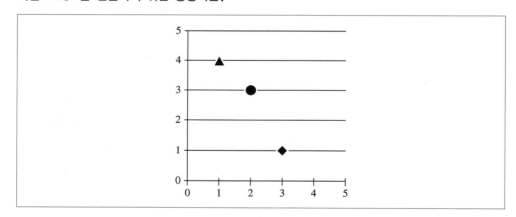

① L : H5 / W5
   C : A(2, 3) / B(3, 1) / C(1, 4)

② L : H5 / W5
   C : A(2, 3) / B(3, 1) / C(4, 1)

③ L : H5 / W5
   C : A(3, 3) / B(3, 1) / C(1, 4)

④ L : H5 / W5
   C : A(3, 2) / B(1, 3) / C(4, 1)

12 다음 그래프를 산출하기 위한 명령어는?

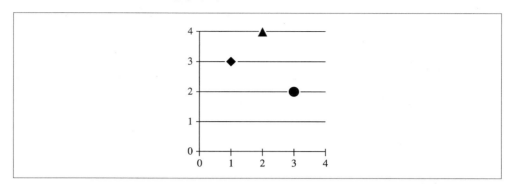

① L : H4 / W4
　 C : A(2, 3) / B(3, 1) / C(4, 2)

② L : H4 / W4
　 C : A(2, 3) / B(3, 1) / C(2, 4)

③ L : H4 / W4
　 C : A(2, 3) / B(1, 3) / C(2, 4)

④ L : H4 / W4
　 C : A(3, 2) / B(1, 3) / C(2, 4)

13 L : H4 / W4, C : A(2, 3) / B(1, 4) / C(3, 2)의 그래프를 산출할 때, 오류가 발생하여 아래와 같은 그래프가 산출되었다. 다음 중 오류가 발생한 값은?

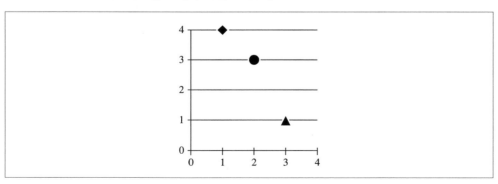

① H4 / W4

② A(2, 3)

③ B(1, 4)

④ C(3, 2)

14 P사에 근무하는 S사원은 부서 워크숍을 진행하기 위하여 다음과 같이 워크숍 장소를 선정하였다. 주어진 〈조건〉을 참고할 때, 워크숍 장소로 가장 적절한 곳은?

〈P사 워크숍 장소 후보〉

후보	거리(공사 기준)	수용 가능 인원	대관료	이동 시간(편도)
A호텔	40km	100명	40만 원/일	1시간 30분
B연수원	40km	80명	50만 원/일	2시간
C세미나	20km	40명	30만 원/일	1시간
D리조트	60km	80명	80만 원/일	2시간 30분

조건
- 워크숍은 1박 2일로 진행한다.
- S사원이 속한 부서의 직원은 모두 80명이며 전원 참석한다.
- 거리는 공사 기준 60km 이하인 곳으로 선정한다.
- 대관료는 100만 원 이하인 곳으로 선정한다.
- 이동 시간은 왕복으로 3시간 이하인 곳으로 선정한다.

① A호텔   ② B연수원
③ C세미나   ④ D리조트

15 P시에서 1박 2일 어린이 독서 캠프를 열고자 한다. 〈조건〉에 따라 참가 신청을 받을 때 캠프에 참가할 수 있는 어린이는?

〈1박 2일 독서 캠프 희망 어린이〉

이름	성별	학년	P시 시립 어린이도서관 대출 도서명	교내 도서관 대출 수
강지후	남	초등학교 6학년	• 열두 살 인생 • 아이 돌보는 고양이 고마워	–
김바다	남	초등학교 1학년	• 아빠는 화만 내 • 나는 따로 할거야	5
신예준	남	초등학교 3학년	–	2
황윤하	여	초등학교 2학년	• 강아지똥	3

조건

- 2023년 3월 기준 초등학교 1학년 이상 초등학교 6학년 이하인 어린이
- 2023년 6월 기준 P시 시립어린이도서관 대출 도서 및 교내 도서관 대출 도서 수가 다음 조건을 만족하는 어린이
  - P시 시립 어린이도서관 대출 도서 수가 3권 이상인 어린이
  - P시 시립 어린이도서관 대출 도서 수가 2권이고, 교내 도서관 대출 도서 수가 2권 이상인 어린이
  - P시 시립 어린이도서관 대출 도서 수가 1권이고, 교내 도서관 대출 도서 수가 4권 이상인 어린이
  - 교내 도서관 대출 도서 수가 5권 이상인 어린이

① 강지후
② 김바다
③ 신예준
④ 황윤하

16 제시된 자료는 P사의 제품번호 등록규칙이다. 다음 중 제품번호 'IND22Q03D9210'에 대한 설명으로 옳은 것은?

<P사 제품번호 등록규칙>

- 제품번호 등록규칙은 다음과 같다.
  [생산지 구분] – [생산 연도] – [생산 분기] – [제품 구분] – [운송 구분]
- 생산지 구분

국내	중국	인도네시아
KOR	CHN	IND

- 생산 연도

2019	2020	2021	2022	2023
19	20	21	22	23

- 생산 분기

1분기	2분기	3분기	4분기
Q01	Q02	Q03	Q04

- 제품 구분

식료품	의류	식기류	가전제품	기타
D81	D92	C13	E65	K00

- 운송 구분

일반	긴급	연기
10	20	30

① 중국에서 생산된 식기류 제품이다.

② 일반운송 대상이며, 인도네시아에서 생산된 제품이다.

③ 2021년 3분기에 생산되었다.

④ 긴급한 운송을 요하는 제품이다.

17 P사 인사팀 직원인 K씨는 사내 설문조사를 통해 요즘 사람들이 연봉보다는 일과 삶의 균형을 더 중요시하고 직무의 전문성을 높이고 싶어 한다는 결과를 도출했다. 다음 중 설문조사 결과와 P사 임직원의 근무여건에 관한 다음 자료를 참고하여 인사제도를 합리적으로 변경한 것은?

〈임직원 근무여건〉

구분	주당 근무 일수(평균)	주당 근무시간(평균)	직무교육여부	퇴사율
정규직	6일	52시간 이상	○	17%
비정규직 1	5일	40시간 이상	○	12%
비정규직 2	5일	20시간 이상	×	25%

① 정규직의 연봉을 7% 인상한다.
② 정규직을 비정규직으로 전환한다.
③ 비정규직 1의 직무교육을 비정규직 2와 같이 조정한다.
④ 정규직의 주당 근무시간을 비정규직 1과 같이 조정하고, 비정규직 2의 직무교육을 시행한다.

18 P사 총무팀, 개발팀, 영업팀, 홍보팀, 고객지원팀이 각각 1층 ~ 5층에 있다. 각 팀 탕비실에는 이온음료, 탄산음료, 에너지음료, 캔 커피가 구비되어 있다. 총무팀에서 각 팀에 채워 넣을 음료를 일괄적으로 구매하고자 한다. 〈조건〉에 따라 각 음료를 구매하려고 할 때 주문해야 할 최소 개수를 바르게 연결한 것은?

조건

〈P사 탕비실 내 음료 구비 현황〉

(단위 : 캔)

구분	총무팀	개발팀	영업팀	홍보팀	고객지원팀
이온음료	3	10	10	10	8
탄산음료	10	2	16	7	8
에너지음료	10	1	12	8	7
캔 커피	2	3	1	10	12

• 이온음료, 탄산음료, 에너지음료, 캔 커피는 각각 최소 6캔, 12병, 10캔, 30캔이 구비되어 있어야 하며, 최소 수량 미달 시 음료를 구매한다.
• 각 팀은 구매 시 각 음료의 최소 구비 수량의 1.5배를 구매한다.
• 모든 음료는 낱개로 구매할 수 없으며 묶음 단위로 구매해야 한다.
• 이온음료, 탄산음료, 에너지음료, 캔 커피 각각 6캔, 6캔, 6캔, 30캔을 묶음으로 판매하고 있다.

	이온음료	탄산음료	에너지음료	캔 커피
①	12캔	72캔	48캔	240캔
②	12캔	72캔	42캔	240캔
③	12캔	66캔	42캔	210캔
④	18캔	66캔	48캔	210캔

19 P사에서 근무하고 있는 K인턴은 C지사로 파견 근무를 나가고자 한다. 제시된 〈조건〉에 따라 파견일을 결정할 때, 다음 중 K인턴이 C지사로 파견 근무를 갈 수 있는 기간으로 옳은 것은?

〈10월 달력〉

일요일	월요일	화요일	수요일	목요일	금요일	토요일
				1	2	3
4	5	6	7	8	9	10
11	12	13	14	15	16	17
18	19	20	21	22	23	24
25	26	27	28	29	30	31

조건

- K인턴은 10월 중에 C지사로 파견 근무를 나간다.
- 파견 근무는 2일 동안 진행되며, 이틀 동안 연이어 진행하여야 한다.
- 파견 근무는 주중에만 진행된다.
- K인턴은 10월 1일부터 10월 7일까지 연수에 참석하므로 해당 기간에는 근무를 진행할 수 없다.
- K인턴은 10월 27일부터는 부서이동을 하므로, 27일부터는 파견 근무를 포함한 모든 담당 업무를 후임자에게 인계하여야 한다.
- K인턴은 목요일마다 H본부로 출장을 가며, 출장일에는 파견 근무를 수행할 수 없다.

① 10월 6 ~ 7일
② 10월 11 ~ 12일
③ 10월 14 ~ 15일
④ 10월 20 ~ 21일

20 P공장에서 제조하는 볼트의 일련번호는 다음과 같이 구성된다. 일련번호는 형태 – 허용압력 – 직경 – 재질 – 용도 순으로 표시할 때, 다음 중 직경이 14mm이고, 자동차에 쓰이는 스테인리스 볼트의 일련번호로 가장 적절한 것은?

형태	나사형	육각	팔각	별
	SC	HX	OT	ST
허용압력(kg/cm²)	10 ~ 20	21 ~ 40	41~60	61 이상
	L	M	H	P
직경(mm)	8	10	12	14
	008	010	012	014
재질	플라스틱	크롬 도금	스테인리스	티타늄
	P	CP	SS	Ti
용도	항공기	선박	자동차	일반
	A001	S010	M110	E100

① SCP014TiE100

② OTH014SSS010

③ STM012CPM110

④ HXL014SSM110

04 | 추리 핵심이론

1. 회전 모양

(1) 180° 회전한 도형은 좌우와 상하가 모두 대칭이 된 모양이 된다.

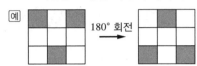

(2) 시계 방향으로 90° 회전한 도형은 시계 반대 방향으로 270° 회전한 도형과 같다.

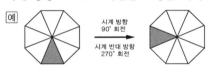

(3) 좌우 반전 → 좌우 반전, 상하 반전 → 상하 반전은 같은 도형이 된다.

(4) 도형을 거울에 비친 모습은 방향에 따라 좌우 또는 상하로 대칭된 모습이 나타난다.

2. 회전 각도

도형의 회전 각도는 도형의 모양으로 유추할 수 있다.

(1) 회전한 모양이 회전하기 전의 모양과 같은 경우

도형	가능한 회전 각도
	$\cdots,\ -240°,\ -120°,\ +120°,\ +240°,\ \cdots$
	$\cdots,\ -180°,\ -90°,\ +90°,\ +180°,\ \cdots$
	$\cdots,\ -144°,\ -72°,\ +72°,\ +144°,\ \cdots$

(2) 회전한 모양이 회전하기 전의 모양과 다른 경우

회전 전 모양	회전 후 모양	회전한 각도

다음 제시된 도형의 규칙을 보고 ?에 들어갈 알맞은 도형을 고르면?

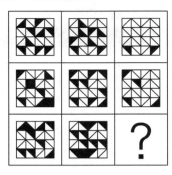

①

②

③

④

| 해설 | 규칙은 가로로 적용된다.
첫 번째 도형의 색칠된 부분과 두 번째 도형의 색칠된 부분이 겹치는 부분을 색칠한 도형이 세 번째 도형이 된다.

정답 ④

02 ▶ 수추리

(1) 등차수열 : 앞의 항에 일정한 수를 더해 이루어지는 수열

예 1   3   5   7   9   11   13   15
    +2 +2 +2 +2 +2 +2 +2

(2) 등비수열 : 앞의 항에 일정한 수를 곱해 이루어지는 수열

예 1   2   4   8   16   32   64   128
    ×2 ×2 ×2 ×2 ×2 ×2 ×2

(3) 계차수열 : 앞의 항과의 차가 일정하게 증가하는 수열

예 1   2   4   7   11   16   22   29
    +1 +2 +3 +4 +5 +6 +7
    +1 +1 +1 +1 +1 +1

핵심예제

다음과 같이 일정한 규칙으로 수를 나열할 때, 다음 중 빈칸에 들어갈 알맞은 수는?

6	9	15	( )	51	99	195

① 27   ② 26

③ 25   ④ 24

| 해설 | 앞의 항에 $+3 \times 2^0$, $+3 \times 2^1$, $+3 \times 2^2$, $+3 \times 2^3$, $+3 \times 2^4$ …인 수열이다.

따라서 ( ) $= 15 + 3 \times 2^2 = 15 + 12 = 27$이다.

정답 ①

(4) 피보나치수열 : 앞의 두 항의 합이 그 다음 항의 수가 되는 수열

$$a_n = a_{n-1} + a_{n-2} \ (n \geq 3, \ a_1 = 1, \ a_2 = 1)$$

예 1 1 $\underset{1+1}{2}$ $\underset{1+2}{3}$ $\underset{2+3}{5}$ $\underset{3+5}{8}$ $\underset{5+8}{13}$ $\underset{8+13}{21}$

(5) 건너뛰기 수열 : 두 개 이상의 수열이 일정한 간격을 두고 번갈아가며 나타나는 수열

예 1 1 3 7 5 13 7 19

• 홀수 항 : 1 3 5 7
　　　　　 　 +2 +2 +2

• 짝수 항 : 1 7 13 19
　　　　　 　 +6 +6 +6

(6) 군수열 : 일정한 규칙성으로 몇 항씩 묶어 나눈 수열

예 • 1 1 2 1 2 3 1 2 3 4
　 ⇒ 1̲ 1̲ 2̲ 1̲ 2̲ 3̲ 1̲ 2̲ 3̲ 4̲

• 1 3 4 6 5 11 2 6 8 9 3 12
⇒ $\underset{1+3=4}{\underline{1 \ 3 \ 4}}$ $\underset{6+5=11}{\underline{6 \ 5 \ 11}}$ $\underset{2+6=8}{\underline{2 \ 6 \ 8}}$ $\underset{9+3=12}{\underline{9 \ 3 \ 12}}$

• 1 3 3 2 4 8 5 6 30 7 2 14
⇒ $\underset{1 \times 3 = 3}{\underline{1 \ 3 \ 3}}$ $\underset{2 \times 4 = 8}{\underline{2 \ 4 \ 8}}$ $\underset{5 \times 6 = 30}{\underline{5 \ 6 \ 30}}$ $\underset{7 \times 2 = 14}{\underline{7 \ 2 \ 14}}$

핵심예제

다음과 같이 일정한 규칙으로 수를 나열할 때, 다음 중 빈칸에 들어갈 알맞은 수는?

| 3 | 17 | 7 | 5 | ( ) | 10 | 7 | 33 | 13 |

① 20　　　　　　　　　　② 25

③ 30　　　　　　　　　　④ 35

|해설| 각 항을 3개씩 묶고 이를 각각 $A \ B \ C$라고 하면 다음과 같은 규칙이 성립한다.
　　　$A + C \times 2 = B$ → $3 + 7 \times 2 = 17$, $7 + 13 \times 2 = 33$
　　　따라서 ( )$= 5 + 10 \times 2 = 25$이다.

정답 ②

※ 다음 도형 또는 내부의 기호들은 일정한 패턴을 가지고 변화한다. 다음 중 ?에 들어갈 도형으로 가장 알맞은 것을 고르시오. [1~3]

01

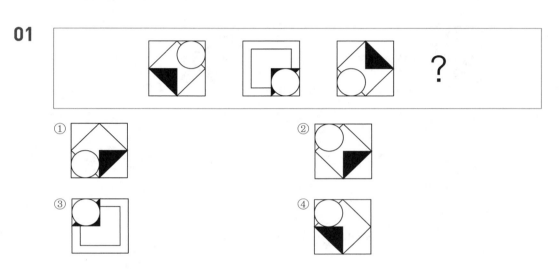

02

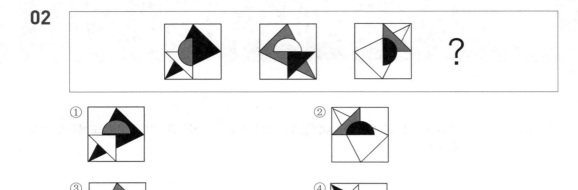

03

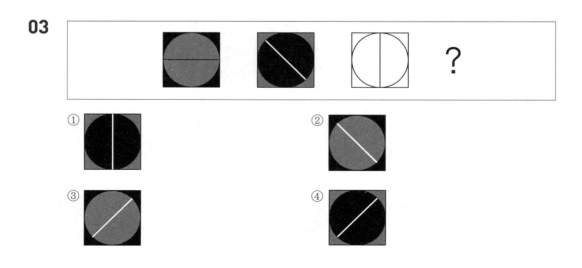

※ 다음 제시된 도형의 규칙을 보고 ?에 들어갈 알맞은 도형을 고르시오. [4~6]

04

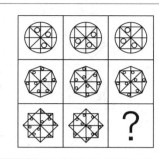

① 　　　　②

③ 　　　　④

05

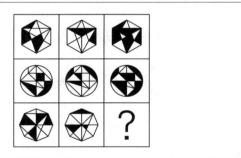

① 　　　　②

③ 　　　　④

06

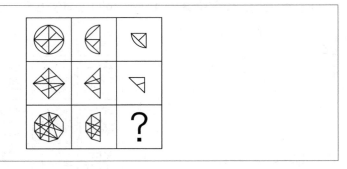

 ①   ②

 ③   ④

※ 빨간색, 주황색, 노란색, 초록색의 신호등이 있고, 신호가 변화하는 규칙은 아래와 같다. 각 문항의 신호 변화 과정상의 오류를 찾아 제거해야 주어진 결과를 얻을 수 있다고 할 때, 다음 중 오류가 발생한 도형을 고르시오(단, 규칙에서 언급되지 않은 색의 신호등은 현재 상태 그대로 해당 단계를 통과하며, 같은 색의 신호등이 중복하여 켜질 수 있다). [7~8]

구분	과정
▷	빨간색 외에는 꺼진다.
♠	노란색 외에는 꺼진다.
♣	주황색은 노란색으로 바뀐다.
♥	초록색은 빨간색으로 바뀐다.
□	주황색만 꺼진다.
◎	노란색이 켜져 있지 않을 경우 주황색이 하나 켜진다.
◑	빨간색과 초록색이 둘 다 켜져 있지 않거나 둘 중 하나만 켜진 경우 빨간색이 하나 켜진다.
☎	똑같은 색이 두 개 이상 켜져 있을 경우 그 색은 꺼진다.

07

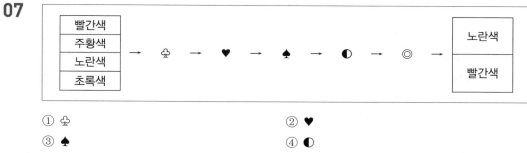

① ♣   ② ♥

③ ♠   ④ ◑

08

① ▷   ② ♣

③ ◎   ④ ◑

※ 다음 규칙을 읽고, 이어지는 질문에 답하시오. [9~11]

작동 버튼	기능
○	알파벳 소문자를 모두 대문자로 바꾼다.
●	알파벳 대문자를 모두 소문자로 바꾼다.
◇	두 번째 칸과 세 번째 칸의 알파벳을 바꾼다.
◆	첫 번째 칸과 네 번째 칸의 알파벳을 바꾼다.

※ 맨 위 칸의 알파벳이 첫 번째 문자임

09 〈보기〉의 왼쪽 상태에서 작동 버튼을 두 번 눌렀더니, 오른쪽과 같은 결과가 나타났다. 다음 중 작동 버튼의 순서를 바르게 나열한 것은?

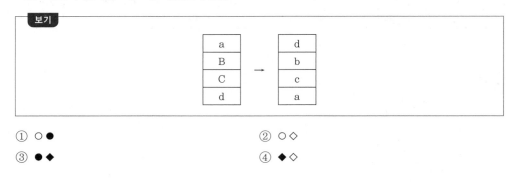

① ○●   ② ○◇

③ ●◆   ④ ◆◇

10 〈보기〉의 왼쪽 상태에서 작동 버튼을 두 번 눌렀더니, 오른쪽과 같은 결과가 나타났다. 다음 중 작동 버튼의 순서를 바르게 나열한 것은?

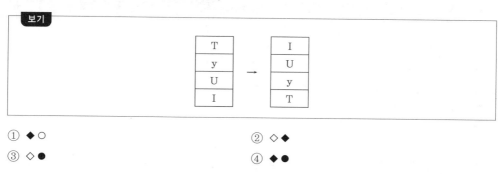

① ◆ ○   ② ◇ ◆

③ ◇ ●   ④ ◆ ●

11 〈보기〉의 왼쪽 상태에서 작동 버튼을 세 번 눌렀더니, 오른쪽과 같은 결과가 나타났다. 다음 중 작동 버튼의 순서를 바르게 나열한 것은?

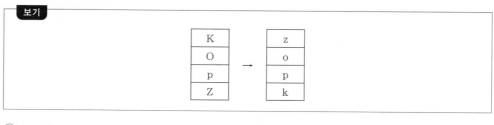

① ○ ◆ ●   ② ◆ ○ ○

③ ◆ ◇ ○   ④ ○ ◇ ●

※ 다음 규칙을 읽고, 이어지는 질문에 답하시오. [12~14]

작동 버튼	기능
♤	모든 도형의 색을 바꾼다(흰색 → 검은색, 검은색 → 흰색).
♡	검은색 도형을 흰색으로 바꾼다.
♧	두 번째 칸과 네 번째 칸의 도형을 바꾼다.
⊙	모든 도형을 시계 방향으로 180° 회전시킨다.

※ 맨 위 칸의 도형이 첫 번째 도형임

12 〈보기〉의 왼쪽 상태에서 작동 버튼을 두 번 눌렀더니, 오른쪽과 같은 결과가 나타났다. 다음 중 작동 버튼의 순서를 바르게 나열한 것은?

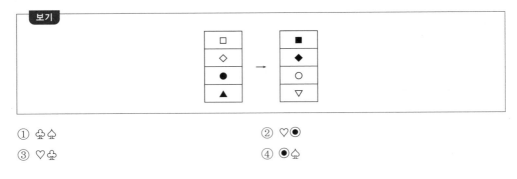

① ♧♤

② ♡⊙

③ ♡♧

④ ⊙♤

13 〈보기〉의 왼쪽 상태에서 작동 버튼을 두 번 눌렀더니, 오른쪽과 같은 결과가 나타났다. 다음 중 작동 버튼의 순서를 바르게 나열한 것은?

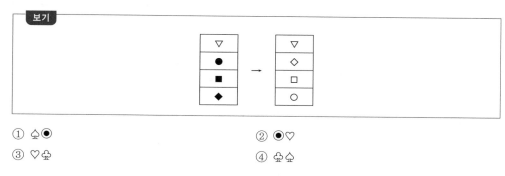

① ♧●

② ●♡

③ ♡♧

④ ♧♧

14 〈보기〉의 왼쪽 상태에서 작동 버튼을 세 번 눌렀더니, 오른쪽과 같은 결과가 나타났다. 다음 중 작동 버튼의 순서를 바르게 나열한 것은?

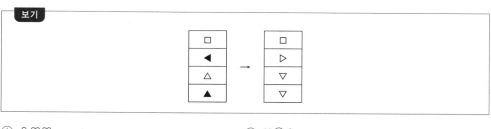

① ♧♡♡

② ♡●♧

③ ●♧♡

④ ♡●●

15

40	45	60	50	79	56	97	63	114	( )	

① 64   ② 67

③ 69   ④ 71

16

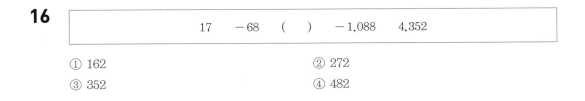

17	−68	( )	−1,088	4,352	

① 162   ② 272

③ 352   ④ 482

17

84	21	38	9.5	15	3.75	( )

① 3.5   ② 4.5

③ 5.5   ④ 6.5

※ 다음은 일정한 규칙에 따라 수를 배치한 것이다. 빈칸에 들어갈 적절한 수를 고르시오. [18~19]

18

8	27	132
32		156
56	75	180

① 39

② 43

③ 47

④ 51

19

10	2	8	5	6	8
	20		19	19	

① 15

② 19

③ 21

④ 29

20 오각형 모서리의 숫자들이 일정한 규칙에 따라 다음과 같이 증가한다고 할 때, 여섯 번째 오각형 모서리의 숫자들의 합은?

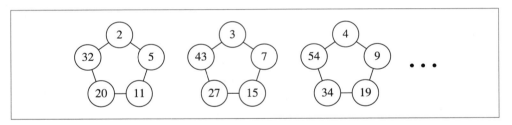

① 175

② 185

③ 195

④ 205

2

포스코 상식

01 다음 중 포스코가 경영이념 실현을 위해 제시한 활동 영역에 해당하지 않는 것은?

① People
② HyREX
③ Society
④ Business

02 다음 중 포스코의 창업이념은?

① 철저마침(鐵杵磨鍼)
② 우수천석(雨垂穿石)
③ 제철보국(製鐵報國)
④ 수처작주(隨處作主)

03 다음 중 포스코의 저탄소 친환경 자동차 브랜드의 명칭은?

① Greenate(그리닛)
② Green with Posco
③ INNOVILT(이노빌트)
④ eAutopos(이오토포스)

04 다음 중 과거의 포항종합제철이 현재의 포스코(POSCO)라는 명칭으로 다시 설립된 연도는?

① 2002년
② 2004년
③ 2007년
④ 2009년

05 다음 중 빈칸의 ㉠에 들어갈 내용으로 가장 적절한 것은?

> 포스코청암재단이 광양·포항지역 고등학생들의 안정적 학업 여건 조성을 위해 'With POSCO 등대장학생' 250명을 선발했다고 밝혔다. 포스코청암재단 'With POSCO 등대장학생' 선발 사업은 어려운 환경 속에서 학업에 전념하며 다른 이의 모범이 되고 있는 광양·포항지역 고등학교 3학년생에게 포스코가 '등대'처럼 앞길을 비춰주고 격려하기 위해 마련한 장학 프로그램이다. 이번에 선발된 36개교 250명 장학생들에게는 장학 증서와 함께 50만 원의 장학금이 지급된다.
> 포스코청암재단은 우리 사회의 양극화 문제 해소에 기여하고자 어려운 환경의 광양·포항지역 학생들에게 다양한 장학프로그램을 전개하고 있으며, 포스코그룹이 지향하는 '함께하고 싶은 기업'의 모습을 담은 기업시민 5대 브랜드 활동 중 하나인 ___㉠___ 와 Community with POSCO(지역사회와 함께하는 회사) 실천에 앞장서고 있다.
> 실제로 포스코는 지난 2019년부터 매년 저출산 정책 심포지엄을 열고 있으며, 2021년에는 보건복지부와 미래 세대 인구 교육 사업을 위한 상호협력 양해각서(MOU)를 체결했다. 2022년 4월에는 한국경제연구원과 한미글로벌, 서울대, SK와 대한민국 저출산·고령화 대응 국가전략 세미나도 열었다.

① Life With POSCO
② Green With POSCO
③ Together With POSCO
④ Challenge With POSCO

06 다음 중 빈칸에 들어갈 포스코그룹의 기술로 가장 적절한 것은?

> 2006년 포스코가 세계 최초로 개발한 고상접합 방식의 _____은/는 열연제품의 소재인 슬래브를 1차로 압연한 바(Bar)를 접합하여 연속으로 압연하는 기술이다.

① 조업기술　　　　　　　　　　　② 연연속압연기술
③ 파이넥스 공법　　　　　　　　　④ 스트립캐스팅

07 다음에서 설명하고 있는 포스코그룹의 기업은?

> 포스코그룹의 지식자산 전문기업으로 2017년에 설립되었다. 고객에게 기술정보 조사 및 전문적 분석을 통해 Insight를 제공하고, 기술 보호와 권리화 지원 서비스를 통해 지식자산 가치를 최대화한다.

① SNNC
② 포스코케미칼
③ 포스코알텍
④ 피엠씨텍

08 다음 중 포스코에 대한 설명으로 적절하지 않은 것은?

① CEO와 이사회 의장이 분리되어 이사회가 독립성을 가지고 있다.
② 감사위원회의 위원은 사외이사 2인, 사내이사 1인으로 구성되어 독립적으로 운영된다.
③ 1960년대 창립되어 2000년에 민영화 되었다.
④ 경영비전은 더불어 함께 발전하는 기업시민을 뜻하는 Our POSCO이다.

09 다음은 포스코의 탄소경영 리스트 & 기회 관리 프로세스에 대한 내용이다. ㉠ ~ ㉣ 중 적절하지 않은 것은?

리스크 및 기회요인 파악	• 위험 수준 및 재무적 영향 평가 • 탄소시장 및 녹색사업 기회 파악 … ㉠
온실가스 관리 시스템 구축	• POSCO Carbon Management System 구축 … ㉡ • 탄소에너지 통합관리 시스템 구축
기후변화 대책활동 추진	• 투자사업 의사결정 시 기후변화 리스크 협의 • 탄소회계시스템 및 탄소배출량 검증시스템 가동 … ㉢
기후변화 대책활동 점검	• 기후변화 관련 규제 및 정책대응 현황 점검 • 포스코 패밀리 녹색 신사업 추진 현황 점검 … ㉣
경영층 보고	• 포스코 패밀리 환경경영위원회 보고 • CO_2 및 에너지 지료 관련 전사 운영회의 보고

① ㉠
② ㉡
③ ㉢
④ ㉣

10 국내외로 환경에 대한 관심과 규제가 강화됨에 따라 포스코그룹은 여러 수단을 통해 환경 커뮤니케이션에 주력하고 있다. 다음 중 포스코그룹의 환경 커뮤니케이션의 일환으로 시행되고 있는 것이 아닌 것은?

① 포스코 그린워크 캠페인   ② 환경 콜로키움
③ 카페오아시아   ④ 탄소중립 프로그램

11 다음이 설명하는 건축물로 알맞은 것은?

> 포스코는 지난 2009년부터 화재 피해 가정을 지원해 왔다. 특히 포스코의 고품질 철강 제품인 포스맥(PosMAC)을 건물 외장재로 사용하고 있는데, 포스코의 고유 기술로 개발된 포스맥은 고내식 도금 강판으로 일반 아연도금강판 대비 5배 이상 부식에 강한 차세대 고내식 강판이다. 따라서 비바람이나 해풍 등의 외부 환경에 노출되는 건축외장재의 부식을 방지해 유지 보수 비용이 줄어들고 사용 수명이 길어져 경제적이다. 또한 일반 콘크리트 건물에 비해 상대적으로 진동이나 변형에 강한 구조로 설계되어 지진에 강하고 안정성도 뛰어난 장점이 있다.

① 포스하우스   ② 스틸하우스
③ 맥하우스   ④ 철강하우스

12 다음 중 포스코의 브랜드 아이덴티티는?

① Unlimit the Limit   ② Limit the Limit
③ Innovation the Limit   ④ Advance the Limit

13 다음 포스코그룹 중 주 사업이 잘못 연결된 것은?

① 순천에코트랜스 – 스카이 큐브
② 피엠씨텍 – 침상코크스 제조
③ 포스코스틸리온 – 표면처리강판
④ 포항특수용접봉 – 특수용접기

14 포스코의 해외진출 사업으로 포스코 에너지와 함께 동남아 최초 부생가스발전소를 만든 나라는?

① 인도네시아   ② 베트남
③ 필리핀   ④ 싱가포르

15 다음에서 설명하고 있는 포스코그룹은?

> 포스코와 포항공대로 구성된 안정적인 주주기반의 신기술금융사로 1997년에 설립되었다.

① 포스코기술투자   ② 포스코 O&M
③ 포스코새마을금고   ④ 포스코미소금융재단

16 포스코는 사회적으로 존경받는 기업으로 발돋움하고자 다양한 사회공헌활동을 이어가고 있다. 다음 중 포스코의 사회공헌활동이 아닌 것은?

① 비욘드 봉사단　　　　　　　　② 스틸빌리지 프로젝트
③ 한국고등교육재단　　　　　　　④ 클린오션 봉사단

17 다음 중 포스코의 계열사가 아닌 것은?

① 포스코케미칼　　　　　　　　　② 포스코 O&M
③ 포스코특수강　　　　　　　　　④ 엔투비

18 포스코에서는 미세먼지, 산성비를 유발하고 호흡기 및 피부질환의 원인이 되는 황산부식 및 황산과 염산의 복합산 부식에 대하여 내구성이 우수한 환경부식 특화강을 개발했다. 이 특화강의 이름은?

① 앙코르강　　　　　　　　　　　② 열연강판
③ 퍼멀로이　　　　　　　　　　　④ 스테인리스강

19 다음 중 포스코의 신소재인 '기가스틸'의 특장점이 아닌 것은?

① 고강도
② 가공성
③ 열전도성
④ 경제성

20 포스코는 자사 홈페이지에 포스코 역사를 총 다섯 기간으로 나누어 설명하고 있다. 다음 중 포스코 역사의 기간과 그에 대한 설명으로 적절하지 않은 것은?

① 1967~1970년 : 포스코 창업기
② 1971~1981년 : 포항중흥기
③ 1982~1992년 : 광양건설기
④ 1993~2002년 : 민영화

PART

3

최종점검 모의고사

제1회 최종점검 모의고사

제2회 최종점검 모의고사

제3회 최종점검 모의고사

제4회 최종점검 모의고사

포스코그룹 생산기술직 / 직업훈련생 온라인 PAT	
도서 동형 온라인 실전연습 서비스	APPZ-00000-A9B37

☑ 응시시간 : 60분   ☑ 문항 수 : 65문항   정답 및 해설 p.028

01 제시된 명제가 모두 참일 때, 빈칸에 들어갈 명제로 가장 적절한 것은?

> • 무거운 물건을 들기 위해서는 근력이 좋아야 한다.
> • _____
> • 근육을 키우지 않으면 무거운 물건을 들 수 없다.

① 무거운 물건을 들기 위해서는 근육을 키워야 한다.
② 근력이 좋으려면 근육을 키워야 한다.
③ 근육을 키우면 무거운 물건을 들 수 없다.
④ 근육을 키우면 무거운 물건을 들 수 있다.

02 다음 명제를 통해 얻을 수 있는 결론으로 가장 적절한 것은?

> • 영희는 가방을 좋아한다.
> • 비행기를 좋아하는 사람은 바나나를 좋아하지 않는다.
> • 가방을 좋아하는 사람은 바나나를 좋아한다.

① 바나나를 좋아하지 않는 사람은 가방을 좋아한다.
② 비행기를 좋아하지 않는 사람은 바나나를 좋아한다.
③ 비행기를 좋아하는 사람은 가방을 좋아한다.
④ 영희는 비행기를 좋아하지 않는다.

03 다음 제시된 명제가 참일 때, 옳지 않은 것은?

> • 책을 읽는 사람은 어휘력이 풍부하다.
> • 끝말잇기를 잘하는 사람은 어휘력이 풍부하다.
> • 자유시간이 많을수록 책을 읽는다.
> • 어휘력이 풍부하면 발표를 잘한다.

① 책을 읽는 사람은 발표를 잘한다.
② 발표를 못 하는 사람은 책을 읽지 않았다.
③ 발표를 못 하는 사람은 끝말잇기도 못 한다.
④ 자유시간이 많으면 끝말잇기를 잘한다.

04 P사의 기획팀에서 근무하고 있는 직원 A ~ D는 서로의 프로젝트 참여 여부에 대하여 다음과 같이 진술하였고, 이들 중 단 1명만이 진실을 말하였다. 이들 가운데 반드시 프로젝트에 참여하는 사람은?

> A : 나는 프로젝트에 참여하고, B는 프로젝트에 참여하지 않는다.
> B : A와 C 중 적어도 한 명은 프로젝트에 참여한다.
> C : 나와 B 중 적어도 한 명은 프로젝트에 참여하지 않는다.
> D : B와 C 중 한 명이라도 프로젝트에 참여한다면, 나도 프로젝트에 참여한다.

① A
② B
③ C
④ D

05

(가) 르네상스와 종교개혁을 거치면서 성립된 근대 계몽주의는 중세를 지배했던 신(神) 중심의 사고에서 벗어나 합리적 사유에 근거한 인간 해방을 추구하였다.

(나) 하지만 이 같은 문명의 이면에는 환경 파괴와 물질만능주의, 인간소외와 같은 근대화의 병폐가 숨어 있었다.

(다) 또한 계몽주의의 합리적 사고는 자연과학의 성립으로 이어졌으며, 우주와 자연에서 신비로운 요소를 걷어낸 과학 기술의 발전은 인류에게 그 어느 때보다 풍요로운 물질적 부를 가져왔다.

(라) 인간의 무지로부터 비롯된 자연에 대한 공포가 종교적 세계관을 낳았지만, 계몽주의는 이성과 합리성을 통해 이를 극복하였다.

① (가) – (나) – (다) – (라)　　　② (가) – (다) – (나) – (라)
③ (라) – (가) – (다) – (나)　　　④ (라) – (다) – (가) – (나)

06

(가) 환경 영향 평가 제도는 각종 개발 사업이 환경에 끼치는 영향을 예측하고 분석하여 부정적인 환경 영향을 줄이는 방안을 마련하는 수단이다.

(나) 그리하여 각종 개발 계획의 추진 단계에서부터 환경을 고려하는 환경 영향 평가 제도가 도입되었다.

(다) 개발로 인해 환경오염이 심각해지고 자연 생태계가 파괴됨에 따라 오염 물질의 처리 시설 설치와 같은 사후 대책만으로는 환경 문제에 대한 해결이 어려워졌다.

(라) 그 결과 환경 영향 평가 제도는 환경 훼손을 최소화하고 환경 보전에 대한 사회적 인식을 제고하는 등 개발과 보전 사이의 균형추 역할을 수행해 왔다.

① (가) – (다) – (나) – (라)　　　② (나) – (라) – (다) – (가)
③ (다) – (라) – (가) – (나)　　　④ (라) – (다) – (나) – (가)

07 다음 제시된 문장을 읽고, 이어질 문장을 논리적 순서대로 바르게 나열한 것은?

> 맨체스터 유나이티드는 한때 지역의 축구팀에 불과했지만 브랜딩 과정을 통해 글로벌 스포츠 브랜드로 성장했다. 이런 변화는 어떻게 시작되었을까?

> (가) 먼저 맨체스터 유나이티드는 최고의 잠재력을 지닌 전 세계 유소년 선수들을 모아 청소년 아카데미를 운영했다. 1986년 맨체스터 유나이티드의 감독 퍼거슨은 베컴을 비롯한 많은 스타선수들을 유소년기부터 훈련시켰다.
> (나) 이를 바탕으로 맨체스터 유나이티드는 지역의 작은 축구팀이 아니라 전 세계인이 알고 있는 글로벌 브랜드가 되었고, 단기간의 팀 경기력 하락 등에 의해 쉽게 영향을 받지 않는 튼튼한 소비층을 구축하게 되었다.
> (다) 이후 맨체스터 유나이티드는 자사 제품의 품질을 강화시킨 후 경영 전략에 변화를 주었다. 이들은 클럽을 '브랜드'로, 선수를 '자산'으로, 팬을 '소비자'로, 세계를 '시장'으로 불렀다.
> (라) 이렇게 만들어진 맨체스터 유나이티드의 브랜드를 팀 테마 레스토랑, 스포츠용품점, TV 등 다양한 경로를 통해 유통하기 시작했다.

① (가) – (다) – (라) – (나)   ② (가) – (라) – (다) – (나)
③ (다) – (가) – (나) – (라)   ④ (다) – (가) – (라) – (나)

08 다음 제시문의 내용으로 적절하지 않은 것은?

> 저작권이란 저작물을 보호하기 위해 저작자에게 부여된 독점적 권리를 말한다. 저작권은 소유한 물건을 자기 마음대로 이용하거나 처분할 수 있는 권리인 소유권과는 구별된다. 소설책을 구매한 사람은 책에 대한 소유권은 획득했지만, 그렇다고 소설에 대한 저작권을 획득한 것은 아니다. 따라서 구매자는 다른 사람에게 책을 빌려줄 수는 있으나, 저작자의 허락 없이 그 소설을 상업적 목적으로 변형하거나 가공하여 유통할 수는 없다. 이는 책에 대해서는 물건에 대한 소유권인 물권법이, 소설에 대해서는 저작권법이 각각 적용되기 때문이다.
>
> 저작권법에서 보호하는 저작물은 남의 것을 베낀 것이 아니라 저작자 자신의 것이어야 한다. 그리고 저작물의 수준이 높아야 할 필요는 없지만, 저작권법에 의한 보호를 받을 가치가 있는 정도로 최소한의 창작성을 지니고 있어야 한다.
>
> 저작자란 사실상의 저작 행위를 하여 저작물을 생산해 낸 사람을 가리킨다. 직업적인 문인뿐만 아니라 저작 행위를 하면 누구든지 저작자가 될 수 있다. 자연인으로서의 개인뿐만 아니라 법인도 저작자가 될 수 있다. 그리고 저작물에는 1차적 저작물뿐만 아니라 2차적 저작물도 포함되므로 2차적 저작물의 작성도 저작자가 될 수 있다. 그러나 저작을 하는 동안 옆에서 도와주었거나 자료를 제공한 사람 등은 저작자가 될 수 없다.
>
> 저작자에게 저작권이라는 권리를 부여하여 보호하는 이유는 저작물이 곧 문화 발전의 원동력이 되기 때문이다. 저작물이 많이 나와야 그 사회가 문화적으로 풍요로워질 수 있다. 또 다른 이유는 저작자의 창작 노력에 대해 적절한 보상을 해 줌으로써 창작 행위를 계속할 수 있는 동기를 제공하는 데 있다.

① 남의 것을 베끼더라도 최소한의 창작성을 지닌 저작물이라면 저작권법에 의해 보호받을 수 있다.

② 소설책을 구매한 사람이 다른 사람에게 책을 빌려줄 수 있는 이유는 책에 대해 물권법이 적용되기 때문이다.

③ 저작권은 저작자에게 부여된 독점적 권리로 소유권과 구별된다.

④ 2차적 저작물의 작성자도 저작자가 될 수 있지만, 저작의 과정에서 자료를 제공한 사람은 저작자가 될 수 없다.

09 다음 중 제시문의 내용으로 가장 적절한 것은?

> 인류가 남긴 수많은 미술 작품을 살펴보다 보면 다양한 동물들이 등장하고 있음을 알 수 있다. 미술 작품 속에 등장하는 동물에는 일상에서 흔히 접할 수 있는 개나 고양이, 꾀꼬리 등도 있지만 해태나 봉황 등 인간의 상상에서 나온 동물도 적지 않음을 알 수 있다.
>
> 미술 작품에 등장하는 동물은 그 성격에 따라 나누어 보면 종교적·주술적인 동물, 신을 위한 동물, 인간을 위한 동물로 구분할 수 있다. 물론 이 구분은 엄격한 것이 아니므로 서로의 개념을 넘나들기도 하며, 여러 뜻을 동시에 갖기도 한다.
>
> 종교적·주술적인 성격의 동물은 가장 오랜 연원을 가진 것으로, 사냥 미술가들의 미술에 등장하거나 신앙을 목적으로 형성된 토템 등에서 확인할 수 있다. 여기에 등장하는 동물들은 대개 초자연적인 강대한 힘을 가지고 인간 세계를 지배하거나 수호하는 신적인 존재이다. 인간의 이지가 발달함에 따라 이들의 신적인 기능은 점차 감소하여, 결국 이들은 인간에게 봉사하는 존재로 전락하고 만다. 동물은 절대적인 힘을 가진 신의 위엄을 뒷받침하고 신을 도와 치세(治世)의 일부를 분담하기 위해 이용되기도 한다. 이 동물들 역시 현실 이상의 힘을 가지며 신성시되는 것이 보통이지만, 이는 어디까지나 신의 권위를 강조하기 위한 것에 지나지 않는다. 이들은 신에게 봉사하기 위해서 많은 동물 중에서 특별히 선택된 것들이다. 그리하여 그 신분에 알맞은 모습으로 조형화되었다.

① 미술 작품 속에는 일상에서 흔히 접할 수 있는 개나 고양이, 꾀꼬리 등이 주로 등장하고, 해태나 봉황 등은 찾아보기 어렵다.

② 미술 작품에 등장하는 동물은 성격에 따라 종교적·주술적인 동물, 신을 위한 동물, 인간을 위한 동물로 엄격하게 구분한다.

③ 종교적·주술적 성격의 동물은 초자연적인 강대한 힘으로 인간 세계를 지배하거나 수호하는 신적인 존재로 나타난다.

④ 인간의 이지가 발달함에 따라 신적인 기능이 감소한 종교적·주술적 동물은 신에게 봉사하는 존재로 전락한다.

10 다음 제시문의 핵심 내용으로 가장 적절한 것은?

판소리는 한국의 서사무가의 서술원리와 구연방식을 빌려다가 흥미 있는 설화 자료를 각색해, 굿이 아닌 세속의 저잣거리에서 일반 사람들을 상대로 노래하면서 시작되었다. 호남지역에서 대대로 무당을 세습하던 세습 무당 집안에서는 여자 무당이 굿을 담당하고 남자 무당은 여자 무당을 도와 여러 가지 잡일을 했다. 당연히 굿을 해주고 받는 굿값의 분배도 여자 무당을 중심으로 이루어졌고, 힘든 잡일을 담당한 남자 무당은 몫이 훨씬 적었다. 남자 무당이 굿에 참여하고 그 몫의 돈을 받는 경우는 노래를 할 때뿐이었다. 따라서 세습 무당 집안에서 태어난 남자들은 노래를 잘하는 것이 잘 살 수 있는 길이었다. 남자들은 노래 공부를 열심히 했고, 이 과정에서 세습 무당 집안에서는 많은 명창을 배출하였다.

이러한 호남지역의 무속적 특징은 조선 후기 사회 변화와 관련을 맺으면서 판소리의 발생을 자극했다. 조선 후기로 갈수록 지역 마을마다 행하던 주민 공동행사인 마을굿이 제사형태로 바뀌었고, 이에 따라 무당이 참여하지 않는 마을굿이 늘어났다. 정부와 양반 지배층이 유교이념에 입각하여 지속적으로 무속을 탄압하는 정책을 펴왔던 탓이었다. 또한 합리적 사고의 발달에 따라 무속이 사회적 신임을 잃은 탓이기도 하였다.

호남지역의 세습 무당들은 개인의 질병을 치료하는 굿보다는 풍년이나 풍어를 기원하는 정기적인 마을굿을 하여 생계를 유지했다. 이러한 마을굿이 점차 사라지면서 그들은 생계를 위협받게 되었다. 한편 이 시기에는 상업이 발달하면서 상행위가 활발해졌고, 생활이 풍족해짐에 따라 백성들의 문화 욕구가 커지면서 예능이 상품으로 인정받았다. 이에 따라 춤과 소리 등의 예술과 곡예가 구경거리로 부상하였다. 세습 무당 집안 출신의 노래 잘하는 남자 무당들은 무속이라는 속박을 떨쳐 버리고 돈을 벌기 위하여 소리판을 벌이게 되었다. 이들의 소리가 많은 사람에게 환영을 받자 점차 전문 직업인으로서 명창이 등장하게 되었다. 대중적 인기가 자신의 명성과 소득에 직결되었으므로, 이들은 대중이 좋아할 만한 내용을 담은 소리들을 발굴하고 개발하였다.

① 조선 후기 사회 변화는 유교 중심 체제의 쇠퇴와 민중 기반 무속신앙의 성장을 가져 왔다.
② 세습 무당 집안의 남자들이 상업적인 공연에 뛰어들면서 판소리 개발과 전파의 주축이 되었다.
③ 판소리의 발달은 무속신앙의 상업화와 함께 남자 무당들이 대거 성장하는 계기가 되었다.
④ 유교이념의 전파로 전통 무속신앙이 쇠퇴하면서 서사무가가 자취를 감추게 되었다.

11 다음 제시문이 비판의 대상으로 삼는 주장으로 가장 적절한 것은?

> 경제 문제는 대개 해결이 가능하다. 대부분의 경제 문제에는 몇 개의 해결책이 있다. 그러나 모든 해결책은 누군가가 상당한 손실을 반드시 감수해야 한다는 특징을 갖고 있다. 하지만 누구도 이 손실을 자발적으로 감수하고자 하지 않으며, 우리의 정치제도는 누구에게도 이 짐을 짊어지라고 강요할 수 없다. 우리의 정치적·경제적 구조로는 실질적으로 제로섬(Zero-sum)적인 요소를 지니는 경제 문제에 전혀 대처할 수 없기 때문이다.
>
> 대개의 경제적 해결책은 대규모의 제로섬적인 요소를 갖기 때문에 큰 손실을 수반한다. 모든 제로섬 게임에는 승자가 있다면 반드시 패자가 있으며, 패자가 존재해야만 승자가 존재할 수 있다. 경제적 이득이 경제적 손실을 초과할 수도 있지만, 손실의 주체에게 손실의 의미란 상당한 크기의 경제적 이득을 부정할 수 있을 만큼 매우 중요하다. 어떤 해결책으로 인해 평균적으로 사회는 더 잘살게 될 수도 있지만, 이 평균이 훨씬 더 잘살게 된 수많은 사람과 훨씬 더 못살게 된 수많은 사람을 감춘다. 만약 당신이 더 못살게 된 사람 중 하나라면 내 수입이 줄어든 것보다 다른 누군가의 수입이 더 많이 늘었다고 해서 위안을 얻지는 않을 것이다. 결국 우리는 우리 자신의 수입을 보호하기 위해 경제적 변화가 일어나는 것을 막거나 혹은 사회가 우리에게 손해를 입히는 공공정책이 강제로 시행되는 것을 막기 위해 싸울 것이다.

① 빈부격차를 해소하는 것만큼 중요한 정책은 없다.
② 사회의 총생산량이 많아지게 하는 정책이 좋은 정책이다.
③ 경제문제에서 모두가 만족하는 해결책은 존재하지 않는다.
④ 경제적 변화에 대응하는 정치제도의 기능에는 한계가 존재한다.

12 다음 제시문을 통해 추론할 수 있는 내용으로 적절하지 않은 것은?

'정보 파놉티콘(Panopticon)'은 사람에 대한 직접적 통제와 규율에 정보 수집이 합쳐진 것이다. 정보 파놉티콘에서의 '정보'는 벤담의 파놉티콘에서의 시선(視線)을 대신하여 규율과 통제의 메커니즘으로 작동한다. 작업장에서 노동자들을 통제하고 이들에게 규율을 강제한 메커니즘은 시선에서 정보로 진화했다. 19세기에는 사진 기술을 이용하여 범죄자 프로파일링을 했는데, 이 기술이 20세기의 폐쇄회로 텔레비전이나 비디오 카메라와 결합한 통계학으로 이어진 것도 그러한 맥락에서 이해할 수 있다. 더 극단적인 예를 들자면, 미국은 발목에 채우는 전자기기를 이용하여 죄수를 자신의 집 안과 같은 제한된 공간에 가두어 감시하면서 교화하는 프로그램을 운용하고 있다. 이 경우 개인의 집이 교도소로 변하고, 국가가 관장하던 감시가 기업이 판매하는 전자기기로 대체됨으로써 전자 기술이 파놉티콘에서의 간수의 시선을 대신한다.

컴퓨터나 전자기기를 통해 얻은 정보가 간수의 시선을 대체했지만, 벤담의 파놉티콘에 갇힌 죄수가 자신이 감시를 당하는지 아닌지를 모르듯이, 정보 파놉티콘에 노출된 사람들 또한 자신의 행동이 국가나 직장의 상관에 의해 열람될지의 여부를 확신할 수 없다. "그들이 감시당하는지 모를 때도 우리가 그들을 감시하고 있다고 생각하도록 만든다."라고 한 관료가 논평했는데, 이는 파놉티콘과 전자 감시의 유사성을 뚜렷하게 보여준다.

전자 감시는 파놉티콘의 감시 능력을 전 사회로 확장했다. 무엇보다 시선에는 한계가 있지만 컴퓨터를 통한 정보 수집은 국가적이고 전 지구적이기 때문이다. "컴퓨터화된 정보 시스템이 작은 지역 단위에서만 효과적으로 작동했을 파놉티콘을 근대 국가에 의한 일상적인 대규모 검열로 바꾸었는가?"라고 한 정보사회학자 롭 클링은, 시선의 국소성과 정보의 보편성 사이의 차이를 염두에 두고 있었다. 철학자 들뢰즈는 이러한 인식을 한 단계 더 높은 차원으로 일반화하여, 지금 우리가 살고 있는 사회는 푸코의 규율 사회를 벗어난 새로운 통제 사회라고 주장했다.

그에 의하면 규율 사회는 증기 기관과 공장이 지배하고 요란한 구호에 의해 통제되는 사회이지만, 통제 사회는 컴퓨터와 기업이 지배하고 숫자와 코드에 의해 통제되는 사회이다.

① 정보 파놉티콘은 범죄자만 감시 대상에 해당하는 것이 아니다.
② 정보 파놉티콘이 종국에는 감시 체계 자체를 소멸시킬 것이다.
③ 정보 파놉티콘은 교정 시설의 체계를 효율적으로 바꿀 수 있다.
④ 정보 파놉티콘이 발달할수록 개인의 사생활은 보장될 수 없을 것이다.

13 다음 중 빈칸에 들어갈 내용으로 가장 적절한 것은?

> 중세 이전에는 예술가와 장인의 경계가 분명치 않았다. 화가들도 당시에는 왕족과 귀족의 주문을 받아 제작하는 일종의 장인 취급을 받아왔다. 근대에 접어들면서 예술은 독창적인 창조 활동으로 존중받게 되었고, 아름다움의 가치를 만들어내는 예술가들의 독창성이 인정받게 된 것이다. 그리고 이 가치의 중심에 작가가 있다. 작가가 담려 했던 의도, 그것이 바로 아름다움을 창조하는 예술의 가치인 셈이다. 예술작품은 작가의 의도를 담고 있고, 작가의 의도가 없다면 작품은 만들어질 수 없다. 이것이 작품에 포함된 작가의 권위를 인정해야 하는 이유이다.
> 또한 예술은 예술가가 표현하고자 하는 것을 창작해내는 그 과정 자체로 완성되는 것이지 독자의 해석으로 완성되는 게 아니다. 설사 작품을 감상하고 해석해 줄 독자가 없어도 예술은 그 자체로 가치 있는 법이다. 예술가는 독자를 위해 작품을 창작하는 것이 아니라 자신의 열정과 열망으로 표현하고자 하는 바를 표현해내는 것이다. 물론 예술작품을 해석하고 이해하는 데에 독자의 역할도 분명 존재하고 필요한 것이 사실이다. 하지만 그렇다고 해도 이는 예술적 가치가 있는 작품에서 파생된 2차적인 활동이지 작품을 새롭게 완성하는 창조적 활동이라고 보기 어렵다. 따라서 독자의 수용과 이해는 _____

① 독자가 가지고 있는 작품에 대한 사전 정보에 따라 다르게 나타날 것이다.
② 작품에 담긴 아름다움의 가치를 독자가 나름대로 해석하는 활동으로 볼 수 있다.
③ 권위가 높은 작가의 작품에서 더욱 다양하게 나타난다.
④ 작가의 의도와 작품을 왜곡하지 않는 범위에서 이루어져야 한다.

14 다음 제시문에서 필자가 자신의 주장을 전개한 방식은?

> '새로운 진실을 밝힌다는 것'은 세계 전체의 범위를 두고 하는 말이다. 학문은 온 세계 누구도 모르고 있던 진실을 밝혀 새로운 지식을 만들어내는 제조업이다. 일단 제조한 지식을 전달하고 보급하는 유통업은 학문이 아니다. 그러나 제조업은 유통업의 도움이 필요하며, 유통업의 기여를 무시할 수 없다. 그러나 기여하는 바가 크다 하더라도 유통업을 제조업으로 간주할 수는 없다. 또한, 외국 학문의 최신 동향을 신속하고 정확하게 소개하는 것을 자랑으로 삼는 사람을 학자라고 할 수는 없다. 지식의 제조업과 유통업은 서로 다른 활동이다. 학문을 위한 경쟁에는 국내 경기가 없고 국제 경기밖에 없다.
> 외국에서는 관심을 가지기 어려운 우리 국학의 연구 업적이라도 보편적인 원리 발견에 얼마나 기여했는가에 따라 평가해야 마땅하다. 남들의 학설을 소개하는 데 그치고 자기 관점에서 창의적인 논의를 전개하지는 않거나, 새로운 자료를 발견했다고 자랑하면서 자료의 의의를 논증하는 연구를 하지 않는 것은 둘 다 학문의 영역에서 벗어나 있는 장외 경기에 지나지 않는다.

① 참인 전제를 활용하여 간접추리 방식으로 결론을 도출했다.
② 각종 예시를 통해 드러난 사실을 하나로 통합했다.
③ 비유와 상징으로 자신의 주장을 우회적으로 드러냈다.
④ 예상되는 반론을 하나씩 물리침으로써 자기주장을 강화했다.

15 다음 제시문의 제목으로 가장 적절한 것은?

> 정부는 '미세먼지 저감 및 관리에 관한 특별법(이하 미세먼지 특별법)' 제정·공포안이 의결돼 내년 2월부터 시행된다고 밝혔다. 미세먼지 특별법은 그동안 수도권 공공·행정기관을 대상으로 시범·시행한 '고농도 미세먼지 비상저감조치'의 법적 근거를 마련했다. 이로 인해 미세먼지 관련 정보와 통계의 신뢰도를 높이기 위해 국가미세먼지 정보센터를 설치하게 되고, 이에 따라 시·도지사는 미세먼지 농도가 비상저감조치 요건에 해당하면 자동차 운행을 제한하거나 대기오염물질 배출시설의 가동시간을 변경할 수 있다. 또한 비상저감조치를 시행할 때 관련 기관이나 사업자에 휴업, 탄력적 근무제도 등을 권고할 수 있게 되었다. 이와 함께 환경부 장관은 관계 중앙행정기관이나 지방자치단체의 장, 시설운영자에게 대기오염물질 배출시설의 가동률 조정을 요청할 수도 있다.
>
> 미세먼지 특별법으로 시·도지사, 시장, 군수, 구청장은 어린이나 노인 등이 이용하는 시설이 많은 지역을 '미세먼지 집중관리구역'으로 지정해 미세먼지 저감사업을 확대할 수 있게 되었다. 그리고 집중관리구역 내에서는 대기오염 상시측정망 설치, 어린이 통학차량의 친환경차 전환, 학교 공기정화시설 설치, 수목 식재, 공원 조성 등을 위한 지원이 우선적으로 이뤄지게 된다.
>
> 국무총리 소속의 '미세먼지 특별대책위원회'와 이를 지원하기 위한 '미세먼지 개선기획단'도 설치된다. 국무총리와 대통령이 지명한 민간위원장은 위원회의 공동위원장을 맡는다. 위원회와 기획단의 존속 기간은 5년으로 설정했으며 연장하려면 만료되기 1년 전에 그 실적을 평가해 국회에 보고하게 된다.
>
> 아울러 정부는 5년마다 미세먼지 저감 및 관리를 위한 종합계획을 수립하고 시·도지사는 이에 따른 시행계획을 수립하고 추진실적을 매년 보고하도록 했다. 또한 미세먼지 특별법은 입자의 지름이 $10\mu m$ 이하인 먼지는 '미세먼지', $2.5\mu m$ 이하인 먼지는 '초미세먼지'로 구분하기로 확정했다.

① 미세먼지와 초미세먼지 구분 방법
② 미세먼지 특별대책위원회의 역할
③ 미세먼지 집중관리구역 지정 방안
④ 미세먼지 저감을 위한 대기오염 상시측정망의 효과

16 철수는 아래와 같은 길을 따라 A에서 C까지 최단거리로 이동을 하려고 한다. 이때, 최단거리로 이동을 하는 동안 점 B를 지나며 이동하는 경우의 수는?

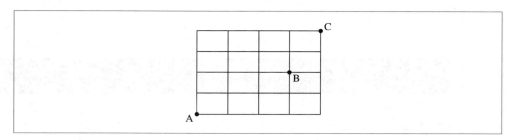

① 15가지   ② 24가지

③ 28가지   ④ 30가지

17 흰색 탁구공 7개와 노란색 탁구공 5개가 들어 있는 주머니에서 4개의 탁구공을 동시에 꺼낼 때, 흰색 탁구공이 노란색 탁구공보다 많을 확률은?

① $\dfrac{10}{33}$ ② $\dfrac{14}{33}$

③ $\dfrac{17}{33}$ ④ $\dfrac{20}{33}$

18 어느 미술관의 관람료는 5,000원이고, 50명 이상의 단체일 경우 전체 요금의 25%가 할인된다고 한다. 50명 미만의 단체가 관람하려고 할 때, 50명 이상의 단체관람권을 구매하는 것이 유리해지는 최소 인원은?

① 36명   ② 37명

③ 38명   ④ 39명

19 어느 도서관에서 일정 기간 도서 대여 횟수를 작성한 자료이다. 이를 통해 얻을 수 있는 내용으로 옳지 않은 것은?

〈도서 대여 횟수〉

(단위 : 회)

구분	비소설		소설	
	남자	여자	남자	여자
40세 미만	20	10	40	50
40세 이상	30	20	20	30

① 소설을 대여한 전체 횟수가 비소설을 대여한 전체 횟수보다 많다.

② 40세 미만보다 40세 이상의 전체 대여 횟수가 더 적다.

③ 남자가 소설을 대여한 횟수는 여자가 소설을 대여한 횟수의 70% 이하이다.

④ 40세 미만의 전체 대여 횟수에서 비소설 대여 횟수가 차지하는 비율은 20%를 넘는다.

20 다음은 주요 국가별 자국 영화 점유율을 나타낸 자료이다. 이에 대한 설명으로 옳지 않은 것은?

〈주요 국가별 자국 영화 점유율〉

(단위 : %)

구분	2020년	2021년	2022년	2023년
한국	50	42	48	46
일본	47	51	58	53
영국	28	31	16	25
프랑스	36	45	36	35
미국	90	91	92	91

① 자국 영화 점유율에서 프랑스가 한국을 앞지른 해는 2021년뿐이다.

② 4년간 자국 영화 점유율이 매년 꾸준히 상승한 국가는 하나도 없다.

③ 2020년 대비 2023년 자국 영화 점유율이 가장 많이 하락한 국가는 한국이다.

④ 2022년 자국 영화 점유율이 해당 국가의 4년간 통계에서 가장 높은 경우가 절반이 넘는다.

21 다음은 P사 서비스 센터에서 A지점의 만족도를 조사한 자료이다. 이에 대한 설명으로 옳지 않은 것은?

〈서비스 만족도 조사 결과〉

만족도	응답자 수(명)	비율(%)
매우 만족	(A)	20%
만족	33	22%
보통	(B)	(C)
불만족	24	16%
매우 불만족	15	(D)
합계	150	100%

① 방문 고객 150명을 대상으로 서비스 만족도를 조사하였다.

② 응답한 고객 중 30명이 본 지점의 서비스를 '매우 만족'한다고 평가하였다.

③ 방문 고객의 약 $\frac{1}{3}$이 본 지점의 서비스 만족도를 '보통'으로 평가하였다.

④ 고객 중 $\frac{1}{5}$이 '매우 불만족'으로 평가하였다.

22 귀하는 P사의 인사관리 부서에서 근무 중이다. 오늘 회의시간에 생산부서의 인사평가 자료를 취합하여 보고해야 하는데 자료 취합 중 파일에 오류가 생겨 일부 자료가 훼손되었다. 다음 중 (가) ~ (다)에 들어갈 점수로 가장 적절한 것은?(단, 각 평가는 100점 만점이고, 종합순위는 각 평가지표 점수의 총합으로 결정한다)

〈인사평가 점수 현황〉

(단위 : 점)

구분	역량	실적	자기계발	성실성	종합순위
A사원	70	(가)	80	70	4
B대리	80	85	(나)	70	1
C과장	(다)	85	70	75	2
D부장	80	80	60	70	3

※ 점수는 5점 단위로 부여함

	(가)	(나)	(다)
①	60	70	55
②	65	65	65
③	65	60	65
④	75	65	55

23 다음은 민간 분야 사이버 침해사고 발생현황에 대한 자료이다. 이에 대한 〈보기〉의 설명 중 옳지 않은 것을 모두 고르면?

〈민간 분야 사이버 침해사고 발생현황〉

(단위 : 건)

구분	2020년	2021년	2022년	2023년
홈페이지 변조	650	900	600	390
스팸릴레이	100	90	80	40
기타 해킹	300	150	170	165
단순 침입시도	250	300	290	175
피싱 경유지	200	430	360	130
전체	1,500	1,870	1,500	900

보기

ㄱ. 단순 침입시도 분야의 침해사고는 매년 스팸릴레이 분야의 침해사고 건수의 2배 이상이다.
ㄴ. 2020년 대비 2023년 침해사고 건수가 50% 이상 감소한 분야는 2개 분야이다.
ㄷ. 2022년 홈페이지 변조 분야의 침해사고 건수가 차지하는 비중은 35% 이상이다.
ㄹ. 2021년 대비 2023년은 모든 분야의 침해사고 건수가 감소하였다.

① ㄱ, ㄴ
② ㄱ, ㄹ
③ ㄴ, ㄷ
④ ㄴ, ㄹ

24 다음은 P방송사의 매출액 추이를 나타낸 자료이다. 이에 대하여 바르게 분석한 사람을 〈보기〉에서 모두 고르면?

〈P방송사 매출액 추이〉

(단위 : 십억 원)

구분		2019년	2020년	2021년	2022년	2023년
방송사업 매출액	방송수신료	56	57	54	53	54
	광고	215	210	232	220	210
	협찬	31	30	33	31	32
	프로그램 판매	11	10	12	13	12
	기타 방송사업	18	22	21	20	20
기타 사업		40	41	42	41	42
합계		371	370	394	378	370

보기

지환 : 방송수신료 매출액의 전년 대비 증감 추이와 반대되는 추이를 보이는 항목이 존재해.
소영 : 5년간 모든 항목의 매출액이 3십억 원 이상의 변동폭을 보였어.
동현 : 5년간 각 항목의 매출액 순위는 한 번도 변동 없이 동일했구나.
세미 : 2019년과 비교했을 때 2023년에 매출액이 상승하지 않은 항목은 2개뿐이군.

① 지환, 소영
③ 세미, 동현
② 소영, 세미
④ 지환, 동현, 세미

25 P초등학교 1, 2학년 학생들에게 다섯 가지 색깔 중 선호하는 색깔을 선택하게 하였다. 1학년 전체 학생 중 빨강을 좋아하는 학생 수의 비율과 2학년 전체 학생 중 노랑을 좋아하는 학생 수의 비율을 바르게 나열한 것은?(단, 각 학년의 인원수는 250명이다)

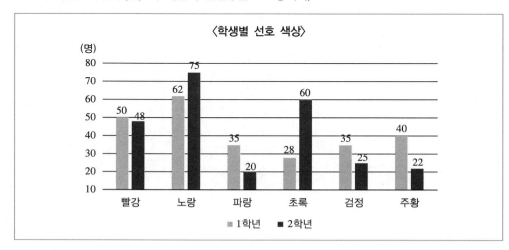

① 20%, 30%
③ 30%, 30%
② 25%, 25%
④ 20%, 25%

26 다음은 국민연금 수급자 급여실적에 대한 자료이다. 이에 대한 설명으로 옳은 것은?

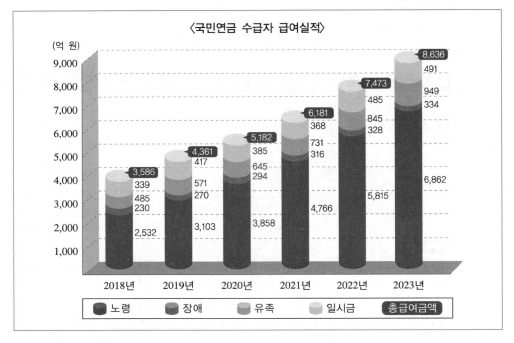

〈국민연금 수급자 급여실적〉

① 유족연금 지급액은 매년 가장 낮다.
② 2018 ~ 2023년까지 모든 항목의 연금 지급액은 매년 증가하고 있다.
③ 2018년 대비 지급총액이 처음으로 2배를 넘어선 해는 2020년이다.
④ 노령연금 대비 유족연금 비율은 2019년보다 2018년이 높다.

※ 다음은 2018 ~ 2022년 연도별 해양사고 발생 현황에 대한 그래프이다. 이를 읽고 이어지는 질문에 답하시오. [27~28]

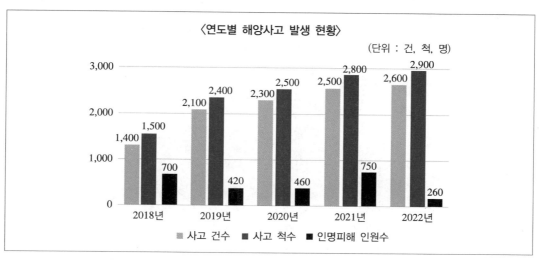

27 다음 중 2018년 대비 2019년 사고 척수의 증가율과 사고 건수의 증가율이 순서대로 나열된 것은?

① 40%, 45%
② 45%, 50%
③ 60%, 50%
④ 60%, 55%

28 다음 중 사고 건수당 인명피해의 인원수가 가장 많은 연도는?

① 2018년
② 2019년
③ 2020년
④ 2021년

※ P사는 이번 달부터 직원들에게 자기개발 프로그램 신청 시 보조금을 지원해준다고 한다. 다음은 이번 달 부서별 프로그램 신청 현황과 프로그램별 세부사항에 대한 그래프이다. 이를 보고 이어지는 질문에 답하시오. [29~30]

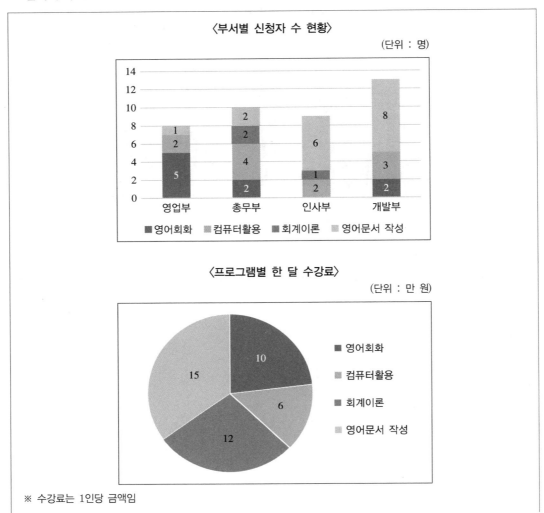

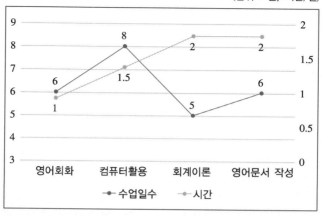

〈한 달 수업일수 및 시간〉

(단위 : 일, 시간/일)

29 P사에서 '컴퓨터활용'을 신청한 직원은 전체 부서 직원 수에서 몇 %를 차지하는가?

① 25%
② 27.5%
③ 30%
④ 32.5%

30 자기개발 프로그램 중 한 달에 가장 적은 시간을 수업하는 프로그램과 그 프로그램의 한 달 수강료를 바르게 나열한 것은?

① 영어문서 작성, 15만 원
② 컴퓨터활용, 6만 원
③ 영어회화, 10만 원
④ 영어회화, 15만 원

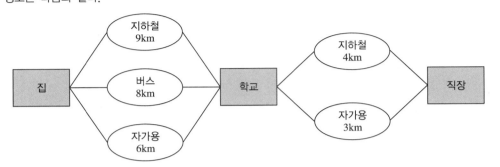

- P대리는 자녀의 학교까지 함께 이동하며 자녀를 바래다준 후, 자신의 직장으로 이동한다. 이를 나타내는 경로는 다음과 같다.

- 각 교통수단의 속도는 다음과 같으며, 수단별로 모든 구간에서의 속도는 동일하다.

교통수단	지하철	버스	자가용
속도	50km/h	40km/h	30km/h

31 다음 중 P대리가 집에서 출발하여 자녀를 학교에 데려다준 후 직장에 도착하기까지 소요되는 시간이 가장 짧은 것은?

① 지하철 – 지하철　　　　　　　② 지하철 – 자가용
③ 버스 – 지하철　　　　　　　　④ 자가용 – 자가용

32 인근 지하철 역사 공사 및 도심 교통 통제로 인해 다음과 같이 교통수단별 속도가 변하였다. 이를 고려할 때, 다음 중 A대리가 집에서 출발하여 자녀를 학교에 데려다준 후 직장에 도착하기까지 소요되는 시간이 가장 짧은 것은?

교통수단	지하철	버스	자가용
속도	30km/h	30km/h	25km/h

① 지하철 – 자가용　　　　　　　② 버스 – 지하철
③ 자가용 – 지하철　　　　　　　④ 자가용 – 자가용

※ 다음은 P우유회사의 두 지점 사이의 유통로 거리에 대한 자료이다. 이어지는 질문에 답하시오.
[33~34]

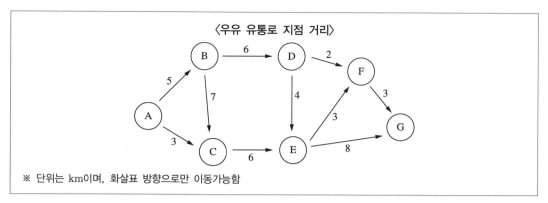

33 P우유회사는 유제품의 신선도를 위해 최대한 빠른 길로 가려고 한다. A지점에서 G지점까지 가는
    가장 짧은 경로는?

① 18km   ② 17km
③ 16km   ④ 15km

34 E지점에서 F지점으로 가는 경로에서 교통사고가 발생하여 다른 경로를 거쳐야 한다. A지점에서
    출발하여 E지점에 우유를 납품하고 G지점으로 가야할 때, 가장 짧은 경로는?

    ① A − C − E − F − G
    ② A − C − E − G
    ③ A − B − D − F − G
    ④ A − B − D − E − G

※ 다음 〈보기〉는 그래프 구성 명령어 실행 예시이다. 이어지는 질문에 답하시오. [35~37]

보기

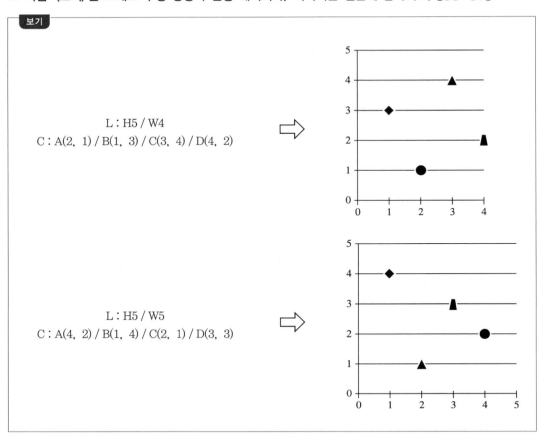

L : H5 / W4
C : A(2, 1) / B(1, 3) / C(3, 4) / D(4, 2)

L : H5 / W5
C : A(4, 2) / B(1, 4) / C(2, 1) / D(3, 3)

35 다음 그래프를 산출하기 위한 명령어는?

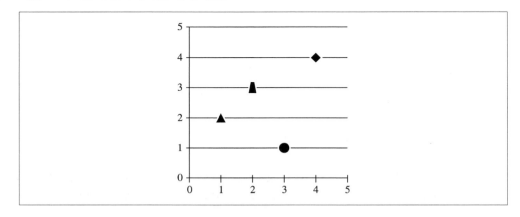

① L : H5 / W5
    C : A(1, 3) / B(4, 4) / C(1, 2) / D(3, 2)

② L : H5 / W5
    C : A(1, 3) / B(4, 4) / C(2, 1) / D(2, 3)

③ L : H5 / W5
    C : A(3, 1) / B(4, 4) / C(2, 1) / D(3, 2)

④ L : H5 / W5
    C : A(3, 1) / B(4, 4) / C(1, 2) / D(2, 3)

36 다음 그래프를 산출하기 위한 명령어는?

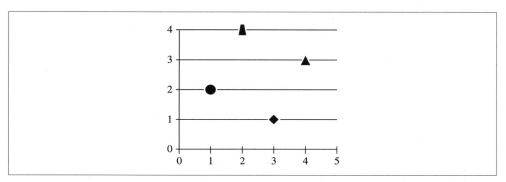

① L : H4 / W5
  C : A(1, 2) / B(2, 4) / C(4, 3) / D(3, 1)
② L : H4 / W5
  C : A(1, 2) / B(3, 1) / C(4, 3) / D(2, 4)
③ L : H4 / W5
  C : A(1, 2) / B(3, 1) / C(2, 4) / D(4, 3)
④ L : H5 / W4
  C : A(1, 2) / B(3, 1) / C(4, 3) / D(2, 4)

37 L : H5 / W4, C : A(2, 3) / B(3, 1) / C(1, 4) / D(3, 5)의 그래프를 산출할 때, 오류가 발생하여 아래와 같은 그래프가 산출되었다. 다음 중 오류가 발생한 값은?

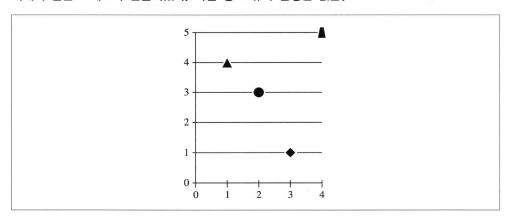

① A(2, 3)   ② B(3, 1)
③ C(1, 4)   ④ D(3, 5)

※ 다음 제시된 명령어의 규칙에 따라 숫자를 변환시킬 때, 규칙에 따라 도식을 해결하여 마지막에 나오는 형태를 구하시오. [38~39]

Enter : 숫자와 색을 한 행씩 아래로 이동
Space : 숫자와 색을 한 열씩 오른쪽으로 이동
Tab : 숫자만 시계 방향으로 90° 회전
Shift : 색 반전
◇ : 해당 칸의 숫자가 초기 숫자보다 큰가?
□ : 해당 칸의 배경이 흰색인가?
■ : 해당 칸의 배경이 검은색인가?
사각형 안에 −(빼기) 2개 : 2개 칸 숫자의 차 X가 조건에 맞는지 확인
사각형 안에 +(더하기) 2개 : 2개 칸 숫자의 합 X가 조건에 맞는지 확인

38

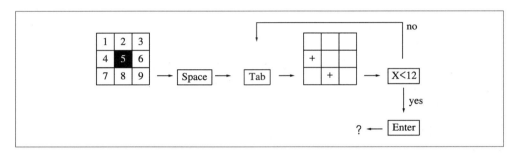

①
2	1	3
8	7	9
5	4	**6**

②
7	9	8
1	3	2
4	**6**	5

③
3	2	1
9	8	7
6	5	4

④
9	8	7
3	2	1
6	5	4

39

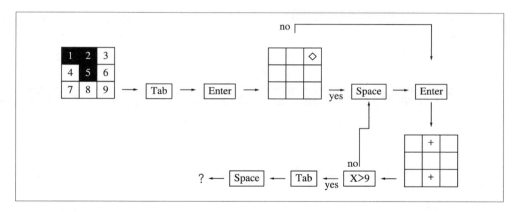

①
1	3	2
7	9	8
4	6	5

②
4	5	6
1	2	3
7	8	9

③
3	2	1
8	9	7
5	6	4

④
4	6	5
7	9	8
1	3	2

40 P중학교 백일장에 참여한 A ~ D학생에게 다음 〈조건〉에 따라 점수를 부여할 때, 점수가 가장 높은 학생은?

〈P중학교 백일장 채점표〉

학생	오탈자(건)	전체 글자 수(자)	주제의 적합성	글의 통일성	가독성
A	33	654	A	A	C
B	7	476	B	B	B
C	28	332	B	B	C
D	25	572	A	A	A

조건

- 기본 점수는 80점이다.
- 오탈자가 10건 이상일 때 1점을 감점하고, 5건이 추가될 때마다 1점을 추가로 감점한다.
- 전체 글자 수가 350자 미만일 때 10점을 감점하고, 600자 이상일 때 1점을 부여하며, 25자가 추가될 때마다 1점을 추가로 부여한다.
- 주제의 적합성, 글의 통일성, 가독성을 A, B, C등급으로 나누며 등급 개수에 따라 추가점수를 부여한다.
  - A등급 3개 : 25점
  - A등급 2개, B등급 1개 : 20점
  - A등급 2개, C등급 1개 : 15점
  - A등급 1개, B등급 2개 또는 A등급, B등급, C등급 1개 : 10점
  - B등급 3개 : 5점
  - 예 오탈자 46건, 전체 글자 수 626자, 주제의 적합성, 글의 통일성, 가독성이 각각 A, B, A일 때 점수는 80-8+2+20=94점이다.

① A학생
② B학생
③ C학생
④ D학생

41 인재연수부 P과장은 사내 연수 중 조별과제의 발표 일정을 수립하고자 한다. 제시된 〈조건〉에 따라 각 조의 발표 날짜를 정한다고 할 때, 다음 중 B조가 발표할 날짜로 옳은 것은?

조건

- 조별과제 발표를 수행할 조는 A조, B조, C조이다.
- 조별과제의 발표는 수업시간에 이루어지며, 수업은 매주 화요일부터 금요일까지 진행된다.
- 달력에는 공휴일 및 창립기념일이 기록되어 있으며, 해당 일은 수업이 열리지 않는다.
- 각 조는 3일간 발표를 수행한다.
- 조별 발표는 A조 → C조 → B조 순으로 진행되며, 각 조는 앞 순서 조의 마지막 발표일 이후, 발표가 가능한 가장 빠른 일자에 발표를 시작한다.
- 특정 조의 발표가 끝난 날의 다음 날에는 어느 조도 발표를 할 수 없다.
- 각 조의 발표는 3일간 연속하여 하는 것이 원칙이나, 마지막 날의 발표는 연속하지 않게 별도로 할 수 있다. 다만 이 경우에도 발표가 가능한 가장 빠른 일자에 마지막 일자의 발표를 하여야 한다.

〈5월 달력〉

일	월	화	수	목	금	토
		1	2	3	4	5 어린이날	6
7	8	9 A조 발표	10 A조 발표	11 A조 발표	12	13
14	15	16	17 창립기념일	18	19	20
21	22	23	24	25	26	27 석가탄신일
28	29 대체공휴일	30	31			

① 18일, 19일, 22일   ② 22일, 23일, 24일

③ 24일, 25일, 26일   ④ 25일, 26일, 30일

42 다음은 철도운임의 공공할인제도에 대한 내용이다. 장애의 정도가 심하지 않은 P씨가 보호자 1명과 함께 열차를 이용하여 주말여행을 다녀왔다고 할 때, 두 사람은 왕복 운임의 몇 %를 할인받았는가?(단, 열차의 종류와 노선 길이가 동일한 경우 요일에 따른 요금 차이는 없다고 가정한다)

- P씨와 보호자의 여행일정
  - 2023년 3월 11일(토) 서울 → 부산 : KTX
  - 2023년 3월 13일(월) 부산 → 서울 : KTX
- 장애인 공공할인제도(장애의 정도가 심한 장애인은 보호자 포함)

구분	KTX	새마을호	무궁화호 이하
장애의 정도가 심한 장애인	50%	50%	50%
장애의 정도가 심하지 않은 장애인	30% (토·일·공휴일 제외)	30% (토·일·공휴일 제외)	

① 7.5%

② 12.5%

③ 15%

④ 25%

※ P사 직원들은 태국과 브라질 두 곳으로 해외연수를 가려고 한다. 다음 자료를 보고 이어지는 질문에 답하시오. [43~45]

〈이용가능 항공편 세부사항〉

항공편	출발시각(한국 기준)	출발지	도착지	소요시간	금액(편도)
IC – 012	10월 10일 오전 11시	한국	태국	4:30	65만 원
IC – 024	10월 11일 오후 2시	한국	태국	5:10	58만 원
GR – 472	10월 10일 오전 9시	한국	브라질	8:20	91만 원
GR – 451	10월 11일 오후 12시	한국	브라질	7:55	94만 원
IC – 580	10월 12일 오전 10시	브라질	한국	9:15	102만 원
IC – 310	10월 12일 오후 1시	브라질	한국	8:45	94만 원
GR – 844	10월 11일 오전 8시	브라질	태국	3:45	43만 원
GR – 614	10월 12일 오전 10시	브라질	태국	4:05	38만 원
GR – 320	10월 11일 오후 1시	태국	한국	3:50	55만 원
GR – 150	10월 12일 오후 4시	태국	한국	4:00	58만 원
IC – 834	10월 11일 오후 8시	태국	브라질	2:35	57만 원
IC – 714	10월 12일 오전 9시	태국	브라질	3:05	49만 원

※ 한국보다 태국이 3시간 빠름
※ 한국보다 브라질이 5시간 느림
※ IC항공권 1인당 2매 이상 구매 시 15% 할인, GR항공권 1인당 3매 이상 구매 시 10% 할인해줌
※ 소요시간 4:30은 4시간 30분을 뜻함

43 다음 중 한국 – 태국 – 브라질 – 한국 노선과, 한국 – 브라질 – 태국 – 한국 노선을 탑승이 가능한 항공권 중 저렴한 항공편으로 예매할 때, 총소요시간의 차이는?

① 18시간 05분
② 20시간 35분
③ 24시간 10분
④ 27시간 15분

44 태국 현지시각으로 10월 10일 19시, 브라질 현지시각 10월 12일 18시에 열리는 회의에 참석하려고 한다. 다음 중 어떤 항공편을 이용해야 하는가?(단, 항공 소요시간이 짧은 항공을 선택하고, 그 외 시간을 고려하지 않는다)

① IC – 012, IC – 834
② IC – 012, IC – 714
③ IC – 024, IC – 834
④ IC – 024, IC – 714

45 회사 업무상, 한국에 10월 12일 20시 전까지 도착해야 한다. 가장 저렴한 항공편을 이용했다고 할 때, 한국에서 출발시각은?(단, 노선은 '한국 – 태국 – 브라질 – 한국' 또는 '한국 – 브라질 – 태국 – 한국'이다)

① 10월 10일 오전 9시
② 10월 10일 오전 11시
③ 10월 10일 오후 2시
④ 10월 11일 오후 12시

※ 다음 도형 또는 내부의 기호들은 일정한 패턴을 가지고 변화한다. 다음 중 ?에 들어갈 도형으로 가장 알맞은 것을 고르시오. [46~48]

46

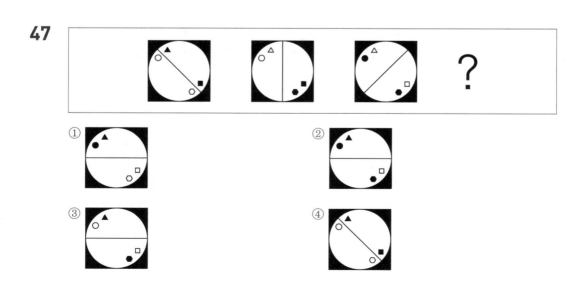

48

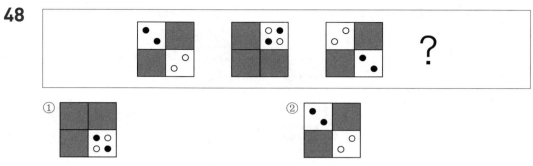

①

②

③

④

49

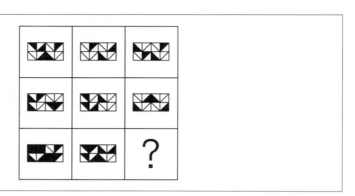

①  ②

③  ④

50

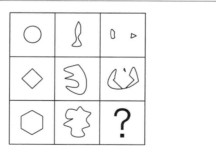

①   ②

③   ④

51

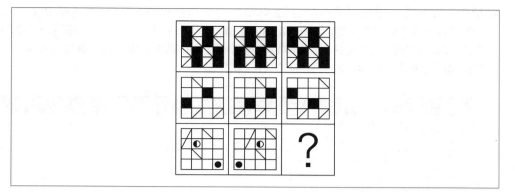

①

②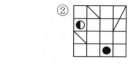

③

④

※ 빨간색, 주황색, 노란색, 초록색의 신호등이 있고, 신호가 변화하는 규칙은 아래와 같다. 각 문항의 신호 변화 과정상의 오류를 찾아 제거해야 주어진 결과를 얻을 수 있다고 할 때, 다음 중 오류가 발생한 도형을 고르시오(단, 규칙에서 언급되지 않은 색의 신호등은 현재 상태 그대로 해당 단계를 통과하며, 같은 색의 신호등이 중복하여 켜질 수 있다). [52~53]

구분	과정
▷	빨간색 외에는 꺼진다.
♠	노란색 외에는 꺼진다.
♣	주황색은 노란색으로 바뀐다.
♥	초록색은 빨간색으로 바뀐다.
□	주황색만 꺼진다.
◎	노란색이 켜져 있지 않을 경우 주황색이 하나 켜진다.
◐	빨간색과 초록색이 둘 다 켜져 있지 않거나 둘 중 하나만 켜진 경우 빨간색이 하나 켜진다.
☎	똑같은 색이 두 개 이상 켜져 있을 경우 그 색은 꺼진다.

52

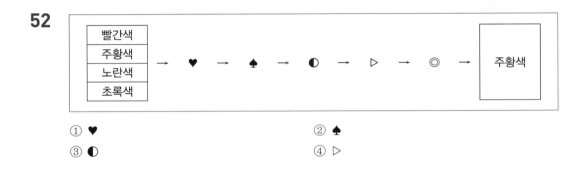

① ♥
② ♠
③ ◐
④ ▷

53

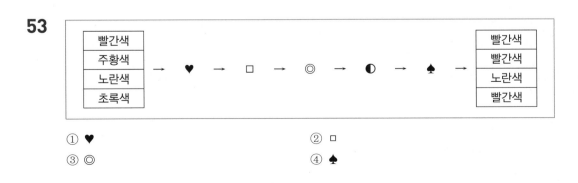

① ♥
② □
③ ◎
④ ♠

※ 다음 규칙을 읽고, 이어지는 질문에 답하시오. [54~56]

작동 버튼	기능
◐	○모양을 ◎모양으로 바뀐다.
◑	◇모양을 ◆모양으로 바꾼다.
⬒	◎모양을 ◆모양으로 바꾼다.
⬓	○모양과 ◇모양의 위치를 바꾼다.

54 〈보기〉의 왼쪽 상태에서 작동 버튼을 두 번 눌렀더니, 오른쪽과 같은 결과가 나타났다. 다음 중 작동 버튼의 순서를 바르게 나열한 것은?

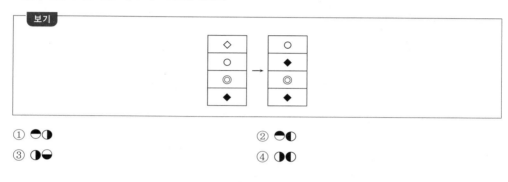

① ⬓◑　　　　　　　　　　　② ⬒◐

③ ◑⬓　　　　　　　　　　　④ ◑◑

55 〈보기〉의 왼쪽 상태에서 작동 버튼을 두 번 눌렀더니, 오른쪽과 같은 결과가 나타났다. 다음 중 작동 버튼의 순서를 바르게 나열한 것은?

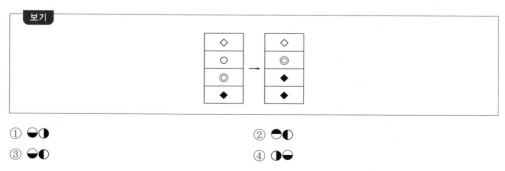

① ⬒◑　　　　　　　　　　　② ⬒◐

③ ⬒◑　　　　　　　　　　　④ ◑⬓

56 〈보기〉의 왼쪽 상태에서 작동 버튼을 세 번 눌렀더니, 오른쪽과 같은 결과가 나타났다. 다음 중 작동 버튼의 순서를 바르게 나열한 것은?

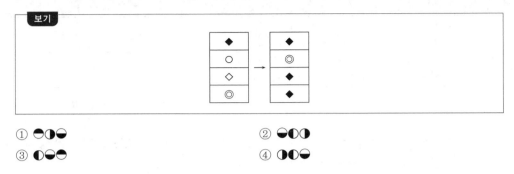

① ◑●◗ ② ●◑◗
③ ◐●◗ ④ ◑●◗

※ 다음과 같이 일정한 규칙에 따라 수를 나열할 때, 빈칸에 들어갈 수로 가장 적절한 것을 고르시오.
[57~58]

57

	2	12	4	24	8	48	16	( )

① 84　　　　　　　　　　　　　　② 96
③ 100　　　　　　　　　　　　　④ 102

58

$\frac{27}{358}$	$\frac{30}{351}$	$\frac{32}{345}$	$\frac{33}{340}$	( )	$\frac{32}{333}$

① $\frac{35}{338}$　　　　　　　　　② $\frac{34}{338}$

③ $\frac{34}{336}$　　　　　　　　　④ $\frac{33}{336}$

※ 다음은 같이 일정한 규칙에 따라 수를 배치할 때, 빈칸에 들어갈 수로 가장 적절한 것을 고르시오.
  [59~60]

59

2	0	3	8	7
7	5	4	6	3
15	1	13	49	

① 20 ② 21
③ 22 ④ 23

60

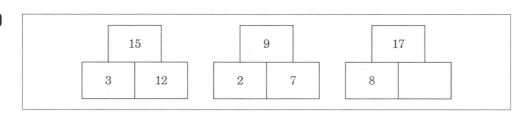

① 3 ② 5
③ 7 ④ 9

61 다음 중 포스코의 탄소중립 정책에 대한 설명으로 적절하지 않은 것은?

① 포스코는 2030년까지 2017 ~ 2019년 이산화탄소 배출량의 평균 대비 30% 이상을 줄일 계획이다.

② 포스코는 2006년 온실가스 에너지 시스템을 구축했고, 2022년에는 탄소중립 추진 전담 조직을 신설했다.

③ 포스코는 2026년까지 수소환원 상용화 조업 기술을 검증하고, 2030년까지 상용 설비를 도입할 예정이다.

④ 포스코의 2050년 탄소중립 달성 전략의 궁극적 목표는 2050년까지 고로를 수소환원제철 공법으로 완전 전환하는 것이다.

62 다음 중 포스코그룹사에 포함되지 않는 기업은?

① PNR

② SNNC

③ 피앤오케미칼

④ 송원문화재단

63 포스코는 CSR(Corporate Social Responsibility) 수행을 위한 기부·찬조를 시행하기 전에 이사회(상위 기관)와 ESG위원회(산하 기관)의 이원 관리 체계를 운영하고 있다. 기부·찬조 금액이 특정액을 초과할 경우에는 ESG위원회가 아니라 이사회에서 결정하는 것이다. 이때 이사회와 ESG위원회를 구분하는 기부·찬조 기준금액은?

① 3억 원

② 5억 원

③ 10억 원

④ 20억 원

64 다음 중 포스코그룹의 영문 브랜드 슬로건에 해당하는 것은?

① Green Future, with POSCO

② Blue Tomorrow, with POSCO

③ Green Tomorrow, with POSCO

④ Blue Framework ,with POSCO

65 다음은 포스코의 전기로 신설과 관련된 기사이다. 빈칸 ㉠ ~ ㉡에 들어갈 내용으로 적절한 것은?

포스코가 2024년 1월 해외 채권시장에서 3년 만기, ___㉠___ 규모의 글로벌 ___㉡___ 발행에 성공했다. ___㉡___ 는 친환경적 활동에 필요한 자금을 조달하기 위해 녹색산업과 관련된 용도로만 사용이 제한되는 특수목적 채권으로, 포스코는 이번 ___㉡___ 발행으로 조달된 자금을 연간 250만 톤 규모의 광양제철소 전기로 신설투자 사업에 투입할 계획이다. 포스코는 아시아 시장에서 글로벌본드 발행을 공식화하고 투자자 모집을 시작했으며, 2022년 지주사 분할 이후 ___㉡___ 를 발행한 건 이번이 처음이다. 포스코는 최초 제시 금리를 미국 국채 3년물 금리에 1.1%를 가산해 제시했으며, 수요 예측 결과 200여 개 기관이 참여해 총 공모액의 8배가량의 주문을 낸 것으로 집계됐다. 아시아와 미국이 각각 71%, 10%를 차지했고, 유럽·중동은 19%를 배정받았다. 이에 따라 포스코는 ___㉡___ 발행 규모를 최종 ___㉠___, 가산금리는 1.1%, 쿠폰금리는 4.875%로 결정했다.

	㉠	㉡
①	5억 달러	코코본드
②	5억 달러	그린본드
③	10억 달러	코코본드
④	10억 달러	그린본드

제2회 최종점검 모의고사

☑ 응시시간 : 60분   ☑ 문항 수 : 65문항   정답 및 해설 p.041

01 제시된 명제가 참일 때, 다음 빈칸에 들어갈 명제로 알맞은 것은?

> • 비가 오면 한강 물이 불어난다.
> • 비가 오지 않으면 보트를 타지 않은 것이다.
> • _____
> • 자전거를 타지 않으면 한강 물이 불어난다.

① 자전거를 타면 비가 오지 않는다.
② 보트를 타면 자전거를 탄다.
③ 한강 물이 불어나면 보트를 타지 않은 것이다.
④ 자전거를 타지 않으면 보트를 탄다.

02 다음의 명제로부터 바르게 추론한 것은?

> • 설현, 보민, 석정이 서로의 가방을 들어주기로 했다.
> • 아무도 자기 가방을 들지 않았다.
> • 설현은 보민의 가방을 들지 않았다.
> • 석정은 설현의 가방을 들지 않았다.

① 보민은 석정의 가방을 들었다.
② 석정은 보민의 가방을 들었다.
③ 설현은 석정의 가방을 들지 않았다.
④ 보민은 설현의 가방을 들지 않았다.

03 다음 문장을 읽고 추론할 수 없는 것은?

> • 예술가는 조각상을 좋아한다.
> • 철학자는 조각상을 좋아하지 않는다.
> • 조각상을 좋아하는 사람은 귀족이다.
> • 예술가가 아닌 사람은 부유하다.

① 예술가는 철학자가 아니다.
② 예술가는 귀족이다.
③ 철학자는 부유하다.
④ 부유하면 귀족이다.

04 갑, 을, 병 세 사람이 피아노, 조각, 테니스를 함께 하는데, 각기 서로 다른 하나씩을 잘한다. 그런데 조각을 잘하는 사람은 언제나 진실을 말하고, 테니스를 잘하는 사람은 항상 거짓을 말한다. 이들이 서로에 대해 다음과 같이 진술했다면 누가 무엇을 잘하는가?

> 갑 : 병은 조각을 잘한다.
> 을 : 병은 피아노를 잘한다.
> 병 : 나는 조각도 피아노도 잘하지 못한다.

① 갑 – 피아노　　　　　　　　② 갑 – 테니스
③ 을 – 피아노　　　　　　　　④ 을 – 테니스

05

(가) 친환경 농업은 최소한의 농약과 화학비료만을 사용하거나 전혀 사용하지 않은 농업 방법을 일컫는다. 친환경 농업으로 재배된 농산물이 각광받는 이유는 우리가 먹고 마시는 것들이 우리네 건강과 직결되기 때문이다.

(나) 사실상 병충해를 막고 수확량을 늘리는 데 있어, 농약은 전 세계에 걸쳐 관행적으로 사용됐다. 문제는 깨끗이 씻어도 쌀에 남아있는 잔류농약을 완전히 제거하기는 어렵다는 것이다. 잔류농약은 아토피와 각종 알레르기를 유발한다. 출산율을 저하하고 유전자 변이의 원인이 되기도 한다. 특히 제초제 성분이 체내에 들어올 경우, 면역체계에 치명적인 손상을 일으킨다.

(다) 미국 환경보호청은 제초제 성분의 60%를 발암물질로 규정했다. 결국 더 많은 농산물을 재배하기 위한 농약과 제초제 사용이 오히려 인체에 치명적인 피해를 줄지 모를 '잠재적 위험요인'으로 자리매김한 셈이다.

① (가) – (나) – (다)　　　　② (나) – (가) – (다)
③ (나) – (다) – (가)　　　　④ (다) – (가) – (나)

06

(가) 이번에 개소한 은퇴연구소는 연구조사팀, 퇴직연금팀 등 5개팀 외에 학계 인사와 전문가로 구성된 10명 내외의 외부 자문위원단도 포함된다.

(나) 은퇴연구소를 통해 일반인들의 안정된 노후준비를 돕는 지식 기반으로서, 은퇴 이후의 건강한 삶에 대한 다양한 정보를 제공하는 쌍방향의 소통 채널로 적극 활용할 계획이다.

(다) P회사는 10일, 우리나라의 급격한 고령화 진전상황에 따라 범사회적으로 바람직한 은퇴준비의 필요성을 부각하고, 선진형 은퇴설계 모델의 개발과 전파를 위한 국내 최대 규모의 '은퇴연구소'를 개소했다.

(라) 마지막으로 은퇴연구소는 은퇴 이후의 생활에 대한 의식과 준비 수준이 아직 선진국에 비해 크게 취약한 우리의 인식 변화를 위해 사회적 관심과 참여를 유도할 계획이다.

① (다) – (가) – (나) – (라)　　　　② (다) – (나) – (라) – (가)
③ (라) – (가) – (라) – (다)　　　　④ (라) – (다) – (가) – (나)

07 제시된 문단을 읽고, 이어질 문단을 논리적 순서대로 바르게 나열한 것은?

초콜릿은 많은 사람이 좋아하는 간식이다. 어릴 때 초콜릿을 많이 먹으면 이가 썩는다는 부모님의 잔소리를 안 들어본 사람은 별로 없을 것이다. 그러면 초콜릿은 어떻게 등장하게 된 것일까?

(가) 한국 또한 초콜릿의 열풍을 피할 수는 없었는데, 한국에 초콜릿이 전파된 것은 개화기 이후 서양 공사들에 의해서였다고 전해진다. 일제강점기 이후 한국의 여러 제과회사는 다양한 변용을 통해 다채로운 초콜릿 먹거리를 선보이고 있다.

(나) 초콜릿의 원료인 카카오 콩의 원산지는 남미로 전해진다. 대항해 시대 이전, 즉 유럽인들이 남미에 진입하기 이전에는 카카오 콩은 예식의 예물로 선물하기도 하고 의약품의 대용으로 사용되는 등 진귀한 대접을 받는 물품이었다.

(다) 유럽인들이 남미로 진입한 이후, 여타 남미산 작물이 그러하였던 것처럼 카카오 콩도 유럽으로 전파되어 선풍적인 인기를 끌게 된다. 다만, 남미에서 카카오 콩에 첨가물을 넣지 않았던 것과는 달리 유럽에서는 설탕을 넣어 먹었다고 한다.

(라) 카카오 콩에 설탕을 넣어 먹은 것이 바로 우리가 간식으로 애용하는 초콜릿의 원형이라고 생각된다. 설탕과 카카오 콩의 결합물로서의 초콜릿은 알다시피 이후 세계를 풍미하는 간식의 대표주자가 된다.

① (가) – (다) – (나) – (라)
② (나) – (다) – (라) – (가)
③ (다) – (나) – (라) – (가)
④ (라) – (다) – (가) – (나)

08 다음 중 제시문의 내용으로 가장 적절한 것은?

그녀는 저녁 10시면 잠이 들었다. 퇴근하고 집에 돌아오면 아주 오랫동안 샤워를 했다. 한 달에 수도 요금이 5만 원 이상 나왔고, 생활비를 줄이기 위해 휴대폰을 정지시켰다. 일주일에 한 번씩 고향에 있는 어머니께 전화를 드렸고, 매달 말일에는 고시공부를 하는 동생에게 50만 원을 온라인으로 송금했다. 의사로부터 신경성 위염이라는 진단을 받은 후로는 밥을 먹을 때 꼭 백 번씩 씹었다. 밥을 먹고 30분 후에는 약을 먹었다. 그녀는 8년째 도서관에서 일했지만, 정작 자신은 책을 읽지 않았다.

① 그녀는 8년째 도서관에서 고시공부를 하고 있다.
② 그녀는 신경성 위염 때문에 식사 후에는 약을 먹는다.
③ 그녀는 휴대폰 요금이 한 달에 5만 원 이상 나오자 정지시켰다.
④ 그녀는 일주일에 한 번씩 어머니께 온라인으로 용돈을 보내 드렸다.

09 다음 제시문의 내용으로 적절하지 않은 것은?

> 언어도 인간처럼 생로병사의 과정을 겪는다. 언어가 새로 생겨나기도 하고 사멸 위기에 처하기도 한다는 것이다.
>
> 하와이어도 사멸 위기를 겪었다. 하와이어의 포식 언어는 영어였다. 1778년 당시 80만 명에 달했던 하와이 원주민은 외부로부터 유입된 감기, 홍역 등의 질병과 정치·문화적 박해로 1900년에는 4만 명까지 감소했다. 당연히 하와이어의 사용자도 급감했다. 1898년에 하와이가 미국에 합병되면서부터 인구가 증가하였으나, 하와이어의 위상은 영어 공용어 교육 정책 시행으로 인하여 크게 위축되었다. 1978년부터 몰입식 공교육을 통한 하와이어 복원이 시도되고 있으나, 하와이어 모국어를 구사할 수 있는 원주민 수는 현재 1,000명 정도에 불과하다.
>
> 언어의 사멸은 급속도로 진행된다. 어떤 조사에 따르면 평균 2주에 1개 정도의 언어가 사멸하고 있다. 우비크, 쿠페뇨, 맹크스, 쿤월, 음바바람, 메로에, 컴브리아어 등이 사라진 언어이다. 이러한 상태라면 금세기 말까지 지구에 존재하는 언어 가운데 90%가 사라지게 될 것이라는 추산도 가능하다.

① 하와이 원주민의 수는 1900년 이후 100여 년 사이에 약 $\frac{1}{40}$ 로 감소하였다.

② 하와이 원주민은 120여 년 사이에 숫자가 약 $\frac{1}{20}$ 로 감소하였다.

③ 최근 미국의 교육 정책은 하와이어를 보존하기 위한 방향으로 변화되었다.

④ 언어는 끊임없이 새로 생겨나고, 또 사라진다.

10 다음 중 제시문의 주장에 대한 반박으로 가장 적절한 것은?

> 고대 중국인들은 인간이 행하지 못하는 불가능한 일은 그들이 신성하다고 생각한 하늘에 의해서 해결 가능하다고 보았다. 그리하여 하늘은 인간에게 자신의 의지를 심어 두려움을 갖고 복종하게 하는 의미뿐만 아니라 인간의 모든 일을 책임지고 맡아서 처리하는 의미로까지 인식되었다. 그 당시에 하늘은 인간에게 행운과 불운을 가져다줄 수 있는 힘이고, 인간의 개별적 또는 공통적 운명을 지배하는 신비하고 절대적인 존재라는 믿음이 형성되었다. 이러한 하늘에 대한 인식은 결과적으로 하늘을 권선징악의 주재자로 보고, 모든 새로운 왕조의 탄생과 정치적 변천까지도 그것에 의해 결정된다는 믿음의 근거로 작용하였다.

① 하늘은 인류의 근원이며, 인류는 하늘의 덕성이 발현된 것이다.

② 사람이 받게 되는 재앙과 복의 원인은 모두 자신에게 있다.

③ 뱃사공들은 하늘에 제사를 지냄으로써 자신들의 항해가 무사하길 기원한다.

④ 인간의 길흉화복은 우주적 질서의 일부이다.

11 다음 제시문으로부터 추론할 수 있는 것은?

> 미국 사회에서 동양계 미국인 학생들은 '모범적 소수 인종(Model Minority)'으로, 즉 미국의 교육 체계 속에서 뚜렷하게 성공한 소수 인종의 전형으로 간주되어 왔다. 그리고 그들은 성공적인 학교생활을 통해 주류 사회에 동화되고 이것에 의해 사회적 삶에서 인종주의의 영향을 약화시킨다는 주장으로 이어졌다. 하지만 동양계 미국인 학생들이 이렇게 정형화된 이미지처럼 인종주의의 장벽을 넘어 미국 사회의 구성원으로 참여하고 있는가는 의문이다. 미국 사회에서 동양계 미국인 학생들의 인종적 정체성은 다수자인 '백인'의 특성이 장점이라고 생각하는 것과 소수자인 동양인의 특성이 단점이라고 생각 하는 것의 사이에서 구성된다. 그리고 이것은 그들에게 두 가지 보이지 않는 결과를 제공한다. 하나는 대부분의 동양계 미국인 학생들이 인종적인 차이에 대한 그들의 불만을 해소하고 인종 차이에서 발생하는 차별을 피하고자 백인이 되기를 원하는 것이다. 다른 하나는 다른 사람들이 자신을 동양인으로 연상하지 않도록 자신 스스로 동양인들의 전형적인 모습에서 벗어나려고 하는 것이다. 그러므로 모범적 소수 인종으로서의 동양계 미국인 학생은 백인에 가까운 또는 동양인에서 먼 '미국인'으로 성장할 위험 속에 있다.

① '모범적 소수 인종'은 특유의 인종적 정체성을 내면화하고 있다.
② '동양계 미국인 학생들'의 성공은 일시적이고 허구적인 것이다.
③ 여러 소수 인종 집단은 인종 차이가 초래할 부정적인 효과에 대해 의식하고 있다.
④ 여러 집단의 인종은 사회에서 한정된 자원의 배분을 놓고 갈등하고 있다.

12 다음 빈칸에 들어갈 말로 가장 적절한 것은?

> 아리스토텔레스는 인간은 그 스스로 결정하는 일에 참여할 뿐만 아니라 그런 기회를 실제로 가짐으로써 비로소 결정하는 법을 배우게 되는 사회적 동물이라고 했다. 따라서 도덕적 결정을 어떻게 하는지 알기 위해서는 _____ 훌륭한 시민은 태어나는 것이 아니다. 사회 교육적으로 만들어지는 것이다. 그리스 도시는 그리스 청소년에게 전인격적 인간을 만들어 주는 사회 교육의 장이었으며, 문명의 장이었던 것이다. 물론 도시를 학교화시키는 그리스의 사회 교육적 노력은 궁극적으로는 소수 시민이나 정치적 지배자를 양성하기 위한 정치 교육적 노력이었다는 점은 비판되어야 하지만, 사회가 교실이라는 논리만큼은 현대의 산업 사회에서도 적용될 수 있다고 판단된다.

① 그와 관계되는 교육적 프로그램을 다양하게 개발해야 한다.
② 그런 일에 직접 참여해 보는 경험보다 더 중요한 것은 없다.
③ 그 방면의 권위자의 견해를 학습하는 것이 선행되어야 한다.
④ 그와 관계되는 적절한 학습 동기를 부여하는 것이 중요하다.

13 다음 중 제시문의 주제로 가장 적절한 것은?

> 의식주는 사람이 생활하는 데 필수적인 3가지 요소이다. 이 세 가지 요소는 경제 변동과 무관하게 항상 이루어져야 한다. 이 중에서 주는 항상 이루어져야 함에도 불구하고 우리나라에서 많은 자본이 필요하며, 경제 변동에 매우 민감하게 반영되곤 한다.
>
> 2021년 낮아진 금리로 인해 많은 사람들 특히 사회초년생인 20대 30대는 여러 곳으로부터 돈을 최대한 빌리는 이른 바 '영끌'을 통해 집을 마련하였다. 낮은 금리로 인해 마땅히 투자를 할 곳이 없었기 때문에 부동산에 투자한 것일 수도 있지만, 대부분의 사회초년생들은 '렌트푸어'가 되느냐, '하우스푸어'가 되느냐 양자택일에 놓였기 때문에 영끌을 통해 집을 마련하였다.
>
> 렌트푸어란 급등하는 전셋값을 감당하기 위해 돈을 빌려 이를 상환하는 데 소득의 대부분을 지출하여 여유 없이 사는 사람들을 의미한다. 반면 하우스푸어는 집을 구매하기위해 돈을 빌려 이를 상환하는 데 소득의 대부분을 지출하는 사람들이다. 비슷해 보이지만 렌트푸어는 집을 가지지 못해 가난하게 사는 사람이고, 하우스푸어는 집을 가져서 가난하게 사는 사람이다. 2030 청년들 입장에서는 전세를 구하기 위해 돈을 빌리나, 집을 사기위해 돈을 빌리나 똑같이 많은 빚을 지게 되는 것이고, 당시에는 역전세 등 전셋값이나 매매값이나 큰 차이가 나지 않았고, 부동산 가격이 계속 상승세였으며, 금리 또한 낮았기 때문에 많은 사람들이 영끌이라는 선택을 한 것이다.
>
> 그러나 최근 기준금리가 상승하면서 영끌을 했던 2030 청년들은 그야말로 공포에 떨고 있다. 많은 돈을 빌려 산 집의 가격은 떨어지고 있으며, 금리인상으로 인해 은행에 지불하는 이자는 천정부지로 뛰었기 때문이다. 집을 팔자니 이미 수억의 손해를 보았으며, 가만히 놔두자니 늘어난 이자가 거대한 부담으로 다가오고 있다. 이로 인해 청년 부채는 지속적으로 증가하고 있으며, 경제 주체로서 자산을 형성하는 데 큰 어려움을 겪고 있다.

① 사회초년생의 자산현황
② 부동산 시장의 변동 원인
③ 사람이 생활하는 데 필요한 필수적인 요소
④ 2030 영끌의 이유

※ 평소 환경에 관심이 많은 P씨는 인터넷에서 다음과 같은 글을 보았다. 이어지는 질문에 답하시오.
[14~15]

마스크를 낀 사람들이 더는 낯설지 않다. "알프스나 남극 공기를 포장해 파는 시대가 오는 게 아니냐."는 농담을 가볍게 웃어넘기기 힘든 상황이 됐다. 황사·미세먼지·초미세먼지·오존·자외선 등 한 번 외출할 때마다 꼼꼼히 챙겨야 할 것들이 한둘이 아니다. 중국과 인접한 우리나라의 환경오염 피해는 더욱 심각한 상황이다. 지난 4월 3일 서울의 공기품질은 최악을 기록한 인도 델리에 이어 2위의 불명예를 차지했다. 뚜렷한 환경오염은 급격한 기후변화의 촉매제가 되고 있다. 지난 1912년 이후 지구의 연평균 온도는 꾸준히 상승해 평균 0.75℃가 올랐다. 우리나라는 세계적으로 유래를 찾아보기 어려울 만큼 연평균 온도가 100여 년간 1.8℃나 상승했으며, 이는 지구 평균치의 2배를 웃도는 수치이다. 기온 상승은 다양한 부작용을 낳고 있다. 1991년부터 2010년까지 20여 년간 폭염일수는 8.2일에서 10.5일로 늘어났고, 열대야지수는 5.4일에서 12.5일로 증가했다. 반면에 겨울은 1920년대에 비해 1990년대에는 무려 한 달이 짧아졌다. 이러한 이상 기온은 우리 농어촌에 악영향을 끼칠 수밖에 없다.

기후변화와 더불어, 세계 인구의 폭발적 증가는 식량난 사태로 이어지고 있다. 일부 저개발 국가에서는 굶주림이 일반화되고 있다. 올해 4월을 기준으로 전 세계 인구수는 74억 9,400만 명을 넘어섰다. 인류 역사상 가장 많은 인류가 지구에 사는 셈이다. 이 추세대로라면 오는 2050년에는 97억 2,500만 명을 넘어설 것으로 전망된다. 한정된 식량 자원과 급증하는 지구촌 인구수 앞에 결과는 불을 보듯 뻔하다. 곧 글로벌 식량위기가 가시화될 전망이다.

우리나라는 식량의 75% 이상을 해외에서 조달하고 있다. 이는 국제 식량가격의 급등이 식량안보 위협으로 이어질 수도 있음을 뜻한다. 미 국방성은 '수백만 명이 사망하는 전쟁이나 자연재해보다 기후변화가 가까운 미래에 더 심각한 재앙을 초래할 수 있다.'는 내용의 보고서를 발표하였다.

이뿐 아니라 식량이 부족한 상황에서 식량의 질적 문제도 해결해야 할 과제이다. 삶의 질을 중시하면서 친환경적인 안전 먹거리에 대한 관심과 수요는 증가하고 있지만, 급변하는 기후변화와 부족한 식량자원은 식량의 저질화로 이어질 가능성을 높이고 있다. 일손 부족 등으로 인해 친환경 먹거리 생산의 대량화 역시 쉽지 않은 상황이다.

14 다음 글의 주제로 가장 적절한 것은?

① 지구온난화에 의한 기후변화의 징조

② 환경오염에 따른 기후변화가 우리 삶에 미치는 영향

③ 기후변화에 대처하는 자세

④ 환경오염을 예방하는 방법

15 다음 중 P씨가 글을 읽고 이해한 것으로 가장 적절한 것은?

① 기후변화는 환경오염의 촉매제가 되어 우리 농어촌에 악영향을 끼치고 있다.

② 알프스나 남극에서 공기를 포장해 파는 시대가 도래하였다.

③ 세계인구의 폭발적인 증가는 저개발 국가의 책임이 크다.

④ 우리나라의 식량자급률 특성상 기후변화가 계속된다면 식량난이 심각해질 것이다.

16 원가가 10,000원인 수영복에 30% 이익을 예상하고 정가를 붙였지만 팔리지 않아 결국 정가의 20%를 할인하여 팔았다고 한다. 이익은 얼마인가?

① 400원   ② 500원

③ 600원   ④ 700원

17 갑은 곰 인형 100개를 만드는 데 4시간, 을은 25개를 만드는 데 10시간이 걸린다. 이들이 함께 일을 하면 각각 원래 능력보다 20% 효율이 떨어진다. 이들이 함께 곰 인형 132개를 만드는 데 걸리는 시간은?

① 5시간   ② 6시간

③ 7시간   ④ 8시간

18 현재 동생은 통장에 10,000원, 형은 0원이 있다. 이번 달부터 형은 한 달에 2,000원씩을 저금하고, 동생은 1,500원을 저금한다고 할 때, 몇 개월 후에 형의 통장 잔액이 동생보다 많아지는가?

① 21개월   ② 26개월

③ 31개월   ④ 36개월

19 다음은 주요 젖병회사 브랜드인 A~C사의 연도별 판매율을 나타낸 자료이다. 이에 대한 설명으로 옳지 않은 것은?

〈연도별 · 젖병회사별 판매율〉

(단위 : %)

구분	2019년	2020년	2021년	2022년	2023년
A사	52	55	61	58	69
B사	14	19	21	18	20
C사	34	26	18	24	11

① A사와 B사의 판매율 증감추이는 동일하다.
② A사와 B사의 판매율이 가장 높은 연도는 동일하다.
③ A사의 판매율이 가장 높은 연도는 C사의 판매율이 가장 낮았다.
④ B사의 판매율이 가장 낮은 연도는 C사의 판매율이 가장 높았다.

20 P사원은 사내의 복지 증진과 관련하여 임직원을 대상으로 휴게실 확충에 대한 의견을 수렴한 자료이다. 이에 대한 설명으로 옳지 않은 것은?

〈휴게실 확충에 대한 본부별 · 성별 찬반 의견〉

(단위 : 명)

구분	A본부		B본부	
	여성	남성	여성	남성
찬성	180	156	120	96
반대	20	44	80	104
합계	200	200	200	200

① 남성의 60% 이상이 휴게실 확충에 찬성하고 있다.
② A본부 여성의 찬성 비율이 B본부 여성보다 1.5배 높다.
③ B본부 전체 인원 중 여성의 찬성률이 B본부 남성의 찬성률보다 보다 1.2배 이상 높다.
④ A, B본부 전체 인원에서 찬성하는 사람의 수는 전체 성별 차이가 본부별 차이보다 크다.

21 다음은 2018년부터 2023년까지 8월마다 신규자영업자의 사업자금 규모를 조사한 자료이다. (가)에 들어갈 수치로 옳은 것은?

〈신규자영업자의 사업자금 규모〉

(단위 : %)

연도＼자금규모	5백만 원 미만	5백만 원 이상 2천만 원 미만	2천만 원 이상 5천만 원 미만	5천만 원 이상 1억 원 미만	1억 원 이상 3억 원 미만	3억 원 이상
2018년	31.2	20.2	22.6	17.0	7.0	2.0
2019년	34.5	22.0	23.3	12.8	4.4	3.0
2020년	32.2	22.7	19.8	19.1	5.2	1.0
2021년	26.7	18.4	24.0	20.0	6.2	4.7
2022년	29.2	13.2	21.2	17.2	(가)	5.0
2023년	32.2	22.2	23.1	16.2	5.3	1.0

① 12.2

② 14.2

③ 16.2

④ 19.2

22 다음은 남녀 500명의 윗몸일으키기 측정 결과표이다. 41 ~ 50회를 기록한 남자 수와 11 ~ 20회를 기록한 여자 수의 차이는?

〈윗몸일으키기 측정 결과〉

구분	남	여
0 ~ 10회	2%	15%
11 ~ 20회	11%	17%
21 ~ 30회	12%	33%
31 ~ 40회	40%	21%
41 ~ 50회	35%	14%
전체	60%	40%

① 53명

② 62명

③ 71명

④ 80명

23 다음은 P매장을 방문한 손님 수를 월별로 나타낸 자료이다. 남자 손님 수가 가장 많은 달은 몇 월인가?

<월별 P매장 방문 손님 수>

(단위 : 명)

구분	1월	2월	3월	4월
전체 손님 수	56	59	57	56
여자 손님 수	23	29	34	22

① 1월 ② 2월
③ 3월 ④ 4월

24 다음은 P마트의 과자 종류에 따른 가격을 나타낸 표이다. P마트는 A, B, C과자에 기획 상품 할인을 적용하여 팔고 있다. A ~ C과자를 정상가로 각각 2봉지씩 구매할 수 있는 금액을 가지고 각각 2봉지씩 할인된 가격으로 구매 후 A과자를 더 산다고 할 때, A과자를 몇 봉지를 더 살 수 있는가?

<과자별 가격 및 할인율>

구분	A	B	C
정상가	1,500원	1,200원	2,000원
할인율	20%		40%

① 4봉지 ② 3봉지
③ 2봉지 ④ 1봉지

25 어떤 고등학생이 13살 동생, 40대 부모님, 65세 할머니와 함께 박물관에 가려고 한다. 주말에 입장할 때와 주중에 입장할 때의 요금 차이는?

<박물관 입장료>

구분	주말	주중
어른	20,000원	18,000원
중·고등학생	15,000원	13,000원
어린이	11,000원	10,000원

※ 어린이 : 3살 이상 ~ 13살 이하
※ 경로 : 65세 이상은 50% 할인

① 8,000원 ② 9,000원
③ 10,000원 ④ 11,000원

26 다음은 계절별 강수량 추이에 대한 자료이다. 이에 대한 설명으로 옳은 것은?

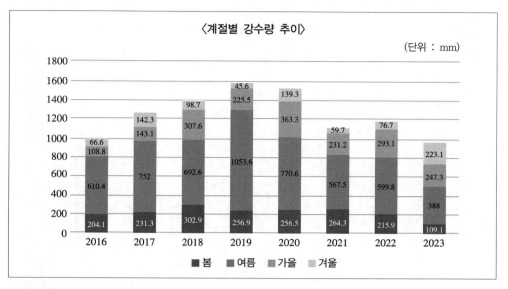

① 2016년부터 2023년까지 가을철 평균 강수량은 210mm 미만이다.

② 여름철 강수량이 두 번째로 높았던 해의 가을·겨울철 강수량의 합은 봄철 강수량의 2배 이상이다.

③ 강수량이 제일 낮은 해에 우리나라는 가뭄이었다.

④ 전년 대비 강수량의 변화가 가장 큰 때는 2021년이다.

27 다음은 장래인구추계에 대한 자료이다. 이에 대한 설명으로 가장 적절한 것은?

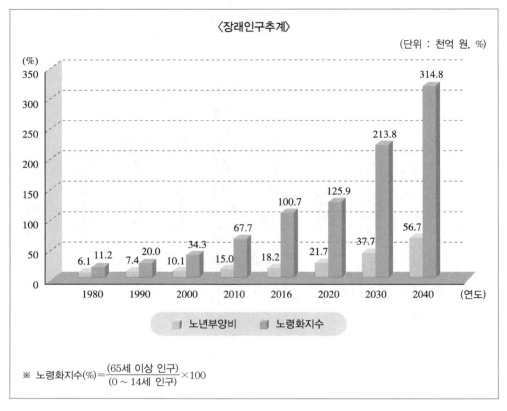

〈장래인구추계〉

(단위 : 천억 원, %)

※ 노령화지수(%)＝$\frac{(65세 \ 이상 \ 인구)}{(0 \sim 14세 \ 인구)} \times 100$

① 1990년 대비 2016년 노령화지수는 7배 이상 증가했다.

② 노년부양비가 2020년 이후 급격히 증가하는 것은 그만큼의 GDP가 증가하기 때문이라고 할 수 있다.

③ 2020년 대비 2030년 노령화지수 증가율과 2010년 대비 2020년 노령화지수 증가율은 모두 100%를 넘는다.

④ 2010년 이후 인구증가율이 1% 미만이라면 2016년 이후의 노령화지수가 급격하게 상승하는 이유는 기대수명이 길어진 것 때문이라고 할 수 있다.

28 다음은 2014 ~ 2023년 주택전세가격 동향에 대한 자료이다. 이에 대한 설명으로 적절하지 않은 것은?

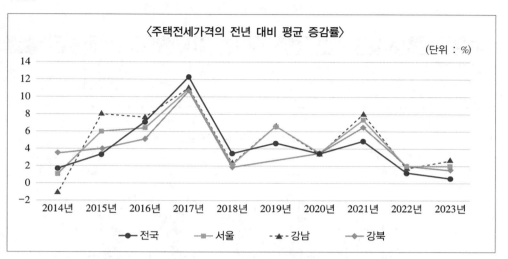

〈주택전세가격의 전년 대비 평균 증감률〉

(단위 : %)

① 전국 주택전세가격은 2014년부터 2023년까지 매년 증가하고 있다.

② 2017년 강북의 주택전세가격은 2015년과 비교해 20% 이상 증가했다.

③ 2020년 이후 서울의 주택전세가격 증가율은 전국 평균 증가율보다 높다.

④ 강남 지역 주택전세가격의 전년 대비 증가율이 가장 높은 시기는 2017년이다.

※ 다음은 궁능원 관람객 수에 대한 자료이다. 이어지는 질문에 답하시오. [29~30]

〈2016 ~ 2023년 궁능원 관람객 수〉

(단위 : 천 명)

구분	2016년	2017년	2018년	2019년	2020년	2021년	2022년	2023년
유료 관람객 수	6,688	6,805	6,738	6,580	7,566	6,118	7,456	5,187
무료 관람객 수	3,355	3,619	4,146	4,379	5,539	6,199	6,259	7,511
외국인 관광객 수	1,877	2,198	2,526	2,222	2,690	2,411	3,849	2,089

〈2019 ~ 2023년 궁능원 관람객 수〉

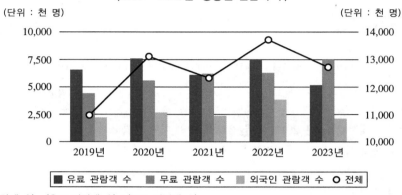

※ (전체 관람객 수)=(유료 관람객 수)+(무료 관람객 수)

29 다음 자료에 대한 〈보기〉의 설명 중 옳지 않은 것을 모두 고르면?

> **보기**
>
> ㄱ. 2021년 전체 관람객 수는 전년보다 감소하였으나 무료 관람객 수는 전년보다 소폭 증가하였다.
> ㄴ. 2023년 외국인 관람객 수는 전년 대비 43% 미만 감소하였다.
> ㄷ. 2019 ~ 2023년의 전체 관람객 수와 유료 관람객 수의 증감 추이는 같다.
> ㄹ. 2017 ~ 2023년 중 전체 관람객 수가 전년 대비 가장 많이 증가한 해는 2018년이다.

① ㄱ, ㄴ
② ㄱ, ㄷ
③ ㄴ, ㄷ
④ ㄴ, ㄹ

30 2024년 궁능원 관람객 수 예측 자료를 참고하여 2024년 예상 전체 관람객 수와 예상 외국인 관람객 수를 올바르게 구한 것은?(단, 소수점 이하는 버림한다)

> **〈2024년 궁능원 관람객 수 예측 자료〉**
>
> • 고궁 야간관람 및 '문화가 있는 날' 행사 확대 운영으로 유료 관람객 수는 2023년 대비 24% 정도 증가할 전망이다.
> • 적극적인 무료 관람 콘텐츠 개발로 무료 관람객 수는 2016년 무료 관람객 수의 2.4배 수준일 것으로 예측된다.
> • 외국인을 위한 문화재 안내판, 해설 등 서비스의 품질 향상 노력과 각종 편의시설 개선 노력으로 외국인 관람객 수는 2023년보다 약 35,000명 정도 증가할 전망이다.

	예상 전체 관람객 수	예상 외국인 관람객 수
①	13,765천 명	1,973천 명
②	14,483천 명	2,124천 명
③	14,768천 명	2,365천 명
④	15,822천 명	3,128천 명

※ 김대리는 출장으로 인해 도시별로 5개 기업을 방문하게 되었다. 김대리가 방문해야 할 기업의 위치와 도로의 길이가 다음과 같을 때, 이어지는 질문에 답하시오. [31~33]

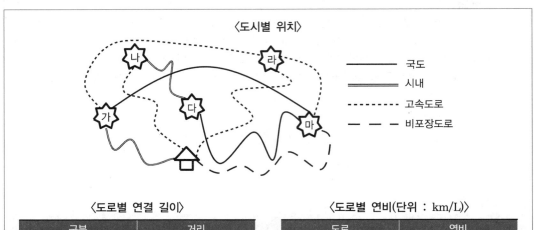

〈도시별 위치〉

국도
시내
고속도로
비포장도로

〈도로별 연결 길이〉

구분	거리
집 – 가	60km
집 – 나	70km
집 – 라	90km
집 – 마	80km
가 – 마	70km
가 – 라	100km
나 – 다	40km
다 – 마	70km
라 – 마	50km

〈도로별 연비(단위 : km/L)〉

도로	연비
국도	10
시내	4
고속도로	20
비포장도로	8

31 다음 중 김대리가 이동할 수 있는 경로가 아닌 것은?

① 집 – 나 – 다 – 마 – 라 – 가
② 집 – 나 – 다 – 마 – 가 – 라
③ 집 – 가 – 라 – 마 – 다 – 나
④ 집 – 가 – 마 – 다 – 나 – 라

32 지도상에서 김대리가 5개 기업을 모두 방문할 수 있는 경로의 총 개수는?

① 3가지
② 4가지
③ 5가지
④ 6가지

33 여름철 폭우로 '나'로 가는 고속도로가 유실되어 교통이 차단되었다. 김대리는 할 수 없이 다른 경로 중에서 연료가 가장 적게 드는 방법을 선택하였다. 집에서 출발하여 모든 기업을 한 번씩 들렀을 때, 출장으로 쓴 연료비는?(단, 마지막 기업을 도착점으로 하고 중간에 집에 들르는 것도 가능하며 휘발유는 1L당 1,000원이다)

① 30,000원
② 30,500원
③ 32,500원
④ 33,500원

※ 다음은 A ~ G지점 간 경로와 구간별 거리를 나타낸 자료이다. A지점으로 출장을 나온 P사원이 업무를 마치고 사무실이 있는 G지점으로 운전해 돌아가려고 할 때, 자료를 보고 이어지는 질문에 답하시오. [34~35]

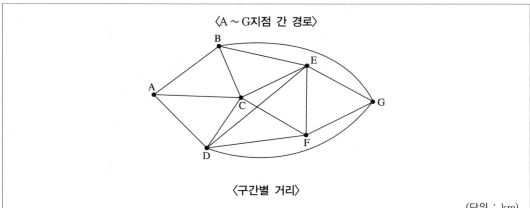

〈A ~ G지점 간 경로〉

〈구간별 거리〉

(단위 : km)

지점	A	B	C	D	E	F	G
A	–	52	108	51	–	–	–
B	52	–	53	–	66	–	128
C	108	53	–	56	53	55	–
D	51	–	56	–	62	69	129
E	–	66	53	62	–	59	58
F	–	–	55	69	59	–	54
G	–	128	–	129	58	54	–

※ 지점과 지점 사이 경로가 없는 경우 '–'로 표시함

34 P사원이 갈 수 있는 최단경로의 거리는?(단, 모든 지점을 거칠 필요는 없다)

① 163km   ② 167km

③ 171km   ④ 174km

35 P사원은 최단거리를 확인한 후 출발하려 했으나, C지점에 출장을 갔던 H대리가 픽업을 요청해 C지점에 들러 H대리를 태우고 사무실로 돌아가려고 한다. 이때, C지점을 거치지 않았을 때의 최단거리와 C지점을 거쳤을 때의 최단거리의 차는?

① 41km   ② 43km

③ 45km   ④ 47km

※ 다음 〈보기〉는 그래프 구성 명령어 실행 예시이다. 이어지는 질문에 답하시오. [36~38]

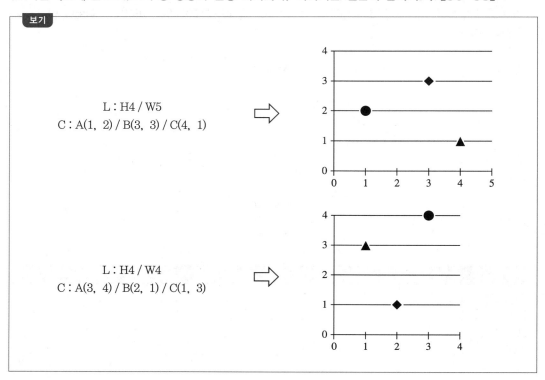

36 다음 그래프를 산출하기 위한 명령어는?

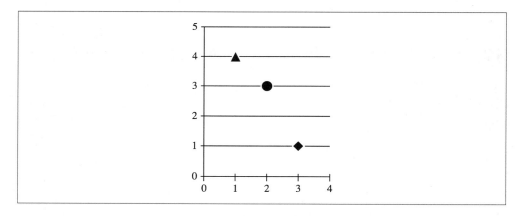

① L : H4 / W5
　C : A(3, 2) / B(3, 1) / C(1, 4)
③ L : H5 / W4
　C : A(2, 3) / B(1, 4) / C(3, 1)

② L : H4 / W5
　C : A(2, 3) / B(3, 1) / C(1, 4)
④ L : H5 / W4
　C : A(2, 3) / B(3, 1) / C(1, 4)

37 다음 그래프를 산출하기 위한 명령어는?

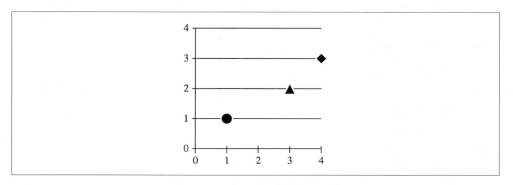

① L : H4 / W4
   C : A(1, 1) / B(2, 3) / C(4, 3)

② L : H4 / W4
   C : A(1, 1) / B(4, 3) / C(3, 2)

③ L : H4 / W4
   C : A(1, 1) / B(3, 2) / C(4, 3)

④ L : H4 / W4
   C : A(1, 1) / B(3, 4) / C(3, 2)

38 L : H4 / W4, C : A(2, 2) / B(3, 4) / C(1, 4)의 그래프를 산출할 때, 오류가 발생하여 아래와 같은 그래프가 산출되었다. 다음 중 오류가 발생한 값은?

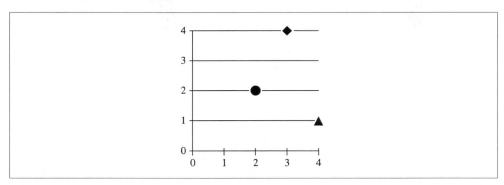

① H4 / W4

② A(2, 2)

③ B(3, 4)

④ C(1, 4)

※ 다음 제시된 명령어의 규칙에 따라 숫자를 변환시킬 때, 규칙에 따라 도식을 해결하여 마지막에 나오는 형태를 구하시오. [39~40]

Enter : 숫자와 색을 한 행씩 아래로 이동
Space : 숫자와 색을 한 열씩 오른쪽으로 이동
Tab : 숫자만 시계 방향으로 90° 회전
Shift : 색 반전
◇ : 해당 칸의 숫자가 초기 숫자보다 큰가?
□ : 해당 칸의 배경이 흰색인가?
■ : 해당 칸의 배경이 검은색인가?
사각형 안에 −(빼기) 2개 : 2개 칸 숫자의 차 X가 조건에 맞는지 확인
사각형 안에 +(더하기) 2개 : 2개 칸 숫자의 합 X가 조건에 맞는지 확인

39

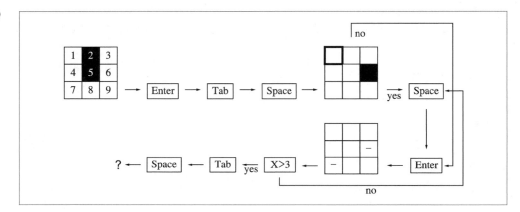

①
4	6	5
7	9	8
1	3	2

②
5	4	6
2	1	3
8	7	9

③
2	1	3
5	4	6
8	7	9

④
5	6	4
8	9	7
2	3	1

40

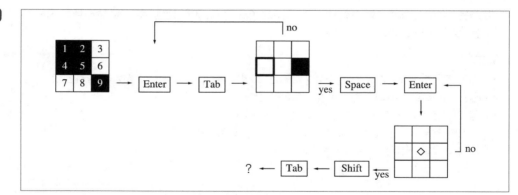

①
1	4	7
3	6	9
2	5	8

②
5	4	6
8	7	9
2	1	3

③
4	1	7
6	3	9
5	2	8

④
6	9	3
5	8	2
4	7	1

※ 다음은 P사에서 채용시험을 실시할 때, 필요한 〈조건〉과 채용시험장 후보 대상에 대한 자료이다. 이어지는 질문에 답하시오. **[41~42]**

조건

- 신입직 지원자는 400명이고, 경력직 지원자는 80명이다(단, 지원자 모두 시험에 응시한다).
- 시험은 방송으로 진행되므로 스피커가 있어야 한다.
- 시험 안내를 위해 칠판이나 화이트보드가 있어야 한다.
- 신입직의 경우 3시간, 경력직의 경우 2시간 동안 시험이 진행된다.
- 비교적 비용이 저렴한 시설을 선호한다.

〈채용시험장 후보 대상〉

구분	A중학교	B고등학교	C대학교	D중학교
수용 가능 인원	380명	630명	500명	460명
시간당 대여료	300만 원	450만 원	700만 원	630만 원
시설	스피커, 화이트보드	스피커, 칠판	칠판, 스피커	화이트보드, 스피커
대여 가능 시간	토 ~ 일요일 10 ~ 13시	일요일 09 ~ 12시	토 ~ 일요일 14 ~ 17시	토요일 14 ~ 17시

41 P사가 신입직 채용시험을 토요일에 실시한다고 할 때, 다음 중 채용시험 장소로 가장 적절한 곳은?

① A중학교
② B고등학교
③ C대학교
④ D중학교

42 P사는 채용 일정이 변경됨에 따라 신입직과 경력직의 채용시험을 동시에 동일한 장소에서 실시하려고 한다. 다음 중 채용시험 장소로 가장 적절한 것은?(단, 채용시험일은 토요일이나 일요일로 한다)

① A중학교
② B고등학교
③ C대학교
④ D중학교

※ P씨는 다음 조건하에서 모든 약을 복용해야 한다. 다음 자료를 읽고 이어지는 질문에 답하시오.
[43~45]

약 종류	횟수	복용 시기	혼용하면 안 되는 약	복용 우선순위
A	4	식후	B, C, E	3
B	4	식후	A, C	1
C	3	식전	A, B	2
D	5	식전	–	5
E	4	식후	A	4

조건

• 혼용하면 안 되는 약은 한 끼니를 전후하여 혼용해선 안 된다.
  – 아침 전후 or 점심 전후 or 저녁 전후는 혼용 불가
• 약은 우선순위대로 최대한 빨리 복용하여야 한다.
• 식사는 아침, 점심, 저녁만 해당한다.
• 하루 최대 6회까지 복용할 수 있다.
• 약은 한번 복용하기 시작하면 해당 약을 모두 먹을 때까지 매일 끊이지 않고 복용하여야 한다.
• 모든 약은 하루 최대 1회 복용 수 있다.

43 다음 식사 중 조건에 맞춰 최대한 빨리 복용하였을 때 언제 모든 약의 복용이 완료되는가?

① 4일차 점심   ② 4일차 저녁
③ 5일차 아침   ④ 5일차 저녁

44 다음 〈보기〉의 설명 중 P씨의 약물 A ~ E 복용에 대하여 옳은 설명을 모두 고르면?

보기

ㄱ. 하루에 A ~ E를 모두 복용할 수 있다.
ㄴ. D는 점심에만 복용한다.
ㄷ. 최단 시일 내에 모든 약을 복용하기 위해서는 A는 저녁에만 복용하여야 한다.
ㄹ. C와 A를 전부 복용하는 날은 총 2일이다.

① ㄱ, ㄴ   ② ㄱ, ㄷ
③ ㄴ, ㄷ   ④ ㄷ, ㄹ

45 다음 복용조건이 추가되었다고 할 때, 식사 중 조건에 맞춰 최대한 빨리 복용한다면 언제 모든 약의 복용이 완료되는가?

〈추가 조건〉
• 하루에 최대 3개의 약을 복용할 수 있다.

① 6일차 저녁   ② 7일차 점심
③ 8일차 저녁   ④ 9일차 아침

※ 다음 도형 내부의 기호들은 일정한 패턴을 가지고 변화한다. 다음 중 ?에 들어갈 도형으로 가장 알맞은 것을 고르시오. **[46~48]**

46

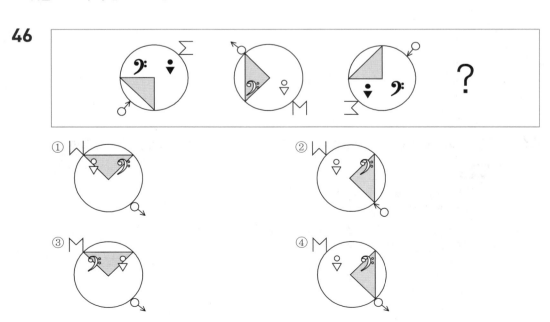

47

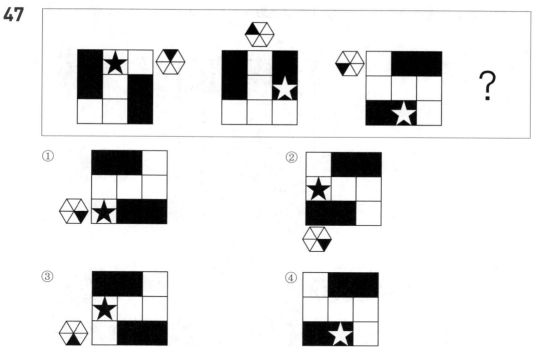

48

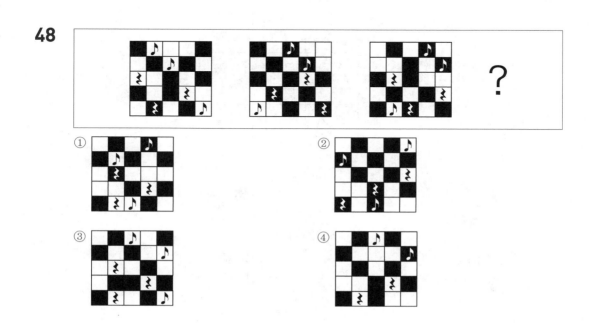

PART 3

※ 다음 제시된 도형의 규칙을 보고 ?에 들어갈 알맞은 도형을 고르시오. [49~51]

49

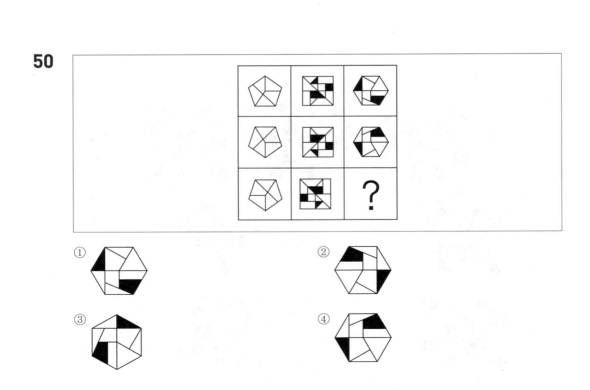

① ② ③ ④

50

① ② ③ ④

51

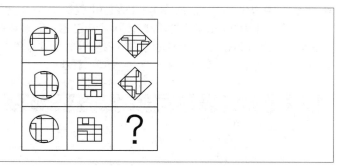

①

②

③

④

※ 빨간색, 주황색, 노란색, 초록색의 신호등이 있고, 신호가 변화하는 규칙은 아래와 같다. 각 문항의 신호 변화 과정상의 오류를 찾아 제거해야 주어진 결과를 얻을 수 있다고 할 때, 다음 중 오류가 발생한 도형을 고르시오(단, 규칙에서 언급되지 않은 색의 신호등은 현재 상태 그대로 해당 단계를 통과하며, 같은 색의 신호등이 중복하여 켜질 수 있다). [52~53]

구분	과정
▷	빨간색 외에는 꺼진다.
♠	노란색 외에는 꺼진다.
♣	주황색은 노란색으로 바뀐다.
♥	초록색은 빨간색으로 바뀐다.
□	주황색만 꺼진다.
◎	노란색이 켜져 있지 않을 경우 주황색이 하나 켜진다.
◑	빨간색과 초록색이 둘 다 켜져 있지 않거나 둘 중 하나만 켜진 경우 빨간색이 하나 켜진다.
☎	똑같은 색이 두 개 이상 켜져 있을 경우 그 색은 꺼진다.

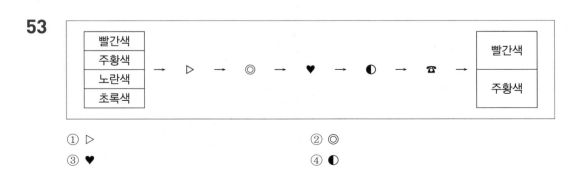

52

빨간색 / 주황색 / 노란색 / 초록색 → □ → ♣ → ▷ → ☎ → ♠ → 노란색

① □ ② ♣

③ ▷ ④ ☎

53

빨간색 / 주황색 / 노란색 / 초록색 → ▷ → ◎ → ♥ → ◑ → ☎ → 빨간색 / 주황색

① ▷ ② ◎

③ ♥ ④ ◑

※ 다음 규칙을 읽고, 이어지는 질문에 답하시오. [54~56]

작동 버튼	기능
가	가장 큰 수 일의 자리 숫자와 백의 자리 숫자를 서로 바꾼 후 두 번째 칸 수의 백의 자리 숫자에 2를 더한다.
나	첫 번째 칸 수의 십의 자리 숫자와 일의 자리 숫자를 서로 바꾼다. 세 번째 칸 수의 백의 자리 숫자와 일의 자리 숫자를 서로 바꾼다.
다	가장 작은 수의 십의 자리 숫자에 2를 곱한 후 일의 자리 숫자와 십의 자리 숫자를 서로 바꾼다.
라	두 번째 칸 수의 십의 자리 수와 네 번째 칸 수의 백의 자리 수를 서로 바꾼다.

54 〈보기〉의 왼쪽 상태에서 작동 버튼을 두 번 눌렀더니, 오른쪽과 같은 결과가 나타났다. 다음 중 작동 버튼의 순서를 바르게 나열한 것은?

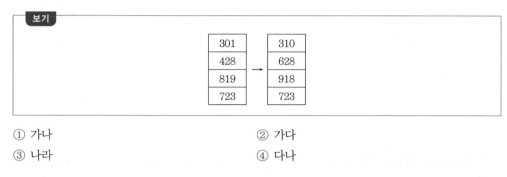

① 가나   ② 가다

③ 나라   ④ 다나

55 〈보기〉의 왼쪽 상태에서 작동 버튼을 두 번 눌렀더니, 오른쪽과 같은 결과가 나타났다. 다음 중 작동 버튼의 순서를 바르게 나열한 것은?

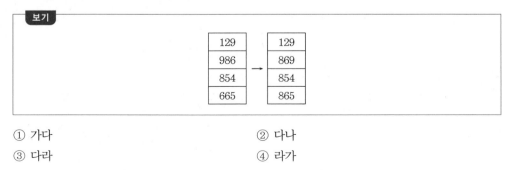

① 가다   ② 다나

③ 다라   ④ 라가

56 〈보기〉의 왼쪽 상태에서 작동 버튼을 세 번 눌렀더니, 오른쪽과 같은 결과가 나타났다. 다음 중 작동 버튼의 순서를 바르게 나열한 것은?

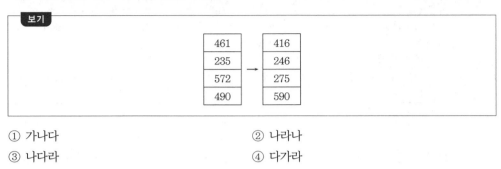

① 가나다

② 나라나

③ 나다라

④ 다가라

※ 다음과 같이 일정한 규칙에 따라 수를 나열할 때, 빈칸에 들어갈 수로 가장 적절한 것을 고르시오. [57~58]

57

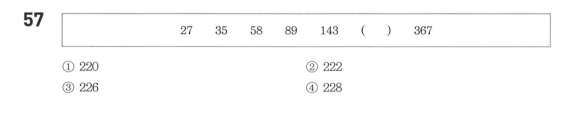

27　　35　　58　　89　　143　　(　　)　　367

① 220

② 222

③ 226

④ 228

58

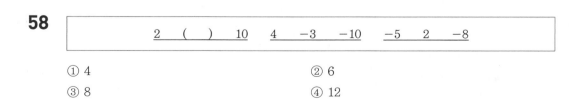

2　(　　)　10　　4　−3　−10　　−5　2　−8

① 4

② 6

③ 8

④ 12

59 다음과 같이 일정한 규칙에 따라 수를 배치할 때, 빈칸에 들어갈 수로 가장 적절한 것은?

10		7
	96	

4		3
	24	

12		5
	( )	

① 76

② 80

③ 84

④ 88

60 다음은 4차 마방진이다. 빈칸에 들어갈 알맞은 수의 합은?

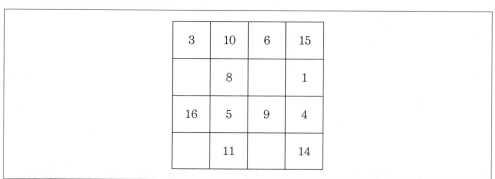

3	10	6	15
	8		1
16	5	9	4
	11		14

① 33

② 34

③ 35

④ 36

61 다음 중 포스코그룹이 추진 중인 청정수소 생산 프로젝트에 대한 설명으로 적절하지 않은 것은?

① 포스코는 호주에서 그린수소를 생산하고 수소를 환원제로 사용하는 저탄소 철강 원료 HBI를 생산할 계획이다.

② 포스코의 HyREX(수소환원 제철공정)는 철광석을 파쇄·선별해 제조된 고품위 펠릿(Pellet)을 사용한다.

③ 포스코홀딩스가 주도하는 오만 그린수소 독점 개발 프로젝트는 5GW 규모의 재생에너지 단지를 조성하는 사업이다.

④ 포스코가 해외에서 생산한 청정수소는 암모니아 형태로 합성해 국내로 들여온 후 암모니아에서 수소를 추출하거나 암모니아 자체로 공급될 예정이다.

62 다음 중 포스코의 해외 네트워크가 가장 많이 설치되어 있는 나라는?(2024년 1월 말 기준)

① 인도네시아　　　　　　　　　② 베트남

③ 멕시코　　　　　　　　　　　④ 중국

63 다음 포스코에서 생산하는 전기강판에 대한 설명 중 빈칸 ㉠~㉡에 들어갈 내용으로 가장 적절한 것은?

> 포스코는 연간 전기강판(Electrical Steel) 생산량은 약 100만 톤 정도이다. 최근 에너지 절약과 환경 오염 방지를 위해 청정에너지의 중요성이 커짐에 따라 전기강판에 대한 수요도 증가하고 있다. 전가강판 가운데 무방향성 전기강판(NO)은 강판 내부의 결정 방향이 모든 방향으로 균일한 제품으로 압연 방향과 기타 방향에 균일한 자기 특성을 나타낸다. 무방향성 전기강판은 철손값 ___㉠___ 이하일 경우 Hyper NO, 6.0W/kg 이하일 경우 High NO 제품으로 구분된다. 또한 방향성 전기강판(GO)은 강판 내부의 결정이 압연 방향으로 정렬되어 자기적 성능을 비약적으로 높인 것으로, 결정의 자기화 용이 방향과 압연 방향이 나란하게 만들어진 제품이다. 방향성 전기강판은 철손값 0.85W/kg 이하일 경우 Hyper GO, ___㉡___ 이하일 경우 High GO 제품으로 구분된다.

	㉠	㉡
①	4.7W/kg	1.85W/kg
②	4.7W/kg	1.05W/kg
③	3.5W/kg	1.85W/kg
④	3.5W/kg	1.05W/kg

64 다음 중 포스코그룹의 열연제품이 아닌 것은?

① 냉연압연용 강판
② 고압가스용기용 강판
③ 일반냉연 강판
④ 열연특수강

65 다음 중 포스코의 역사에 대한 설명으로 옳지 않은 것은?

① 1960년대는 포스코 창업기로 기업이 창립되었다.
② 1970년대는 포항건설기로 매출액 1,000억 원을 달성하였다.
③ 1980년대는 광양건설기로 포항공대를 개교하였다.
④ 1990년대는 민영화로 주식에 상장되었다.

☑ 응시시간 : 60분   ☑ 문항 수 : 65문항

정답 및 해설 p.055

01 제시된 명제가 모두 참일 때, 빈칸에 들어갈 명제로 가장 적절한 것은?

> • 약속을 지키지 않으면 다른 사람에게 신뢰감을 줄 수 없다.
> • 메모하는 습관이 없다면 약속을 지킬 수 없다.
> • _____

① 다른 사람에게 신뢰감을 줄 수 없으면 약속을 지키지 않는다.
② 메모하는 습관이 없으면 다른 사람에게 신뢰감을 줄 수 있다.
③ 약속을 지키지 않으면 메모하는 습관이 없다.
④ 다른 사람에게 신뢰감을 주려면 메모하는 습관이 있어야 한다.

02 다음 중 제시된 명제들로부터 추론할 수 있는 것은?

> • 정은이는 오늘 커피를 한 잔 마셨다.
> • 슬기는 오늘 정은이보다 커피를 두 잔 더 마셨다.
> • 은주는 오늘 슬기보다 커피를 적게 마셨다.

① 정은이가 오늘 커피를 가장 많이 마셨다.
② 은주가 오늘 커피를 가장 많이 마셨다.
③ 슬기가 오늘 커피를 가장 많이 마셨다.
④ 은주는 오늘 정은이보다 커피를 많이 마셨다.

03 제시된 명제들이 참일 때, 다음 중 추론한 내용으로 적절하지 않은 것은?

> • 책을 좋아하면 영화를 좋아한다.
> • 여행을 좋아하지 않으면 책을 좋아하지 않는다.
> • 산책을 좋아하면 게임을 좋아하지 않는다.
> • 영화를 좋아하면 산책을 좋아한다.

① 책을 좋아하면 산책을 좋아한다.
② 영화를 좋아하지 않으면 책을 좋아하지 않는다.
③ 책을 좋아하면 여행을 좋아한다.
④ 여행을 좋아하지 않으면 게임을 좋아하지 않는다.

04 P사의 사내 기숙사 3층에는 다음과 같이 크기가 모두 같은 10개의 방이 일렬로 나열되어 있다. A ~ E 5명의 신입 사원을 10개의 방 중 5개의 방에 각각 배정하였을 때, 〈조건〉을 바탕으로 항상 참인 것은?(단, 신입 사원이 배정되지 않은 방은 모두 빈방이다)

1	2	3	4	5	6	7	8	9	10

> **조건**
> • A와 B의 방 사이에 빈방이 아닌 방은 하나뿐이다.
> • B와 C의 방 사이의 거리는 D와 E의 방 사이의 거리와 같다.
> • C와 D의 방은 나란히 붙어 있다.
> • B와 D의 방 사이에는 3개의 방이 있다.
> • D는 7호실에 배정되었다.

① 1호실은 빈방이다.
② 4호실은 빈방이다.
③ 9호실은 빈방이다.
④ C는 6호실에 배정되었다.

05

(가) 인간의 도덕적 자각과 사회적 실천을 강조한 개인 윤리로 '충서(忠恕)'가 있다. 충서란, 공자의 모든 사상을 꿰뚫고 있는 도리로서, 인간 개인의 자아 확립과 이를 통한 만물일체의 실현을 위한 것이다.

(나) 또한 '서(恕)'란 '여심'이다. '내 마음과 같이 한다.'는 말이다. '공자는 내가 하고자 하지 않는 것을 남에게 베풀지 말라 내가 서고자 하면 남도 서게 하고 내가 이루고자 하면 남도 이루게 하라.'고 하였다.

(다) 이때, '충(忠)'이란 '중심'이다. 주희는 충을 '자기의 마음을 다하는 것'이라고 설명하였다. 이것은 자신의 내면에 대한 충실을 의미한다. 이는 자아의 확립이며 본성에 대한 깨달음이다.

(라) 즉, 역지사지(易地思之)의 마음을 지닌 상태가 '서'의 상태인 것이며 인간의 자연스러운 마음이라는 것이다.

① (가) – (다) – (나) – (라)　　　　② (가) – (라) – (나) – (다)
③ (나) – (가) – (라) – (다)　　　　④ (다) – (가) – (나) – (라)

06

(가) 이번 조사에서 '친환경 활동을 긍정적으로 생각한다.'는 소비자가 78.3%에 이르렀지만, 대한민국 소비자들은 친환경 인식에 비해 친환경 활동 참여는 부진한 것으로 나타났다.

(나) P기획 연구소는 이번 조사 결과를 바탕으로 소비자들의 참여를 유도할 수 있는 구체적인 실체를 제시하고, 친환경 제품 구매를 촉진시킬 것이라고 발표했다.

(다) 주요 원인으로는 '가격요인'과 '친환경 제품에 대한 신뢰 부족'이 지적됐다.

(라) P기획 연구소는 3월 서울과 수도권의 남녀 300명을 대상으로 조사·분석한 '소비자의 인식과 소비행태에 대한 조사 결과'를 발표했다.

① (라) – (가) – (다) – (나)　　　　② (다) – (라) – (나) – (가)
③ (나) – (다) – (라) – (가)　　　　④ (가) – (라) – (다) – (나)

07 다음 제시된 문단을 읽고, 이어질 문단을 논리적 순서대로 바르게 나열한 것은?

> 연금 제도의 금융 논리와 관련하여 결정적으로 중요한 원리는 중세에서 비롯된 신탁 원리다. 12세기 영국에서는 미성년 유족(遺族)에게 토지에 대한 권리를 합법적으로 이전할 수 없었다. 그럼에도 불구하고 영국인들은 유언을 통해 자식에게 토지 재산을 물려주고 싶어 했다.

> (가) 이런 상황에서 귀족들이 자신의 재산을 미성년 유족이 아닌, 친구나 지인 등 제3자에게 맡기기 시작하면서 신탁 제도가 형성되기 시작했다. 여기서 재산을 맡긴 성인 귀족, 재산을 물려받은 미성년 유족, 그리고 미성년 유족을 대신해 그 재산을 관리·운용하는 제3자로 구성되는 관계, 즉 위탁자, 수익자, 그리고 수탁자로 구성되는 관계가 등장했다.
>
> (나) 연금 제도가 이 신탁 원리에 기초해 있는 이상, 연금 가입자는 연기금 재산의 운용에 대해 영향력을 행사하기 어렵게 된다. 왜냐하면 신탁의 본질상 공·사 연금을 막론하고 신탁 원리에 기반을 둔 연금 제도에서는 수익자인 연금 가입자의 적극적인 권리 행사가 허용되지 않기 때문이다.
>
> (다) 이 관계에서 주목해야 할 것은 미성년 유족은 성인이 될 때까지 재산권을 온전히 인정받지는 못했다는 점이다. 즉 신탁 원리 하에서 수익자는 재산에 대한 운용 권리를 모두 수탁자인 제3자에게 맡기도록 되어 있었기 때문에 수익자의 지위는 불안정했다.
>
> (라) 결국 신탁 원리는 수익자의 연금 운용 권리를 현저히 약화시키는 것을 기본으로 한다. 그 대신 연금 운용을 수탁자에게 맡기면서 '수탁자 책임'이라는, 논란이 분분하고 불분명한 책임이 부과된다. 수탁자 책임 이행의 적절성을 어떻게 판단할 수 있는가에 대해 많은 논의가 있었지만, 수탁자 책임의 내용에 대해서 실질적인 합의가 이루어지지는 못했다.

① (가) – (나) – (라) – (다)　　　② (가) – (다) – (나) – (라)
③ (나) – (라) – (가) – (다)　　　④ (다) – (가) – (나) – (라)

08 다음은 탄소 중립에 대한 글이다. 이에 대한 내용으로 적절하지 않은 것은?

2050년 탄소중립 실현을 목표로, 태양광·풍력 등 에너지 기술을 확보하기 위한 국가 전략이 확정됐다. 정부는 이날 오후 과학기술부정보통신부 장관이 주재하는 제16회 과학기술관계장관회의를 열고 '탄소중립 기술혁신 추진전략'을 수립했다고 밝혔다.

정부는 한국의 경우 탄소 배출량이 많은 석탄 발전과 제조업 비중이 높아, 이를 해결할 기술혁신이 무엇보다 시급하다고 진단했다. 과기부, 산업통상자원부, 기획재정부 등에서 추천한 산·학·연 전문가 88명이 참여해, 우리나라에 필요한 10대 핵심기술을 선정했다.

10대 핵심기술의 첫 번째는 태양광·풍력 기술이다. 태양광의 경우 중국의 저가 기술 공세에 맞서 발전효율(태양빛을 받아 전기로 바꾸는 효율)을 현재 27%에서 2030년까지 35%로 높인다. 풍력의 경우 대형풍력의 국산화를 통해 발전용량을 현재 5.5MW(메가와트)급에서 2030년까지 15MW급으로 늘린다.

수소와 바이오에너지 기술 수준도 높인다. 충전해 사용하는 방식인 수소는 충전단가를 kg당 7,000원에서 2030년까지 4,000원으로 절반 가까이 낮춘다. 현재 단가가 화석연료의 1.5배 수준인 바이오에너지도 2030년까지 화석연료 수준으로 낮춘다.

제조업의 탄소 배출을 줄이기 위한 신공정 개발에도 나선다. 철강·시멘트·석유화학·반도체·디스플레이 등 산업이 포함된다. 철강의 경우 2040년까지 탄소 배출이 없는 수소환원제철 방식만으로 철강 전량을 생산한다. 반도체 공정에 필요한 불화가스를 대체해 온실가스 배출을 최적화한다.

자동차 등 모빌리티 분야에서도 무탄소 기술을 개발·적용해 주행거리를 현재 406km 수준에서 2045년 975km로 늘릴 계획이다. 태양광 등으로 에너지를 자체 생산하고 추가 소비하지 않는 제로에너지 건물 의무화, 통신·데이터 저전력화, 탄소포집(CCUS) 기술 상용화 등도 10대 핵심기술에 포함됐다.

원자력 관련 기술은 이번 10대 핵심기술에서 제외됐다. 한국처럼 탄소중립을 선언한 일본, 중국이 화석연료의 비중을 낮추고 에너지 공백의 일부를 메우기 위해 탄소 배출이 없는 원자력의 비중을 높이기로 한 것과 대조된다.

정부는 10대 핵심기술 개발을 위한 국가 연구개발(R&D) 사업의 예산과 기간 등을 올해부터 구체적으로 기획하고 내년 정부 예산안에 반영, 2023년부터 본격적으로 R&D를 시작할 계획이다. 기술별로 민간 최고 전문가를 중심으로 하는 연구팀을 구성해 집중 지원한다.

규제 완화 등 정책 지원도 나선다. 탄소중립 관련 신기술의 상용화를 앞당기기 위해 관련 규제자유특구를 현재 11개에서 2025년 20개로 확대한다. 탄소중립 분야 창업을 촉진하기 위한 '녹색금융' 지원도 확대한다.

현재 탄소중립 기술의 수준이 상대적으로 낮다는 점도 고려한다. 민간 기업이 탄소중립 기술을 도입할 경우 기존 기술보다 떨어질 경제성을 보상하기 위해 인센티브 제도를 연내 마련한다. 세액공제, 매칭투자, 기술료 부담 완화 등 지원책도 검토 중이다.

철강·시멘트·석유화학·미래차 등 7개 분야의 탄소중립을 이끌 고급 연구인력을 양성하기 위해 내년에 201억 원을 지원한다. 탄소중립에 대한 국민의 이해도를 높이기 위해 과학관 교육과 전시를 확대하고 과학의 달인 다음 달에는 '탄탄대로(탄소중립, 탄소제로, 대한민국 과학기술로)' 캠페인을 추진한다.

'기후변화대응 기술개발촉진법'을 제정하고 '기후대응기금'을 신설해 이런 지원을 위한 행정·제도적 기반을 만든다.

관계자는 "2050년 탄소중립 실현을 위해 시급한 기술혁신 과제들이 산재한 상황이다."며 "과기부가 범부처 역량을 종합해 이번 전략을 선제적으로 마련했다."라고 말했다. 이어 "전략이 충실히 이행돼 탄소중립 실현을 견인할 수 있도록 관계부처와 긴밀히 협업해 나가겠다."고 했다.

① 제조업은 이산화탄소가 많이 배출된다.

② 풍력은 2030년까지 발전용량을 현재 수준보다 2배 이상 늘리는 것을 목표로 한다.

③ 탄소배출을 줄이기 위한 10대 핵심기술에는 태양광, 풍력, 원자력 등이 있다.

④ 규제 완화를 위한 자유특구를 현재 11개에서 추후 20개까지 늘릴 예정이다.

※ 다음 제시문에 대한 내용으로 가장 적절한 것을 고르시오. [9~10]

09

미디어 플랫폼의 다변화로 콘텐츠 이용에 관한 선택권이 다양해졌지만 장애인은 OTT로 콘텐츠 하나 보기가 어려운 현실이다.

지난 2023 장애인 미디어 접근 콘퍼런스에서 최선호 한국시각장애인연합회 정책팀장은 "올해 한 기사를 보니 한 시각장애인 분이 OTT는 넷플릭스나 유튜브로 보고 있다고 돼 있었는데, 두 가지가 다 외국 플랫폼이었다는 것이 마음이 아팠다. 외국과 우리나라에서 장애인을 바라보는 시각의 차이가 바로 이런 것이구나 생각했다."며 "장애인을 소비자로 보느냐 시혜대상으로 보느냐 사업자가 어떤 생각을 갖고 있느냐에 따라 콘텐츠를 어떻게 제작할 것인가의 차이가 있다고 본다"라고 말했다.

실제 시각장애인은 OTT의 기본 기능도 이용하기 어렵다. 국내 OTT에서는 동영상 재생 버튼을 설명하는 대체 텍스트(문구)가 제공되지 않아 시각장애인들이 재생 버튼을 선택할 수 없었으며 동영상 시청 중에는 일시 정지할 수 있는 버튼, 음량 조정 버튼, 설정 버튼 등이 화면에서 사라졌다. 재생 버튼에 대한 설명이 제공되는 넷플릭스도 영상 재생 시점을 10초 앞으로, 또는 뒤로 이동하는 버튼은 이용하기 어렵다.

이에 국내 OTT 업계의 경우 장애인 이용을 위한 기술을 개발·확대한다는 계획을 밝히며 정부 지원이 필요하다고 덧붙였다. 정부도 규제와 의무보다는 사업자의 자율적인 부분을 인정해주고 사업자 노력을 드라이브 걸 수 있는 지원책을 마련하여야 한다. 이는 OTT 시장이 철저한 자본에 의한 경쟁시장이며, 자본이 있는 만큼 서비스가 고도화되고 고도화를 통해 이용자 편의성을 높일 수 있기 때문이다.

① 외국 OTT 플랫폼은 장애인을 위한 서비스를 활발히 제공하고 있다.
② 국내 OTT 플랫폼은 장애인을 위한 서비스를 제공하고 있지 않다.
③ 외국 OTT 플랫폼은 국내 플랫폼보다 장애인을 시혜 대상으로 바라보고 있다.
④ 정부는 OTT 플랫폼에 장애인 편의 기능을 마련할 것을 촉구했지만 지원책은 미비했다.

10

올해 10대 대형 로펌에 채용된 신입 변호사 중 여성의 비율이 절반에 다다르고 있다. 2020년 이후 그 비율이 40%를 넘어선 것은 올해가 처음이며, 그 인원수 또한 가장 많아 로펌 업계가 지속적으로 지적받아 온 '성별 격차' 문제도 해소될 것으로 예측된다.

법률신문은 올해 한국 10대 대형로펌에 입사한 신입 변호사 278명 중 여성 변호사는 129명으로 그 수치는 절반에 가까운 46.4%이며, 2020년 이후 가장 높은 수치를 기록했다고 밝혔다.

이에 대해 10대 대형 로펌의 한 채용 담당자는 "변호사를 채용할 때 지원자의 성별을 의식하지 않고 객관적인 성과 지표에 따라 채용했으며, 이 결과 올해는 여성의 숫자가 많았던 것 같다."라고 말했다. 또 다른 대형 로펌의 채용 담당자는 "과거에는 잦은 야근과 과중한 업무로 대형 로펌이 남성 중심의 조직으로 인식되었지만, 최근에는 육아 정책 등이 강화되면서 사회적으로 이러한 인식이 줄어들고 있고 이에 따라 매년 성별 격차가 줄어드는 현상이 자연스럽게 나타나게 된 것 같다."라고 말했다.

① 최근 여성 변호사의 전체 인원수와 비율이 증가하고 있다.
② 최근 변호사 채용 과정에서 남녀 고용 평등 문화를 의식하고 있음을 알 수 있다.
③ 과거 대형 로펌 변호사 채용 과정에서는 남녀 고용 평등이 이루어지지 않았다.
④ 10대 대형 로펌은 점차 남성 중심의 환경에서 여성 중심의 환경으로 전환되고 있다.

11 다음 중 밑줄 친 ㉠의 사례로 적절하지 않은 것은?

어떤 물체가 물이나 공기와 같은 유체 속에서 자유 낙하할 때 물체에는 중력, 부력, 항력이 작용한다. 중력은 물체의 질량에 중력 가속도를 곱한 값으로 물체가 낙하하는 동안 일정하다. ㉠ 부력은 어떤 물체에 의해서 배제된 부피만큼의 유체의 무게에 해당하는 힘으로, 항상 중력의 반대 방향으로 작용한다. 빗방울에 작용하는 부력의 크기는 빗방울의 부피에 해당하는 공기의 무게이다. 공기의 밀도는 물의 밀도의 1,000분의 1 수준이므로, 빗방울이 공기 중에서 떨어질 때 부력이 빗방울의 낙하 운동에 영향을 주는 정도는 미미하다. 그러나 스티로폼 입자와 같이 밀도가 매우 작은 물체가 낙하할 경우에는 부력이 물체의 낙하 속도에 큰 영향을 미친다.

물체가 유체 내에 정지해 있을 때와는 달리, 유체 속에서 운동하는 경우에는 물체의 운동에 저항하는 힘인 항력이 발생하는데, 이 힘은 물체의 운동 방향과 반대로 작용한다. 항력은 유체 속에서 운동하는 물체의 속도가 커질수록 이에 상응하여 커진다. 항력은 마찰항력과 압력항력의 합이다. 마찰항력은 유체의 점성 때문에 물체의 표면에 가해지는 항력으로, 유체의 점성이 크거나 물체의 표면적이 클수록 커진다. 압력항력은 물체가 이동할 때 물체의 전후방에 생기는 압력 차에 의해 생기는 항력으로, 물체의 운동 방향에서 바라본 물체의 단면적이 클수록 커진다.

안개비의 빗방울이나 미세 먼지와 같이 작은 물체가 낙하하는 경우에는 물체의 전후방에 생기는 압력 차가 매우 작아 마찰항력이 전체항력의 대부분을 차지한다. 빗방울의 크기가 커지면 전체항력 중 압력항력이 차지하는 비율이 점점 커진다. 반면 스카이다이버와 같이 큰 물체가 빠른 속도로 떨어질 때에는 물체의 전후방에 생기는 압력차에 의한 압력항력이 매우 크므로 마찰항력이 전체항력에 기여하는 비중은 무시할 만하다.

빗방울이 낙하할 때 처음에는 중력 때문에 빗방울의 낙하 속도가 점점 증가하지만, 이에 따라 항력도 커지게 되어 마침내 항력과 부력의 합이 중력의 크기와 같아지게 된다. 이때 물체의 가속도가 0이 되므로 빗방울의 속도는 일정해지는데, 이렇게 일정해진 속도를 종단 속도라 한다. 유체 속에서 상승하거나 지면과 수평으로 이동하는 물체의 경우에도 종단 속도가 나타나는 것은 이동 방향으로 작용하는 힘과 반대 방향으로 작용하는 힘의 평형에 의한 것이다.

① 물이 가득 찬 비커 윗부분에 떠 있는 축구공
② 허리에 납덩이들을 묶은 띠를 감고 물질을 하는 해녀
③ 해금의 줄을 활대로 켜서 음악을 들려주는 연주자
④ 배영을 하기 전에 물에 누워 가만히 떠 있는 수영 선수

12 다음 제시문의 내용을 포괄하는 제목으로 가장 적절한 것은?

우리는 처음 만난 사람의 외모를 보고, 그를 어떤 방식으로 대우해야 할지를 결정할 때가 많다. 그가 여자인지 남자인지, 얼굴색이 흰지 검은지, 나이가 많은지 적은지 혹은 그의 스타일이 조금은 상류층의 모습을 띠고 있는지 아니면 너무나 흔해서 별 특징이 드러나 보이지 않는 외모를 하고 있는지 등을 통해 그들과 나의 차이를 재빨리 감지한다. 일단 감지가 되면 우리는 둘 사이의 지위 차이를 인식하고 우리가 알고 있는 방식으로 그를 대하게 된다. 한 개인이 특정 집단에 속한다는 것은 단순히 다른 집단의 사람과 다르다는 것뿐만 아니라, 그 집단이 다른 집단보다는 지위가 높거나 우월하다는 믿음을 갖게 한다. 모든 인간은 평등하다는 우리의 신념에도 불구하고 왜 인간들 사이의 이러한 위계화(位階化)를 당연한 것으로 받아들일까? 위계화란 특정 부류의 사람들은 자원과 권력을 소유하고 다른 부류의 사람들은 낮은 사회적 지위를 갖게 되는 사회적이며 문화적인 체계이다. 다음으로 우리는 이러한 불평등이 어떠한 방식으로 경험되고 조직화되는지를 살펴보기로 하자.

인간이 불평등을 경험하게 되는 방식은 여러 측면으로 나눌 수 있다. 산업 사회에서의 불평등은 계층과 계급의 차이를 통해서 정당화되는데, 이는 재산, 생산 수단의 소유 여부, 학력, 집안 배경 등등의 요소들의 결합에 의해 사람들 사이의 위계를 만들어 낸다. 또한 모든 사회에서 인간은 태어날 때부터 얻게 되는 인종, 성, 종족 등의 생득적 특성과 나이를 통해 불평등을 경험한다. 이러한 특성들은 단순히 생물학적인 차이를 지칭하는 것이 아니라, 개인의 열등성과 우등성을 가늠하게 만드는 사회적 개념이 되곤 한다.

한편 불평등이 재생산되는 다양한 사회적 기제들이 때로는 관습이나 전통이라는 이름 아래 특정 사회의 본질적인 문화적 특성으로 간주되고 당연시되는 경우가 많다. 불평등은 체계적으로 조직되고 개인에 의해 경험됨으로써 문화의 주요 부분이 되었고, 그 결과 같은 문화권 내의 구성원들 사이에 권력 차이와 그에 따른 폭력이나 비인간적인 행위들이 자연스럽게 수용될 때가 많다.

문화 인류학자들은 사회 집단의 차이와 불평등, 사회의 관습 또는 전통이라고 얘기되는 문화 현상에 대해 어떤 입장을 취해야 할지 고민을 한다. 문화 인류학자가 이러한 문화 현상은 고유한 역사적 산물이므로 나름대로 가치를 지닌다는 입장만을 반복하거나 단순히 관찰자로서의 입장에 안주한다면, 이러한 차별의 형태를 제거하는 데 도움을 줄 수 없다. 실제로 문화 인류학 연구는 기존의 권력 관계를 유지시켜주는 다양한 문화적 이데올로기를 분석하고, 인간 간의 차이가 우등성과 열등성을 구분하는 지표가 아니라 동등한 다름일 뿐이라는 것을 일깨우는 데 기여해 왔다.

① 차이와 불평등
② 차이의 감지 능력
③ 문화 인류학의 역사
④ 위계화의 개념과 구조

※ 다음 글을 읽고 이어지는 질문에 답하시오. [13~15]

미술가가 추구하는 효과는 결코 예측할 수 없기 때문에 이러한 종류의 규칙을 설정하기란 사실상 불가능하다. 미술가는 일단 옳다는 생각이 들면 전혀 조화되지 않는 것까지 시도하기를 원할지 모른다. 제대로 된 조각이나 그림에 대한 기준은 없기 때문에 우리가 어떤 작품을 걸작이라고 느끼더라도 그 이유를 정확하게 ㉮ 표현하는 것도 거의 불가능하다.

그렇다고 어느 작품이나 다 마찬가지라거나, 사람들이 취미에 대해 논할 수 없다는 뜻은 아니다.

별 의미가 없는 것이라 하더라도 그러한 논의들은 우리에게 그림을 더 보도록 만들 뿐만 아니라, 전에 발견하지 못했던 점들을 깨닫게 해준다. 그림을 보면서 각 시대의 미술가들이 이룩하려 했던 조화에 대한 감각을 발전시키고, 느낌이 풍부해질수록 더욱 그림 ㉯ 감상을 즐기게 될 것이다.

'취미에 관한 문제는 논의의 여지가 없다.'라는 오래된 ㉰ 경구가 진실이라고 해도, 이로 인해 '취미는 개발될 수 있다.'라는 사실이 숨겨져서는 안 된다.

예컨대 ㉠ 차를 자주 마시지 않던 사람들은 여러 가지 차를 혼합해서 만드는 차와 다른 종류의 차가 똑같은 맛을 낸다고 느낄지 모른다. 그러나 만일 여가(餘暇)와 기회가 있어 그러한 맛의 차이를 찾아내려 한다면, 그들은 자기가 좋아하는 혼합된 차의 종류를 정확하게 ㉱ 식별해내는 진정한 감식가가 될 수 있을 것이다. 분명히 미술 작품에 대한 취미는 음식이나 술에 대한 취미보다 매우 복잡하다. 그것은 여러 가지 미묘한 풍미(風味)를 발견하는 문제 이상으로 훨씬 진지하고 중요한 것이다. 요컨대 위대한 미술가들은 작품을 위해 그들의 모든 것을 바치고 그 작품들로 인해 고통을 받고 그들 작품에 심혈을 기울였으므로, 우리에게 최소한 그들이 원하는 방식으로 미술 작품을 이해하도록 노력해야 한다고 요구할 권리가 있다.

13 다음 중 윗글의 집필 의도로 가장 적절한 것은?

① 미의 표현 방식을 설명하기 위해

② 미술에 대한 관심을 불러일으키기 위해

③ 미술 교육이 나아갈 방향을 제시하기 위해

④ 미술 작품 감상의 올바른 태도를 제시하기 위해

14 다음 중 밑줄 친 ㉠이 의미하는 바로 가장 적절한 것은?

① 미술에 대해 편견을 갖고 있는 사람

② 미술 작품을 소장하고 있지 않은 사람

③ 미술 작품을 자주 접할 기회가 없는 사람

④ 그림을 그리는 방법을 잘 알지 못하는 사람

15 다음 중 밑줄 친 단어의 한자어로 바르지 않은 것은?

① ㉮ : 표현(表現) ② ㉯ : 감상(鑑賞)

③ ㉰ : 경구(驚句) ④ ㉱ : 식별(識別)

16 은경이는 태국 여행에서 A ~ D 네 종류의 손수건을 총 9장 구매했으며, 그 중 B손수건은 3장, 나머지는 각각 같은 개수를 구매했다. 기념품으로 친구 3명에게 종류가 다른 손수건 3장씩 나눠줬을 때, 가능한 경우의 수는?

① 5가지　　　　　　　　　　② 6가지

③ 7가지　　　　　　　　　　④ 8가지

17 성현이는 A지점, 성수는 B지점에 서서 공놀이를 하고 있다. 성현이는 A지점에서 B지점으로, 성수는 B지점에서 A지점으로 공을 찼다. 성현이가 찬 공은 5m/s의 속력으로 이동하고, 성수가 찬 공은 3m/s의 속력으로 이동한다. 26초 뒤 두 사람이 찬 공이 부딪쳤다면 A지점에서 B지점까지 10m/s의 속력으로 공이 이동하는 데 걸리는 시간은?(단, 공은 일정한 속력으로 이동한다고 가정한다)

① 19.6초　　　　　　　　　　② 20초

③ 20.4초　　　　　　　　　　④ 20.8초

18 농도가 10%인 A소금물 200g과 농도가 20%인 B소금물은 300g이 있다. A소금물에 ag의 물을 첨가하고, B소금물은 bg을 버렸다. 늘어난 A소금물과 줄어든 B소금물을 합친 결과, 농도가 10%인 500g의 소금물이 되었을 때, A소금물에 첨가한 물의 양은?

① 100g　　　　　　　　　　② 120g

③ 150g　　　　　　　　　　④ 180g

19 다음은 6대 광역시의 평균 학자금 대출 신청건수 및 평균 대출금액에 대한 자료이다. 이에 대한 설명으로 옳지 않은 것은?

〈6대 광역시의 평균 학자금 대출 신청건수 및 평균 대출금액〉

구분	2022년		2023년	
	대출 신청건수(건)	평균 대출금액(만 원)	대출 신청건수(건)	평균 대출금액(만 원)
대구	1,921	558	2,320	688
인천	2,760	640	3,588	775
부산	2,195	572	2,468	644
대전	1,148	235	1,543	376
광주	1,632	284	1,927	317
울산	1,224	303	1,482	338

① 학자금 대출 신청건수가 가장 많은 지역은 2022년과 2023년이 동일하다.
② 2023년 학자금 총 대출금액은 대구가 부산보다 많다.
③ 대전의 2023년 학자금 평균 대출금액은 전년 대비 1.6배 증가하였다.
④ 2023년 총 학자금 대출 신청건수는 2022년 대비 20.5% 증가하였다.

20 다음은 전 세계에서 남아프리카공화국이 차지하는 광물 보유량의 비중 및 생산량의 비중과 미국의 남아프리카공화국 광물 수입의존도에 대한 자료이다. 이에 대한 설명으로 옳은 것은?

〈남아프리카공화국 광물 현황〉

(단위 : %)

구분	전 세계 광물 보유량 중 남아프리카공화국 광물 보유량	전 세계 광물 생산량 중 남아프리카공화국 광물 생산량	미국의 남아프리카공화국 광물 수입의존도
다이아몬드	67	7	15
백금	67	81	-
크롬	56	84	42
바나듐	38	47	15
망간	33	71	15
우라늄	24	14	15
금	-	55	47

① 남아프리카공화국은 망간 수출로 가장 많은 수입을 얻는다.
② 미국은 남아프리카공화국으로부터 가장 많은 다이아몬드를 수입한다.
③ 남아프리카공화국의 금 생산량은 세계에서 가장 많다.
④ 남아프리카공화국이 생산하는 크롬의 반을 미국이 수입한다.

21 다음은 한국과 OECD 평균 기대여명 변화에 대한 자료이다. 이에 대한 설명으로 옳지 않은 것은?

〈65세, 80세의 한국 및 OECD 평균 기대여명 변화 추이〉

(단위 : 년)

연령		남성				여성			
		1978년	2003년	2013년	2023년	1978년	2003년	2013년	2023년
65세	한국	10.2	13.4	15.5	18.2	14.9	17.5	19.6	22.4
	OECD 평균	12.7	14.7	16.3	17.9	15.6	18.4	19.8	21.3
80세	한국	4.7	6.1	6.9	8.0	6.4	7.9	8.5	10.1
	OECD 평균	5.7	6.6	7.3	8.3	6.6	8.2	8.9	10.0

① 남성의 기대여명보다 여성의 기대여명이 더 높다.

② 65세, 80세 여성의 기대여명은 2023년에 OECD 평균보다 모두 높아졌다.

③ 80세 남성의 기대여명은 1978 ~ 2023년 동안 OECD 평균 기대여명과의 격차가 꾸준히 줄어들었다.

④ 1978 ~ 2013년 동안 65세 연령의 성별 기대여명과 OECD 평균 기대여명과의 격차는 남성보다 여성이 더 크다.

22 다음은 성인의 독서프로그램 정보 획득 경로에 관한 자료이다. 관공서, 도서관 등의 안내에 따라 독서프로그램 정보를 획득한 여성 수 대비 스스로 탐색하여 독서프로그램 정보를 획득한 남성 수의 비율로 옳은 것은?(단, 인원은 소수점 첫째 자리에서, 비율은 소수점 둘째 자리에서 반올림한다)

〈성인의 독서프로그램 정보 획득 경로〉

(단위 : %)

성별	남성	여성
사례 수(명)	137	181
지인	23.4	20.1
스스로 탐색	22.0	27.6
소속단체에서의 권장	28.8	23.0
관공서, 도서관 등의 안내	22.8	20.5
인터넷, 동호회, SNS	3.0	6.4
기타	0	2.4

① 72.6%

② 75.5%

③ 79.8%

④ 81.1%

※ 다음은 공공체육시설 현황 및 1인당 체육시설 면적을 나타낸 자료이다. 이어지는 질문에 답하시오.
[23~24]

〈공공체육시설 현황 및 1인강 체육시설 면적〉

(단위 : 개소, m²)

구분		2020년	2021년	2022년	2023년
공공체육시설의 수	축구장	467	558	618	649
	체육관	529	581	639	681
	간이운동장	9,531	10,669	11,458	12,194
	테니스장	428	487	549	565
	기타	1,387	1,673	1,783	2,038
1인당 체육시설 면적	합계	2.54	2.88	3.12	3.29

23 2022년에 전년 대비 시설이 가장 적게 늘어난 곳과 가장 많이 늘어난 곳의 시설 수의 합은?

① 10,197개소
② 11,197개소
③ 12,097개소
④ 11,097개소

24 다음 중 자료에 대한 설명으로 옳지 않은 것은?

① 테니스장은 2022년에 전년 대비 약 12.7% 증가했다.
② 2021년 간이운동장의 수는 같은 해 축구장 수의 약 19배이다.
③ 2023년 1인당 체육시설 면적은 2020년에 비해 약 1.3배 증가했다.
④ 2023년 공공체육시설의 수는 총 15,127개이다.

25 다음은 1인 1일 이메일과 휴대전화 스팸 수신량을 나타낸 그래프이다. 이에 대한 설명으로 옳은 것은?

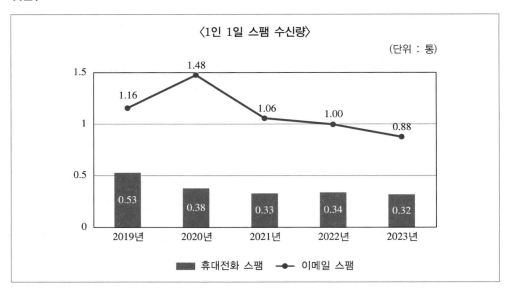

① 2021년부터 2023년까지 휴대전화 스팸 수신량과 이메일 스팸 수신량 증감 추이는 같다.

② 전년 대비 2022년 휴대전화 스팸 증가량과 2021년 대비 2023년 휴대전화 스팸 감소량은 같다.

③ 전년 대비 2021년 이메일 스팸 감소율은 전년 대비 2022년 감소율의 4배 이하이다.

④ 이메일 스팸 수신량이 가장 많은 해는 2020년이고, 휴대전화 스팸 수신량이 가장 적은 해는 2022년이다.

26 다음은 2023년도 연령별 인구수 현황을 나타낸 그래프이다. 다음 그래프를 볼 때, 각 연령대를 기준으로 남성 인구가 40% 이하인 연령대 ㉠과 여성 인구가 50% 초과 60% 이하인 연령대 ㉡이 적절하게 연결된 것은?

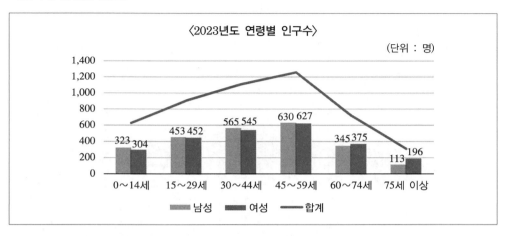

〈2023년도 연령별 인구수〉

(단위 : 명)

	㉠	㉡
①	0 ~ 14세	15 ~ 29세
②	30 ~ 44세	15 ~ 29세
③	45 ~ 59세	60 ~ 74세
④	75세 이상	60 ~ 74세

※ 다음은 시·도별 연령에 따른 인구 비중을 나타낸 그래프이다. 다음 그래프를 보고 이어지는 질문에 답하시오. [27~28]

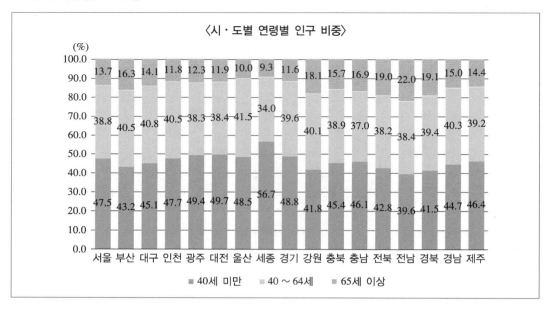

27 다음 중 65세 이상 인구 비중이 세 번째로 높은 지역의 64세 이하의 비율은?

① 81%   ② 80%

③ 79%   ④ 78%

28 다음 자료에 대한 설명으로 옳지 않은 것은?

① 울산의 40세 미만 비율과 대구의 40세 이상 64세 이하 비율 차이는 7.7%p이다.

② 인천 지역의 총 인구가 300만 명일 때, 65세 이상 인구는 33.4만 명이다.

③ 40세 미만의 비율이 높은 다섯 지역 순서는 '세종 – 대전 – 광주 – 경기 – 울산'이다.

④ 조사 지역의 인구가 모두 같을 경우 40세 이상 64세 이하 인구가 두 번째로 많은 지역은 대구이다.

※ 다음은 벼농사 및 밭농사 작업 과정의 기계화에 대한 비율을 나타낸 그래프이다. 다음 그래프를 보고 이어지는 질문에 답하시오. [29~30]

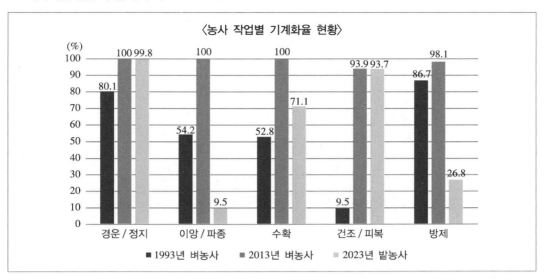

29 벼농사 작업 과정에서 1993년 대비 2013년 기계화율이 가장 크게 증가한 작업과 가장 낮게 증가한 작업의 증가량 차이는?

① 62%
② 73%
③ 80%
④ 91%

30 2023년 밭농사의 5가지 작업 과정의 기계화율 평균은?

① 56.15%
② 58.22%
③ 60.18%
④ 62.59%

※ 다음은 P사 A～H지점의 위치 및 경로이다. 이를 보고 이어지는 질문에 답하시오. [31~32]

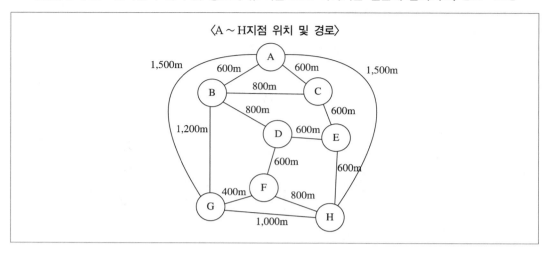

31 B지점에서 출발하여 H지점에 도착할 때, 최단경로의 거리는?

① 1,500m

③ 2,000m

② 1,900m

④ 2,200m

32 다음 〈조건〉에 따라 버스 노선을 새로 만들 때, 가능한 버스 노선의 수는?

> 조건
> • G지점에서 출발한다.
> • 각 마을 사이의 거리가 750m 이상인 길은 가지 않는다.
> • 한 번 지나간 길과 지점은 다시 지나가지 않는다.
> • 연결된 경로가 있다면 계속 운행하며, 더 이상 운행할 수 없는 지점일 때 그 지점을 종점으로 한다.

① 1가지

③ 3가지

② 2가지

④ 4가지

※ 다음은 P식물원의 관광지도이다. 이를 보고 이어지는 질문에 답하시오. [33~34]

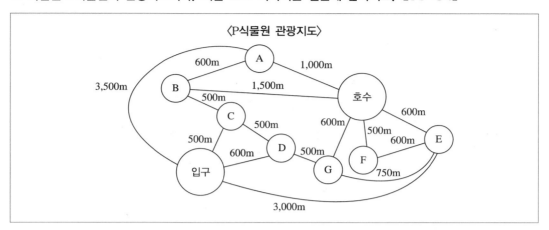

〈P식물원 관광지도〉

33 입구에서 호수까지 갈 때, 최단경로의 거리는?

① 1,500m
② 1,700m
③ 2,100m
④ 2,500m

34 다음은 P식물원의 입구부터 호수와 모든 온실 A ~ G를 거쳐 다시 입구로 돌아오는 무궤도열차 노선에 대한 자료이다. 요금 대비 이동거리가 가장 긴 노선과 가장 짧은 노선을 바르게 짝지은 것은?

〈P식물원 무궤도열차 노선〉

노선	경로	요금(원)
나비	입구 − A − B − 호수 − F − E − G − D − C − 입구	8,000
꿀벌	입구 − E − F − 호수 − G − D − C − B − A − 입구	10,000
개미	입구 − C − B − A − 호수 − F − E − G − D − 입구	5,000

	요금 대비 이동거리가 가장 긴 노선	요금 대비 이동거리가 가장 짧은 노선
①	나비	꿀벌
②	나비	개미
③	꿀벌	개미
④	꿀벌	나비

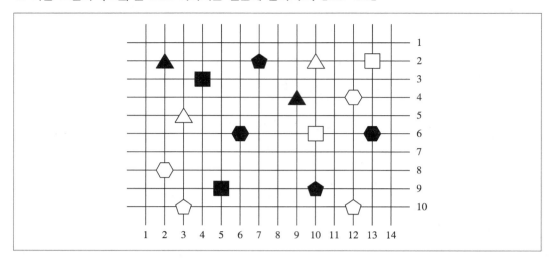

조건

1. W는 White, B는 Black이다.
2. 알파벳 뒤에 숫자는 도형의 각의 개수이다.
3. 좌표는 도형이 위치해 있는 열과 행을 가리킨다.

35 다음 중 그림에 대한 좌표로 옳은 것은?

① W3(3, 6) ② B3(8, 4)

③ W6(12, 4) ④ B6(2, 8)

36 다음 중 그림과 일치하지 않은 좌표는?

① B4(5, 9), B5(7, 2), B6(13, 6)

② W3(3, 5), W4(10, 6), W5(12, 10)

③ W4(13, 2), W5(3, 10), W6(13, 6)

④ B3(2, 2), B3(9, 4), B6(6, 6)

※ 다음 제시된 명령어의 규칙에 따라 숫자를 변환시킬 때, 규칙에 따라 도식을 해결하여 마지막에 나오는
  형태를 구하시오. [37~38]

| Enter | : 숫자와 색을 한 행씩 아래로 이동
| Space | : 숫자와 색을 한 열씩 오른쪽으로 이동
| Tab | : 숫자만 시계 방향으로 90° 회전
| Shift | : 색 반전
◇ : 해당 칸의 숫자가 초기 숫자보다 큰가?
□ : 해당 칸의 배경이 흰색인가?
■ : 해당 칸의 배경이 검은색인가?
사각형 안에 −(빼기) 2개 : 2개 칸 숫자의 차 X가 조건에 맞는지 확인
사각형 안에 +(더하기) 2개 : 2개 칸 숫자의 합 X가 조건에 맞는지 확인

37

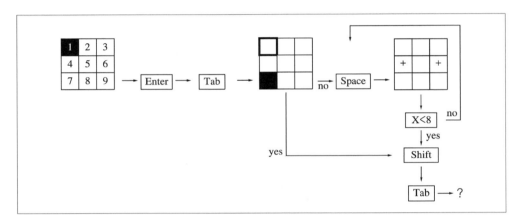

①
4	7	1
5	8	2
6	9	3

②
1	7	4
2	8	5
3	9	6

③
3	2	1
9	8	7
6	5	4

④
1	7	4
2	8	5
3	9	6

38

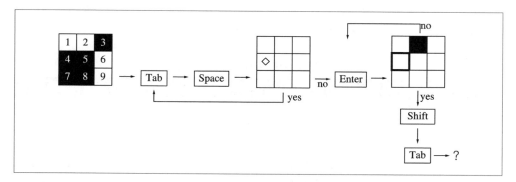

①
1	3	2
7	9	8
4	6	5

②
4	6	5
1	3	2
7	9	8

③
5	2	8
6	3	7
4	1	9

④
4	6	5
1	3	2
7	9	8

※ P사는 물품을 효과적으로 관리하기 위해 매년 회사 내 물품 목록을 작성하고, 물품별로 코드를 생성하여 관리하고 있다. 이어지는 질문에 답하시오. **[39~41]**

〈2023년도 사내 보유 물품 현황〉

구분	책임 부서 및 책임자	구매연도	구매가격	유효기간	처분 시 감가 비율	중고 여부
A	고객팀 이대리	2020년	55만 원	11년	40%	×
B	총무팀 김사원	2018년	30만 원	7년	20%	×
C	영업팀 최사원	2017년	35만 원	10년	50%	×
D	생산팀 강부장	2015년	80만 원	12년	25%	○

※ 물품의 유효기간은 목록을 작성한 연도를 기준으로 함
※ 처분 시 감가 비율은 물품 구매가격을 기준으로 함

〈코드 생성 방법〉

• 구분에 따른 생성 코드

구분		코드
책임 부서	총무팀	GAT
	영업팀	SLT
	생산팀	PDT
	고객팀	CTT
	인사팀	PST
책임자 직급	사원	E
	대리	A
	과장	S
	부장	H
중고 여부	새 제품	1
	중고 제품	0

• 코드 순서 : 책임 부서 – 책임자 직급 – 구매연도(2자리) – 유효기간(2자리) – 중고 여부
예 GAT – A – 14 – 02 – 1

39 다음 중 2023년도 사내 보유 물품인 A ~ D물품의 코드로 옳지 않은 것은?

① A물품 : CTT－A－20－11－1
② B물품 : GAT－E－18－07－1
③ C물품 : SLT－E－17－10－0
④ D물품 : PDT－H－15－12－0

40 다음 중 A ~ D물품을 모두 처분한다고 할 때, 받을 수 있는 총금액은?(단, 중고 제품의 경우 처분 금액의 50%만 받을 수 있으며, 만 원 미만은 버림한다)

① 88만 원
② 98만 원
③ 104만 원
④ 120만 원

41 제휴 업체를 통해 유효기간이 10년 이상 남은 물품을 처분할 경우 구매가격의 80%를 받을 수 있다고 한다. 다음 중 유효기간이 10년 이상 남은 물품을 모두 처분한다고 할 때, 제휴 업체로부터 받을 수 있는 총금액은?

① 108만 원
② 112만 원
③ 122만 원
④ 136만 원

※ P사의 사내 복지정책 및 직원 대출제도에 대한 설명이다. 이어지는 질문에 답하시오. **[42~43]**

〈직원 복지정책 및 대출제도〉

구분	내용	혜택	세부사항
복지	경조사	• 생일 : 10만 원	
		• 결혼 : 50만 원	• 입사 1년 차 이상, 본인, 배우자 모두 P사 직원일 경우, 1.5배씩 지원
		• 출산(등본상 기준) – 첫째 100만 원 – 둘째 150만 원 – 셋째 이상 200만 원	• 입사 2년 차 이상, 본인, 배우자 중 한 사람 이상 결혼 축하금 받았을 경우, 20만 원씩 추가 지원 • 다태아일 경우, 등본상 순서로 지원
		• 부모님 경조사 : 20만 원	
	학자금	• 본인 대학교 학자금	• 입사 1년 차 이상, 잔여 대출원금의 50% 지원
		• 본인 대학원 학자금	• 입사 2년 차 이상, 잔여 대출원금의 80% 지원
		• 초·중학생 자녀 학자금	• 입사 2년 차 이상, 자녀 1인당 연 50만 원 지원
		• 고등학생 자녀 학자금	• 입사 3년 차 이상, 자녀 1인당 연 100만 원 지원(3년 차 미만일 경우 50만 원)
		• 대학생 자녀 학자금	• 입사 4년 차 이상, 자녀 1인당 연 200만 원 지원(4년 차 미만일 경우 100만 원)
대출	주택	• 저금리 주택 지원 대출	• 입사 1년 차 이상, 최대 2,000만 원, 연이율 2.7% • 입사 2년 차 이상, 최대 3,000만 원, 연이율 2.3% • 입사 3년 차 이상, 최대 5,000만 원, 연이율 2.1% • 입사 5년 차 이상, 최대 10,000만 원, 연이율 1.8%

※ 별도의 사항이 명시되지 않은 경우, 입사 연차 제한이 없음
※ 현재 날짜는 2023년 9월 1일임

42 A대리가 복지부서에 문의한 내용이 다음과 같을 때, A대리가 받을 수 있는 사내 복지 혜택 총 금액은?

〈문의 내용〉

안녕하세요, 영업부서에 근무 중인 A대리입니다. 올해 직원복지 지원금을 신청하고 싶은데요, 얼마나 받을 수 있는지 몰라서 문의 드려요. 저는 2019년 11월에 입사해, 올해 1월 ㅁㅁ사에서 일하는 아내와 결혼을 했고요, 아내는 현재 중학생인 딸아이가 한 명 있어요. 제 등본으로 들어와서 이제 제 딸아이이기도 하고요. 그리고 저번 달 말 제 생일에 저희 아이가 태어났어요. 올해 들어와서는 지원금 신청을 아직 못했는데, 총 얼마를 받을 수 있을까요?

① 160만 원   ② 180만 원

③ 210만 원   ④ 280만 원

PART 3

43 다음은 직원 B와 복지부서 담당자가 대화한 내용이다. 직원 B가 총 지원받을 금액은?

직원 B : 안녕하세요. 사내 학자금 지원금과 주택 지원 대출을 받고 싶어서요.

복지팀 : 안녕하세요. 입사 연차에 따라 지원받을 수 있는 내용이 다릅니다. 혹시 입사일이 언제인가요?

직원 B : 작년 3월 초에 입사했어요.

복지팀 : 아 그러시면, 입사하신 지 2년이 좀 안되신 거군요. 일단, 1년 차 이상이므로 학자금 지원금은 경우에 따라서 신청이 가능할 것 같고요, 주택 지원 대출은 한도 내에서 연이율 2.7%로 가능해요.

직원 B : 학자금은 대학교 학자금은 다 상환했는데, 대학원 학자금이 1,500만 원 남아있어요. 농어촌 학자금이라 무이자이고요. 주택은 지금 전세를 알아봤는데 5,000만 원이라 절반만 대출받으면 될 것 같아요.

① 1,500만 원   ② 2,000만 원

③ 2,500만 원   ④ 4,000만 원

※ A사원은 그 날의 날씨와 평균기온을 고려하여 다음 〈조건〉에 따라 자신이 마실 음료를 고른다. 다음은 음료의 메뉴판과 이번 주 일기예보이다. 이어지는 질문에 답하시오. [44~45]

〈메뉴판〉

(단위 : 원)

커피류			차 및 에이드류		
구분	작은 컵	큰 컵	구분	작은 컵	큰 컵
아메리카노	3,900	4,300	자몽에이드	4,200	4,700
카페라테	4,400	4,800	레몬에이드	4,300	4,800
바닐라라테	4,600	5,000	자두에이드	4,500	4,900
카페모카	5,000	5,400	밀크티	4,300	4,800

〈이번 주 일기예보〉

구분	7월 22일 일요일	7월 23일 월요일	7월 24일 화요일	7월 25일 수요일	7월 26일 목요일	7월 27일 금요일	7월 28일 토요일
날씨	흐림	맑음	맑음	흐림	비	비	맑음
평균기온	24℃	26℃	28℃	27℃	27℃	25℃	26℃

조건

• A사원은 맑거나 흐린 날에는 차 및 에이드류를 마시고, 비가 오는 날에는 커피류를 마신다.
• 평균기온이 26℃ 미만인 날에는 작은 컵으로, 26℃ 이상인 날은 큰 컵으로 마신다.
• 커피를 마시는 날 중 평균기온이 25℃ 미만인 날은 아메리카노를, 25℃ 이상, 27℃ 미만인 날은 바닐라라테를, 27℃인 날은 카페라테를, 28℃ 이상인 날은 카페모카를 마신다.
• 차 및 에이드류를 마시는 날 중 평균기온이 27℃ 미만인 날은 자몽에이드를, 27℃ 이상인 날은 자두에이드를 마신다. 단, 비가 오지 않는 화요일과 목요일에는 반드시 밀크티를 마신다.

44 오늘이 7월 26일이라고 할 때, A사원이 오늘 마실 음료는?

① 아메리카노 큰 컵
② 카페라테 큰 컵
③ 바닐라라테 작은 컵
④ 카페모카 큰 컵

45 A사원은 24일에 직장동료인 B사원에게 음료를 사주고자 한다. B사원에게는 자신이 전날 마신 음료와 같은 종류의 음료를 사준다고 할 때, A사원이 음료 두 잔을 주문하며 지불할 금액은?

① 8,700원
② 9,000원
③ 9,200원
④ 9,500원

※ 다음 도형 내부의 기호들은 일정한 패턴을 가지고 변화한다. 다음 중 ?에 들어갈 도형으로 가장 알맞은 것을 고르시오. [46~47]

46

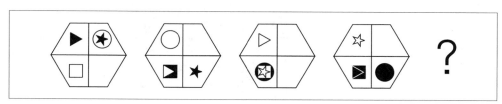

①    ②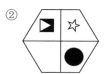

③    ④

47

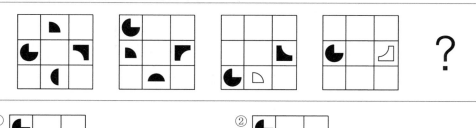

①   ②

③ 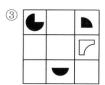   ④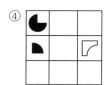

48

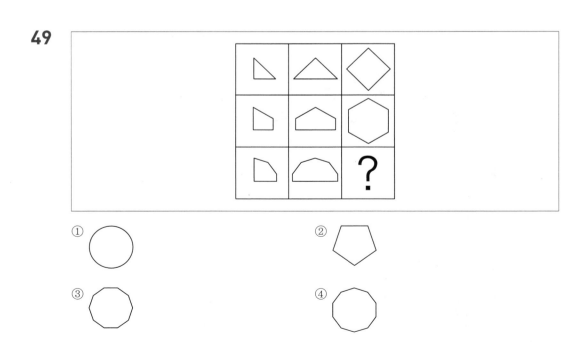

49

50

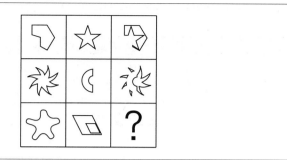

①

②

③

④

작동 버튼	기능
가	↑와 →의 위치를 서로 바꾼다.
나	→와 ←의 위치를 서로 바꾼다.
다	↑와 ←의 위치를 서로 바꾼다.
라	↑와 ↓의 위치를 서로 바꾼다.

51 〈보기〉의 왼쪽 상태에서 작동 버튼을 두 번 눌렀더니, 오른쪽과 같은 결과가 나타났다. 다음 중 작동 버튼의 순서를 바르게 나열한 것은?

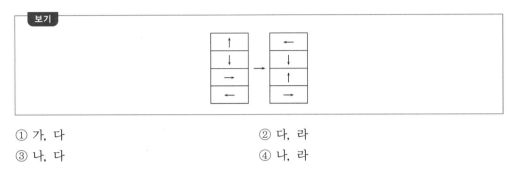

① 가, 다   ② 다, 라

③ 나, 다   ④ 나, 라

52 〈보기〉의 왼쪽 상태에서 작동 버튼을 두 번 눌렀더니, 오른쪽과 같은 결과가 나타났다. 다음 중 작동 버튼의 순서를 바르게 나열한 것은?

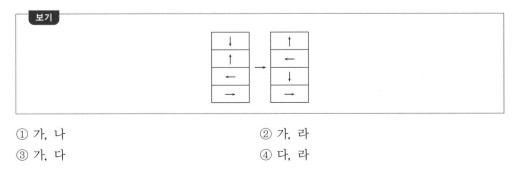

① 가, 나   ② 가, 라

③ 가, 다   ④ 다, 라

※ 다음 규칙을 읽고, 이어지는 질문에 답하시오. [53~54]

작동 버튼	기능
♧	♡와 ♥의 위치를 서로 바꾼다.
♣	□와 ■의 위치를 서로 바꾼다.
△	♥와 ■의 위치를 서로 바꾼다.
▲	♡와 □의 위치를 서로 바꾼다.

53 〈보기〉의 왼쪽 상태에서 작동 버튼을 두 번 눌렀더니, 오른쪽과 같은 결과가 나타났다. 다음 중 작동 버튼의 순서를 바르게 나열한 것은?

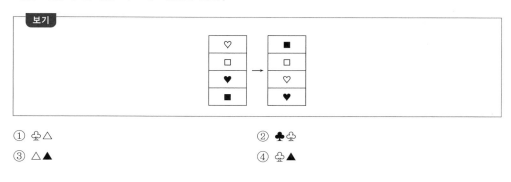

① ♧△ ② ♣♧

③ △▲ ④ ♧▲

54 〈보기〉의 왼쪽 상태에서 작동 버튼을 두 번 눌렀더니, 오른쪽과 같은 결과가 나타났다. 다음 중 작동 버튼의 순서를 바르게 나열한 것은?

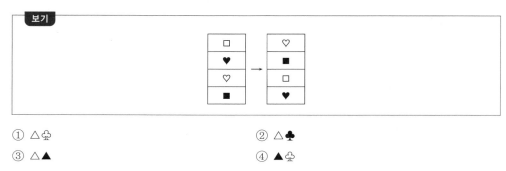

① △♧ ② △♣

③ △▲ ④ ▲♧

※ 다음 규칙을 읽고, 이어지는 질문에 답하시오. [55~56]

작동 버튼	기능
a	Ⅰ과 Ⅱ의 위치를 서로 바꾼다.
b	Ⅰ과 Ⅲ의 위치를 서로 바꾼다.
c	Ⅲ과 Ⅱ의 위치를 서로 바꾼다.
d	Ⅳ와 Ⅰ의 위치를 서로 바꾼다.

55 〈보기〉의 처음 상태에서 작동 버튼을 두 번 눌렀더니, 다음과 같은 결과가 나타났다. 다음 중 작동 버튼의 순서를 바르게 나열한 것은?

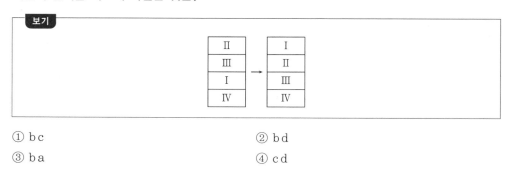

① b c ② b d
③ b a ④ c d

56 〈보기〉의 왼쪽 상태에서 작동 버튼을 두 번 눌렀더니, 오른쪽과 같은 결과가 나타났다. 다음 중 작동 버튼의 순서를 바르게 나열한 것은?

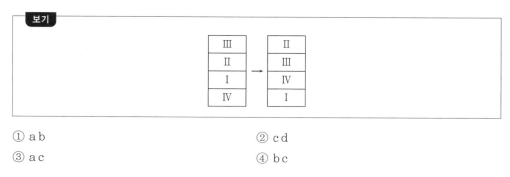

① a b ② c d
③ a c ④ b c

※ 다음과 같이 일정한 규칙에 따라 수를 나열할 때, 빈칸에 들어갈 수로 가장 적절한 것을 고르시오.
　　[57~60]

57

| 0.8 | 0.9 | 2.7 | 0.7 | 6.6 | 0.3 | 14.5 | ( ) |

① -0.5　　　　　　　　　　　② -0.6
③ -0.7　　　　　　　　　　　④ -0.8

58

| $\dfrac{39}{16}$ | $\dfrac{13}{8}$ | $\dfrac{13}{12}$ | $\dfrac{13}{18}$ | ( ) | $\dfrac{26}{81}$ |

① $\dfrac{13}{9}$　　　　　　　　　　　② $\dfrac{14}{18}$
③ $\dfrac{13}{18}$　　　　　　　　　　　④ $\dfrac{13}{27}$

59

| 2　4　( )　7 | 1　-3　8　6 | 4　-11　17　10 |

① -5　　　　　　　　　　　② -1
③ 1　　　　　　　　　　　　④ 6

60

| 4　7　1　28 | 3　12　4　9 | 5　8　4　( ) |

① 11　　　　　　　　　　　② 10
③ 9　　　　　　　　　　　　④ 8

61 다음 중 포스코그룹이 ESG 경영이념의 실현을 위해 제시한 5대 전략에 해당하지 않는 것은?

① Green Competency

② Responsible Value Chain

③ Environmental Integrity

④ New Governance for Real Value

62 다음은 포스코의 미래 인재 육성 정책과 대한 기사이다. ㉠에 공통으로 들어갈 내용으로 옳은 것은?

> 포스코는 탄탄한 인재 육성 정책 가운데 하나가 바로 ___㉠___ 인증 제도이다. 포스코는 디지털 혁신 기조에 따라 IT 신기술을 활용할 수 있는 인재를 양성하고자 2020년 ___㉠___ 레벨 인증 제도를 도입했다. 직원들의 데이터 분석과 활용 역량을 4개 레벨로 구분해 수준별 맞춤형 교육을 제공하고 역량 향상을 돕는 제도이다. 이에 IT 기초지식부터 AI 알고리즘을 활용한 프로그래밍까지 체계적인 교육 과정을 마련해 새로운 가치 창출에 기여하는 미래 인재를 양성하고 있다. 교육생은 자신의 수준에 맞춰 준비된 ___㉠___ 교육을 선택해 수강할 수 있다. 기초는 모두가 이해할 수 있도록 쉽게 가르치고, 전문적인 분야에서 일하는 교육생에게는 최고 수준의 심화 교육을 제공한다는 것이 포인트이다.

① 뉴 노멀(New Normal)

② 뉴 칼라(New Collar)

③ 뉴 웨이브(New Wave)

④ 뉴 프런티어(New Frontier)

63 다음 중 포스코의 조업기술에 해당하지 않는 것은?

① 저연원료 고출선 고로조업
② 양소 통합 조업관리기술
③ 전로 연속가동 조업기술
④ 후판 – 선재 직결생산 관제기술

64 다음 중 포스코의 핵심가치로 옳지 않은 것은?

① 안전   ② 상생
③ 정직   ④ 창의

65 포스코는 세계 각국에 해외 법인을 설립하고 있다. 다음 중 포스코의 해외법인이 존재하지 않는 국가는?

① 케냐   ② 튀르키예
③ 중국   ④ 폴란드

☑ 응시시간 : 60분   ☑ 문항 수 : 65문항

정답 및 해설 p.067

01 제시된 명제가 모두 참일 때, 다음 중 빈칸에 들어갈 명제로 가장 적절한 것은?

> • 창의적인 문제해결을 하기 위해서는 브레인스토밍을 해야 한다.
> • 브레인스토밍을 하기 위해서는 상대방의 아이디어를 비판해서는 안 된다.
> • ＿＿＿＿＿＿＿＿＿＿＿＿＿＿＿＿＿＿＿＿＿＿＿＿＿＿

① 상대방의 아이디어를 비판하지 않으면 창의적인 문제해결이 가능하다.
② 상대방의 아이디어를 비판하지 않으면 브레인스토밍을 할 수 있다.
③ 브레인스토밍을 하면 창의적인 문제해결이 가능하다.
④ 창의적인 문제해결을 하기 위해서는 상대방의 아이디어를 비판해서는 안 된다.

02 다음 중 제시된 명제로부터 추론할 수 있는 것은?

> • 딸기에는 비타민 C가 키위의 2.6배 정도 함유되어 있다.
> • 귤에는 비타민 C가 키위의 1.6배 정도 함유되어 있다.
> • 키위에는 비타민 C가 사과의 5배 정도 함유되어 있다.

① 키위의 비타민 C 함유량이 가장 많다.
② 딸기의 비타민 C 함유량이 가장 많다.
③ 귤의 비타민 C 함유량이 가장 많다.
④ 사과의 비타민 C 함유량이 가장 많다.

03 다음 제시된 명제를 읽고 판단했을 때 옳지 않은 것은?

> • 비가 많이 내리면 습도가 높아진다.
> • 겨울보다 여름에 비가 더 많이 내린다.
> • 습도가 높으면 먼지가 잘 나지 않는다.
> • 습도가 높으면 정전기가 잘 일어나지 않는다.

① 겨울은 여름보다 습도가 낮다.
② 먼지는 여름이 겨울보다 잘 난다.
③ 비가 많이 오면 정전기가 잘 일어나지 않는다.
④ 정전기가 잘 일어나면 비가 적게 온 것이다.

04 P회사에 재직 중인 A ~ D는 각각 서로 다른 지역인 인천, 세종, 대전, 강릉에서 근무하고 있다. A ~ D 모두 연수에 참여하기 위해 서울에 있는 본사를 방문한다고 할 때, 다음에 근거하여 바르게 추론한 것은?(단, A ~ D 모두 같은 종류의 교통수단을 이용하고, 이동 시간은 거리가 멀수록 많이 소요되며, 그 외 소요되는 시간은 동일하다)

> • 서울과의 거리가 먼 순서대로 나열하면 강릉 – 대전 – 세종 – 인천 순이다.
> • D가 서울에 올 때, B보다 더 많은 시간이 소요된다.
> • C는 A보다는 많이 B보다는 적게 시간이 소요된다.

① B는 세종에 근무한다.
② C는 대전에 근무한다.
③ D는 강릉에 근무한다.
④ 이동 시간이 긴 순서대로 나열하면 'C – D – B – A'이다.

※ 다음 제시된 문장 또는 문단을 논리적 순서대로 바르게 나열한 것을 고르시오. [5~6]

05

> (가) 심리학자 와이너는 부정적인 경험을 한 상황을 어떻게 해석하느냐에 따라 이러한 공포증이 생길 수도 있고 그렇지 않을 수도 있다고 한다.
> (나) 일반적인 사람들도 공포증을 유발하는 대상을 접하면서 부정적인 경험을 할 수 있지만 공포증으로까지 이어지는 경우는 드물다.
> (다) 부정적인 경험을 하더라도 상황을 가변적으로 해석하는 사람보다 고정적으로 해석하는 사람은 공포증이 생길 확률이 높다.
> (라) '공포증'이란 특정 대상에 대한 과도한 두려움으로 그 대상을 계속해서 피하게 되는 증세를 말한다.

① (가) – (나) – (다) – (라)
② (나) – (라) – (가) – (다)
③ (다) – (가) – (나) – (라)
④ (라) – (나) – (가) – (다)

06

> (가) 재활승마란 뇌성마비 등 신체적·심리적 장애가 있는 사람들이 승마를 통해 치료적 성과를 도모하는 동물을 매개로 한 치료 프로그램이다.
> (나) 하지만 재활승마는 미국과 영국, 독일을 비롯한 51개국 228개 단체에서 한 해에 약 5백만 명 이상이 참가하고 있을 정도로 활발하게 운영되고 있어 국내에도 보다 많은 보급이 필요한 상황이다.
> (다) 오는 3월, 국내 최초로 재활승마 전용마장이 재활승마 공간, 치료·평가실, 관람실 등으로 구성되어 연간 140명의 뇌성마비 아동 등을 중심으로 무상 운영된다.
> (라) 또한 이번에 완공된 재활승마 전용마장은 재활승마에 필요한 실내마장, 마사, 자원봉사자실, 관람실 등으로 마련되어 장애아동과 가족들이 이용하기 편리하도록 꾸며져 있다.

① (가) – (나) – (다) – (라)
② (가) – (라) – (다) – (나)
③ (다) – (가) – (라) – (나)
④ (다) – (나) – (라) – (가)

07 다음 제시된 문단을 읽고, 이어질 문단을 논리적 순서대로 바르게 나열한 것은?

> 오늘날과 달리 과거에는 마을에서 일어난 일들을 '원님'이 조사하고 그에 따라서 자의적으로 판단하여 형벌을 내렸다. 현대에서 법에 의하지 않고 재판행위자의 입장에서 이루어진다고 생각되는 재판을 비판하는 '원님재판'이라는 용어의 원류이다.

> (가) 죄형법정주의는 앞서 말한 '원님재판'을 법적으로 일컫는 죄형전단주의와 대립되는데, 범죄와 형벌을 미리 규정하여야 한다는 것으로서, 서구에서 권력자의 가혹하고 자의적인 법 해석에 따른 반발로 등장한 것이다.
>
> (나) 앞서 살펴본 죄형법정주의가 정립되면서 파생원칙 또한 등장하였는데, 관습형법금지의 원칙, 명확성의 원칙, 유추해석금지의 원칙, 소급효금지의 원칙, 적정성의 원칙 등이 있다. 이러한 파생원칙들은 모두 죄와 형벌은 미리 설정된 법에 근거하여 정확하게 내려져야 한다는 죄형법정주의의 원칙과 연관하여 쉽게 이해될 수 있다.
>
> (다) 그러나 현대에서 '원님재판'은 이루어질 수 없다. 형사법의 영역에 논의를 한정하여 보자면, 형사법을 전반적으로 지배하고 있는 대원칙은 형법 제1조에 규정되어있는 소위 '죄형법정주의'이다.
>
> (라) 그 반발은 프랑스 혁명의 결과물인 '인간 및 시민의 권리선언' 제8조에서 '누구든지 범죄 이전에 제정·공포되고 또한 적법하게 적용된 법률에 의하지 아니하고는 처벌되지 아니한다.'라고 하여 실질화되었다.

① (가) – (나) – (라) – (다)

② (가) – (다) – (라) – (나)

③ (다) – (가) – (라) – (나)

④ (다) – (라) – (가) – (나)

PART 3

08 다음 제시문의 내용으로 가장 적절한 것은?

우리 몸에 이상이 생기면 약물을 투여함으로써 이상 부위를 치료하게 된다. 약물을 투여하는 일반적인 방법으로는 약물을 바르거나 복용하거나 주사하는 것 등이 있는데, 이것들은 약물의 방출량이나 시간 등을 능동적으로 조절하기 어려운 '단순 약물 방출'의 형태이다. 단순 약물 방출의 경우에는 약물이 정상 조직에 작용하여 부작용을 일으키기도 하는데, 특히 항암제나 호르몬제와 같은 약물은 정상 조직에 작용할 경우 심각한 부작용을 초래할 수도 있다. 따라서 치료가 필요한 국부적인 부위에만 약물을 투여할 수 있도록 하는 방안의 필요성이 대두되고 있다.

이에 최근에는 약물의 방출량이나 시간 등을 능동적으로 조절할 수 있는 '능동적 약물 방출'의 연구가 활발하게 이루어지고 있다. 그중 대표적인 것으로 전도성 고분자를 활용하는 연구가 진행 중인데, 특히 '폴리피롤'이라는 전도성 고분자의 활용이 유력시되고 있다. 폴리피롤은 생체 적합성이 우수하고 안정성이 뛰어날 뿐만 아니라 전압에 의해 이온들의 출입이 가능한 특징이 있기 때문이다. 폴리피롤에 전압을 가하면 부피가 변하게 된다. 폴리피롤에는 이온 형태의 도판트*가 들어 있는데, 이 도판트의 크기에 따라 부피 변화 양상은 달라지게 된다. 예를 들어 도판트의 크기가 작을 경우, 폴리피롤에 음의 전압을 가하면 폴리피롤 내에 음전자가 늘어나는 환원 반응이 일어나게 되고, 전기적 중성을 유지하기 위해 크기가 작은 도판트 음이온이 밖으로 빠져 나오게 된다. 이에 따라 폴리피롤의 부피는 줄어든다.

한편 도판트의 크기가 큰 경우에는 환원 반응이 일어나더라도 도판트가 밖으로 나가지 못한다. 대신 폴리피롤 외부에 있는 양이온이 전기적 중성을 맞추기 위하여 폴리피롤 내부로 들어오게 되어 폴리피롤의 부피는 커지게 된다.

이처럼 폴리피롤에서 도판트가 방출되는 원리를 이용하면, 도판트를 이온 상태의 약물로 대체할 경우 전압에 의해 방출량이 제어되는 능동적 약물 방출 시스템으로의 응용도 가능해진다. 이 시스템은 크게 두 가지로 구분된다. 우선, 폴리피롤 합성 과정에서 약물을 직접 도판트로 사용하는 경우이다. 이 경우는 약물의 방출량은 많지만 도판트로 합성이 가능한 약물의 종류에는 제한이 있다. 다른 방법으로는 약물이 이온 형태로 존재하는 전해질 내에서 도판트와 약물을 치환하는 경우이다. 이 경우는 치환되는 전해질 내의 약물 이온의 밀도가 높아야 다양한 약물을 폴리피롤 내에 넣는 것이 가능하다. 그러나 도판트 전부가 치환되지는 않기 때문에 첫 번째 방법보다 약물의 방출량은 적어지고, 제조 공정이 다소 복잡하다.

*도판트 : 전기 전도도를 변화시키기 위해 의도적으로 넣어주는 불순물

① 폴리피롤을 사용하려는 이유는 생체 적합성이 우수하고 안정성이 뛰어나기 때문이다.
② 능동적 약물 방출의 대표적인 방법이 적용된 사례는 연고나 주사제 등이 있다.
③ 약물은 정상 조직에 작용하더라도 문제가 발생되지 않게 만들어진다.
④ 단순 약물 방출은 원하는 때에 필요한 만큼의 약물을 투여할 수 있다.

09 다음 제시문의 내용으로 적절하지 않은 것은?

> 최근 지구 온난화는 우리가 피부로 체감할 수 있을 정도로 심각해졌다. UN 사무총장 안토니우 구테흐스가 "지구 온난화(Global Warming)는 끝나고 지구 열탕화(Global Boiling)의 시대가 왔다."라고 표현할 정도로 2023년은 폭염 등 이상기온과 자연재해가 전 세계적으로 발생하고 있다. 지구 온난화의 주요 원인은 이산화탄소, 메탄, 프레온 등 온실가스이고, 이 중 가장 높은 비율을 차지하는 것은 단연 이산화탄소(CO_2)이며 국제에너지기구(IEA)에 따르면 전체 온실가스 중 90%를 차지한다. 따라서 지구 온난화를 막기 위해서는 이산화탄소의 배출 감축이 필요하다.
>
> 우리나라는 파리기후협약 체결로 2030년까지 배출전망치(8.5억 톤) 대비 37% 감축을 목표로 하였지만 과도한 이산화탄소 감축은 산업계 경쟁력 약화로 이어질 수 있어 무조건 배출량을 줄이는 것은 불가능한 상황이다. 따라서 이산화탄소 감축 노력과 함께 필요한 기술이 바로 이산화탄소 포집 활용 및 저장(CCUS; Carbon Capture, Utilization and Storage) 기술이다.
>
> CCUS는 크게 CCS와 CCU로 구분할 수 있다. 먼저 CCS(Carbon Capture and Storage)는 화석연료를 사용할 때 발생하는 이산화탄소를 포집하여 압축한 뒤, 지하에 저장하는 기술이다. 포집되어 압축된 이산화탄소는 다양한 수단으로 운송되어 고갈된 가스전이나 채광할 수 없는 석탄층 등에 주입되는데, 이렇게 주입된 고밀도의 이산화탄소는 시간이 지나면서 탄산염같이 광물화되거나 용해되므로 대기 중의 이산화탄소 농도를 직접적으로 줄일 수 있다.
>
> 반면 CCU(Carbon Capture and Utilization)는 포집한 이산화탄소를 탄소 기반의 유용 원료로 전환하고 경제적 가치가 있는 제품으로 변환하는 기술이다. CCU는 전환하는 방식에 따라 3가지로 나눌 수 있는데, 화학반응을 통해 이산화탄소를 다양한 탄소화합물로 전환하는 화학적 전환, 이산화탄소를 고정할 수 있는 미생물 등을 활용하여 바이오매스를 생산하는 생물학적 전환, 이산화탄소를 광물이나 수용액과 반응시켜 탄산염 등 광물로 전환하여 사용하는 광물화로 구분할 수 있다.
>
> 현재 CCU 기술은 개발 초기단계이고, 산업적으로는 CCS 기술의 수요가 더 높은 상황이다. 그러나 전문가들은 2030 ~ 2040년대에는 활용 가치가 더 높은 CCU 기술이 크게 성장할 것으로 평가하고 있다. 또한 이 2가지 기술을 아우르는 CCUS는 탄소중립 실현을 위한 가장 현실적인 방법으로 주목되고 있다. 우리나라는 CCUS 기술 선도국으로서 학계와 정부출연연구소 중심의 기술 개발이 활발히 이루어지고 있으며 CCU 부분에서 세계적으로 유의미한 성과를 보이고 있다. 따라서 지구온난화 완화 및 CCUS 관련 시장 선점을 위해서는 앞으로도 지속적인 투자를 추진할 필요가 있다.

① 지구 온난화 해소를 위한 가장 효과적인 방법은 이산화탄소 배출을 감축하는 것이다.

② 지하에 주입된 이산화탄소는 자연적으로 총량이 감소하게 된다.

③ 이산화탄소를 수소와 반응시켜 탄화수소로 변환하는 것은 화학적 전환에 해당한다.

④ 알칼리계 산업부산물과 이산화탄소를 이용하여 탄산칼슘을 만드는 것은 CCS 기술에 포함된다.

10 다음 제시문의 중심 내용으로 가장 적절한 것은?

대부분의 동물에게 후각은 생존에 필수적인 본능으로 진화되었다. 수컷 나비는 몇 km 떨어진 곳에 있는 암컷 나비의 냄새를 맡을 수 있고, 돼지는 15cm 깊이의 땅 속에 숨어있는 송로버섯의 냄새를 맡을 수 있다. 그중에서도 가장 예민한 후각을 가진 동물은 개나 다람쥐처럼 냄새분자가 가라앉은 땅에 코를 바짝 댄 채 기어 다니는 짐승이다. 때문에 지구상의 거의 모든 포유류의 공통점은 '후각'의 발달이라고 할 수 있다.

여기서 주목할 만한 점은 만물의 영장이라 하는 인간이 후각 기능만큼은 대부분의 포유류보다 한참 뒤떨어진 수준이라는 사실이다. 개는 2억 2,000만 개의 후각세포를 갖고 있고, 토끼는 1억 개를 갖고 있는 반면, 인간은 500만 개의 후각세포를 갖고 있을 뿐이며, 그마저도 실제로 기능하는 것은 평균 375개 정도라고 알려져 있다.

이처럼 인간의 진화과정에서 유독 후각이 퇴화한 이유는 무엇일까? 새는 지면에서 멀리 떨어진 곳에 활동 영역이 있기 때문에 맡을 수 있는 냄새가 제한적이다. 자연스레 그들은 후각기관을 퇴화시키는 대신 시각기관을 발달시켰다. 인간 역시 직립보행 이후에는 냄새를 맡고 구별하는 능력보다는 시야의 확보가 생존에 더 중요해졌고, 점차 시각정보에 의존하기 시작하면서 후각은 자연스레 퇴화한 것이다.

따라서 인간의 후각정보를 관장하는 후각 중추는 이처럼 대폭 축소된 후각 기능을 반영이라도 하듯 아주 작다. 뇌 전체의 0.1% 정도에 지나지 않는 후각 중추는 감정을 관장하는 변연계의 일부이고, 언어 중추가 있는 대뇌지역과는 직접적인 연결이 없다. 따라서 후각은 시각이나 청각을 통해 감지한 요소에 비해 언어로 분석해서 묘사하기가 어려우며, 감정이 논리적 사고와 같이 정밀하고 체계적이지 못한 것처럼, 후각도 체계적이지 않다. 인간이 후각을 언어로 표현하는 것은 시각을 언어로 표현하는 것보다 세밀하지 못하며, 동일한 냄새에 대한 인지도 현저히 떨어진다는 사실은 이미 다양한 연구를 통해 증명되었다.

그러나 후각과 뇌변연계의 연결고리는 여전히 제법 강력하다. 냄새는 감정과 욕망을 넌지시 암시하고 불러일으킨다. 또한 냄새는 일단 우리의 뇌 속에 각인되면 상당히 오랫동안 지속되고, 이와 관련된 기억들을 상기시킨다. 언어로 된 기억은 기록의 힘을 빌리지 않고는 오래 남겨두기 어렵지만, 냄새로 이루어진 기억은 작은 단서만 있으면 언제든 다시 꺼낼 수 있다. 뿐만 아니라 후각은 청각이나 시각과 달리, 차단할 수 없는 유일한 감각이기도 하다. 하루에 2만 번씩 숨을 쉴 때마다 후각은 계속해서 작동하고 있고, 지금도 우리에게 영향을 끼치고 있다.

① 후각은 다른 모든 감각을 지배하는 상위 기능을 담당한다.
② 인간은 선천적인 뇌구조로 인해 후각이 발달하지 못했다.
③ 모든 동물은 정밀한 감각을 두 가지 이상 갖기 어렵다.
④ 인간은 진화하면서 필요에 따라 후각을 퇴화시켰다.

11 다음 제시문을 읽고 추론하기 어려운 것을 〈보기〉에서 모두 고르면?

알렉산더는 기원전 331년 가우가멜라 전투에서 페르시아의 다리우스를 패퇴시킨 뒤 왕도(王都)인 페르세폴리스를 불태웠다. 다음의 두 기록은 이 방화 사건에 대한 두 고대 역사가의 기록이다.

아리아누스의 기록(대략 A.D. 96 ~ 180년에 생존)
알렉산더는 왕궁을 불태우지 말고 그대로 두는 편이 좋겠다는 파르메니온의 조언을 듣지 않았다. 파르메니온이 그렇게 말한 이유는 이제는 자신의 것이 된 곳을 파괴하지 않는 편이 현명할 뿐더러, 아시아인들은 보통 승리한 뒤 그냥 지나가 버리는 정복자보다는 그곳을 안전하게 통치하는 왕에게 더 충성하는 경향이 있다는 생각 때문이었다. 하지만 페르시아가 그리스를 침략했던 데 대한 보복을 원한다는 것이 알렉산더의 대답이었다. 그들은 아테네를 파괴하고, 사원을 불태우며, 그리스인들에 대해 온갖 범죄를 행했다는 것이었다. 나는 이러한 것이 결코 좋지 않은 정책이라 생각한다. 더욱이 그것을 이미 오래 전에 죽고 없는 그 페르시아인들에 대한 보복이라 간주할 수는 없는 것이 아닌가.

디오도루스의 기록(대략 B.C. 1세기경에 생존)
고별잔치가 크세르크세스의 궁전에서 개최됐다. 잔치 분위기가 한창 무르익자 모두들 거나하게 취한 상태가 됐다. 이때 한 여인이 앞으로 나섰다. 그녀는 타이스라는 이름의 아테네인이었다. 그녀는 만일 알렉산더가 왕궁을 돌며 개선 행진을 한 뒤 그곳에 불을 지른다면 이야말로 아시아에서 그가 한 최고의 업적이 될 것이라고 말했다. 그녀의 말은 이미 거나하게 취해 있었던 젊은 사람들을 자극했다. 그 중 몇몇은 앞으로 나서서 횃불을 빼앗아 들고는 페르시아인들이 그리스 사원에 가했던 사악한 행위에 복수하자고 외쳤다. 또다른 사람들은 그 일을 할 수 있는 사람은 알렉산더뿐이라고 고함쳤다. 그러자 왕은 횃불을 손에 들었고, 모두가 행진 대열에 참가했다. 화염이 너울거렸고, 여자들은 노래를 부르고 피리를 불었다. 타이스는 알렉산더의 뒤를 따라 가면서 왕궁에 횃불을 던져 넣었다. 모두가 그렇게 했고, 결국 모든 건물이 화염에 휩싸였다. 그렇게 해서 페르시아의 왕 크세르크세스가 아테네의 아크로폴리스에 가한 사악한 행위는 그로부터 오랜 시간이 흐른 뒤, 페르시아의 페르세폴리스에서 그때와 똑같은 식으로 재현됐다.

보기

ㄱ. 디오도루스의 기록이 아리아누스의 기록보다 더 자세하기 때문에 그의 기록이 더 신빙성이 있다.
ㄴ. 아리아누스에 비해 디오도루스의 생존 시기가 알렉산더의 전쟁 시기에 더 가깝기 때문에 더 신빙성이 있다.
ㄷ. 페르세폴리스가 불에 탄 가장 큰 책임은 타이스에게 있다.
ㄹ. 파르메니온과 아리아누스는 페르세폴리스 방화 사건에 대해 부정적인 입장이다.
ㅁ. 디오도루스는 페르세폴리스 방화 사건을 '인과응보(因果應報)'라는 입장에서 서술하고 있다.

① ㄱ, ㄴ, ㄷ   ② ㄱ, ㄴ, ㄹ
③ ㄴ, ㄷ, ㅁ   ④ ㄷ, ㄹ, ㅁ

12 다음 중 ㉠이 높게 나타나는 상황으로 가장 적절한 것은?

사람들은 종종 미래의 행동을 결정할 때 매몰비용, 즉 이미 지출되었기 때문에 회수가 불가능한 비용에 집착하는 경우를 볼 수 있다. 합리적으로 의사 결정을 하기 위해서는 오직 추가적인 비용과 이익만 고려해야 한다. 그러나 많은 사람들은 매몰비용을 과대평가하여 결과적으로 이에 대한 투자를 지속하려는 경향을 보인다. 예를 들면, 공짜였다면 가지 않았을 농구 경기를 이미 지불한 티켓 값이 아까워서 경기 당일 눈보라를 무릅쓰고 경기장에 간다는 것이다. 이와 같이 한 번 투자한 시간, 돈, 또는 노력에 대한 시도를 지속적으로 유지하려는 경향을 ㉠'매몰비용효과'라 한다.

이러한 매몰비용효과는 '심적 회계 이론'으로 설명할 수 있다. 심적 회계 이론에서는 소비자들이 거래를 할 때, 지불한 비용과 얻게 될 이익 사이에서 손해를 보지 않으려는 심리가 있다고 본다. 이 이론에서는 비용과 이익의 심리적 연결인 '커플링'의 개념을 사용하는데, 이때 비용과 이익이 심리적으로 연결되는 경우를 '거래커플링'이라 하고, 반대로 분리되는 경우를 '디커플링'이라 한다. 비용과 이익이 심리적으로 명백하게 연결된 거래커플링의 경우, 소비자의 매몰비용에 대한 주의가 높아지게 된다. 따라서 남아있는 이익을 소비하고자 하는 의지가 강하므로 매몰비용효과는 높게 나타난다. 즉, 위의 농구 경기 사례처럼 하나의 비용에 하나의 이익이 연결될 때는 거래커플링이 야기되어 눈보라를 무릅쓰고 경기를 관람하러 간다는 것이다.

반면 하나의 비용이 여러 이익과 연결될 때, 예를 들어 서로 기능이나 가격이 다른 상품을 묶어 파는 경우에는 총비용을 여러 개의 이익에 어떻게 나눠야 할지 모르는 어려움을 겪게 된다. 이때 소비자들에게는 심리적인 디커플링이 야기되어, 이미 지불한 비용에 대한 주의력이 낮아지게 되므로 매몰비용효과는 낮게 나타나는 것이다. 이외에도 선불이나 정액 요금같이, 지불한 시점과 소비 시점 간의 거리가 먼 경우 디커플링의 수준이 높아질 수 있다.

① 데이터 정액 요금제 가입자 중 데이터 사용량을 다 쓰지 못하는 사람은 90% 이상이지만, 같은 요금제를 계속 이용한다.

② 같은 월급을 받는 독신자들은 기혼자들에 비해 남는 돈이 많다고 생각해서 지갑을 여는 것에 과감한 경우가 많아 충동구매가 잦은 편이다.

③ 10만 원 이상 물건을 구입하면 5천 원 상품권을 지급한다는 P백화점 추석맞이 이벤트 때문에 지금 당장 필요하지 않은 물건을 구입하게 되었다.

④ 새로 산 구두가 신을 때마다 발이 아파 걷기가 힘들지만 비싸게 지불한 신발값이 아까워 버리지 못하고 계속 신고 다닌다.

13 다음 제시문의 빈칸에 들어갈 내용으로 가장 적절한 것은?

> 최근 미국 국립보건원은 벤젠 노출과 혈액암 사이에 연관이 있다고 보고했다. 직업안전보건국은 작업장에서 공기 중 벤젠 노출 농도가 1ppm을 넘지 말아야 한다는 한시적 긴급 기준을 발표했다. 당시 법규에 따른 기준은 10ppm이었는데, 직업안전보건국은 이 엄격한 새 기준이 영구적으로 정착되길 바랐다. 그런데 벤젠 노출 농도가 10ppm 이상인 작업장에서 인명피해가 보고된 적은 있지만, 그보다 낮은 노출 농도에서 인명피해가 있었다는 검증된 데이터는 없었다. 그럼에도 불구하고 직업안전보건국은 벤젠이 발암물질이라는 이유를 들어, 당시 통용되는 기기로 쉽게 측정할 수 있는 최소치인 1ppm을 기준으로 삼아야 한다고 주장했다. 직업안전보건국은 직업안전보건법의 구체적 실행에 관여하는 핵심 기관인데, 이 법은 '직장생활을 하는 동안 위험물질에 업무상 주기적으로 노출되더라도 그로 인해 어떤 피고용인도 육체적 손상이나 작업 능력의 손상을 입어서는 안 된다.'고 규정하고 있다.
>
> 이후 대법원은 직업안전보건국이 제시한 1ppm의 기준이 지나치게 엄격하다고 판결하였다. 대법원은 '직업안전보건법이 비용 등 다른 조건은 무시한 채 전혀 위험이 없는 작업장을 만들기 위한 표준을 채택하도록 직업안전보건국에게 무제한의 재량권을 준 것은 아니다.'라고 밝혔다. _____ _____ 직업안전보건국은 과학적 불확실성에도 불구하고 사람의 생명이 위험에 처할 수 있는 경우에는 더욱 엄격한 기준을 시행하는 것이 옳다면서, 자신들에게 책임을 전가하는 것에 반대했다. 직업안전보건국은 노동자를 생명의 위협이 될 수 있는 화학 물질에 노출시키는 사람들이 그 안전성을 입증해야 한다고 보았다.

① 대법원은 벤젠의 노출 수준이 1ppm을 초과할 경우 노동자의 건강에 실질적으로 위험하다는 것을 직업안전보건국이 입증해야 한다고 주장했다.

② 여러 가지 과학적 불확실성으로 인해, 직업안전보건국의 기준이 합당하다는 것을 대법원이 입증할 수 없으므로 이를 수용할 수 없다는 것이다.

③ 대법원은 재량권의 범위가 클수록 그만큼 더 신중하게 사용해야 한다는 점을 환기시키면서, 10ppm 수준의 벤젠 농도가 노동자의 건강에 정확히 어떤 손상을 가져오는지를 직업안전보건국이 입증해야 한다고 주장했다.

④ 직업안전보건국은 발암물질이 함유된 공기가 있는 작업장들 가운데서 전혀 위험이 없는 환경과 미미한 위험이 있는 환경을 구별해야 한다고 주장했는데, 대법원은 이것이 무익하고 무책임한 일이라고 지적했다.

※ 다음은 3D업종에 대한 인식의 변화를 다룬 기사이다. 이어지는 질문에 답하시오. **[14~15]**

(가) 기피 직종에 대한 인식 변화는 쉽게 찾아볼 수 있다. 9월 ○○시는 '하반기 정년퇴직으로 결원이 예상되는 인력을 충원하고자 환경미화원 18명을 신규 채용한다'는 내용의 모집공고를 냈다. 지원자 457명이 몰려 경쟁률은 25 대 1을 기록했다. 지원자 연령을 보면 40대가 188명으로 가장 많았고 30대 160명, 50대 78명, 20대 31명으로 30, 40대 지원자가 76%를 차지했다.

(나) 오랫동안 3D업종은 꺼리는 직업으로 여겨졌다. 일이 힘들기도 하지만 '하대하는' 사회적 시선을 견디기가 쉽지 않았기 때문이다. 그러나 최근 3D업종에 대해 달라진 분위기가 감지되고 있다. 저성장 시대에 들어서면서 청년취업난이 심각해지고, 일이 없어 고민하는 퇴직자가 늘어나 일자리 자체가 소중해지고 있기 때문이다. 즉, '직업에 귀천이 없다'는 인식이 퍼지면서 3D업종도 다시금 주목받고 있다.

(다) 기피 직종에 대한 인식 변화는 건설업계에서도 진행되고 있다. 최근 건설경기가 회복되고, 인테리어 산업이 호황을 이루면서 '인부' 구하기가 하늘의 별 따기다. 서울 △△구에서 30년째 인테리어 사무실을 운영하는 D씨는 "몇 년 새 공사 의뢰는 상당히 늘었는데 숙련공은 그만큼 늘지 않아 공사 기간에 맞춰 인력을 구하는 게 힘들다"고 말했다.

(라) 이처럼 환경미화원 공개 채용의 인기는 날로 높아지는 분위기다. ○○시 환경위생과 계장은 "모집인원이 해마다 달라 경쟁률도 바뀌지만 10년 전에 비하면 상당히 높아졌다. 지난해에는 모집 인원이 적었던 탓에 경쟁률이 35 대 1이었다. 그리고 환경미화원이 되려고 3수, 4수까지 불사하는 지원자가 늘고 있다"고 말했다.

(마) 환경미화원 공채에 지원자가 몰리는 이유는 근무환경과 연봉 때문이다. 주 5일 8시간 근무인 데다 새벽에 출근해 점심 무렵 퇴근하기에 오후 시간을 자유롭게 쓸 수 있다. 초봉은 3,500만 원 수준이며 근무 연수가 올라가면 최고 5,000만 원까지 받을 수 있다. 환경미화원인 B씨는 "육체적으로 힘들긴 하지만 시간적으로 여유롭다는 것이 큰 장점이다. 매일 야근에 시달리다 건강을 잃어본 경험이 있는 사람이 지원하기도 한다. 또 웬만한 중소기업보다 연봉이 좋다 보니 고학력자도 여기로 눈을 돌리는 것 같다"고 말했다.

14 다음 중 (가) ~ (마) 문단을 논리적 순서대로 바르게 나열한 것은?

① (가) – (다) – (마) – (나) – (라)
② (나) – (가) – (라) – (마) – (다)
③ (마) – (다) – (가) – (나) – (라)
④ (가) – (마) – (라) – (나) – (다)

15 다음 중 기사 내용을 속담을 활용하여 이해한 것으로 가장 적절한 것은?

① 십 년이면 강산도 변한다더니 환경미화원 인기가 이렇게 높아질 줄 몰랐네.
② 꿩 대신 닭이라더니 기피 직종에 대한 인식이 많이 변했구나.
③ 병 주고 약 준다더니 환경미화원 근무환경이 딱 그 경우네.
④ 비 온 뒤에 땅이 굳어진다더니 3D 업종의 성장이 무서운 걸?

16 주머니에 1부터 40까지의 자연수가 하나씩 적힌 40개의 공이 들어있다. 이 주머니에서 공을 1개 꺼냈을 때, 꺼낸 공에 적힌 수가 40의 약수 또는 3의 배수인 경우의 수는?

① 15가지   ② 17가지

③ 19가지   ④ 21가지

17 두 자연수 a, b에 대하여 a가 짝수일 확률은 $\dfrac{2}{3}$, b가 짝수일 확률은 $\dfrac{3}{5}$이다. 이때 a와 b의 곱이 짝수일 확률은?

① $\dfrac{11}{15}$ ② $\dfrac{4}{5}$

③ $\dfrac{13}{15}$ ④ $\dfrac{14}{15}$

18 길이가 400m인 다리를 완전히 지나는 데 20초가 걸리는 여객열차가 있다. 이 열차가 초속 16m의 속력으로 달리는 60m 길이의 화물열차와 서로 마주보고 달려서 완전히 지나치는 데 4초가 걸린다고 한다. 여객열차의 길이는?

① 95m   ② 100m

③ 105m   ④ 110m

19 정희는 총무팀에서 비품을 담당하고 있다. 비품을 신청할 때가 되어 다음과 같이 비품을 주문하려고 하는데, 정해진 예산은 25,000원이다. 다음 비품을 모두 주문하고 남은 돈으로 1자루에 250원짜리 볼펜을 주문한다고 할 때, 살 수 있는 볼펜의 타수는?(단, 볼펜 1타는 볼펜 12자루이다)

〈주문 비품 목록〉

물품	가격	개수
지우개	500원	총무팀 인원 수
계산기	5,700원	1개
형광펜	600원	3개

① 2타   ② 3타
③ 4타   ④ 5타

20 다음은 연령계층별 경제활동 인구를 보여 주는 자료이다. 경제활동 참가율이 가장 높은 연령대와 가장 낮은 연령대의 차이는?(단, 경제활동 참가율은 소수점 둘째 자리에서 반올림한다)

〈연령계층별 경제활동 인구〉

(단위 : 천 명)

구분	전체 인구	경제활동 인구	취업자	실업자	비경제활동 인구	실업률(%)
15 ~ 19세	2,944	265	242	23	2,679	8.7
20 ~ 29세	6,435	4,066	3,724	342	2,369	8.3
30 ~ 39세	7,519	5,831	5,655	176	1,688	3
40 ~ 49세	8,351	6,749	6,619	130	1,602	1.9
50 ~ 59세	8,220	6,238	6,124	114	1,982	1.8
60세 이상	10,093	3,885	3,804	81	6,208	2.1
합계	43,562	27,034	26,168	866	16,528	25.8

※ $[경제활동\ 참가율(\%)] = \dfrac{(경제활동\ 인구)}{(전체\ 인구)} \times 100$

① 54.2%p   ② 66.9%p
③ 68.6%p   ④ 71.8%p

21 커피숍 주인인 S씨는 매장 내부의 가로 600cm, 세로 500cm 크기의 직사각형 벽을 하늘색 또는 크림색 정사각형 타일로 채우려고 한다. 타일의 크기와 비용이 다음과 같을 때, 어떤 타일을 선택하는 것이 얼마 더 경제적인가?(단, 타일은 세트로만 판매 가능하다)

구분	크기	1세트당 개수	1세트당 가격
하늘색 타일	1m×1m	2개	5만 원
크림색 타일	1m×1m	3개	7만 원

	타일	구매비용의 차
①	하늘색 타일	3만 원
②	하늘색 타일	5만 원
③	크림색 타일	3만 원
④	크림색 타일	5만 원

22 다음 표는 P시 A, B, C동에 있는 벚꽃나무 수에 관한 연도별 자료이다. 빈칸에 들어갈 수치로 가장 적절한 것은?(단, 각 수치는 매년 일정한 규칙으로 변화한다)

〈연도별 벚꽃나무 수 변화 추이〉

(단위 : 그루)

구분	A동	B동	C동
2016년	60	110	35
2017년	66	120	19
2018년	60	103	42
2019년	56	105	44
2020년	55	97	53
2021년		112	50
2022년	48	116	41

① 50   ② 48

③ 47   ④ 43

※ 다음은 연도별 관광산업 신용카드 매출액 관련 자료이다. 이어지는 질문에 답하시오. **[23~24]**

〈연도별 신용카드 전체 매출액〉

(단위 : 십억 원)

구분	2018년	2019년	2020년	2021년	2022년	2023년
내국인	997.0	1,120.0	1,297.4	1,633.5	1,897.6	2,144.2
외국인	195.3	381.8	608.6	651.6	995.6	625.2
합계	1,192.3	1,501.8	1,906.0	2,285.1	2,893.2	2,769.4

〈연도별 신용카드 매출액(면세점)〉

(단위 : 십억 원)

구분	2018년	2019년	2020년	2021년	2022년	2023년
내국인	271.5	274.2	292.3	384.7	427.2	432.6
외국인	129.7	267.8	376.2	415.2	701.8	497.3
합계	401.2	542	668.5	799.9	1,129	929.9

〈연도별 신용카드 매출액(면세점 외)〉

(단위 : 십억 원)

구분	2018년	2019년	2020년	2021년	2022년	2023년
내국인	725.5	845.8	1,005.1	1,248.8	1,470.4	1,711.6
외국인	65.6	114.0	232.4	236.4	293.8	127.9
합계	791.1	959.8	1,237.5	1,485.2	1,764.2	1,839.5

23 다음 중 제주관광산업의 연도별 신용카드 매출액에 대한 설명으로 옳은 것은?

① 면세점에서 내국인의 신용카드 매출액과 외국인의 신용카드 매출액은 매년 증감 추이가 동일하다.

② 2020년 외국인 신용카드 전체 매출액은 전년 대비 60% 이상 증가하였다.

③ 2022년 내국인 신용카드 전체 매출액 중 면세점에서의 매출액이 차지하는 비중은 25% 미만이다.

④ 면세점 외에서의 외국인 신용카드 매출액은 2019년부터 2022년까지 매년 전년 대비 15% 이상 증가하였다.

24 다음 〈보기〉 중 제주관광산업의 연도별 신용카드 매출액에 대한 설명으로 옳지 않은 것을 모두 고르면?

> **보기**
>
> ㄱ. 2018년 면세점 외에서의 내국인 신용카드 매출액은 당해 면세점 외에서의 신용카드 매출액의 90% 이상을 차지한다.
>
> ㄴ. 2021년 면세점에서의 내국인 신용카드 매출액은 전년 대비 35% 이상 증가하였다.
>
> ㄷ. 2020년부터 2023년까지 전체 신용카드 매출액 중 외국인 신용카드 매출액의 비중은 매년 40% 미만이었다.
>
> ㄹ. 2022년 내국인의 전체 신용카드 매출액은 2018년 면세점에서의 내국인 신용카드 매출액의 7배 이상이다.

① ㄱ, ㄷ   ② ㄴ, ㄷ

③ ㄴ, ㄹ   ④ ㄷ, ㄹ

PART 3

25 다음은 2020 ~ 2023년 갑국 기업의 남성육아휴직제 시행 현황에 대한 자료이다. 이에 대한 설명으로 옳은 것은?

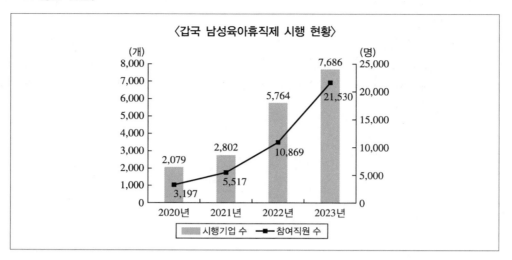

① 2023년 남성육아휴직제 참여직원 수는 2019년의 4배 이상이다.
② 시행기업당 참여직원 수가 가장 많은 해는 2021년이다.
③ 2021년 대비 2023년 시행기업 수의 증가율은 참여직원 수의 증가율보다 낮다.
④ 2020년부터 2023년까지 연간 참여직원 수 증가 인원의 평균은 5,000명 정도이다.

26 다음은 P중학교 여름방학 방과 후 학교 신청 학생 중 과목별 학생 수를 비율로 나타낸 그래프이다. 방과 후 학교를 신청한 전체 학생이 200명일 때, 수학을 선택한 학생은 미술을 선택한 학생보다 몇 명이 더 적은가?

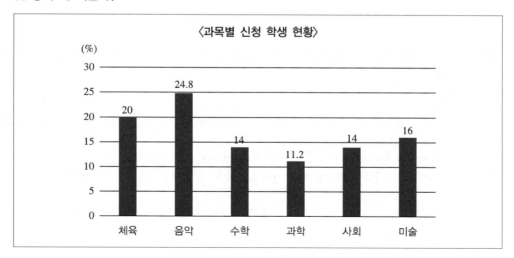

① 3명   ② 4명
③ 5명   ④ 6명

※ 다음은 연도별 전국 8월 인구이동에 대한 자료이다. 다음 그래프를 보고 이어지는 질문에 답하시오.
[27~28]

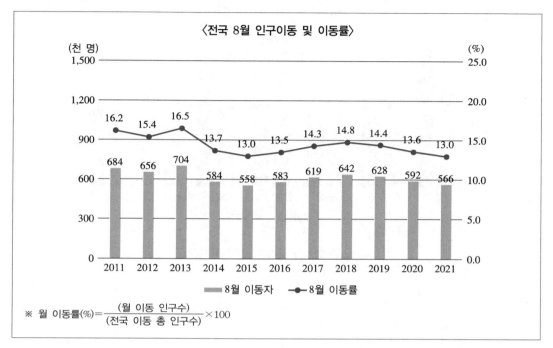

〈전국 8월 인구이동 및 이동률〉

※ 월 이동률(%) = $\dfrac{(월\ 이동\ 인구수)}{(전국\ 이동\ 총\ 인구수)} \times 100$

27 2019년 8월에 이동한 인구수는 총 몇 명인가?(단, 천 명 미만 단위는 버림한다)

① 4,029천 명   ② 4,217천 명

③ 4,361천 명   ④ 4,516천 명

28 다음 중 자료에 대한 내용으로 옳은 것은?(단, 인원은 소수점 이하를 버림한다)

① 2019 ~ 2021년 동안 8월 이동자 평균 인원은 약 582명이다.

② 2011 ~ 2021년 중 8월 이동자 수가 700천 명을 넘는 연도는 없다.

③ 2016년 이후 이동률이 13% 이하인 적은 없다.

④ 2011 ~ 2021년 동안 8월 이동률이 16% 이상일 때는 두 번이다.

※ 다음은 아시아 국가별 평균교육기간을 나타낸 자료이다. 이어지는 질문에 답하시오. [29~30]

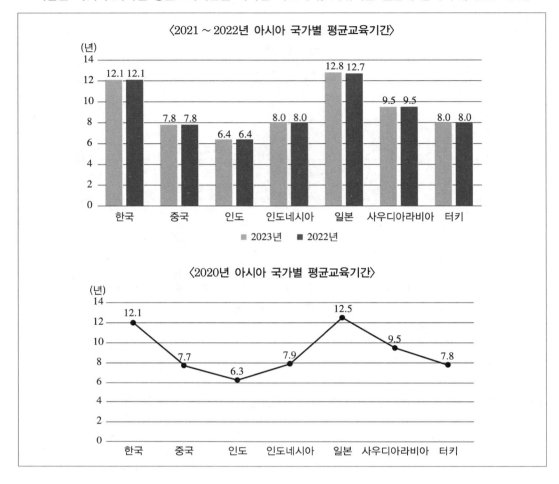

29 다음 중 자료에 대한 설명으로 옳지 않은 것은?

① 한국은 2020 ~ 2022년까지의 평균교육기간은 동일하다.
② 2021년과 2022년의 아시아 각 국가의 평균교육기간은 동일하다.
③ 2020년보다 2021년의 평균교육기간이 높아진 국가는 5개국이다.
④ 2020 ~ 2022년 동안 매년 평균교육기간이 8년 이하인 국가는 4개국이다.

30 2017년도 평균교육기간이 8년 이하인 국가들의 평균교육기간의 평균은?

① 7.105년   ② 7.265년
③ 7.425년   ④ 7.595년

※ 다음은 A ~ H마을의 위치 및 경로와 마을 사이의 거리이다. 이를 보고 이어지는 질문에 답하시오.
[31~32]

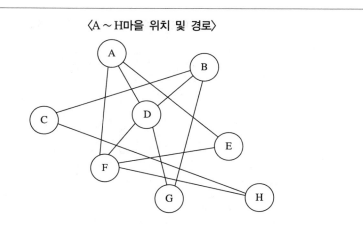

〈A ~ H마을 위치 및 경로〉

〈A ~ H마을 간 거리〉

(단위 : km)

출발 마을	도착 마을	이동거리	출발 마을	도착 마을	이동거리
A	D	4	E	A	6
	E	6		F	5
	F	5	F	A	5
B	C	7		D	4
	D	3		E	5
	G	7		H	6
C	B	7	G	B	7
	H	10		D	6
D	A	4	H	C	10
	B	3		F	6
	F	4	–	–	–
	G	6			

31 A에서 D를 거치지 않고 G에 도착했을 때, 최단거리는?(단, 한 번 지나간 마을은 다시 지나가지 않는다)

① 32km ② 35km

③ 38km ④ 41km

32 E에서 출발하여 모든 마을을 거쳐 F에 도착했을 때, 이동거리는?(단, 한 번 지나간 마을은 다시 지나가지 않는다)

① 46km ② 50km

③ 54km ④ 58km

※ 다음은 A ～ H도시의 위치 및 경로 및 도로별 연료소비량이다. 이를 보고 이어지는 질문에 답하시오.
[33~34]

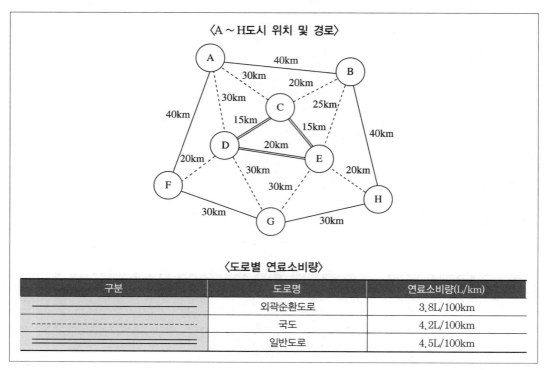

〈A ～ H도시 위치 및 경로〉

〈도로별 연료소비량〉

구분	도로명	연료소비량(L/km)
────────	외곽순환도로	3.8L/100km
- - - - - - - -	국도	4.2L/100km
════════	일반도로	4.5L/100km

33 다음 중 A도시에서 출발하여 H도시를 거쳐 F도시로 도착할 때, 이동거리가 가장 짧은 경로는?(단, 한 번 지나간 도시는 다시 지나가지 않는다)

① A − B − H − G − F
② A − B − E − H − G − F
③ A − C − E − H − G − F
④ A − D − E − H − G − F

34 K씨가 자동차를 타고 A도시에서 출발하여 G도시까지 외곽순환도로로 이동한 후 국도와 일반도로로 이동하여 C도시를 거쳐 다시 A도시로 돌아왔다. 다음 〈조건〉에 따라 이동했을 때 소비한 연료의 양은?

> **조건**
> • 한 번 지나간 도시는 다시 지나가지 않는다.
> • B도시와 H도시는 거치지 않는다.
> • A도시에서 G도시로 갈 때에는 외곽순환도로만 이동한다.
> • G도시에서 C도시를 거쳐 A도시로 돌아올 때에는 외곽순환도로를 이동하지 않는다.
> • 일반도로로 두 번 이상 이동하지 않는다.

① 4.655L
② 5.055L
③ 5.455L
④ 5.855L

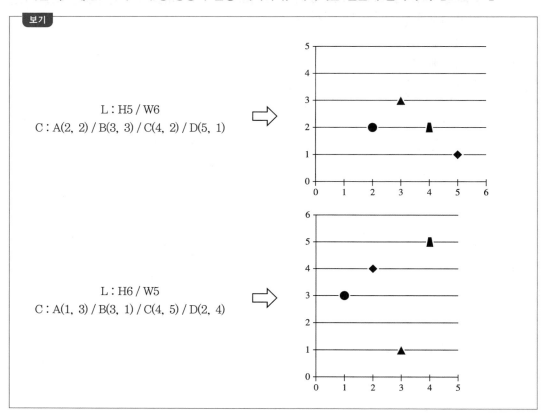

35 다음 그래프를 산출하기 위한 명령어는?

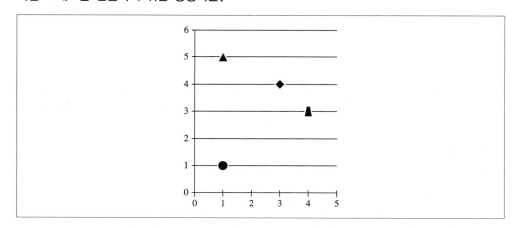

① L : H5 / W6
   C : A(1, 1) / B(3, 4) / C(4, 3) / D(1, 5)

② L : H5 / W6
   C : A(5, 1) / B(1, 1) / C(4, 3) / D(3, 4)

③ L : H6 / W5
   C : A(1, 1) / B(1, 5) / C(3, 4) / D(4, 3)

④ L : H6 / W5
   C : A(1, 1) / B(1, 5) / C(4, 3) / D(3, 4)

36 다음 그래프를 산출하기 위한 명령어는?

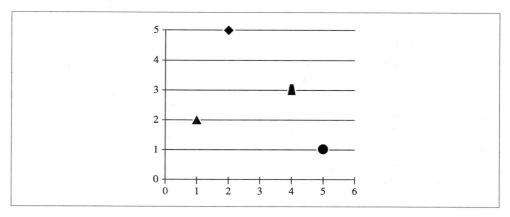

① L : H5 / W6
   C : A(5, 1) / B(1, 2) / C(2, 5) / D(4, 3)

② L : H5 / W6
   C : A(5, 1) / B(1, 2) / C(4, 3) / D(2, 5)

③ L : H5 / W6
   C : A(5, 1) / B(2, 5) / C(4, 3) / D(1, 2)

④ L : H5 / W6
   C : A(1, 2) / B(2, 5) / C(4, 3) / D(5, 1)

37 L : H6 / W6, C : A(1, 3) / B(2, 2) / C(4, 5) / D(6, 1)의 그래프를 산출할 때, 오류가 발생하여 아래와 같은 그래프가 산출되었다. 다음 중 오류가 발생한 값은?

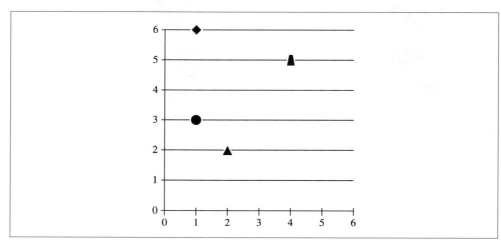

① A(1, 3)

② B(2, 2)

③ C(4, 5)

④ D(6, 1)

※ 다음 제시된 명령어의 규칙에 따라 도형을 변형시킬 때, 물음표에 들어갈 도형으로 알맞은 것을 고르시오.
[38~39]

Enter : 숫자와 색을 한 행씩 아래로 이동
Space : 숫자와 색을 한 열씩 오른쪽으로 이동
Tab : 숫자만 시계 방향으로 90° 회전
Shift : 색 반전
◇ : 해당 칸의 숫자가 초기 숫자보다 큰가?
□ : 해당 칸의 배경이 흰색인가?
■ : 해당 칸의 배경이 검은색인가?
사각형 안에 −(빼기) 2개 : 2개 칸 숫자의 차 X가 조건에 맞는지 확인
사각형 안에 +(더하기) 2개 : 2개 칸 숫자의 합 X가 조건에 맞는지 확인

 38

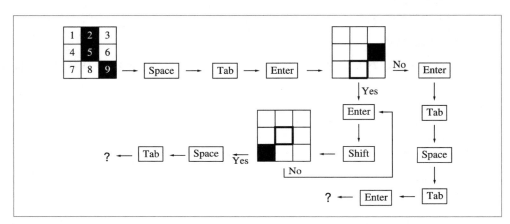

①
6	5	4
3	2	1
9	8	7

②
3	2	1
6	5	4
9	8	7

③
2	1	3
5	4	6
8	7	9

④
2	1	3
8	7	9
5	4	6

39

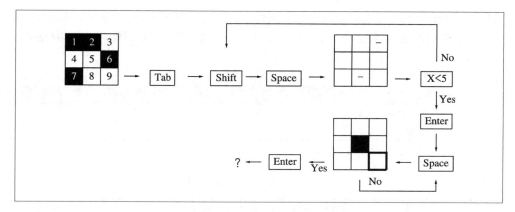

①
4	1	7
5	2	8
6	3	9

②
5	2	8
6	3	9
4	1	7

③
2	8	5
3	9	6
1	7	4

④
3	9	6
2	8	5
1	7	4

40 P기업에서는 2월 셋째 주에 연속 이틀에 걸쳐 본사에 있는 강당에서 인문학 특강을 진행하려고 한다. 강당을 이용할 수 있는 날과 강사의 스케줄을 고려할 때 섭외 가능한 강사는?

〈강당 이용 가능 날짜〉

구분	월요일	화요일	수요일	목요일	금요일
오전(9시 ~ 12시)	×	○	×	○	○
오후(13시 ~ 14시)	×	×	○	○	×

※ 가능 : ○, 불가능 : ×

〈섭외 강사 후보 스케줄〉

A강사	매주 수 ~ 목요일 10 ~ 14시 문화센터 강의
B강사	첫째 주, 셋째 주 화요일, 목요일 10시 ~ 14시 대학교 강의
C강사	매월 첫째 주 ~ 셋째 주 월요일, 수요일 오후 12시 ~ 14시 면접 강의
D강사	매주 수요일 오후 13시 ~ 16시, 금요일 오전 9시 ~ 12시 도서관 강좌
E강사	매월 첫째, 셋째 주 화 ~ 목요일 오전 9시 ~ 11시 강의

※ P기업 본사까지의 이동거리와 시간은 고려하지 않음
※ 강의는 연속 이틀로 진행되며 강사는 동일해야 함

① A, B강사
② B, C강사
③ C, D강사
④ C, E강사

※ 부산에 근무하는 A대리는 항공편을 이용해 북경, 상해, 인천, 도쿄로 출장을 다녀올 계획이며, 항공편별 소요시간과 경비는 다음 자료와 같다. 이어지는 질문에 답하시오. [41~42]

〈항공편별 소요시간〉

출발지＼도착지	북경	상해	인천	부산	도쿄
북경		20분	2시간	2시간 25분	4시간 10분
상해	20분		1시간 50분	2시간 35분	4시간 5분
인천	2시간	1시간 50분		45분	2시간 15분
부산	2시간 25분	2시간 35분	45분		1시간 5분
도쿄	4시간 10분	4시간 5분	2시간 15분	1시간 5분	

〈항공편별 편도 경비〉

출발지＼도착지	북경	상해	인천	부산	도쿄
북경		45,000원	350,000원	520,000원	1,125,000원
상해	45,000원		331,000원	542,000원	1,050,000원
인천	350,000원	331,000원		117,000원	310,000원
부산	520,000원	542,000원	117,000원		205,000원
도쿄	1,125,000원	1,050,000원	310,000원	205,000원	

41 A대리는 부산에서 출발하여 북경, 상해, 인천, 도쿄를 각각 한 번씩만 방문한 후 부산으로 다시 돌아오고자 한다. 다음 이동경로 중 A대리가 부산으로 복귀하기까지 소요시간이 가장 짧은 경로는?

① 부산 – 북경 – 상해 – 인천 – 도쿄 – 부산
② 부산 – 북경 – 인천 – 상해 – 도쿄 – 부산
③ 부산 – 인천 – 상해 – 북경 – 도쿄 – 부산
④ 부산 – 인천 – 상해 – 도쿄 – 북경 – 부산

42 A대리는 부산에서 출발하여 북경, 상해, 인천, 도쿄를 각각 한 번씩만 방문한 후 부산으로 다시 돌아오고자 한다. 다음 이동경로 중 A대리가 마지막 방문지에 방문할 때까지 항공편에 필요한 경비가 가장 저렴한 경로는?

① 부산 – 북경 – 상해 – 인천 – 도쿄 – 부산
② 부산 – 상해 – 인천 – 북경 – 도쿄 – 부산
③ 부산 – 인천 – 상해 – 북경 – 도쿄 – 부산
④ 부산 – 도쿄 – 인천 – 상해 – 북경 – 부산

※ 다음은 P기업의 인사·총무팀 S사원이 해결해야 할 업무들을 두서없이 적어놓은 표이다. 오늘이 7월 12일 화요일이라고 할 때, 다음 업무 목록을 보고 이어지는 질문에 답하시오. **[43~45]**

〈업무 목록〉

업무 내용	필요 기간	업무(완수)일
팀워크 향상 교육 결과 보고서 제출	4일	08.31
2차 팀워크 향상 교육 준비	3일	08.10
자동문 수리 기사 방문(11시 ~ 12시 사이)	1시간	07.19
급여 계산 완료 및 결재 요청	5일	08.11
1차 팀워크 향상 교육 준비	4일	07.27
급여 이체의뢰서 작성 및 지급 은행 제출	3시간	07.14
사내 비치용 다과 구입	1시간	07.29
3차 팀워크 향상 교육 준비	3일	08.24
급여 이체의뢰서 작성 및 지급 은행 제출	3시간	08.14

- 매주 월요일 : 커피 머신 청소(30분)
  - 출근 후 시간이 충분할 경우 주간회의 시작 전에 완료할 것
- 매주 월요일 : 주간회의 준비(20분) 및 진행(40분)
  - 회의 시작 시간 : 첫째 주, 셋째 주 오전 10시 / 둘째 주, 넷째 주 오전 9시 30분
- 에어컨 필터 교체 기사 방문(7월 21일 14시 ~ 14시 30분 사이, 소요시간 2시간)

※ 출근 시간은 오전 9시임
※ 업무(완수)일은 필요기간에 포함하지 않음
※ 주말에는 업무를 보지 않고, 업무(완수)일이 주말이면 그전 금요일에 완수함

43 다음 중 7월 1일부터 내일까지 S사원이 완료해야 할 업무가 아닌 것은?

① 커피 머신 청소
② 급여 계산 완료 및 결재 요청
③ 급여 이체의뢰서 작성 및 지급 은행 제출
④ 주간회의 준비 및 진행

44 S사원은 업무 능력 향상을 위해 인사·노무 관련 교육을 이수해야 한다. 다음 중 교육 수강이 불가능한 날은?

① 7월 18일 11:30 ~ 16:30
② 7월 19일 14:00 ~ 18:00
③ 7월 20일 09:00 ~ 14:00
④ 7월 21일 10:00 ~ 15:00

45 S사원이 8월 첫째 주에 처리해야 하는 업무 중 먼저 착수해야 하는 순서대로 나열한 것은?

① 주간회의 준비 및 진행 → 급여 계산 완료 및 결재 요청 → 커피 머신 청소 → 2차 팀워크 향상 교육 준비
② 커피 머신 청소 → 주간회의 준비 및 진행 → 2차 팀워크 향상 교육 준비 → 급여 계산 완료 및 결재 요청
③ 주간회의 준비 및 진행 → 커피 머신 청소 → 2차 팀워크 향상 교육 준비 → 급여 계산 완료 및 결재 요청
④ 커피 머신 청소 → 주간회의 준비 및 진행 → 급여 계산 완료 및 결재 요청 → 2차 팀워크 향상 교육 준비

※ 다음 도형 또는 내부의 기호들은 일정한 패턴을 가지고 변화한다. 다음 중 ?에 들어갈 도형으로 가장 알맞은 것을 고르시오. [46~47]

46

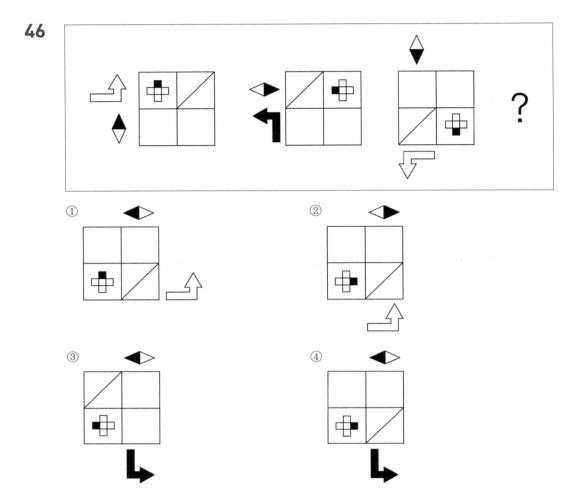

47

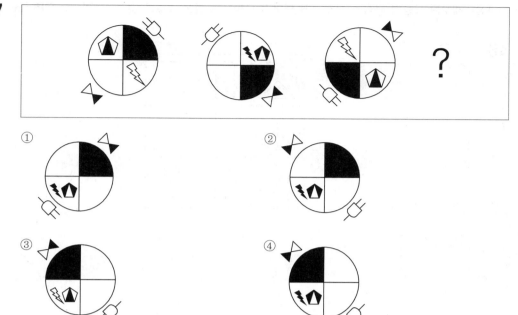

※ 다음 제시된 도형의 규칙을 보고 ?에 들어갈 도형으로 가장 알맞은 것을 고르시오. [48~50]

48

①

②

③

④

49

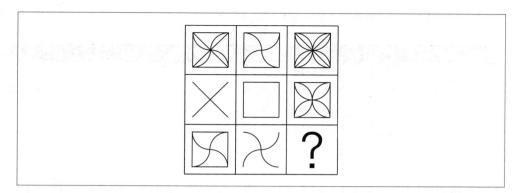

①

②

③

④

50

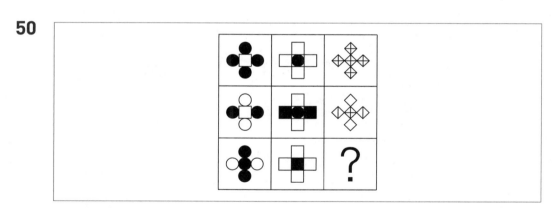

①

②

③

④

※ 다음 규칙을 읽고, 이어지는 질문에 답하시오. [51~53]

작동 버튼	기능
▽	모든 도형의 색을 바꾼다(○ → ●, ● → ○).
▼	□모양을 △모양으로 바꾼다(색은 변화가 없다).
◁	△모양을 ○모양으로 바꾼다(색은 변화가 없다).
◀	○모양을 □모양으로 바꾼다(색은 변화가 없다).

51 〈보기〉의 왼쪽 상태에서 작동 버튼을 두 번 눌렀더니, 오른쪽과 같은 결과가 나타났다. 다음 중 작동 버튼의 순서를 바르게 나열한 것은?

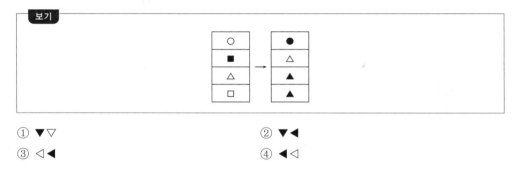

① ▼▽　　　　　　　　　　　　② ▼◀

③ ◁◀　　　　　　　　　　　　④ ◀◁

52 〈보기〉의 왼쪽 상태에서 작동 버튼을 두 번 눌렀더니, 오른쪽과 같은 결과가 나타났다. 다음 중 작동 버튼의 순서를 바르게 나열한 것은?

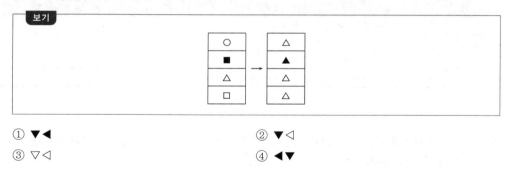

① ▼◀
② ▼◁
③ ▽◁
④ ◀▼

53 〈보기〉의 왼쪽 상태에서 작동 버튼을 세 번 눌렀더니, 오른쪽과 같은 결과가 나타났다. 다음 중 작동 버튼의 순서를 바르게 나열한 것은?

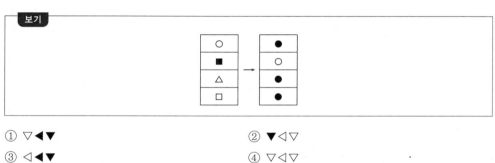

① ▽◀▼
② ▼◁▽
③ ◁◀▼
④ ▽◁▽

※ 다음 규칙을 읽고, 이어지는 질문에 답하시오. [54~56]

작동 버튼	기능
▼	홀수끼리 위치를 바꾼다.
▶	짝수에 2를 더한다.
◤	홀수에 2를 더한다.
◢	가장 큰 숫자와 가장 작은 숫자의 위치를 바꾼다.

54 〈보기〉의 왼쪽 상태에서 작동 버튼을 두 번 눌렀더니, 오른쪽과 같은 결과가 나타났다. 다음 중 작동 버튼의 순서를 바르게 나열한 것은?

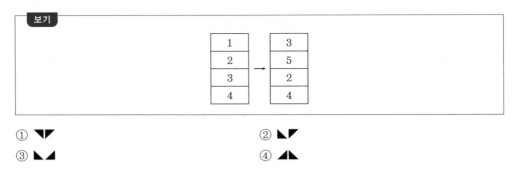

① ▼▼
② ◤▶
③ ◤◢
④ ▲▲

55 〈보기〉의 왼쪽 상태에서 작동 버튼을 두 번 눌렀더니, 오른쪽과 같은 결과가 나타났다. 다음 중 작동 버튼의 순서를 바르게 나열한 것은?

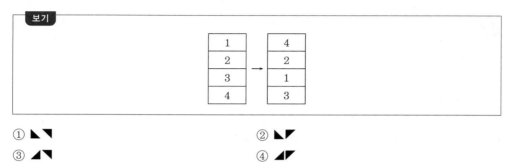

① ◣◥   ② ◢◣

③ ◢◣   ④ ◢◥

56 〈보기〉의 왼쪽 상태에서 작동 버튼을 세 번 눌렀더니, 오른쪽과 같은 결과가 나타났다. 다음 중 작동 버튼의 순서를 바르게 나열한 것은?

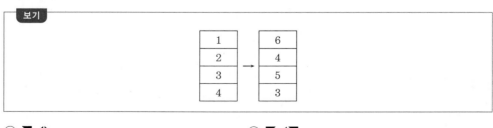

① ◥◢   ② ◤◢◥

③ ◤◣◢   ④ ◥◣◥

※ 다음과 같이 일정한 규칙에 따라 수를 나열할 때, 빈칸에 들어갈 수로 가장 적절한 것을 고르시오.
[57~60]

57

−1	1	5.5	13.5	26	44	( )	100.5	

① 55.5 　　　　　　　　② 59.5
③ 62.5 　　　　　　　　④ 68.5

58

$$\frac{214}{26} \quad \frac{174}{66} \quad \frac{191}{49} \quad (\quad) \quad \frac{103}{137} \quad \frac{81}{159}$$

① $\dfrac{133}{57}$ 　　　　　　② $\dfrac{165}{57}$

③ $\dfrac{171}{57}$ 　　　　　　④ $\dfrac{183}{57}$

59

4　6　2　11　12　15　3　5　( )

① −5 　　　　　　　　② 0
③ 3 　　　　　　　　④ 4

60

−7　3　2　( )　−4　−13　27　5　−16

① 2 　　　　　　　　② 15
③ 25 　　　　　　　　④ 30

61 포스코 포항제철소는 2022년 9월 태풍 힌남노의 강습으로 인해 침수 피해 사고를 겪었다. 이 사고와 관련한 〈보기〉의 설명 중 적절하지 않은 것을 모두 고르면?

> **보기**
>
> ㄱ. 힌남노의 살인적인 폭우 때문에 인근에 있는 하천인 냉천이 범람해 포항제철소가 물에 잠겼다.
> ㄴ. 사고 발생 후 일주일부터 이듬해 2월까지 165일 동안 연인원 135만 명이 참여해 완전히 복구하고 정상 가동하였다.
> ㄷ. 침수 피해에도 불구하고 비상가동 조치로 포항제절소의 2022년 조강 생산량은 평년 수준 아래로 떨어지지 않았다.
> ㄹ. 힌남노로 인한 침수 사고를 계기로 고도화된 정비 기술력과 체계적인 정비 체제의 필요성을 인식하여 6개의 정비 전문 사업회사를 출범시켰다.

① ㄱ, ㄴ ② ㄱ, ㄹ
③ ㄴ, ㄷ ④ ㄷ, ㄹ

62 포스코는 철강 생산 과정에서 발생하는 여러 부산물을 최대한 재활용해 온실가스 저감과 순환경제 구현에 공헌하고 있다. 이와 관련한 다음 기사의 ⊙에 공통으로 들어갈 내용으로 옳은 것은?

> 포스코이앤씨가 6개 중소 레미콘사와의 업무협약 체결로 친환경 시멘트 (⊙) 사용 확대에 나서면서 탄소 감축 등 ESG 실천에 앞장서고 있다. 이번에 공모를 통해 선정된 6개 회사에 대해 포스코이앤씨는 탄소 저감에 우수한 친환경 시멘트 사용 확대를 위한 사일로 설비를 지원하게 되고, 중소 레미콘사들은 (⊙) 등 친환경 시멘트가 배합된 레미콘을 생산하게 된다. (⊙)은/는 포스코그룹이 자체 개발한 친환경 시멘트로, 철강 생산 공정에서 부산물로 나오는 고로슬래그를 석회석 대신 시멘트 제조에 사용한다. 시멘트는 주원료인 석회(탄산칼슘)를 구워 산화칼슘(CaO) 화합물로 만들며 이 과정에서 톤당 약 0.8톤의 이산화탄소가 발생한다. 이에 비해 (⊙)은/는 원료를 굽는 과정이 필요 없는 고로슬래그를 58%까지 사용하기 때문에 자극제 2%를 더해 일반 시멘트보다 최대 60%의 이산화탄소를 줄일 수 있다.

① 포스멘트(PosMent) ② Pos-Square
③ POS-H ④ POEMS

63 다음 중 클린 포스코 시스템의 목적으로 옳지 않은 것은?

① 청탁이 없는 기업문화 조성　　② 비윤리행위의 사전 예방적 장치 역할

③ 내부신고 정신의 실천　　④ 환경경영을 통한 환경 지킴이

64 다음 중 포스코그룹의 경영원칙이 아닌 것은?

① 선진경영　　② 가치경영

③ 상생경영　　④ 혁신경영

65 다음 중 포스코의 국내 그룹사 중 글로벌인프라부문의 기업에 대한 설명으로 적절하지 않은 것은?

① 포스코건설은 종합 건설회사소 세계 각지의 SOC사업과 신도시 개발, 초고층 빌딩 등 건설 분야를 수행하고 있다.

② 포스코에너지는 발전, 연료전지, 신재생에너지 사업을 추진하고 있다.

③ 포스코터미널은 일본의 미쓰이물산과 포스코가 합작하여 설립되었으며, 대형선박을 이용하여 운송을 하고 있다.

④ 포스코플랜텍은 포스코의 100% 출자사로서 건국의 기획, 설계, 시공, 감리 등을 하는 종합건축서비스 회사이다.

인성검사

4 | 인성검사

01 ▶ 포스코그룹 인성검사

개인이 업무를 수행하면서 성과물을 능률적으로 만들기 위해서는 개인의 능력과 경험 그리고 회사의 교육 및 훈련 등이 필요하지만, 개인의 성격이나 성향 역시 중요하다. 여러 직무분석 연구에서 나온 결과들에 따르면, 직무에서의 성공과 관련된 특성들 중 최고 70% 이상이 능력보다는 성격과 관련이 있다고 한다. 그래서 기업들은 최근 인성검사의 비중을 높이고 있는 추세이다.

현재 기업들은 인성검사를 KIRBS(한국행동과학연구소)나 SHR(에스에이치알) 등의 전문기관에 의뢰해서 시행하고 있다. 전문기관에 따라서 인성검사 방법에 차이가 있고, 보안을 위해서 인성검사를 의뢰한 기업을 공개하지 않을 수 있기 때문에 특정 기업의 인성검사를 정확하게 판단할 수 없지만, 지원자들이 후기에 올린 문제를 통해 유형을 예상할 수 있다.

여기에서는 포스코그룹의 인성검사와 수검요령 및 검사 시 유의사항에 대해 간략하게 정리하였으며, 인성검사 모의연습을 통해 실제 시험 유형을 확인할 수 있도록 하였다.

02 ▶ 인성검사 수검 요령

인성검사에서 가장 중요한 것은 솔직한 답변이다. 지금까지 경험을 통해서 축적되어 온 생각과 행동을 허구 없이 솔직하게 기재하는 것이다. 예를 들어, "나는 타인의 물건을 훔치고 싶은 충동을 느껴본 적이 있다."라는 질문에 지원자는 많은 생각을 하게 된다. 유년기에 또는 성인이 되어서도 타인의 물건을 훔치는 일을 한 적이 없더라도, 훔치고 싶은 마음의 충동은 누구나 조금이라도 느껴 보았을 것이다. 그런데 이 질문에 고민을 하는 지원자는 "예"라고 답하면 검사결과에 자신이 사회적으로 문제가 있는 사람으로 나오지 않을까 하는 생각에 "아니요"라는 답을 기재하게 된다. 이런 솔직하지 않은 답은 답안의 신뢰와 타당성 척도에 좋지 않은 점수를 주게 된다.

일관성 있는 답 역시 중요하다. 인성검사의 수많은 문항 중에는 비슷한 내용의 질문이 여러 개 숨어 있는 경우가 많다. 이러한 질문들은 지원자의 솔직한 답변과 심리적인 상태를 알아보기 위한 것이다. 가령 "나는 유년시절 타인의 물건을 훔친 적이 있다."라는 질문에 "예"라고 답했는데, "나는 유년시절 타인의 물건을 훔쳐보고 싶은 충동을 느껴본 적이 있다."라는 질문에는 "아니요"라고 답을 기재한다면 어떻겠는가. 일관성 없이 '대충 기재하자.'라는 식의 무성의한 답안이 되거나, 정신적으로 문제가 있는 사람으로 보일 수 있다.

03 ▶ 인성검사 시 유의사항

(1) 충분한 휴식으로 불안을 없애고 정서적인 안정을 취한다. 심신이 안정되어야 자신의 마음을 표현할 수 있다.

(2) 생각나는 대로 솔직하게 응답한다. 자신을 너무 과대포장하지도, 너무 비하시키지도 마라. 답변을 꾸며 서 하면 앞뒤가 맞지 않게끔 구성돼 있어 불리한 평가를 받게 되므로 솔직하게 답하도록 한다.

(3) 검사문항에 대해 지나치게 생각해서는 안 된다. 지나치게 몰두하면 엉뚱한 답변이 나올 수 있으므로 불 필요한 생각은 삼간다.

(4) 검사시간에 너무 신경 쓸 필요는 없다. 인성검사는 시간제한이 없는 경우가 많으며 시간제한이 있다 해 도 충분한 시간이다.

(5) 인성검사는 대개 문항 수가 많기에 자칫 건너뛰는 경우가 있는데, 가능한 한 모든 문항에 답해야 한다. 응답하지 않은 문항이 많을 경우 평가자가 정확한 평가를 내리지 못해 불리한 평가를 내릴 수 있기 때문이다.

04 ▶ 인성검사 모의연습

※ 인성검사는 정답이 따로 없는 유형의 검사이므로 결과지를 제공하지 않습니다.

※ 다음 질문을 읽고 "예", "아니요"에 ○표 하시오. [1~145]

번호	질문	응답	
1	장래의 일을 생각하면 불안해질 때가 있다.	예	아니요
2	소외감을 느낄 때가 있다.	예	아니요
3	훌쩍 여행을 떠나고 싶을 때가 자주 있다.	예	아니요
4	복잡한 문제가 생기면 뒤로 미루는 편이다.	예	아니요
5	자신의 권리를 주장하는 편이다.	예	아니요
6	나는 낙천가라고 생각한다.	예	아니요
7	싸움을 한 적이 없다.	예	아니요
8	병은 없는지 걱정할 때가 있다.	예	아니요
9	다른 사람의 충고를 기분 좋게 듣는 편이다.	예	아니요
10	다른 사람에게 의존할 때가 많다.	예	아니요
11	타인에게 간섭받는 것은 싫다.	예	아니요
12	자의식 과잉이라는 생각이 들 때가 있다.	예	아니요
13	수다 떠는 것을 좋아한다.	예	아니요
14	잘못된 일을 한 적이 한 번도 없다.	예	아니요
15	신경이 예민한 편이라고 생각한다.	예	아니요

번호	질문	응답	
16	쉽게 침울해진다.	예	아니요
17	쉽게 싫증낸다.	예	아니요
18	옆에 사람이 있으면 싫다.	예	아니요
19	토론에서 이길 자신이 있다.	예	아니요
20	친구들과 남의 이야기를 하는 것을 좋아한다.	예	아니요
21	푸념을 한 적이 없다.	예	아니요
22	당황하면 갑자기 땀이 나서 신경 쓰일 때가 있다.	예	아니요
23	친구들이 진지한 사람으로 생각하고 있다.	예	아니요
24	감정적으로 될 때가 많다.	예	아니요
25	다른 사람의 일에 관심이 없다.	예	아니요
26	다른 사람으로부터 지적받는 것은 싫다.	예	아니요
27	지루하면 마구 떠들고 싶어진다.	예	아니요
28	부모에게 불평을 한 적이 한 번도 없다.	예	아니요
29	항상 천재지변을 당하지 않을까 걱정하고 있다.	예	아니요
30	때로는 후회할 때도 있다.	예	아니요
31	다른 사람에게 위해를 가할 것 같은 기분이 들 때가 있다.	예	아니요
32	진정으로 마음을 허락할 수 있는 사람은 없다고 생각한다.	예	아니요
33	기다리는 것에 짜증내는 편이다.	예	아니요
34	친구들로부터 줏대 없는 사람이라는 말을 듣는다.	예	아니요
35	사물을 과장해서 말한 적이 없다.	예	아니요
36	다른 사람의 감정에 민감하다.	예	아니요
37	다른 사람으로부터 남을 배려하는 마음씨가 있다는 말을 자주 듣는다.	예	아니요
38	사소한 일로 우는 일이 많다.	예	아니요
39	반대에 부딪혀도 자신의 의견을 바꾸는 일은 없다.	예	아니요
40	누구와도 편하게 이야기할 수 있다.	예	아니요
41	가만히 있지 못할 정도로 침착하지 못할 때가 있다.	예	아니요
42	다른 사람을 싫어한 적은 한 번도 없다.	예	아니요
43	나라를 위해 나를 희생할 수도 있다.	예	아니요
44	자주 깊은 생각에 잠긴다.	예	아니요
45	이유도 없이 다른 사람과 부딪힐 때가 있다.	예	아니요
46	타인의 일에는 별로 관여하고 싶지 않다고 생각한다.	예	아니요
47	무슨 일이든 자신을 가지고 행동한다.	예	아니요
48	유명인과 서로 아는 사람이 되고 싶다.	예	아니요
49	지금까지 후회를 한 적이 없다.	예	아니요
50	굳이 말하자면 자의식 과잉이다.	예	아니요

번호	질문	응답	
51	자신을 쓸모없는 인간이라고 생각할 때가 있다.	예	아니요
52	주위의 영향을 받기 쉽다.	예	아니요
53	지인을 발견해도 만나고 싶지 않을 때가 많다.	예	아니요
54	다수의 반대가 있더라도 자신의 생각대로 행동한다.	예	아니요
55	번화한 곳에 외출하는 것을 좋아한다.	예	아니요
56	지금까지 다른 사람의 마음에 상처 준 일이 없다.	예	아니요
57	작은 소리도 신경 쓰인다.	예	아니요
58	자질구레한 걱정이 많다.	예	아니요
59	이유 없이 화가 치밀 때가 있다.	예	아니요
60	융통성이 없는 편이다.	예	아니요
61	다른 사람보다 기가 세다.	예	아니요
62	다른 사람보다 쉽게 우쭐해진다.	예	아니요
63	다른 사람을 의심한 적이 한 번도 없다.	예	아니요
64	다른 사람이 자신을 어떻게 생각하는지 궁금할 때가 많다.	예	아니요
65	침울해지면 아무것도 손에 잡히지 않는다.	예	아니요
66	어린 시절로 돌아가고 싶을 때가 있다.	예	아니요
67	아는 사람을 발견해도 피해버릴 때가 있다.	예	아니요
68	기가 센 편이다.	예	아니요
69	성격이 밝다는 말을 듣는다.	예	아니요
70	다른 사람을 부러워한 적이 거의 없다.	예	아니요
71	쓸데없는 걱정을 잘 한다.	예	아니요
72	후회할 때가 많다.	예	아니요
73	자극적인 것을 좋아한다.	예	아니요
74	자신의 일로 다른 사람에게 의지하지 않는다.	예	아니요
75	다른 사람보다 자신이 더 잘한다고 느낄 때가 많다.	예	아니요
76	기분이 산만해질 때가 많다.	예	아니요
77	거짓말을 한 적이 한 번도 없다.	예	아니요
78	매일 자신을 위협하는 일이 일어난다.	예	아니요
79	다른 사람과 교섭을 잘 하지 못한다.	예	아니요
80	아무 이유 없이 물건을 부수고 싶어진다.	예	아니요
81	혼자 있는 것이 여럿이 있는 것보다 마음이 편하다.	예	아니요
82	다른 사람보다 뛰어나다고 생각한다.	예	아니요
83	경솔한 행동을 할 때가 많다.	예	아니요
84	타인에게 상처 입히는 말을 한 적이 없다.	예	아니요
85	사람들 앞에서 얼굴이 붉어지지는 않는지 걱정될 때가 많다.	예	아니요

번호	질문	응답	
86	너그럽다는 말을 자주 듣는다.	예	아니요
87	눈물이 잘 나는 편이다.	예	아니요
88	1년 후에는 지금과는 다르게 살고 싶다.	예	아니요
89	주위 사람에게 정이 떨어질 때가 있다.	예	아니요
90	이유도 없이 소리 지르고 떠들고 싶은 기분이 들 때가 있다.	예	아니요
91	약속을 어긴 적이 거의 없다.	예	아니요
92	우울해질 때가 많다.	예	아니요
93	사물을 비관적으로 생각할 때가 있다.	예	아니요
94	친구들로부터 싫증을 잘 낸다는 말을 듣는다.	예	아니요
95	사물을 너무 딱딱하게 생각하는 면이 있다.	예	아니요
96	다른 사람에게 훈계를 듣는 것이 싫다.	예	아니요
97	농담으로 다른 사람을 재미있게 할 때가 많다.	예	아니요
98	지금까지 꾸중을 들은 적이 한 번도 없다.	예	아니요
99	잠이 잘 오지 않아서 힘들 때가 많다.	예	아니요
100	사물을 불리한 쪽으로 생각할 때가 있다.	예	아니요
101	내 맘대로 지내고 싶다고 생각할 때가 있다.	예	아니요
102	중요한 문제는 혼자서 생각한다.	예	아니요
103	다른 사람을 설득할 자신이 있다.	예	아니요
104	우두커니 있지를 못한다.	예	아니요
105	다른 사람에게 말 못할 창피한 것을 생각한 적이 있다.	예	아니요
106	무언가 불안감을 가지고 있다.	예	아니요
107	다른 사람에게 친절하다고 생각한다.	예	아니요
108	그때 그때의 기분으로 행동할 때가 있다.	예	아니요
109	다른 사람과 교제하는 것이 귀찮다.	예	아니요
110	웬만한 일은 잘 극복할 수 있으리라 생각한다.	예	아니요
111	쉽게 흥분한다고 생각한다.	예	아니요
112	타인을 원망하거나 미워한 적이 없다.	예	아니요
113	작은 일에 민감하여 힘들다.	예	아니요
114	상황이 나빠지면 무기력해진다.	예	아니요
115	화를 잘 낸다.	예	아니요
116	때로는 고독한 것도 나쁘지 않다고 생각한다.	예	아니요
117	나를 따르는 사람이 많은 편이다.	예	아니요
118	화려한 복장을 좋아한다.	예	아니요
119	지금까지 감정적이 된 적은 없다.	예	아니요

번호	질문	응답	
120	마음이 심란해질 때가 많다.	예	아니요
121	머리회전이 보통 때보다 둔해질 때가 있다.	예	아니요
122	지루해지면 떠들고 싶어진다.	예	아니요
123	혼자 있으면 불안하다.	예	아니요
124	자존심이 세다는 말을 들을 때가 많다.	예	아니요
125	주위로부터 주목을 받으면 기분이 좋다.	예	아니요
126	물건을 잃어버린 적이 없다.	예	아니요
127	기질이 강하고 개성적이다.	예	아니요
128	다른 사람보다 어둡다는 말을 들은 적이 있다.	예	아니요
129	언제나 주위로부터 주목을 받고 싶다고 생각한다.	예	아니요
130	항상 개성적이고 싶다.	예	아니요
131	나는 자신을 신뢰하고 있다.	예	아니요
132	떠들썩한 연회를 좋아한다.	예	아니요
133	지금까지 감기에 걸린 적이 없다.	예	아니요
134	뭔가 불행한 일이 있을 것 같은 기분이 든다.	예	아니요
135	언제까지나 실수를 마음에 둘 때가 많다.	예	아니요
136	충동적으로 행동할 때가 많다.	예	아니요
137	무엇이든 털어 놓을 수 있는 상대가 없다.	예	아니요
138	결점을 다른 사람에게 지적받으면 계속해서 짜증이 난다.	예	아니요
139	집에 다른 사람을 부르는 것을 좋아한다.	예	아니요
140	열이 난 적이 없다.	예	아니요
141	큰 일이 벌어져도 별로 신경 쓰지 않는다.	예	아니요
142	지나치게 걱정을 많이 한다.	예	아니요
143	설득을 당하면 간단히 생각을 바꾸고 만다.	예	아니요
144	비록 다른 사람이 이해해 주지 않아도 상관없다.	예	아니요
145	의견이 대립되었을 때 조정을 잘한다.	예	아니요

05 ▶ 인성검사 결과로 예상 면접 준비하기

인성검사는 특히 면접질문과 관련성이 높은 부분이다. 면접관은 지원자의 인성검사 결과를 토대로 질문을 하게 된다. 그렇다고 해서 자신의 성격을 꾸미는 것은 바람직하지 않다. 실제 시험은 매우 복잡하여 전문가라 해도 일정 성격을 유지하면서 답변을 하는 것이 불가능하기 때문이다. 따라서 인성검사는 솔직하게 임하되 인성검사 모의연습으로 자신의 성향을 정확히 파악하고 아래 예상 면접질문을 참고하여 자신의 단점은 보완하면서 강점은 어필할 수 있는 답변을 준비하도록 하자.

(1) 사회적 내향성 척도

① 득점이 낮은 사람
- 자기가 선택한 직업에 대해 어떤 인상을 가지고 있습니까?
- 부모님을 객관적으로 봤을 때 어떻게 생각합니까?
- 당사의 사장님 성함을 알고 있습니까?

> 수다스럽기 때문에 내용이 없다는 인상을 주기 쉽다. 질문의 요지를 파악하여 논리적인 발언을 하도록 유의하자. 한 번에 많은 것을 이야기하려 하면 이야기가 다른 곳으로 빠지게 되므로 내용을 정리하여 간결하게 발언하자.

② 득점이 높은 사람
- 친구들에게 있어 당신은 어떤 사람입니까?
- 특별히 무언가 묻고 싶은 것이 있습니까?
- 친구들의 상담을 받는 쪽입니까?

> 높은 득점은 마이너스 요인이다. 면접에서 보완해야 하므로 자신감을 가지고 발언할 때에는 끝까지 또박또박 주위에도 들릴 정도로 큰 소리로 말하도록 하자. 절대 얼버무리거나 기어들어가는 목소리를 해서는 안 된다.

(2) 내성성 척도

① 득점이 낮은 사람
- 학생시절에 후회되는 일은 없습니까?
- 학생과 사회인의 차이는 무엇이라고 생각합니까?
- 당신이 가장 흥미를 가지고 있는 것에 대해 이야기해 주십시오.

> 답변 내용을 떠나 일단 평소보다 천천히 말하자. 생각나는 대로 말해버리면 이야기가 두서없이 이곳저곳으로 빠져 부주의하고 경솔하다는 인식을 줄 수 있으므로 머릿속에서 내용을 정리하고 이야기하도록 유의하자. 응답은 가능한 간결하게 한다.

② 득점이 높은 사람

- 인생에는 무엇이 중요하다고 생각합니까?
- 좀 더 큰소리로 이야기해 주십시오.
- 애독하는 책이나 잡지는 무엇입니까?

> 과도하게 긴장할 경우 불필요한 생각을 하게 되어 반응이 늦어버리면 곤란하다. 특히 새로운 질문을 받았는데도 했던 대답을 재차 한다면 전체 흐름을 저해하게 되므로 평소부터 이러한 습관을 의식하면서 적절한 타이밍의 대화를 하도록 하자.

(3) 신체활동성 척도

① 득점이 낮은 사람

- 휴일은 어떻게 보냅니까?
- 학생시절에 무엇에 열중했습니까?

> 졸업논문이나 영어회화, 컴퓨터 등 학생다움이나 사회인으로서 도움이 되는 것에 관심을 가지고 있는 것을 적극 어필한다. 이미 면접담당자는 소극적이라고 생각하고 있기 때문에 말로 적극적이라고 말해도 성격프로필의 결과와 모순되므로 일부러 꾸며 말하지 않는다.

② 득점이 높은 사람

- 제대로 질문을 듣고 있습니까?
- 희망하는 직종으로 배속되지 않으면 어떻게 하겠습니까?

> 일부러 긴장시키고 반응을 살피는 경우가 있다. 활동적이지만 침착함이 없다는 인상을 줄 수 있으므로 머릿속에 생각을 정리하는 습관을 들이자. 행동할 때도 마찬가지로 편하게 행동하는 것은 플러스 요인이지만, 반사적인 언동이 많으면 마이너스가 되므로 주의한다.

(4) 지속성 척도

① 득점이 낮은 사람

- 일에 활용할 수 있을 만한 자격이나 특기, 취미는 있습니까?
- 오랫동안 배운 것에 대해 들려주십시오.

> 금방 싫증내서 오래 지속하지 못하는 것은 마이너스다. 쉽게 포기하고 내팽개치는 사람을 어느 곳에서도 필요로 하지 않는다는 것을 상기한다. 면접을 보는 동안에는 금방 싫증내는 성격으로는 보이지 않겠지만, 대기시간에도 주의하여 차분하지 못한 동작을 하지 않도록 한다.

② 득점이 높은 사람
- 이런 것도 모릅니까?
- 이 직업에 맞지 않는 것은 아닙니까?

> 짓궂은 질문을 받으면 감정적이 되거나 옹고집을 부릴 가능성이 있다. 냉정하고 침착하게 받아넘겨야 한다. 비슷한 경험을 쌓으면 차분하게 응답할 수 있게 되므로 모의면접 등의 기회를 활용한다.

(5) 신중성 척도

① 득점이 낮은 사람
- 당신에게 부족한 것은 어떤 점입니까?
- 결점을 극복하기 위해 어떻게 노력하고 있습니까?

> 질문의 요지를 잘못 받아들이거나, 불필요한 이야기까지 하는 등 대답에 일관성이 없으면 마이너스다. 직감적인 언동을 하지 않도록 평소에 논리적으로 생각하는 습관을 키우자.

② 득점이 높은 사람
- 주위 사람에게 욕을 들으면 어떻게 하겠습니까?
- 출세하고 싶습니까?
- 제 질문에 대한 답이 아닙니다.

> 예상 외의 질문에 답이 궁해지거나 깊이 생각하게 되면 역시나 신중이 지나쳐 결단이 늦다는 인상을 주게 된다. 주위의 상황을 파악하고 발언하려는 나머지 반응이 늦어지고 집단면접 등에서 시간이 걸리게 되면 행동이 느리다는 인식을 주게 되므로 주의한다.

(6) 달성의욕 척도

① 득점이 낮은 사람
- 인생의 목표를 들려주십시오.
- 입사하면 무엇을 하고 싶습니까?
- 지금까지 목표를 향해 노력하여 달성한 적이 있습니까?

> 결과에 대한 책임감이 낮거나 지시에 따르기만 할 뿐 주체성이 없다는 인상을 준다면 매우 곤란하다. 목표의식이나 의욕의 유무, 주위의 상황에 휩쓸리는 경향 등에 대해 물어오면 의욕이 낮다는 인식을 주지 않도록 목표를 향해 견실하게 노력하려는 자세를 강조하자.

② 득점이 높은 사람

- 도박을 좋아합니까?
- 다른 사람에게 지지 않는다고 말할 수 있는 것이 있습니까?

> 행동이 따르지 않고 말만 앞선다면 평가가 낮아진다. 목표나 이상을 바라보고 노력하지 않는 것은 한 번 도박으로 일확천금을 노리는 것과 같다는 것을 명심하고 자신이 어떤 목표를 이루기 위해 노력한 경험이 있는지 생각해 두어 행동적인 부분을 어필하는 답변을 하도록 하자.

(7) 활동의욕 척도

① 득점이 낮은 사람

- 어떤 일을 할 때 주도적으로 이끄는 편입니까?
- 신념이나 신조에 대해 말해 주십시오.
- 질문의 답이 다른 사람과 똑같습니다.

> 의표를 찌르는 질문을 받더라도 당황하지 말고 수비에 강한 면을 어필하면서 무모한 공격을 하기보다는 신중하게 매진하는 성격이라는 점을 강조할 수 있는 답을 준비해 두자.

② 득점이 높은 사람

- 친구들로부터 어떤 성격이라는 이야기를 듣습니까?
- 협조성이 있다고 생각합니까?

> 사고과정을 전달하지 않으면 너무 막무가내이거나, 경박하고 생각 없이 발언한다는 인식을 줄 수 있으므로 갑자기 결론을 내리거나 단숨에 본인이 하고 싶은 말만 하는 것은 피하자.

(8) 민감성 척도

① 득점이 낮은 사람

- 좌절한 경험에 대해 이야기해 주십시오.
- 스스로에 대해 어떻게 생각합니까?
- 당신이 약하다고 느낄 때는 어떤 때입니까?

> 구체적으로 대답하기 어려운 질문이나 의도를 알기 어려운 질문을 통해 감수성을 시험하게 된다. 냉정하게 자기분석을 하여 독선적이지 않은 응답을 하자.

② 득점이 높은 사람

- 지금까지 신경이 예민하다는 이야기를 들은 적이 있습니까?
- 채용되지 못하면 어떻게 하시겠습니까?
- 당신의 성격에서 고치고 싶은 부분이 있습니까?

예민한 성격이라는 부분을 마음에 두고 있으면 직접적인 질문을 받았을 때 당황하게 된다. 신경이 예민하다기보다 세세한 부분도 눈에 잘 들어오는 성격이라고 어필하자.

(9) 자책성 척도

① 득점이 낮은 사람

- 학생시절을 통해 얻은 것은 무엇이라고 생각합니까?
- 당신의 생활신조를 들려주십시오.
- 자기 자신을 분석했을 때 좋아하는 면은 무엇입니까?

낙관적인 것은 면접관이 이미 알고 있으므로 솔직한 부분이나 신념을 가지고 의의가 있는 삶을 살고 있다는 점을 어필하자.

② 득점이 높은 사람

- 곤란한 상황에 어떻게 대처하겠습니까?
- 실수한 경험과 그 실수에서 얻은 교훈을 들려주십시오.
- 장점과 단점을 말해 주십시오.

좋지 않은 쪽으로 생각해서 불필요하게 긴장하면 더욱 사태가 악화된다. 쉽게 비관하는 성격이므로, 면접을 받는 동안은 면접담당자의 눈을 보며 밝게 응답하고, 말끝을 흐리지 않고 또박또박 말하도록 유의하자. 또한 '할 수 없다', '자신이 없다' 등의 발언이 많으면 평가가 떨어지므로 평소부터 부정적인 말을 사용하지 않도록 긍정적으로 사고하는 습관을 들여야 한다.

(10) 기분성 척도

① 득점이 낮은 사람

- 친구와 의견 차이가 있을 때 어떻게 해결하였습니까?
- 만약 리더가 된다면 어떻게 보여지리라 생각합니까?
- 업무수행 중 상사와 의견이 다르면 어떻게 하겠습니까?

> 자기주장이 너무 강하여 집단생활에 맞지 않다고 생각될 수 있다. 냉정하고 의지가 강할 뿐 아니라, 다른 사람을 배려하고 소중히 하는 협조성도 갖추고 있음을 어필하자. 집단면접 시에는 주위의 의견을 잘 듣고 자신의 의견을 밀어붙이거나 토론의 흐름을 무시하지 않도록 주의한다.

② 득점이 높은 사람

- 어떻게 우리 회사에서 근무할 수 있다고 생각했는지 모르겠군요.
- 이 업무에는 어울리지 않네요.
- 상식이 없는 것은 아닌지요?
- 화가 났을 때 어떻게 대처합니까?

> 기분성의 득점이 높은 것을 이미 알고 짓궂은 질문을 통해 감정의 기복이나 의존성 등 정서적으로 불안정한 부분이 없는지를 시험받게 된다. 침착하게 감정에 치우치지 말고 의연하게 받아넘기자.

(11) 독자성 척도

① 득점이 낮은 사람

- 취직활동에 대해서 누군가와 상담했습니까?
- 질문의 답이 다른 사람과 똑같네요.
- 지금 가장 흥미가 있는 것은 어떠한 것입니까?

> 일반론이 아닌 자신의 생각이 있다는 것을 전달해야 한다. 발언의 근거를 명확히 하는 것이 중요하다. 그러나 자신의 생각을 어필한다고 영합이나 반대를 하는 것은 건설적이지 못하므로 주의한다.

② 득점이 높은 사람

- 당신의 친한 친구는 어떤 회사에 취직하려고 합니까?
- 최근 부모님과 어떤 이야기를 나눴습니까?
- 다른 사람과 대립했을 때는 어떻게 합니까?

> 독자성의 득점이 높다는 것은 일단은 플러스 요인이지만, 극단적일 경우는 주위에 관심이 없고 자신의 세계에 갇히게 되면서 마마보이 등으로 보일 수 있고 조직의 일원으로 적합하게 보이지 않을 수 있다. 위화감을 주지 않도록 주의한다.

(12) 자신감 척도

① 득점이 낮은 사람
- 당신의 장점을 말해 주십시오.
- 지금까지 성공한 경험은 있습니까?
- 취직활동에 대해 누군가에게 상담했습니까?

> 질문에 대해 깊이 생각하거나 망설이지 않는다. 발언 횟수는 적더라도 중요한 곳에서 내용 있는 발언을 하여 자신의 존재를 어필하자. 응답할 때는 끝까지 또박또박 이야기한다.

② 득점이 높은 사람
- 본인이 본 조직에서 어떠한 공헌을 할 수 있다고 생각합니까?
- 상사와 의견 차이를 보이면 어떻게 합니까?
- 정규과정 이외에서 무언가 공부하는 것이 있습니까?

> 자신이 있으면 무엇을 설명하는데도 자랑하는 듯한 태도가 되는 버릇이 있을 수 있다. 자신 과잉이나 고압적인 태도가 되지 않도록 겸허하게 응답하자.

(13) 고양성 척도

① 득점이 낮은 사람
- 리더의 경험은 있습니까?
- 친구들 사이에서는 어떤 역할을 맡고 있습니까?

> 어둡고 수수한 인상은 성격프로필 표에 이미 나와 있기 때문에 무리해서 밝고 적극적임을 어필하려고 하면 오히려 역효과를 볼 수 있다. 노력하지 않고 낙관적인 사람보다 훨씬 양심적이므로 진지하고 차분한 면을 강조하자.

② 득점이 높은 사람
- 인간관계의 실패담을 들려주십시오.
- 오랫동안 계속하고 있는 취미가 있습니까?
- 당신에게 있어 일은 무엇입니까?

> 밝고 낙천적이므로 우쭐해 하지만 않으면 인상은 나쁘지 않다. 변덕스러움이나 흥분하기 쉬운 부분이 확인되기 때문에 냉정하고 침착한 부분을 강조하는 것이 필요하므로 오랫동안 계속 유지하고 있는 취미가 없어도 무언가 찾아내고 그 이유도 준비한다.

PART

5

면접

CHAPTER 01 면접 유형 및 실전 대책

CHAPTER 02 포스코그룹 실제 면접

01 ▶ 면접 주요사항

면접의 사전적 정의는 면접관이 지원자를 직접 만나보고 인품(人品)이나 언행(言行) 따위를 시험하는 일로, 흔히 필기시험 후에 최종적으로 심사하는 방법이다.

최근 주요 기업의 인사담당자들을 대상으로 채용 시 면접이 차지하는 비중을 설문조사했을 때, 50 ～ 80% 이상이라고 답한 사람이 전체 응답자의 80%를 넘었다. 이와 대조적으로 지원자들을 대상으로 취업 시험에서 면접을 준비하는 기간을 물었을 때, 대부분의 응답자가 2 ～ 3일 정도라고 대답했다.

지원자가 일정 수준의 스펙을 갖추기 위해 자격증 시험과 토익을 치르고 이력서와 자기소개서까지 쓰다 보면 면접까지 챙길 여유가 없는 것이 사실이다. 그리고 서류전형과 인적성검사를 통과해야만 면접을 볼 수 있기 때문에 자연스럽게 면접은 취업시험 과정에서 그 비중이 작아질 수밖에 없다. 하지만 아이러니하게도 실제 채용 과정에서 면접이 차지하는 비중은 절대적이라고 해도 과언이 아니다.

기업들은 채용 과정에서 토론 면접, 인성 면접, 프레젠테이션 면접, 역량 면접 등의 다양한 면접을 실시한다. 1차 커트라인이라고 할 수 있는 서류전형을 통과한 지원자들의 스펙이나 능력은 서로 엇비슷하다고 판단되기 때문에 서류상 보이는 자격증이나 토익 성적보다는 지원자의 인성을 파악하기 위해 면접을 더욱 강화하는 것이다. 일부 기업은 의도적으로 압박 면접을 실시하기도 한다. 지원자가 당황할 수 있는 질문을 던져서 그것에 대한 지원자의 반응을 살펴보는 것이다.

면접은 다르게 생각한다면 '나는 누구인가?'에 대한 물음에 해답을 줄 수 있는 가장 현실적이고 미래적인 경험이 될 수 있다. 취업난 속에서 자격증을 취득하고 토익 성적을 올리기 위해 앞만 보고 달려온 지원자들은 자신에 대해서 고민하고 탐구할 수 있는 시간을 평소 쉽게 가질 수 없었을 것이다. 자신을 잘 알고 있어야 자신에 대해서 자신감 있게 말할 수 있다. 대체로 사람들은 자신에게 관대한 편이기 때문에 자신에 대해서 어떤 기대와 환상을 가지고 있는 경우가 많다. 하지만 면접은 제삼자에 의해 개인의 능력을 객관적으로 평가받는 시험이다. 어떤 지원자들은 다른 사람에게 자신을 표현하는 것을 어려워한다. 평소에 잘 사용하지 않는 용어를 내뱉으면서 거창하게 자신을 포장하는 지원자도 많다. 면접에서 가장 기본은 자기 자신을 면접관에게 알기 쉽게 표현하는 것이다.

이러한 표현을 바탕으로 자신이 앞으로 하고자 하는 것과 그에 대한 이유를 설명해야 한다. 최근에는 자신감을 향상시키거나 말하는 능력을 높이는 학원도 많기 때문에 얼마든지 자신의 단점을 극복할 수 있다.

1. 자기소개의 기술

자기소개를 시키는 이유는 면접자가 지원자의 자기소개서를 압축해서 듣고, 지원자의 첫인상을 평가할 시간을 가질 수 있기 때문이다. 면접을 위한 워밍업이라고 할 수 있으며, 첫인상을 결정하는 과정이므로 매우 중요한 순간이다.

(1) 정해진 시간에 자기소개를 마쳐야 한다.

쉬워 보이지만 의외로 지원자들이 정해진 시간을 넘기거나 혹은 빨리 끝내서 면접관에게 지적을 받는 경우가 많다. 본인이 면접을 받는 마지막 지원자가 아닌 이상, 정해진 시간을 지키지 않는 것은 수많은 지원자를 상대하기에 바쁜 면접관과 대기 시간에 지친 다른 지원자들에게 불쾌감을 줄 수 있다.

또한 회사에서 시간관념은 절대적인 것이므로 반드시 자기소개 시간을 지켜야 한다. 말하기는 1분에 200자 원고지 2장 분량의 글을 읽는 만큼의 속도가 가장 적당하다. 이를 A4 용지에 10point 글자 크기로 작성하면 반 장 분량이 된다.

(2) 간단하지만 신선한 문구로 자기소개를 시작하자.

요즈음 많은 지원자가 이 방법을 사용하고 있기 때문에 웬만한 소재의 문구가 아니면 면접관의 관심을 받을 수 없다. 이러한 문구는 시대적으로 유행하는 광고 카피를 패러디하는 경우와 격언 등을 인용하는 경우, 그리고 지원한 회사의 IC나 경영이념, 인재상 등을 사용하는 경우 등이 있다. 지원자는 이러한 여러 문구 중에 자신의 첫인상을 북돋아 줄 수 있는 것을 선택해서 말해야 한다. 자신의 이름을 문구 속에 적절하게 넣어서 말한다면 좀 더 효과적인 자기소개가 될 것이다.

(3) 무엇을 먼저 말할 것인지 고민하자.

면접관이 많이 던지는 질문 중 하나가 지원동기이다. 그래서 성장기를 바로 건너뛰고, 지원한 회사에 들어오기 위해 대학에서 어떻게 준비했는지를 설명하는 자기소개가 대세이다.

(4) 면접관의 호기심을 자극해 관심을 불러일으킬 수 있게 말하라.

면접관에게 질문을 많이 받는 지원자의 합격률이 반드시 높은 것은 아니지만, 질문을 전혀 안 받는 것보다는 좋은 평가를 기대할 수 있다.

지원한 분야와 관련된 수상 경력이나 프로젝트 등을 말하는 것도 좋다. 이는 지원자의 업무 능력과 직접 연결되는 것이므로 효과적인 자기 홍보가 될 수 있다. 일부 지원자들은 자신만의 특별한 경험을 이야기하는데, 이때는 그 경험이 보편적으로 사람들의 공감대를 얻을 수 있는 것인지 다시 생각해봐야 한다.

(5) 마지막 고개를 넘기가 가장 힘들다.

첫 단추도 중요하지만, 마지막 단추도 중요하다. 하지만 왠지 격식을 따지는 인사말은 지나가는 인사말 같고, 다르게 하자니 예의에 어긋나는 것 같은 기분이 든다. 이때는 처음에 했던 자신만의 문구를 다시 한 번 말하는 것도 좋은 방법이다. 자연스러운 끝맺음이 될 수 있도록 적절한 연습이 필요하다.

2. 1분 자기소개 시 주의사항

(1) 자기소개서와 자기소개가 똑같다면 감점일까?

아무리 자기소개서를 외워서 말한다 해도 자기소개가 자기소개서와 완전히 똑같을 수는 없다. 자기소개서의 분량이 더 많고 회사마다 요구하는 필수 항목들이 있기 때문에 굳이 고민할 필요는 없다. 오히려 자기소개서의 내용을 잘 정리한 자기소개가 더 좋은 결과를 만들 수 있다. 하지만 자기소개서와 상반된 내용을 말하는 것은 적절하지 않다. 지원자의 신뢰성이 떨어진다는 것은 곧 불합격을 의미하기 때문이다.

(2) 말하는 자세를 바르게 익혀라.

지원자가 자기소개를 하는 동안 면접관은 지원자의 동작 하나하나를 관찰한다. 그렇기 때문에 바른 자세가 중요하다는 것은 우리가 익히 알고 있다. 하지만 문제는 무의식적으로 나오는 습관 때문에 자세가 흐트러져 나쁜 인상을 줄 수 있다는 것이다. 이러한 습관을 고칠 수 있는 가장 좋은 방법은 캠코더 등으로 자신의 모습을 담는 것이다. 거울을 사용할 경우에는 시선이 자꾸 자기 눈과 마주치기 때문에 집중하기 힘들다. 하지만 촬영된 동영상은 제삼자의 입장에서 자신을 볼 수 있기 때문에 많은 도움이 된다.

(3) 정확한 발음과 억양으로 자신 있게 말하라.

지원자의 모양새가 아무리 뛰어나도, 목소리가 작고 발음이 부정확하면 큰 감점을 받는다. 이러한 모습은 지원자의 좋은 점에까지 악영향을 끼칠 수 있다. 직장을 흔히 사회생활의 시작이라고 말하는 시대적 정서에서 사람들과 의사소통을 하는 데 문제가 있다고 판단되는 지원자는 부적절한 인재로 평가될 수밖에 없다.

3. 대화법

전문가들이 말하는 대화법의 핵심은 '상대방을 배려하면서 이야기하라.'는 것이다. 대화는 나와 다른 사람의 소통이다. 내용에 대한 공감이나 이해가 없다면 대화는 더 진전되지 않는다.

『카네기 인간관계론』이라는 베스트셀러의 작가인 철학자 카네기가 말하는 최상의 대화법은 자신의 경험을 토대로 이야기하는 것이다. 즉, 살아오면서 직접 겪은 경험이 상대방의 관심을 끌 수 있는 가장 좋은 이야깃거리인 것이다. 특히, 어떤 일을 이루기 위해 노력하는 과정에서 겪은 실패나 희망에 대해 진솔하게 얘기한다면 상대방은 어느새 당신의 편에 서서 그 이야기에 동조할 것이다.

독일의 사업가이자, 동기부여 트레이너인 위르겐 힐러의 연설법 중 가장 유명한 것은 '시즐(Sizzle)'을 잡는 것이다. 시즐이란, 새우튀김이나 돈가스가 기름에서 지글지글 튀겨질 때 나는 소리이다. 즉, 자신의 말을 듣고 시즐처럼 반응하는 상대방의 감정에 적절하게 대응하라는 것이다.

말을 시작한 지 10 ~ 15초 안에 상대방의 '시즐'을 알아차려야 한다. 자신의 이야기에 대한 상대방의 첫 반응에 따라 말하기 전략도 달라져야 한다. 첫 이야기의 반응이 미지근하다면 가능한 한 그 이야기를 빨리 마무리하고 새로운 이야깃거리를 생각해내야 한다. 길지 않은 면접 시간 내에 몇 번 오지 않는 대답의 기회를 살리기 위해서 보다 전략적이고 냉철해야 하는 것이다.

4. 차림새

(1) 구두

면접에 어떤 옷을 입어야 할지를 며칠 동안 고민하면서 정작 구두는 면접 보는 날 현관을 나서면서 즉흥적으로 신고 가는 지원자들이 많다. 특히, 남자 지원자들이 이러한 실수를 많이 한다. 구두를 보면 그 사람의 됨됨이를 알 수 있다고 한다. 면접관 역시 이러한 것을 놓치지 않기 때문에 지원자는 자신의 구두에 더욱 신경을 써야 한다. 스타일의 마무리는 발끝에서 이루어지는 것이다. 아무리 멋진 옷을 입고 있어도 구두가 어울리지 않는다면 전체 스타일이 흐트러지기 때문이다.

정장용 구두는 디자인이 깔끔하고, 에나멜 가공처리를 하여 광택이 도는 페이턴트 가죽 소재 제품이 무난하다. 검정 계열 구두는 회색과 감색 정장에, 브라운 계열의 구두는 베이지나 갈색 정장에 어울린다. 참고로 구두는 오전에 사는 것보다 발이 충분히 부은 상태인 저녁에 사는 것이 좋다. 마지막으로 당연한 일이지만 반드시 면접을 보는 전날 구두 뒤축이 닳지는 않았는지 확인하고 구두에 광을 내 둔다.

(2) 양말

양말은 정장과 구두의 색상을 비교해서 골라야 한다. 특히 검정이나 감색의 진한 색상의 바지에 흰 양말을 신는 것은 시대에 뒤처지는 일이다. 일반적으로 양말의 색깔은 바지의 색깔과 같아야 한다. 또한 양말의 길이도 신경 써야 한다. 바지를 입을 경우, 의자에 바르게 앉거나 다리를 꼬아서 앉을 때 다리털이 보여서는 안 된다. 반드시 긴 정장 양말을 신어야 한다.

(3) 정장

지원자는 평소에 정장을 입을 기회가 많지 않기 때문에 면접을 볼 때 본인 스스로도 옷을 어색하게 느끼는 경우가 많다. 옷을 불편하게 느끼기 때문에 자세마저 불안정한 지원자도 볼 수 있다. 그러므로 면접 전에 정장을 입고 생활해 보는 것도 나쁘지는 않다.

일반적으로 면접을 볼 때는 상대방에게 신뢰감을 줄 수 있는 남색 계열의 옷이나 어떤 계절이든 무난하고 깔끔해 보이는 회색 계열의 정장을 많이 입는다. 정장은 유행에 따라서 재킷의 디자인이나 버튼의 개수가 바뀌기 때문에 너무 오래된 옷을 입어서 다른 사람의 옷을 빌려 입고 나온 듯한 인상을 주어서는 안 된다.

(4) 헤어스타일과 메이크업

헤어스타일에 자신이 없다면 미용실에 다녀오는 것도 좋은 방법이다. 또한 자신에게 어울리는 메이크업을 하는 것도 괜찮다. 메이크업은 상대에 대한 예의를 갖추는 것이므로 지나치게 화려한 메이크업이 아니라면 보다 준비된 지원자처럼 보일 수 있다.

5. 첫인상

취업을 위해 성형수술을 받는 사람들에 대한 이야기는 더 이상 뉴스거리가 되지 않는다. 그만큼 많은 사람이 좁은 취업문을 뚫기 위해 이미지 향상에 신경을 쓰고 있다. 이는 면접관에게 좋은 첫인상을 주기 위한 것으로, 지원서에 올리는 증명사진을 이미지 프로그램을 통해 수정하는 이른바 '사이버 성형'이 유행하는 것과 같은 맥락이다. 실제로 외모가 채용 과정에서 영향을 끼치는가에 대한 설문조사에서도 60% 이상의 인사담당자들이 그렇다고 답변했다.

하지만 외모와 첫인상을 절대적인 관계로 이해하는 것은 잘못된 판단이다. 외모가 첫인상에서 많은 부분을 차지하지만, 외모 외에 다른 결점이 발견된다면 그로 인해 장점들이 가려질 수도 있다. 이러한 현상은 아래에서 다시 논하겠다.

첫인상은 말 그대로 한 번밖에 기회가 주어지지 않으며 몇 초 안에 결정된다. 첫인상을 결정짓는 요소 중 시각적인 요소가 80% 이상을 차지한다. 첫눈에 들어오는 생김새나 복장, 표정 등에 의해서 결정되는 것이다. 면접을 시작할 때 자기소개를 시키는 것도 지원자별로 첫인상을 평가하기 위해서이다. 첫인상이 중요한 이유는 만약 첫인상이 부정적으로 인지될 경우, 지원자의 다른 좋은 면까지 거부당하기 때문이다. 이러한 현상을 심리학에서는 초두효과(Primacy Effect)라고 한다.

그래서 한 번 형성된 첫인상은 여간해서 바꾸기 힘들다. 이는 첫인상이 나중에 들어오는 정보까지 영향을 주기 때문이다. 첫인상의 정보가 나중에 들어오는 정보 처리의 지침이 되는 것을 심리학에서는 맥락효과(Context Effect)라고 한다. 따라서 평소에 첫인상을 좋게 만들기 위한 노력을 꾸준히 해야만 하는 것이다. 좋은 첫인상이 반드시 외모에만 집중되는 것은 아니다. 오히려 깔끔한 옷차림과 부드러운 표정 그리고 말과 행동 등에 의해 전반적인 이미지가 만들어진다. 누구나 이러한 것 중에 한두 가지 단점을 가지고 있다. 요즈음은 이미지 컨설팅을 통해서 자신의 단점들을 보완하는 지원자도 있다. 특히, 표정이 밝지 않은 지원자는 평소 웃는 연습을 의식적으로 하여 면접을 받는 동안 계속해서 여유 있는 표정을 짓는 것이 중요하다. 성공한 사람들은 인상이 좋다는 것을 명심하자.

02 ▶ 면접의 유형 및 실전 대책

1. 면접의 유형

과거 천편일률적인 일대일 면접과 달리 면접에는 다양한 유형이 도입되어 현재는 "면접은 이렇게 보는 것이다."라고 말할 수 있는 정해진 유형이 없어졌다. 그러나 현재까지는 집단 면접과 다대일 면접이 진행되고 있으므로 어느 정도 유형을 파악하여 사전에 대비가 가능하다. 면접의 기본인 단독 면접부터, 다대일 면접, 집단 면접의 유형과 그 대책에 대해 알아보자.

(1) 단독 면접

단독 면접이란 응시자와 면접관이 일대일로 마주하는 형식을 말한다. 면접위원 한 사람과 응시자 한 사람이 마주 앉아 자유로운 화제를 가지고 질의응답을 되풀이하는 방식이다. 이 방식은 면접의 가장 기본적인 방법으로 소요시간은 10 ~ 20분 정도가 일반적이다.

① 장점

필기시험 등으로 판단할 수 없는 성품이나 능력을 알아내는 데 가장 적합하다고 평가받아 온 면접방식으로 응시자 한 사람 한 사람에 대해 여러 면에서 비교적 폭넓게 파악할 수 있다. 응시자의 입장에서는 한 사람의 면접관만을 대하는 것이므로 상대방에게 집중할 수 있으며, 긴장감도 다른 면접방식에 비해서는 적은 편이다.

② 단점

면접관의 주관이 강하게 작용해 객관성을 저해할 소지가 있으며, 면접 평가표를 활용한다 하더라도 일면적인 평가에 그칠 가능성을 배제할 수 없다. 또한 시간이 많이 소요되는 것도 단점이다.

> **단독 면접 준비 Point**
>
> 단독 면접에 대비하기 위해서는 평소 일대일로 논리 정연하게 대화를 나눌 수 있는 능력을 기르는 것이 중요하다. 그리고 면접장에서는 면접관을 선배나 선생님 혹은 아버지를 대하는 기분으로 면접에 임하는 것이 부담도 훨씬 적고 실력을 발휘할 수 있는 방법이 될 것이다.

(2) 다대일 면접

다대일 면접은 일반적으로 가장 많이 사용되는 면접방법으로 보통 2 ~ 5명의 면접관이 1명의 응시자에게 질문하는 형태의 면접방법이다. 면접관이 여러 명이므로 다각도에서 질문을 하여 응시자에 대한 정보를 많이 알아낼 수 있다는 점 때문에 선호하는 면접방법이다.

하지만 응시자의 입장에서는 질문도 면접관에 따라 각양각색이고 동료 응시자가 없으므로 숨 돌릴 틈도 없게 느껴진다. 또한 관찰하는 눈도 많아서 조그만 실수라도 지나치는 법이 없기 때문에 정신적 압박과 긴장감이 높은 면접방법이다. 따라서 응시자는 긴장을 풀고 한 시험관이 묻더라도 면접관 전원을 향해 대답한다는 기분으로 또박또박 대답하는 자세가 필요하다.

① 장점

　면접관이 집중적인 질문과 다양한 관찰을 통해 응시자가 과연 조직에 필요한 인물인가를 완벽히 검증할 수 있다.

② 단점

　면접시간이 보통 10～30분 정도로 좀 긴 편이고 응시자에게 지나친 긴장감을 조성하는 면접방법이다.

다대일 면접 준비 Point

질문을 들을 때 시선은 면접위원을 향하고 다른 데로 돌리지 말아야 하며, 대답할 때에도 고개를 숙이거나 입속에서 우물거리는 소극적인 태도는 피하도록 한다. 면접위원과 대등하다는 마음가짐으로 편안한 태도를 유지하면 대답도 자연스러운 상태에서 좀 더 충실히 할 수 있고, 이에 따라 면접위원이 받는 인상도 달라진다.

(3) 집단 면접

　집단 면접은 다수의 면접관이 여러 명의 응시자를 한꺼번에 평가하는 방식으로 짧은 시간에 능률적으로 면접을 진행할 수 있다. 각 응시자에 대한 질문내용, 질문횟수, 시간배분이 똑같지는 않으며, 모두에게 같은 질문이 주어지기도 하고, 각각 다른 질문을 받기도 한다.

　또한 어떤 응시자가 한 대답에 대한 의견을 묻는 등 그때그때의 분위기나 면접관의 의향에 따라 변수가 많다. 집단 면접은 응시자의 입장에서는 개별 면접에 비해 긴장감은 다소 덜한 반면에 다른 응시자들과의 비교가 확실하게 나타나므로 응시자는 몸가짐이나 표현력·논리성 등이 결여되지 않도록 자신의 생각이나 의견을 솔직하게 발표하여 집단 속에 묻히거나 밀려나지 않도록 주의해야 한다.

① 장점

　집단 면접의 장점은 면접관이 응시자 한 사람에 대한 관찰시간이 상대적으로 길고, 비교 평가가 가능하기 때문에 결과적으로 평가의 객관성과 신뢰성을 높일 수 있다는 점이며, 응시자는 동료들과 함께 면접을 받기 때문에 긴장감이 다소 덜하다는 것을 들 수 있다. 또한 동료가 답변하는 것을 들으며, 자신의 답변 방식이나 자세를 조정할 수 있다는 것도 큰 이점이다.

② 단점

　응답하는 순서에 따라 응시자마다 유리하고 불리한 점이 있고, 면접위원의 입장에서는 각각의 개인적인 문제를 깊게 다루기가 곤란하다는 것이 단점이다.

집단 면접 준비 Point

너무 자기 과시를 하지 않는 것이 좋다. 대답은 자신이 말하고 싶은 내용을 간단명료하게 말해야 한다. 내용이 없는 발언을 한다거나 대답을 질질 끄는 태도는 좋지 않다. 또 말하는 중에 내용이 주제에서 벗어나거나 자기중심적으로만 말하는 것도 피해야 한다. 집단 면접에 대비하기 위해서는 평소에 설득력을 지닌 자신의 논리력을 계발하는 데 힘써야 하며, 다른 사람 앞에서 자신의 의견을 조리 있게 개진할 수 있는 발표력을 갖추는 데에도 많은 노력을 기울여야 한다.

• 실력에는 큰 차이가 없다는 것을 기억하라.
• 동료 응시자들과 서로 협조하라.
• 답변하지 않을 때의 자세가 중요하다.
• 개성 표현은 좋지만 튀는 것은 위험하다.

(4) 집단 토론식 면접

집단 토론식 면접은 집단 면접과 형태는 유사하지만 질의응답이 아니라 응시자들끼리의 토론이 중심이 되는 면접방법으로 최근 들어 급증세를 보이고 있다. 이는 공통의 주제에 대해 다양한 견해들이 개진되고 결론을 도출하는 과정, 즉 토론을 통해 응시자의 다양한 면에 대한 평가가 가능하다는 집단 토론식 면접의 장점이 널리 확산된 데 따른 것으로 보인다. 사실 집단 토론식 면접을 활용하면 주제와 관련된 지식 정도와 이해력, 판단력, 설득력, 협동성은 물론 리더십, 조직 적응력, 적극성과 대인관계 능력 등을 쉽게 파악할 수 있다.

토론식 면접에서는 자신의 의견을 명확히 제시하면서도 상대방의 의견을 경청하는 토론의 기본자세가 필수적이며, 지나친 경쟁심이나 자기 과시욕은 접어두는 것이 좋다. 또한 집단 토론의 목적이 결론을 도출해 나가는 과정에 있다는 것을 감안하여 무리하게 자신의 주장을 관철시키기보다 오히려 토론의 질을 높이는 데 기여하는 것이 좋은 인상을 줄 수 있다는 점을 알아야 한다. 취업 희망자들은 토론식 면접이 급속도로 확산되는 추세임을 감안해 특히 철저한 준비를 해야 한다. 평소에 신문의 사설이나 매스컴 등의 토론 프로그램을 주의 깊게 보면서 논리 전개방식을 비롯한 토론 과정을 익히도록 하고, 친구들과 함께 간단한 주제를 놓고 토론을 진행해 볼 필요가 있다. 또한 사회·시사문제에 대해 자기 나름대로의 관점을 정립해 두는 것도 꼭 필요하다.

집단 토론식 면접 준비 Point

- 토론은 정답이 없다는 것을 명심한다.
- 내 주장을 강요하지 않는다.
- 남이 말할 때 끼어들지 않는다.
- 필기구를 준비하여 메모하면서 면접에 임한다.
- 주제에 자신이 없다면 첫 번째 발언자가 되지 않는다.
- 자신의 입장을 먼저 밝힌다.
- 상대측의 사소한 발언에 집착하지 않고 전체적인 의미에 초점을 놓치지 않아야 한다.
- 남의 의견을 경청한다.
- 예상 밖의 반론에 당황스럽다 하더라도 유연함을 잃지 않아야 한다.

(5) PT 면접

PT 면접, 즉 프레젠테이션 면접은 최근 들어 집단 토론 면접과 더불어 그 활용도가 점차 커지고 있다. PT 면접은 기업마다 특성이 다르고 인재상이 다른 만큼 인성 면접만으로는 알 수 없는 지원자의 문제해결 능력, 전문성, 창의성, 기본 실무능력, 논리성 등을 관찰하는 데 중점을 두는 면접으로, 지원자 간의 변별력이 높아 대부분의 기업에서 적용하고 있으며, 확산되는 추세이다.

면접 시간은 기업별로 차이가 있지만, 전문지식, 시사성 관련 주제를 제시한 다음, 보통 20 ~ 50분 정도 준비하여 5분가량 발표할 시간을 준다. 면접관과 지원자의 단순한 질의응답식이 아닌, 주제에 대해 일정 시간 동안 지원자의 발언과 발표하는 모습 등을 관찰하게 된다. 정확한 답이나 지식보다는 논리적 사고와 의사표현력이 더 중시되기 때문에 자신의 생각을 어떻게 설명하느냐가 매우 중요하다.

PT 면접에서 같은 주제라도 직무별로 평가요소가 달리 나타난다. 예를 들어, 영업직은 설득력과 의사소통 능력에 중점을 둘 수 있겠고, 관리직은 신뢰성과 창의성 등을 더 중요하게 평가한다.

- 면접관의 관심과 주의를 집중시키고, 발표 태도에 유의한다.
- 모의 면접이나 거울 면접을 통해 미리 점검한다.
- PT 내용은 세 가지 정도로 정리해서 말한다.
- PT 내용에는 자신의 생각이 담겨 있어야 한다.
- 중간에 자문자답 방식을 활용한다.
- 평소 지원하는 업계의 동향이나 직무에 대한 전문지식을 쌓아둔다.
- 부적절한 용어 사용이나 무리한 주장 등은 하지 않는다.

2. 면접의 실전 대책

(1) 면접 대비사항

① 지원 회사에 대한 사전지식을 충분히 준비한다.

필기시험에서 합격 또는 서류전형에서의 합격통지가 온 후 면접시험 날짜가 정해지는 것이 보통이다. 이때 수험자는 면접시험을 대비해 사전에 자기가 지원한 계열사 또는 부서에 대해 폭넓은 지식을 준비할 필요가 있다.

지원 회사에 대해 알아두어야 할 사항

- 회사의 연혁
- 회장 또는 사장의 이름, 출신학교, 관심사
- 회장 또는 사장이 요구하는 신입사원의 인재상
- 회사의 사훈, 사시, 경영이념, 창업정신
- 회사의 대표적 상품, 특색
- 업종별 계열회사의 수
- 해외지사의 수와 그 위치
- 신 개발품에 대한 기획 여부
- 자기가 생각하는 회사의 장단점
- 회사의 잠재적 능력개발에 대한 제언

② 충분한 수면을 취한다.

충분한 수면으로 안정감을 유지하고 첫 출발의 상쾌한 마음가짐을 갖는다.

③ 얼굴을 생기 있게 한다.

첫인상은 면접에 있어서 가장 결정적인 당락요인이다. 면접관에게 좋은 인상을 줄 수 있도록 화장하는 것도 필요하다. 면접관들이 가장 좋아하는 인상은 얼굴에 생기가 있고 눈동자가 살아 있는 사람, 즉 기가 살아 있는 사람이다.

④ 아침에 인터넷 뉴스를 읽고 간다.

그날의 뉴스가 질문 대상에 오를 수가 있다. 특히 경제면, 정치면, 문화면 등을 유의해서 볼 필요가 있다.

(2) 면접 시 옷차림

면접에서 옷차림은 간결하고 단정한 느낌을 주는 것이 가장 중요하다. 색상과 디자인 면에서 지나치게 화려한 색상이나, 노출이 심한 디자인은 자칫 면접관의 눈살을 찌푸리게 할 수 있다. 단정한 차림을 유지하면서 자신만의 독특한 멋을 연출하는 것, 지원하는 회사의 분위기를 파악했다는 센스를 보여주는 것 또한 코디네이션의 포인트이다.

(3) 면접요령

① 첫인상을 중요시한다.

상대에게 인상을 좋게 주지 않으면 어떠한 얘기를 해도 이쪽의 기분이 충분히 전달되지 않을 수 있다. 예를 들어, '저 친구는 표정이 없고 무엇을 생각하고 있는지 전혀 알 길이 없다.'처럼 생각되면 최악의 상태이다. 우선 청결한 복장, 바른 자세로 침착하게 들어가야 한다. 건강하고 신선한 이미지를 주어야 하기 때문이다.

② 좋은 표정을 짓는다.

얘기를 할 때의 표정은 중요한 사항의 하나다. 거울 앞에서 웃는 연습을 해본다. 웃는 얼굴은 상대를 편안하게 하고, 특히 면접 등 긴박한 분위기에서는 천금의 값이 있다 할 것이다. 그렇다고 하여 항상 웃고만 있어서는 안 된다. 자기의 할 얘기를 진정으로 전하고 싶을 때는 진지한 얼굴로 상대의 눈을 바라보며 얘기한다. 면접을 볼 때 눈을 감고 있으면 마이너스 이미지를 주게 된다.

③ 결론부터 이야기한다.

자기의 의사나 생각을 상대에게 정확하게 전달하기 위해서 먼저 무엇을 말하고자 하는가를 명확히 결정해 두어야 한다. 대답을 할 경우에는 결론을 먼저 이야기하고 나서 그에 따른 설명과 이유를 덧붙이면 논지(論旨)가 명확해지고 이야기가 깔끔하게 정리된다.

한 가지 사실을 이야기하거나 설명하는 데는 3분이면 충분하다. 복잡한 이야기라도 어느 정도의 길이로 요약해서 이야기하면 상대도 이해하기 쉽고 자기도 정리할 수 있다. 긴 이야기는 오히려 상대를 불쾌하게 할 수가 있다.

④ 질문의 요지를 파악한다.

면접 때의 이야기는 간결성만으로는 부족하다. 상대의 질문이나 이야기에 대해 적절하고 필요한 대답을 하지 않으면 대화는 끊어지고 자기의 생각도 제대로 표현하지 못하여 면접자로 하여금 수험생의 인품이나 사고방식 등을 명확히 파악할 수 없게 한다. 무엇을 묻고 있는지, 무슨 이야기를 하고 있는지 그 요점을 정확히 알아내야 한다.

면접에서 고득점을 받을 수 있는 성공요령

1. 자기 자신을 겸허하게 판단하라.
2. 지원한 회사에 대해 100% 이해하라.
3. 실전과 같은 연습으로 감각을 익히라.
4. 단답형 답변보다는 구체적으로 이야기를 풀어나가라.
5. 거짓말을 하지 말라.
6. 면접하는 동안 대화의 흐름을 유지하라.
7. 친밀감과 신뢰를 구축하라.
8. 상대방의 말을 성실하게 들으라.
9. 근로조건에 대한 이야기를 풀어나갈 준비를 하라.
10. 끝까지 긴장을 풀지 말라.

면접 전 마지막 체크 사항

• 기업이나 단체의 소재지(본사 · 지사 · 공장 등)를 정확히 알고 있다.
• 기업이나 단체의 정식 명칭(Full Name)을 알고 있다.
• 약속된 면접시간 10분 전에 도착하도록 스케줄을 짤 수 있다.
• 면접실에 들어가서 공손히 인사한 후 또렷한 목소리로 자기 수험번호와 성명을 말할 수 있다.
• 앉으라고 할 때까지는 의자에 앉지 않는다는 것을 알고 있다.
• 자신에 대해 3분간 이야기할 수 있는 준비가 되어 있다.
• 자신의 긍정적인 면을 상대방에게 바르게 전달할 수 있다.

포스코그룹은 '더불어 함께 발전하는 기업시민'을 경영이념으로, 한계를 뛰어넘어 더 큰 가능성을 제시하자는 의미의 'Unlimit the Limit'를 브랜드 아이덴티티로 삼고 있다. 또한 포스코는 주인의식과 책임감을 가지고 매사에 결단력을 발휘하며 남보다 앞서 솔선하는 '실천', 겸손과 존중의 마인드로 상생을 실천하고 희생과 봉사의 자세를 추구하는 '배려', 본연의 업무에 몰입하여 문제에 주도적으로 새로운 아이디어를 적용하는 '창의'를 지닌 '실천의식과 배려의 마인드를 갖춘 창의적 인재'를 선발한다.

1. 1차 면접

(1) 전공 면접

① **면접위원** : 1명

② **면접형태** : 일대일 형태의 면접

③ **면접시간** : 약 5 ~ 10분

④ **면접유형** : 전공 및 자격증에 대한 간단한 질문 3 ~ 5개를 통해 기본 전공 지식을 갖추고 있는지를 평가한다. 실무를 맡고 있는 면접관이 질문을 하기 때문에 업무를 진행하는 데 있어서 꼭 알고 있어야 하는 지식에 대한 질문이 주어진다. 따라서 사전에 자신이 지원한 직무에 반드시 필요한 기본 전공 지식이 무엇인지 충분히 검토할 수 있도록 해야 한다.

> • 프레스에 대하여 아는 점을 말해 보시오.
> • 철강제조 공정에 대해 말해 보시오.
> • 성분에 따른 철의 특징을 한번 설명해 보시오.
> • 본인의 전공과 신청 직무를 엮어서 한번 설명해 보시오.
> • 케비테이션의 정의와 그에 대한 해결책을 설명해 보시오.
> • 주파수에 대하여 설명해 보시오.
> • 템퍼링에 대하여 설명해 보시오.
> • 선철과 강철의 차이에 대해 설명해 보시오.
> • RLC의 각 역할에 대해 설명해 보시오.
> • 변압기 용량에 대하여 설명해 보시오.
> • 탄성계수에 대하여 설명해 보시오.
> • 비파괴검사란 무엇이며, 몇 가지 검사방법이 있는지 말해 보시오.
> • 철이 왜 사용되는지 말해 보시오.
> • 제선, 제강, 연주, 압연 이 4공정에 대해 말해 보시오.
> • 부피와 질량의 차이가 무엇인지 말해 보시오.
> • 동력전달장치의 종류에 대해 말해 보시오.
> • 파스칼의 법칙에 대해 말해 보시오.
> • 베르누이의 법칙에 대해 말해 보시오.

- 공압과 유압의 차이에 대해 말해 보시오.
- 전기와 전자의 차이에 대해 말해 보시오.
- 중국의 주요 철강회사에 대해 아는 대로 말해 보시오.
- 서보밸브의 기능과 구조에 대해 말해 보시오.

(2) 일반 면접

① **면접위원** : 2명
② **면접형태** : 다대다 형태의 면접(면접관 2명, 지원자 3명)
③ **면접시간** : 약 20 ~ 30분
④ **면접유형** : 자기소개서를 바탕으로 한 질문들이 주를 이루며, 지원자의 인성을 평가하는 면접으로, 인생관, 가치관, 미래 전망에 대해 평가할 수 있는 질문들이 주어진다. 또한 약간의 압박 면접이 진행되는 경우가 있으므로 이점에 유의하여 면접을 준비하는 것이 좋다. 압박 면접의 경우, 답변을 하고 있는 중간에 끊고 다른 질문을 한다거나, 질문이 꼬리에 꼬리를 물어 주어지는 경우가 많다. 이때는 당황하지 않고 침착하게 답변을 이어나가는 것이 중요하며, 사전준비를 통해 다음 질문을 예상한 뒤 답변을 하는 것이 좋다. 따라서 사전에 예상 질문 및 기출질문을 충분히 검토한 뒤 예상 답변까지 만들어 볼 수 있도록 해야 한다.

- 1분동안 자기소개를 해 보시오.
- 지원동기 및 포부를 말해 보시오.
- (이직한 경험이 있다면) 이직 사유는 무엇인가?
- 포스코에 입사하려고 하는 이유는 무엇인가?
- 자격증이 별로 없는데 그 이유는 무엇인가?
- 본인이 가지고 있는 자격증과 그 자격증을 취득한 이유를 말해 보시오.
- 휴무일 때 설비가 고장났다는 연락이 왔다. 어떻게 행동할 것인가?
- 협력사와 본사에서 같은 급여를 받는 것에 대해 어떻게 생각하는가?
- 사무직과 기술직의 차이는 무엇이라고 생각하는가?
- 자신의 단점은 무엇인가? 그 단점이 생활 속에서 나타난 경험을 말해 보시오.
- 20대 이후로 자신이 가장 잘했다고 생각하는 일과 후회하는 일은 무엇인가?
- 취득한 자격증을 업무에 어떻게 활용할 것인가?
- 사람을 사귈 때 본인만의 기준이 있다면 말해 보시오.
- 회사 또는 국가가 역사관, 국가관을 중요시하는 이유를 무엇이라고 생각하는가?
- 최근에 읽은 책은 무엇이며 읽고 무엇을 느꼈는지 말해 보시오.
- 기업시민이란 무엇인지에 대해서 말해 보시오.

2. 2차 면접(임원 면접)

① **면접위원** : 3명
② **면접형태** : 다대다 형태의 면접(면접관 3명, 지원자 3명)
③ **면접시간** : 약 10 ~ 15분
④ **면접유형** : 상식에 대한 질문과 인성 관련 질문이 두루 섞여 주어지는데, 상식은 주로 포스코와 관련된 질문이 주를 이루며, 인성 관련 질문은 자기소개서를 바탕으로 주어진다. 임원 면접은 포스코에 입사할 수 있는 마지막 관문으로 1차 일반 면접 때와는 또 다른 자신의 강점을 보여줄 수 있어야 한다. 자신감 있는 모습으로 자신을 어필할 수 있어야 하며, 어느 상황에서도 당황하지 않고 침착하게 모든 질문에 답할 수 있어야 한다. 설사 모르는 질문이 나온다고 하더라도 말을 더듬거리거나 당황한 기색이 역력한 경우에는 면접관에게 좋은 평가를 받기 어렵다. 따라서 모르는 질문이 주어지는 경우에도 솔직하게 앞으로 더 잘할 수 있다는 모습을 보여줄 수 있는 자세가 중요하다.

- 안전에 대한 본인의 생각을 말해 보시오.
- 노조에 대해 어떻게 생각하는가?
- 원하지 않는 부서에 배치된다면 어떻게 할 것인가?
- 공백기간 동안 무엇을 했는가?
- 시베리아에서 스케이트를 타면 일반 스케이트장에서 타는 것처럼 잘 나아가지 않는 이유는 무엇인가?
- 상사와 의견충돌이 있을 경우, 어떻게 할 것인가?
- 야스쿠니 신사참배에 대해 어떻게 생각하는가?
- 엔저현상에 대해 말해 보시오.
- 비정규직에 대한 자신의 생각을 말해 보시오.
- 학점도 낮고 한국사 성적도 좋지 않은데 왜 그런 것 같은가?
- 포스코 2020에 대해 말해 보시오.
- 포스코의 핵심가치 5가지를 말해 보시오.

성공을 위해서는 가장 먼저 자신을 믿어야 한다.

- 아리스토텔레스 -

앞선 정보 제공! 도서 업데이트

언제, 왜 업데이트될까?

도서의 학습 효율을 높이기 위해 자료를 추가로 제공할 때!
공기업·대기업 필기시험에 변동사항 발생 시 정보 공유를 위해!
공기업·대기업 채용 및 시험 관련 중요 이슈가 생겼을 때!

01 시대에듀 도서
www.sdedu.co.kr/book
홈페이지 접속

02 상단 카테고리
「도서업데이트」
클릭

03 해당
기업명으로
검색

참고자료, 시험 개정사항 등 정보 제공으로 학습효율을 높여 드립니다.

더 이상의
고졸 · 전문대졸 **필기시험 시리즈**는 없다!

"**알차다**"

꼭 알아야 할 내용을 담고 있으니까

"**친절하다**"

핵심 내용을 쉽게 설명하고 있으니까

"**핵심을 뚫는다**"

시험 유형과 유사한 문제를 다루니까

"**명쾌하다**"

상세한 풀이로 완벽하게 익힐 수 있으니까

성공은 나를 응원하는 **사람**으로부터 **시작**됩니다.
시대에듀가 당신을 힘차게 응원합니다.

2024
하반기

포스코그룹

생산기술직 / 직업훈련생
온라인 PAT 인적성검사

정답 및 해설

최신기출유형 + 모의고사 6회
+ 무료생산직특강

편저 | SDC(Sidae Data Center)

유형분석 및 모의고사로
최종합격까지

**한 권으로
마무리!**

SDC
SDC는 시대에듀 데이터 센터의 약자로
약 30만 개의 NCS · 적성 문제 데이터를
바탕으로 최신 출제경향을 반영하여
문제를 출제합니다.

시대에듀

PART

1
적성검사

CHAPTER 01　언어이해

CHAPTER 02　자료해석

CHAPTER 03　문제해결

CHAPTER 04　추리

| 언어추리 |

01	02	03	04	05	06	07	08	09	10
③	①	①	③	①	③	③	③	①	①
11	12	13	14	15	16	17	18	19	20
④	④	①	②	③	③	③	④	④	③
21	22	23	24	25	26	27	28	29	30
③	②	③	①	③	②	③	③	③	④

01 정답 ③

효진이는 화분을 수진이보다는 많이 샀지만 지은이보다는 적게 샀으므로 효진이는 3 ~ 5개를 샀을 것이다. 그러나 주어진 제시문만으로는 몇 개의 화분을 샀는지 정확히 알 수 없다.

02 정답 ①

첫 번째 명제와 세 번째 명제, 그리고 두 번째 명제의 대우 '과제를 하지 않으면 도서관에 가지 않을 것이다.'를 연결하면 '독서실에 가면 도서관에 가지 않을 것이다.'가 성립한다.

03 정답 ①

안구 내 안압이 상승하면 시신경 손상이 발생하고, 시신경이 손상되면 주변 시야가 좁아지기 때문에 안구 내 안압이 상승하면 주변 시야가 좁아진다.

04 정답 ③

노화가 온 사람은 귀가 잘 들리지 않아 큰 소리로 이야기한다. 그러나 큰 소리로 이야기하는 사람 중 노화가 온 사람은 전부 또는 일부일 수도 있으므로 알 수 없다.

05 정답 ①

부모에게 칭찬을 많이 받으면 인간관계가 원만하고, 인간관계가 원만하면 긍정적으로 사고하기 때문에 부모에게 칭찬을 많이 받은 주영이는 사고방식이 긍정적이다.

06 정답 ③

게으른 사람은 항상 일을 미루고, 일을 미루는 사람은 목표를 달성하지 못한다. 그러나 목표를 달성하지 못한 사람 중 게으른 사람은 전부 또는 일부일 수도 있으므로 알 수 없다.

07 정답 ③

산을 정복하고자 하는 사람 → 도전정신과 끈기가 있음 → 공부를 잘함이지만, 공부를 잘하는 사람 중 산을 정복하고자 하는 사람은 전부 또는 일부일 수도 있으므로 알 수 없다.

08 정답 ③

뉴스에서 내일 비가 온다고 했기 때문에 소풍은 가지 않지만, 주어진 명제를 통해서 학교에 갈지는 알 수 없다.

09 정답 ①

'대중교통＞자동차＞오토바이＞자전거'임을 알 수 있다.

10 정답 ①

첫 번째 명제와 세 번째 명제, 그리고 두 번째 명제의 대우 '쑥을 캐지 않으면 산에 가지 않겠다.'를 연결하면 '바다에 가면 산에 가지 않겠다.'가 성립한다.

11 정답 ④

'문제를 빠르게 푸는 사람'을 A, '집중력이 좋다.'를 B, '침착한 사람'을 C라고 하면, 첫 번째 명제는 A → B, 두 번째 명제는 ~C → ~B이다. 두 번째 명제의 대우는 B → C이므로 A → B → C가 성립한다. 따라서 A → C인 '문제를 빠르게 푸는 사람은 침착한 사람이다.'가 적절하다.

12 정답 ④

'지구 온난화 해소'를 A, '탄소 배출을 줄인다.'를 B, '기후 위기가 발생한다.'를 C라고 하면, 첫 번째 명제는 A → B, 두 번째 명제는 ~A → C이다. 두 번째 명제의 대우는 ~C → A이므로 ~C → A → B가 성립한다. 따라서 ~C → B인 '기후 위기가 발생하지 않으려면 탄소 배출을 줄여야 한다.'가 적절하다.

13

정답 ①

탄수화물은 영양소이고, 영양소는 체내에서 에너지원 역할을 한다. 따라서 탄수화물은 체내에서 에너지원 역할을 한다.

14

정답 ②

첫 번째 명제의 대우는 '자연을 좋아하지 않는 사람은 강아지를 좋아하지 않는다.'이다. 또한 두 번째 명제의 대우는 '자연을 좋아하지 않는 사람은 나무를 좋아하지 않는다.'이다. 따라서 두 대우 명제를 연결하면 ②가 가장 적절하다.

15

정답 ④

모든 음악가는 베토벤을 좋아하지만, 음악가가 아닌 사람이 베토벤을 좋아하는지 좋아하지 않는지 알 수 없다. 따라서 ④가 가장 적절하다.

16

정답 ③

사탕에 대하여 '딸기 맛이다.'를 A, '빨간색이다.'를 B, '동그랗다.'를 C라고 하면 '~B → ~A → C'가 성립하므로 빈칸에는 '~B → C' 혹은 그 대우인 '~C → B'가 들어가야 한다.

17

정답 ③

'일요일이다.'를 A, '미영이가 직장에 간다.'를 B, '미영이가 집에서 밥을 먹는다.'를 C라고 하면 'A → ~B → C'이므로 빈칸에는 'A → C' 혹은 그 대우인 '~C → ~A'가 들어가야 한다.

18

정답 ④

새끼 양에 대하여 '검은 양이다.'를 A, '더위를 많이 탄다.'를 B, '어미 양이 검은 양이다.'를 C라고 하면 'C → A → B'임을 알 수 있다. 따라서 'C → B' 또는 '~B → ~C'가 알맞다.

19

정답 ④

• 갑의 점수 : 을의 점수 −15점
• 병의 점수 : 갑의 점수 +5점
따라서 수학 점수는 을>병>갑 순서이다.

20

정답 ③

'땅이 산성이다.'를 A, '빨간 꽃이 핀다.'를 B, '하얀 꽃이 핀다.'를 C라고 하면 '~C → A → B'가 성립한다. 따라서 빈칸에는 '~C → B' 또는 '~B → C'가 들어가야 한다.

21

정답 ③

명제가 참이면 대우 명제도 참이다. 즉, '유민이가 좋아하는 과일은 신혜가 싫어하는 과일이다.'가 참이면 '신혜가 좋아하는 과일은 유민이가 싫어하는 과일이다.'도 참이다. 따라서 신혜는 딸기를 좋아하고, 유민이는 사과와 포도를 좋아한다.

22

정답 ②

국어를 싫어하는 학생은 수학을 좋아하고, 수학을 좋아하면 영어를 싫어한다. 따라서 국어를 싫어하는 학생은 영어도 싫어한다고 할 수 있다.

23

정답 ③

제시문을 정리했을 때 가격은 볼펜<테이프<가위<공책 순서이다. 따라서 가위가 두 번째로 비싼 문구임을 확인할 수 있다.

24

정답 ①

아메리카노를 A, 카페라테를 B, 유자차를 C, 레모네이드를 D, 녹차를 E, 스무디를 F로 변환하여 각각의 조건을 비교해 보면 'A>B', 'D>C', 'E>B>D', 'F>E>A'가 된다. 이를 연립하면 'F>E>A>B>D>C'가 되므로 가장 많이 팔리는 음료는 F, 즉 스무디임을 알 수 있다.

25

정답 ④

'티라노사우르스'를 p, '공룡임'을 q, '곤충을 먹음'을 r, '직립보행을 함'을 s라고 하면, 각 명제는 순서대로 $p → q$, $r → ~q$, $~r → s$이다. 두 번째 명제의 대우와 첫 번째·세 번째 명제를 정리하면 $p → q → ~r → s$이므로 $p → s$가 성립한다. 따라서 ④가 답이다.

26

정답 ②

명랑한 사람은 마라톤을 좋아하고, 마라톤을 좋아하는 사람은 체력이 좋고, 인내심도 있다. 따라서 명랑한 사람은 인내심이 있으며, 그 대우로서 인내심이 없는 사람은 명랑하지 않다.

27

정답 ③

명제가 참이면 대우 명제도 참이다. 즉, '을이 좋아하는 과자는 갑이 싫어하는 과자이다.'가 참이면 '갑이 좋아하는 과자는 을이 싫어하는 과자이다.'도 참이다. 따라서 갑은 비스킷을 좋아하고, 을은 감자칩과 쿠키를 좋아한다.

28

정답 ③

'카페에 간다.'를 A, '타르트를 주문한다.'를 B, '빙수를 주문한다.'를 C, '아메리카노를 주문한다.'를 D라고 하면, A → B → ~C, A → B → D의 관계가 성립한다. '카페를 가면 아메리카노를 주문한다.'는 참인 명제이므로 대우인 '아메리카노를 주문하지 않으면 카페를 가지 않았다는 것이다.'도 참이다.

29

정답 ③

달리기를 잘한다. → 영어를 잘한다. → 부자이다.
따라서 나는 달리기를 잘하므로 부자이다.

30

정답 ④

주어진 조건에 따라 수진, 지은, 혜진, 정은의 수면 시간을 정리하면 다음과 같다.
• 수진 : 22:00 ~ 07:00 → 9시간
• 지은 : 22:30 ~ 06:50 → 8시간 20분
• 혜진 : 21:00 ~ 05:00 → 8시간
• 정은 : 22:10 ~ 05:30 → 7시간 20분
따라서 수진이의 수면 시간이 가장 긴 것을 알 수 있다.

| 논리구조 & 문법 |

01	02	03	04	05	06	07	08	09	10
②	②	④	④	④	④	③	②	①	②
11	12	13	14	15	16	17	18	19	20
①	③	①	④	②	②	②	④	④	②
21	22	23	24	25	26	27	28	29	30
①	③	②	①	②	④	④	④	①	②

01

정답 ②

(나)는 '다원주의적 문화 정체성'에 대해 긍정적으로 평가하며 반드시 필요한 것이라고 하였으므로 영어 공용화 국가를 긍정적 측면에서 설명하는 (다)의 뒤에 오는 것이 자연스럽다. 그리고 (마)는 영어 공용화 국가의 예시에 해당하므로 (나)의 뒤에 이어져야 하며, (가)의 '이'는 싱가포르인들의 다양한 민족어 수용정책을 뜻하므로 (마) 다음에 배치해야 한다. 또한 (라)는 영어 공용화 국가와 대비되는 단일 민족 단일 모국어 국가의 예로 한국을 들며 또 다른 화제를 제시하고 있으므로 가장 마지막에 배치되어야 한다. 따라서 (다) – (나) – (마) – (가) – (라) 순으로 나열하는 것이 적절하다.

02

정답 ②

제시문은 폐휴대전화 발생량으로 인한 자원낭비와 환경오염 문제를 극복하기 위해 기업에서 폐휴대전화 수거 운동을 벌이기로 했다는 내용의 글이다. 따라서 (다) 폐휴대전화의 발생량 증가 – (가) 폐휴대전화를 이용한 재활용 효과 – (나) 폐휴대전화로 인한 환경오염 – (라) 기업의 '폐휴대전화 수거 운동' 실시 순으로 나열하는 것이 적절하다.

03

정답 ④

제시문은 현대 건축가 '르 꼬르뷔지에'의 업적에 대해 설명하고 있다. 따라서 (라) 현대 건축의 거장으로 불리는 르 꼬르뷔지에 소개 – (아) 르 꼬르뷔지에가 바꾼 집의 개념 – (가) 르 꼬르뷔지에가 만든 도미노 이론의 정의 – (마) 도미노 이론의 핵심 – (다) 도미노 이론의 차별성 – (사) 르 꼬르뷔지에가 확립한 현대 건축의 5원칙 – (바) 현대 건축의 5원칙 정의 –(나) 우리나라 주택에 사용되는 르 꼬르뷔지에의 건축방식의 순으로 나열하는 것이 적절하다.

04
정답 ④

제시문은 여름에도 감기에 걸리는 이유와 예방 및 치료방법에 대해 설명하고 있다. 따라서 (마) 의외로 여름에도 감기에 걸림 - (가) 찬 음식과 과도한 냉방기 사용으로 체온이 떨어져 면역력이 약해짐 - (라) 감기 예방을 위해 찬 음식은 적당히 먹고 충분한 휴식을 취하고, 귀가 후 손발을 씻어야 함 - (나) 감기에 걸렸다면 수분을 충분히 섭취해야 함 - (다) 열이나 기침이 날 때에는 따뜻한 물을 여러 번 나눠 먹는 것이 좋음의 순으로 나열하는 것이 적절하다.

05
정답 ④

제시문은 빅뱅 이전의 우주에 대한 가설을 제시하며, 이러한 가설에 내재된 개념의 오류와 해석을 순차대로 설명하고 있다. 따라서 (라) 빅뱅 이전에 존재한 '무언가'에 대한 상상 - (다) 빅뱅 이전에 존재하는 영겁의 시간을 상상함으로써 발생하는 문제 지적 - (나) 빅뱅 이전의 시간으로 인해 우주 탄생 원인을 설명할 수 없는 이유 - (가) 빅뱅 이전이라는 개념에 대한 다른 방식의 해석의 순으로 나열하는 것이 적절하다.

06
정답 ④

(다)는 '다시 말하여'라는 뜻의 부사 '즉'으로 시작하여, '경기적 실업은 자연스럽게 해소될 수 없다.'는 주장을 다시 한 번 설명해주는 역할을 하므로 제시문 바로 다음에 위치하는 것이 자연스럽다. 다음으로는 이처럼 경기적 실업이 자연스럽게 해소될 수 없는 이유 중 하나인 화폐환상현상을 설명하는 (나) 문단이 오는 것이 적절하다. 마지막으로 화폐환상현상으로 인해 실업이 지속되는 것을 설명하고, 정부의 적극적 역할을 해결책으로 제시하는 케인스학파의 주장을 이야기하는 (가) 문단이 오는 것이 적절하다. 따라서 (다) - (나) - (가) 순으로 나열하는 것이 적절하다.

07
정답 ③

도덕 실재론에 대한 설명인 (나)와 정서주의에 대한 (다) 중, 전환 기능의 접속어 '한편'이 (다)에 포함되어 있으므로 (나)의 도덕 실재론에 대한 설명이 더 앞에 위치한다.
다음으로, 환언 기능의 접속어 '즉'으로 시작하며 도덕적 진리를 과학적 명제처럼 판단하는 도덕 실재론에 대한 부연설명을 하고 있는 (라)가 오고, (다)에서 앞의 도덕 실재론과 다른 정서주의의 특징을 설명하고, (다)에 대한 부연설명인 (가)가 이어진다. 따라서 (나) - (라) - (다) - (가) 순으로 나열하는 것이 적절하다.

08
정답 ②

제시문은 크게 '피자의 시작과 본토 - 한국의 피자 도입과 확산'으로 나눌 수 있다. 이탈리아에서 나타난 현대적 의미의 피자의 시작을 논하는 것으로 글이 시작되었으므로, 그 후에는 이탈리아의 피자 상황을 나타내는 (다)와 (가)가 차례대로 옴이 타당하며, 한국의 '경우'라고 쓰여 있는 것을 보아 그 뒤에는 (라)가, 이어서 (나)를 나열하는 것이 적절하다.

09
정답 ①

제시문은 두 소설가가 그린 비관적인 미래 모습에 대하여 차례대로 설명하고 있는 글이다. 처음 주어진 제시문의 내용은 두 소설가인 조지 오웰과 올더스 헉슬리에 대한 소개이므로 이어지는 글에는 오웰과 헉슬리의 소설에 대한 설명이 나와야 한다. 헉슬리의 소설을 설명하는 (라) 문단에는 '반면에'라는 접속어가 있으므로, 오웰의 소설을 설명하는 (나)가 먼저 오는 것이 적절하다. 따라서 (나) 조지 오웰의 소설에서 나타난 폐쇄적이고 감시당하는 미래의 모습 - (라) 조지 오웰과 정반대의 미래를 생각해 낸 올더스 헉슬리 - (가) 국가가 양육의 책임을 지는 대신 문화적 다양성을 폐쇄하고 정해진 삶을 살도록 하는 올더스 헉슬리의 미래상 - (다) 오웰과 헉슬리의 소설에서 나타난 단점이 중첩되어 나타나고 있는 현대 사회의 순으로 나열하는 것이 적절하다.

10
정답 ②

제시문은 민주주의의 특성과 과거 전제주의와의 차이점, 입헌군주제와 전제주의의 차이점, 입헌군주제의 특성과 입헌군주제를 폐기하려는 움직임에 대하여 차례대로 설명하고 있다. 제시된 단락의 마지막에서 민주주의에 대해 '여태까지 성립된 정치체제 중에서 가장 나은 체제라는 평가를 받고 있다.'고 하였으므로 민주주의에 대하여 설명하고 있는 (가)가 이어지는 것이 적절하다. 따라서 (가) 민주주의의 특성과 전제주의와의 차이점 - (라) 민주주의의 탄생국이면서 동시에 입헌군주제인 영국 - (나) 입헌군주제 국왕의 특징 - (다) 입헌군주제를 폐기하려는 영국 내 공화파의 순서로 나열하는 것이 적절하다.

11
정답 ①

'본받다'는 '본을 받다'에서 목적격 조사가 생략되고, 명사 '본'과 동사 '받다'가 결합한 합성어이다. 즉 하나의 단어로 '본받는'이 적절한 표기이다.

12 정답 ③

- 내로라하다 : 어떤 분야를 대표할 만하다.
- 그러다 보니 : 보조용언 '보다'가 앞 단어와 연결 어미로 이어지는 '-다 보다'의 구성으로 쓰이면 앞말과 띄어 쓴다.

[오답분석]

① 무엇 보다 → 무엇보다 / 인식해야 만 → 인식해야만
  - 무엇보다 : 앞말이 부사어임을 나타내는 조사로 붙여 쓴다.
  - 인식해야만 : '만'은 한정, 강조를 의미하는 보조사로 붙여 쓴다.
② 두가지를 → 두 가지를 / 조화시키느냐하는 → 조화시키느냐 하는
  - 두 가지를 : 수 관형사는 뒤에 오는 명사 또는 의존 명사와 띄어 쓴다.
  - 조화시키느냐 하는 : 어미 다음에 오는 말은 띄어 쓴다.
④ 심사하는만큼 → 심사하는 만큼 / 한 달 간 → 한 달간
  - 심사하는 만큼 : 뒤에 나오는 내용의 원인, 근거를 의미하는 의존 명사로 띄어 쓴다.
  - 한 달간 : '동안'을 의미하는 접미사로 붙여 쓴다.

13 정답 ①

'나뉘다'는 '나누다'의 피동형으로 피동을 만드는 접사인 '-어지다'를 결합할 경우 이중피동이 되기 때문에 적절한 표현은 '나뉘어'이다.

14 정답 ③

'개인 정보 유출의 피해 양상'은 개인 정보 유출로 인해 피해를 입은 경우나 구체적 사례에 어떠한 것들이 있는지 살펴보는 것이므로 'Ⅱ-2'의 내용 보완에 적절하지 않다.

15 정답 ②

〈가〉의 개요에서 〈나〉의 개요로 수정된 부분은 고령화 사회의 문제점 부분이다. 이는 고령화 사회로 인해 발생할 수 있는 사회적 비용을 의료 및 복지 비용으로, 인구 감소로 인한 노동력 공급 감소 및 생산성 저하로 구체화한 것이다.

[오답분석]

④ 구체적으로 문제 상황을 한정했다고 해서 논의 대상의 범위가 한정된 것은 아니다. 논의 대상인 고령화 사회의 문제점 자체는 그대로이기 때문이다.

16 정답 ②

르네상스의 야만인 담론은 이전과는 달리 현실적 구체성을 띠고 있지만 전통적인 야만인관에 의해 각색되는 것은 여전하다.

17 정답 ②

마지막 문단에 의하면 우쿨렐레는 4개의 현으로, 기타는 6개의 현으로 구성되어 있다.

[오답분석]

① 첫 번째 문단에 의하면 우쿨렐레는 포르투갈의 민속 악기인 브라기냐(Braguinha)에서 유래하였다.
③ 우쿨렐레는 크기에 따라 소프라노(Soprano), 콘서트(Concert), 테너(Tenor), 바리톤(Baritone)으로 나뉜다.
④ 마지막 문단에 콘서트가 우리나라에서 가장 보편적으로 사용된다고 언급되어 있다.

18 정답 ④

두 번째 문단 첫 번째 문장에서 언급되고 있다.

[오답분석]

① 거대 기계는 그 자체로 비인간화와 억압의 구조를 강화하기 쉽다고 하였다.
② 간디는 인간적 규모를 넘어선 거대 기계의 인간 소외 현상에 주목했지만, 기계 자체를 반대한 적은 없다.
③ 근대 산업 문명은 사람들을 병들게 하고 내면적인 평화와 명상의 생활을 불가능하게 만든다.

19 정답 ④

각 코스의 특징을 설명하면서 코스 주행 시 습득할 수 있는 운전요령을 언급하고 있다.

20 정답 ②

전통의 본질을 설명하면서 연암의 문학, 신라의 향가, 고려의 가요, 조선 시대의 사설시조, 백자, 풍속화를 예로 들고 있다.

21 정답 ①

대중문화가 주로 젊은 세대를 중심으로 한 문화라고 한 다음, 대중문화라고 해서 반드시 젊은 사람들을 중심으로 이루어지는 것은 아니라고 말함으로써 제시문의 핵심이 불분명해졌다.

22 정답 ③

글쓴이는 문화상대주의가 다른 문화를 서로 다른 역사와 환경의 맥락에서 이해하는 것일 뿐 차별의 정당화나 빈곤, 인권침해, 저개발상태를 방치하는 윤리의 백치상태를 정당화하는 수단이 될 수는 없다고 주장하고 있다.

①은 마지막 문장에서, ②와 ④는 세 번째 문장을 통해 확인할 수 있다.

23
정답 ②

네 번째 문단에 언급된 손 모양이 생겨나는 과정을 통해 추론할 수 있는 내용이다.

① 몸의 상처가 회복되는 것은 세포의 재생과 관련이 있으므로 네크로시스와 관련이 있다는 추론은 적절하지 않다.
③ 아포토시스를 이용한 항암제는 이미 유전자 변형으로 생겨난 암세포의 죽음을 유발하므로 유전자 변형을 막는다는 추론은 적절하지 않다.
④ 화학 약품은 유전자 변형을 일으키고 오히려 아포토시스가 일어나는 과정을 방해하므로 적절하지 않다.

24
정답 ①

고전주의 예술관이 등장한 배경은 제시문에서 언급되지 않은 내용이다.

② 첫 번째 문단의 '독자는 작품의 의미를 수동적으로 받아들이는 존재'라는 내용을 통해 확인할 수 있다.
③ 세 번째, 네 번째 문단의 '독자의 능동적 역할, 독자의 구체화를 통해 작품은 감상이 가능하다.'라는 내용을 통해 확인할 수 있다.
④ 첫 번째 문단에서 수용미학이 등장한 배경이 고전주의 예술관과 관련된다는 내용과 두 번째 문단의 '작품의 의미는 고정된 것이 아니라 독자에 의해 재생산된다.'라는 내용을 통해 확인할 수 있다.

25
정답 ②

제시문의 글쓴이는 마지막 부분에서 자신의 경험을 '백성을 좀먹는 무리'에 적용하고 있는데, 백성들을 괴롭히는 이들을 미리 제거해야 나중에 큰일을 당하지 않게 된다고 하였다. 따라서 하늘의 뜻을 따르는 임금의 통치에 대한 평가는 임금이 죽은 후에 해야 한다는 보기의 글쓴이에 대해 가렴주구(가혹한 정치로 백성을 못살게 들볶음)를 내버려 두었다가 맞게 될 결과를 비판할 것이다.

26
정답 ④

에피쿠로스의 주장에 따르면 신은 인간사에 개입하지 않으며, 육체와 영혼은 함께 소멸되므로 사후에 신의 심판도 받지 않는다. 그러므로 인간은 사후의 심판을 두려워할 필요가 없고, 이로 인해 죽음에 대한 모든 두려움에서 벗어날 수 있다고 주장한다. 따라서 이러한 주장에 대한 반박으로 ④가 가장 적절하다.

27
정답 ④

제시문에서는 비타민D의 결핍으로 인해 발생하는 건강문제를 근거로 신체를 태양빛에 노출하여 건강을 유지해야 한다고 주장하고 있다. 따라서 태양빛에 노출되지 않고도 충분한 비타민D 생성이 가능하다는 근거가 있다면 제시문에 대한 반박이 되므로 ④가 가장 적절하다.

① 태양빛에 노출될 경우 피부암 등의 질환이 발생하는 것은 사실이나, 이것이 비타민D의 결핍을 해결하는 또 다른 방법을 제시하거나 제시문에서 주장하는 내용을 반박하고 있지는 않다.
② 비타민D는 칼슘과 인의 흡수 외에도 흉선에서 면역세포를 생산하는 작용에 관여하고 있다. 따라서 칼슘과 인의 주기적인 섭취만으로는 문제를 해결할 수 없으며, 제시문에 대한 반박이 되지 못한다.
③ 제시문에서는 비타민D 보충제에 대해 언급하고 있지 않다. 따라서 비타민D 보충제가 태양빛 노출을 대체할 수 있을지 판단하기 어렵다.

28
정답 ④

아리스토텔레스가 강조한 서양의 중용과 동양에서 강조한 중용을 번갈아 설명하며 그 차이점에 대해 설명하고 있다.

① 아리스토텔레스의 중용은 제시문의 주제인 서양과 우리의 중용에 대한 차이점을 말하기 위해 언급한 것일 뿐이다.
② 우리는 의학에 있어서도 중용관에 입각했다는 것을 말하기 위해 부연 설명한 것이다.
③ 중용을 바라보는 서양과 우리의 차이점을 말하고 있다.

29
정답 ①

제시문은 치매의 정의, 증상, 특성 등을 말하고 있으므로 '치매의 정의와 특징'이 제시문의 주제로 적절하다.

30
정답 ②

제시문은 유전자 치료를 위해 프로브와 겔 전기영동법을 통해 비정상적인 유전자를 찾아내는 방법을 설명하고 있다.

| 응용수리 |

01	02	03	04	05	06	07	08	09	10
①	④	②	③	④	③	③	①	④	③
11	12	13	14	15	16	17	18	19	20
③	③	②	①	①	③	②	①	④	②

01
정답 ①

같은 부서 사람이 옆자리로 함께 앉아야 하므로 먼저 부서를 한 묶음으로 생각하고 세 부서를 원탁에 배치하는 경우는 2!= 2가지이다. 각 부서 사람끼리 자리를 바꾸는 경우의 수는 $2! \times 2! \times 3! = 2 \times 2 \times 3 \times 2 = 24$가지가 나온다.
따라서 조건에 맞게 7명이 앉을 수 있는 경우의 수는 $2 \times 24 = 48$가지이다.

02
정답 ④

ⅰ) A주머니에서 검은 공을 뽑을 확률 : $\dfrac{1}{2} \times \dfrac{2}{5} = \dfrac{1}{5}$

ⅱ) B주머니에서 검은 공을 뽑을 확률 : $\dfrac{1}{2} \times \dfrac{4}{5} = \dfrac{2}{5}$

$\therefore \dfrac{1}{5} + \dfrac{2}{5} = \dfrac{3}{5}$

따라서 주머니에서 한 개의 공을 꺼낼 때, 검은 공을 뽑을 확률은 $\dfrac{3}{5}$ 이다.

03
정답 ②

진희의 집부터 어린이집까지의 거리를 $x$km라고 하면 어린이집부터 회사까지의 거리는 $(12-x)$km이다.
어린이집부터 회사까지 진희의 속력은 10km/h의 1.4배이므로 14km/h이다.
집부터 회사까지 1시간이 걸렸으므로 다음과 같은 식이 성립한다.

$\dfrac{x}{10} + \dfrac{12-x}{14} = 1 \rightarrow 7x + 5(12-x) = 70$

$\rightarrow 2x = 10$

$\therefore x = 5$

즉, 어린이집을 가는 데 걸린 시간은 $\dfrac{5}{10}$ 시간=30분이다.

따라서 어린이집에서 출발한 시각은 8시 30분이다.

04
정답 ③

가현이가 수영하는 속력을 xm/s, A지점에서 B지점까지의 거리를 ym, 강물의 속력을 zm/s라고 하자.
가현이가 강물이 흐르는 방향으로 가는 속력은 $(x+z)$m/s, 거슬러 올라가는 속력은 $(x-z)$m/s이고, 강물이 흐르는 방향으로 수영할 때 걸린 시간이 반대 방향으로 거슬러 올라가며 걸린 시간의 0.2배라고 하였으므로 다음과 같은 식이 성립한다.

$\dfrac{y}{x+z} = \dfrac{y}{x-z} \times 0.2 \rightarrow 10(x-z) = 2(x+z)$

$\rightarrow 2x = 3z$

$\therefore x = \dfrac{3}{2}z$

따라서 가현이의 속력 xm/s는 강물의 속력 zm/s의 1.5배이다.

05
정답 ④

아버지의 연세를 x세, 형의 나이를 y세라고 하자.
동생의 나이는 $(y-2)$세이므로
$y + (y-2) = 40 \rightarrow y = 21$
어머니의 연세는 $(x-4)$세이므로
$x + (x-4) = 6 \times 21 \rightarrow 2x = 130$
$\therefore x = 65$
따라서 아버지의 연세는 65세이다.

06
정답 ③

50,000원을 넘지 않으면서 사과 10개들이 한 상자를 최대로 산다면 5상자($9,500 \times 5 = 47,500$원)를 살 수 있다. 나머지 금액인 $50,000 - 47,500 = 2,500$원으로 낱개의 사과를 2개까지 살 수 있다.
따라서 구매할 수 있는 사과의 최대 개수는 $10 \times 5 + 2 = 52$개이다.

07
정답 ③

재작년 학생 수를 x명이라고 하면, 작년 학생 수는 $1.1x$명이다.
55명은 작년 학생 수의 10%이므로 $0.1 \times 1.1x = 55$이다.
$\therefore x = 500$
따라서 재작년 P고등학교의 학생 수는 500명이다.

08 　　　　　　　　　　　　　　　정답 ①

구매하는 박스의 개수를 x박스라고 하자.
• A가게에서 드는 돈 : $10,000x$원
• B가게에서 드는 돈 : $(8,000x+3,000)$원
$10,000x > 8,000x + 3,000$
$\therefore x > 1.5$
따라서 최소한 2박스를 사야 B가게에서 사는 것이 A가게에서 사는 것보다 저렴하다.

09 　　　　　　　　　　　　　　　정답 ④

빨간 장미의 개수를 x송이, 노란 장미의 개수를 y송이라 하자.
• 총 개수 : $x + y = 30 \cdots \bigcirc$
• 총 비용 : $500x + 700y = 16,000 \rightarrow 5x + 7y = 160 \cdots \bigcirc$
$\bigcirc$, $\bigcirc$을 연립하면 $x = 25$이다.
따라서 빨간 장미는 25송이이다.

10 　　　　　　　　　　　　　　　정답 ③

제품의 원가를 x원이라고 하면 제품의 정가는 $(1+0.2)x = 1.2x$원이고, 판매가는 $1.2x(1-0.15) = 1.02x$원이다.
50개를 판매한 금액이 127,500원이므로
$1.02x \times 50 = 127,500 \rightarrow 1.02x = 2,550$
$\therefore x = 2,500$
따라서 제품의 원가는 2,500원이다.

11 　　　　　　　　　　　　　　　정답 ③

옷의 정가를 x원이라 하자.
$x(1-0.2)(1-0.3) = 280,000 \rightarrow 0.56x = 280,000$
$\therefore x = 500,000$
따라서 할인받은 금액은 $500,000 - 280,000 = 220,000$원이다.

12 　　　　　　　　　　　　　　　정답 ③

어린이, 어른의 식권을 각각 x원, $1.5x$원이라 하자.
$6x + 8 \times 1.5x = 72,000 \rightarrow x = 4,000$
따라서 어른의 식권 가격은 $1.5 \times 4,000 = 6,000$원이다.

13 　　　　　　　　　　　　　　　정답 ②

A, B의 일급이 같으므로 두 사람이 각각 하루 동안 포장한 제품의 개수는 A의 작업량인 $310 \times 5 = 1,550$개와 같다.
B가 처음 시작하는 1시간 동안 x개의 제품을 포장한다고 하자.
$x + 2x + 4x + 8x + 16x = 1,550 \rightarrow 31x = 1,550$
$\therefore x = 50$
따라서 포장할 제품의 개수는 50개이다.

14 　　　　　　　　　　　　　　　정답 ①

전체 일의 양을 1이라고 할 때, A, B, C가 하루 동안 할 수 있는 일의 양은 각각 $\frac{1}{15}$, $\frac{1}{10}$, $\frac{1}{30}$이다.
함께 일하는 기간을 x일이라고 하자.
$\left(\frac{1}{15} + \frac{1}{10} + \frac{1}{30}\right) \times x = 1 \rightarrow \frac{1}{5} \times x = 1$
$\therefore x = 5$
따라서 A, B, C가 함께 일하는 기간은 5일이다.

15 　　　　　　　　　　　　　　　정답 ①

1시간에 60페이지를 읽으므로 1분에 1페이지를 읽는다.
4시간($=240$분) 동안 40분 독서 후 5분씩 휴식을 취하므로 총 휴식시간은 25분이다.
따라서 $(240-25) \times 1 = 215$페이지를 읽을 수 있다.

16 　　　　　　　　　　　　　　　정답 ③

전체 제품을 생산하는 일의 양을 1이라고 하자.
A기계는 하루 동안 $\frac{1}{14}$을 제작할 수 있으며, B기계는 하루 동안 $\frac{1}{24}$을 제작한다. 두 기계를 동시에 이용하였을 때 하루에 $\frac{1}{14} + \frac{1}{24} = \frac{19}{168}$만큼 생산할 수 있다.
따라서 두 기계를 동시에 이용하였을 때 하루 생산량은 전체의 $\frac{19}{168} \times 100 \fallingdotseq 11\%$이다.

17 　　　　　　　　　　　　　　　정답 ②

천포의 수학 점수를 x점이라고 하자.
네 사람의 평균이 105점이므로 $\frac{101 + 105 + 108 + x}{4} = 105$
$\rightarrow x + 314 = 420$
$\therefore x = 106$
따라서 천포의 수학 점수는 106점이다.

18

정답 ①

B팀이 2쿼터까지 얻은 점수를 x점이라 하면 A팀이 얻은 점수는 $(x+7)$점이다.

B팀이 3쿼터와 4쿼터에 얻은 점수를 y점이라 하면, A팀이 얻은 점수는 $\frac{3}{5}y$점이다.

$$x+7+\frac{3}{5}y=75 \rightarrow x+\frac{3}{5}y=68 \cdots \text{㉠}$$

$$x+y=78 \cdots \text{㉡}$$

㉠과 ㉡을 연립하면 $\frac{2}{5}y=10 \rightarrow y=25$이다.

따라서 A팀이 3쿼터와 4쿼터에 얻은 점수는 $\frac{3}{5}\times25=15$점이다.

19

정답 ④

오염물질의 양은 $\frac{3}{100}\times30=0.9$L이고, 여기에 깨끗한 물을 xL 더 넣는다고 하자.

$$\frac{0.9}{30+x}\times100=3-0.5$$

$$\rightarrow 2.5(30+x)=90$$

$$\therefore x=6$$

따라서 더 넣을 깨끗한 물은 6L이다.

20

정답 ②

서희와 소정이가 첫 번째로 만나기까지 걸린 시간을 x초라고 하자.

$$7x+5x=600 \rightarrow x=50$$

첫 번째로 만난 지점과 출발점 사이의 거리, 즉 소정이가 이동한 거리를 구하면 $5\times50=250$m이고, 소정이가 세 번째로 만난 지점까지 이동한 거리는 $250\times3=750$m이다.

따라서 $750-600=150$m이므로, 세 번째로 만난 지점은 출발점으로부터 150m 떨어져 있다.

| 자료계산 |

01	02	03	04	05	06	07	08	09	10
④	②	②	③	②	③	④	④	①	③
11	12	13	14	15	16	17	18	19	20
④	②	①	③	③	③	②	②	④	③

01

정답 ④

등락률은 전일 대비 주식 가격에 대한 비율이다. 1월 7일의 1월 2일 가격 대비 증감율은 $1.1\times1.2\times0.9\times0.8\times1.1=1.04544$이므로 매도 시 주식가격은 $100,000\times1.04544=104,544$원이다.

오답분석

① 1월 4일에 주식을 매도할 경우 가격은 $100,000\times(1.1\times1.2)=132,000$원이므로, 이익률은 $\frac{132,000-100,000}{100,000}\times100=32\%$이다.

② 1월 2일 대비 1월 5일 주식가격 증감율은 $1.1\times1.2\times0.9=1.188$이며, 매도할 경우 $100,000\times1.188=118,800$원에 매도 가능하므로 18,800원 이익이다.

③ 1월 6일에 주식을 매도할 경우 가격은 $100,000\times(1.1\times1.2\times0.9\times0.8)=95,040$원이다. 따라서 $100,000-95,040=4,960$원 손실이며, 1월 2일 대비 주식가격 감소율(이익률)은 $\frac{100,000-95,040}{100,000}\times100=4.96\%$이다.

02

정답 ②

매년 A, B, C 각 대학교의 입학자와 졸업자의 차이가 57명으로 일정하다. 따라서 빈칸에 들어갈 값은 $514-57=457$이다.

03

정답 ②

직급별 사원 수를 알 수 없으므로 전 사원의 주 평균 야근 빈도는 구할 수 없다.

오답분석

① 자료를 통해 알 수 있다.

③ 0.2시간은 60분×0.2=12분이다. 따라서 4.2시간은 4시간 12분이다.

④ 대리는 주 평균 1.8일 야근을 하고 주 평균 6.3시간을 야간 근무하므로, 야근 1회 시 6.3÷1.8=3.5시간 근무로 가장 긴 시간 동안 일한다.

04 정답 ③

- 2021년 전년 대비 감소율 : $\frac{23-24}{24} \times 100 ≒ -4.17\%$

- 2022년 전년 대비 감소율 : $\frac{22-23}{23} \times 100 ≒ -4.35\%$

따라서 2022년이 2021년보다 더 큰 비율로 감소하였다.

오답분석

① 2023년 총지출을 a억 원이라고 가정하면, $a \times 0.06 =$ 21억 원 → $a = \frac{21}{0.06} = 350$, 총지출은 350억 원이므로 320억 원 이상이다.

② 2020년 경제 분야 투자규모의 전년 대비 증가율은 $\frac{24-20}{20} \times 100 = 20\%$이다.

④ 2019 ~ 2023년 동안 경제 분야에 투자한 금액은 20+24 +23+22+21=110억 원이다.

05 정답 ②

100대 기업까지 48.7%이고, 200대 기업까지 54.5%이다. 따라서 101 ~ 200대 기업이 차지하고 있는 비율은 54.5- 48.7=5.8%이므로 5% 이상이다.

오답분석

①·③ 자료를 통해 쉽게 확인할 수 있다.

④ 자료를 통해 0.2%p 감소했음을 알 수 있다.

06 정답 ③

2019년 보통우표와 기념우표 발행 수의 차이는 115,820천 장으로 가장 크다.

오답분석

① 2020년에는 기념우표가 전년보다 증가했지만, 나만의 우 표는 감소했으며, 2022년에는 그 반대 현상을 보였으므 로 적절하지 않다.

② 기념우표의 경우에는 2023년이 가장 낮다.

④ 2021년 전체 발행 수는 113,900천 장인데 나만의 우표는 1,000천 장이므로 약 0.88%이다. 따라서 1% 미만이므로 적절하지 않다.

07 정답 ④

1원당 부피를 판별하면 되므로, 총 부피를 가격으로 나누어 가장 큰 값을 갖는 생수를 고르면 된다.

- A : $(500 \times 20) \div 6,000 ≒ 1.67 \text{mL/원}$
- B : $(700 \times 15) \div 4,000 ≒ 2.63 \text{mL/원}$
- C : $(1,000 \times 10) \div 5,000 = 2 \text{mL/원}$
- D : $(1,500 \times 8) \div 4,500 ≒ 2.67 \text{mL/원}$

따라서 1원당 부피가 가장 큰 D업체를 고르는 것이 가장 이득이다.

08 정답 ④

4개 종목 모두 2019년부터 2023년까지 전년 대비 경기 수 추이가 '증가 - 감소 - 증가 - 감소 - 증가'를 반복하고 있다. 따라서 빈칸에 가장 알맞은 수는 407보다 큰 412이다.

09 정답 ①

해상 교통서비스 수입액이 많은 국가부터 순서대로 나열하면 '인도 - 미국 - 한국 - 브라질 - 멕시코 - 이탈리아 - 터키' 순서이다.

10 정답 ③

해상 교통서비스 수입보다 항공 교통서비스 수입이 더 높은 국가는 미국과 이탈리아이다.

오답분석

① 터키의 교통서비스 수입에서 항공 수입이 차지하는 비중은 $\frac{4,003}{10,157} \times 100 ≒ 39.4\%$이다.

② 교통서비스 수입액이 첫 번째(미국)와 두 번째(인도)로 높은 국가의 차이는 94,344-77,256=17,088백만 달러 이다.

④ 제시된 자료를 통해 확인할 수 있다.

11 정답 ④

제시된 자료의 원자력 소비량 수치를 보면 증감을 반복하고 있는 것을 확인할 수 있다.

오답분석

① 2014년 석유 소비량을 제외한 나머지 에너지 소비량의 합 을 구하면 54.8+30.4+36.7+5.3=127.2백만 TOE이 다. 즉, 석유 소비량인 101.5백만 TOE보다 크다. 2015 ~ 2023년 역시 석유 소비량을 제외한 나머지 에너지 소 비량의 합을 구해 석유 소비량과 비교하면, 석유 소비량이 나머지 에너지 소비량의 합보다 적음을 알 수 있다.

② 석탄 소비량은 2014 ~ 2020년까지 지속적으로 상승하다 가 2021년 감소한 뒤 2022년부터 다시 상승세를 보이고 있다.

③ 제시된 자료를 보면 기타 에너지 소비량은 지속적으로 증 가하고 있다.

12 정답 ②

오답분석

① 자료보다 2020년 가정의 수치가 낮다.

③ 자료보다 2023년 가정의 수치가 높다.

④ 자료보다 2020년 회사의 수치가 높다.

13

정답 ①

2023년 학생 만 명당 사교육비는 $\frac{17.8}{609} \times 10{,}000 \fallingdotseq 292$ 억원으로 통계 기간 중 가장 많다.

14

정답 ③

일본은 2023년도 평균 교육기간이 2022년 평균 교육기간보다 12.8－12.7＝0.1년 높다.

오답분석

① 한국은 2021 ~ 2023년까지 평균 교육기간은 12.1년으로 동일하다.
② 2021년보다 2022년의 평균 교육기간이 높아진 국가는 중국, 인도, 인도네시아, 일본, 터키로 총 5개국이다.
④ 2021 ~ 2023년 동안 항상 평균 교육기간이 8년 이하인 국가는 중국, 인도, 인도네시아, 터키로 총 4개국이다.

15

정답 ③

2021년도 평균 교육기간이 8년 이하인 국가는 중국, 인도, 인도네시아, 터키로 네 국가의 평균 교육기간의 평균은 $\frac{7.7 + 6.3 + 7.9 + 7.8}{4} = \frac{29.7}{4} = 7.425$년이다.

16

정답 ③

인천광역시와 광주광역시는 전년 대비 2023년에 헌혈률이 감소하였다.

17

정답 ②

(헌혈 인구)＝(헌혈률)×(광역시별 인구)÷100이므로, 대구광역시와 인천광역시의 헌혈 인구를 구하면 다음과 같다.
• 대구광역시 헌혈 인구 : 4.8×2,400,000÷100＝115,200명
• 인천광역시 헌혈 인구 : 5.4×3,000,000÷100＝162,000명

18

정답 ②

과학 분야를 선호하는 남학생 비율은 10%, 여학생은 4%이다. 따라서 과학 분야를 선호하는 총 학생 수는 500×0.1+450×0.04＝50+18＝68명이다.

19

정답 ④

기타를 제외한 도서 선호 분야 중 비율이 가장 낮은 분야는 남학생은 예술 분야 1%, 여학생은 철학 분야 2%이다. 따라서 두 분야의 총 학생 수의 10배는 (500×0.01+450×0.02)×10＝(5+9)×10＝140명이다.

20

정답 ③

역사 분야의 남학생 비율은 13%로, 여학생 비율의 2배인 8×2＝16%보다 낮다.

오답분석

① 여학생은 철학 분야(2%)보다 예술 분야(4%)를 더 선호한다.
② 과학 분야는 남학생 비율(10%)이 여학생 비율(4%)보다 높다.
④ 동화 분야의 여학생 비율은 12%로, 남학생 비율의 2배인 7×2＝14%보다 낮다.

01	02	03	04	05	06	07	08	09	10	11	12	13	14	15	16	17	18	19	20
①	④	①	②	④	③	④	④	③	①	①	④	④	①	②	②	④	①	④	④

01

정답 ①

- G → B → C → D : 11+6+2=19km
- G → B → F → D : 11+8+6=25km
- G → B → C → F → D : 11+6+5+6=28km
- G → B → F → C → D : 11+8+5+2=26km
- G → A → B → C → D : 15+3+6+2=26km

따라서 G에서 D까지의 최소 이동거리는 'G → B → C → D'로 이동한 19km이다.

02

정답 ④

세 번째 조건에 의해 G정거장을 거치지 않고, 두 번째, 네 번째 조건에 의해 F정거장까지 정거장을 거치는 순서는 'A → B → C → F'이다. 이후 첫 번째와 두 번째 조건에 의해 J까지 정거장을 거치는 전체 순서는 'A → B → C → F → D → E → J'이다. 따라서 전체 이동거리는 3+6+5+6+3+10=33km이고, 시속 30km로 정속 주행하므로 A정류장에서 J정류장까지 가는데 걸린 시간은 $\frac{33}{30}$ 시간=1시간 6분이다.

03

정답 ①

주어진 자료를 활용하여, 시속으로 표현된 각 수단의 속도를 단위 길이인 1km에 걸리는 소요시간으로 변환하여 정리한다.

구분	(시간)=$\frac{(거리)}{(속력)}$	1km당 소요시간
지하철	$x=\frac{1}{60}$	1분
버스	$x=\frac{1}{30}$	2분
택시		
도보	$x=\frac{1}{6}$	10분

주어진 지도를 참고하여 지하철을 이용하는 방식으로 회사에서 집으로 가는 가장 빠른 경로는 회사 → 지하철역 A까지의 4km, 지하철역 A에서 지하철역 C로 이동하는 6km, 지하철역 C → 집까지의 2km이다. 이때, 가장 빠르게 도착한다는 조건에 따라 지하철로 이동한 구간을 제외한 구간은 차량을 이용한다. 이를 바탕으로 계산해보면, 회사 → 지하철역 A구간은 4×2=8분, 지하철 이용 구간은 6×1=6분, 지하철역 C → 집 구간은 2×2=4분이다. 따라서 총 소요시간은 8+6+4=18분이다.

04

가장 저렴한 비용으로 회사에서 집으로의 12km 구간과 집에서 가장 가까운 지하철역 C로 2km를 이동하는 교통비를 구해야 한다. 다만, 12km 구간을 이동하는 인원과 2km 구간을 이동하는 인원의 수가 달라진다는 점을 염두에 두어야 한다. 즉, 회사에서 집으로 이동할 때에는 김대리를 포함한 4명이 이동을 하고, 돌아갈 때는 김대리를 제외한 3명만 지하철역 C로 돌아가는 경우에 대한 교통비를 계산하여야 한다. 회사에서 집까지 4명이 이동하는 경우의 교통비를 계산하면, 버스로는 $1,500 \times 4 = 6,000$원이 소요되고, 택시로 이동하는 경우에는 1대 기준 $2,500 + 150 \times (12-5) = 2,500 + 1,050 = 3,550$원이 소요되지만, 4명이 이동해야 하므로 2대로 나누어 이동한다. 그러므로 택시를 타면 $3,550 \times 2 = 7,100$원이 소요된다.

김대리를 제외한 3명이 김대리의 집에서 지하철역 C로 이동하는 2km 구간의 교통비를 계산해보면, 버스는 $1,500 \times 3 = 4,500$원, 택시는 기본요금인 2,500원이 소요된다.

따라서 가장 저렴하게 이동할 수 있는 방법은 회사에서 집으로 이동할 때는 4명이 모두 버스를 타고 이동하고, 집에서 지하철역으로 이동할 때는 3명이 함께 택시를 타는 방법이며, 이때의 교통비는 $6,000 + 2,500 = 8,500$원이다.

05

정대리가 근무하는 회사와 약속장소가 있는 지하철역 B 사이의 최소 거리는 7km이다. 이 거리를 택시를 타고 이동한다고 했으므로, 회사에서 약속장소까지의 이동에 소요될 시간은 $7 \times 2 = 14$분이 된다. 그러므로 오후 2시 30분으로 예정된 약속에 10분 먼저 도착하는 것과 이동에 걸리는 시간 14분을 고려하면 택시를 타고 약속장소로 출발해야 할 시간이 나온다.

따라서 정대리는 2시 30분$-(10$분$+14$분$)=2$시 6분에는 회사에서 택시를 탑승해야 한다.

06

07

08

정답 ④

H□ / W○는 가로축이 ○까지, 세로축이 □까지 있음을 나타낸다. 괄호 앞의 각 문자는 도형의 모양을 나타낸다. 즉, A는 원, B는 마름모, C는 삼각형이다. 괄호 안의 숫자는 도형의 위치를 나타낸다. 즉, (1, 2)는 가로축에서 1과 세로축에서 2가 만나는 위치이다.

• 가로축이 4까지, 세로축이 5까지 있다. → H5 / W4
• A는 가로축 3과 세로축 2이 만나는 위치이다. → A(3, 2)
• B는 가로축 1과 세로축 3이 만나는 위치이다. → B(1, 3)
• C는 가로축 1과 세로축 1이 만나는 위치이다. → C(1, 1)
따라서 L : H5 / W4, C : A(3, 2) / B(1, 3) / C(1, 1)가 답이다.

09

정답 ③

H□ / W○는 가로축이 ○까지, 세로축이 □까지 있음을 나타낸다. 괄호 앞의 각 문자는 도형의 모양을 나타낸다. 즉, A는 원, B는 마름모, C는 삼각형이다. 괄호 안의 숫자는 도형의 위치를 나타낸다. 즉, (1, 2)는 가로축에서 1과 세로축에서 2가 만나는 위치이다.

• 가로축이 5까지, 세로축이 5까지 있다. → H5 / W5
• A는 가로축 4와 세로축 2이 만나는 위치이다. → A(4, 2)
• B는 가로축 2와 세로축 3이 만나는 위치이다. → B(2, 3)
• C는 가로축 3과 세로축 4가 만나는 위치이다. → C(3, 4)
따라서 L : H5 / W5, C : A(4, 2) / B(2, 3) / C(3, 4)가 답이다.

10

정답 ①

H5 / W4는 가로축이 4까지 세로축이 5까지 있는 그래프이다. 하지만 산출된 그래프에서는 가로축이 5까지 세로축이 4까지 있기에 오류이다.

11

정답 ①

H□ / W○는 가로축이 ○까지, 세로축이 □까지 있음을 나타낸다. 괄호 앞의 각 문자는 도형의 모양을 나타낸다. 즉, A는 원, B는 마름모, C는 삼각형이다. 괄호 안의 숫자는 도형의 위치를 나타낸다. 즉, (1, 2)는 가로축에서 1과 세로축에서 2가 만나는 위치이다.

• 가로축이 5까지, 세로축이 5까지 있다. → H5 / W5
• A는 가로축 2와 세로축 3이 만나는 위치이다. → A(2, 3)
• B는 가로축 3과 세로축 1이 만나는 위치이다. → B(3, 1)
• C는 가로축 1과 세로축 4가 만나는 위치이다. → C(1, 4)
따라서 L : H5 / W5, C : A(2, 3) / B(3, 1) / C(1, 4)가 답이다.

12

정답 ④

H□ / W○는 가로축이 ○까지, 세로축이 □까지 있음을 나타낸다. 괄호 앞의 각 문자는 도형의 모양을 나타낸다. 즉, A는 원, B는 마름모, C는 삼각형이다. 괄호 안의 숫자는 도형의 위치를 나타낸다. 즉, (1, 2)는 가로축에서 1과 세로축에서 2가 만나는 위치이다.

• 가로축이 4까지, 세로축이 4까지 있다. → H4 / W4
• A는 가로축 3과 세로축 2이 만나는 위치이다. → A(3, 2)
• B는 가로축 1과 세로축 3이 만나는 위치이다. → B(1, 3)
• C는 가로축 2와 세로축 4가 만나는 위치이다. → C(2, 4)
따라서 L : H4 / W4, C : A(3, 2) / B(1, 3) / C(2, 4)가 답이다.

13

C(3, 2)는 가로축 3과 세로축 2가 만나는 위치에 있음을 나타낸다. 그러나 산출된 그래프에서는 C가 (3, 1)에 위치해 있다.

14

두 번째 조건에 따라 S사원의 부서 직원 80명이 전원 참석하므로 수용 가능 인원이 40명인 C세미나는 제외되고, 네 번째 조건에 따라 부서 워크숍은 2일간 진행되므로 하루 대관료가 50만 원을 초과하는 D리조트는 제외된다. 마지막으로 다섯 번째 조건에 따라 왕복 이동 시간이 3시간 이하여야 하므로 4시간인 B연수원은 제외된다. 따라서 가장 적절한 워크숍 장소는 A호텔이다.

15

제시된 자료를 통해 알 수 있다.

오답분석

① 어린이도서관 대출 도서 수가 2권이므로 교내 도서관 대출 수는 2권 이상이어야 참가가 가능하다.
③ 교내 도서관 대출 도서 수가 2권이므로 어린이 도서관 대출 수는 2권 이상이어야 참가가 가능하다.
④ 어린이도서관 대출 도서 수가 1권이므로 교내 도서관 대출 수는 4권 이상이여야 참가가 가능하다.

16

제품번호 'IND22Q03D9210'을 항목에 따라 구분하면 다음과 같다.
[IND] – [22] – [Q03] – [D92] – [10]
따라서 제품번호를 통해 인도네시아에서 2022년 3분기에 생산된 의류이자 일반운송 대상인 제품임을 알 수 있다.

17

정규직의 주당 근무시간을 비정규직 1과 같이 줄여 근무여건을 개선하고, 퇴사율이 가장 높은 비정규직 2의 직무교육을 시행하여 퇴사율을 줄이는 것이 가장 적절하다.

오답분석

① 설문조사 결과에서 연봉보다는 일과 삶의 균형을 더 중요시한다고 하였으므로 연봉이 상승하는 것은 퇴사율에 영향을 미치지 않음을 알 수 있다.
② 정규직을 비정규직으로 전환하는 것은 고용의 안정성을 낮추어 퇴사율을 더욱 높일 수 있다.
③ 직무교육을 안 하는 비정규직 2보다 직무교육을 하는 정규직과 비정규직 1의 퇴사율이 더 낮기 때문에 이는 적절하지 않다.

18

음료의 종류별로 부족한 팀 수를 구하면 다음과 같다.
• 이온음료 : 총무팀(1팀)
• 탄산음료 : 총무팀, 개발팀, 홍보팀, 고객지원팀(4팀)
• 에너지음료 : 개발팀, 홍보팀, 고객지원팀(3팀)
• 캔 커피 : 총무팀, 개발팀, 영업팀, 홍보팀, 고객지원팀(5팀)
음료 구매 시 각 음료의 최소 구비 수량의 1.5배를 구매해야 하므로 이온음료는 9캔, 탄산음료는 18캔, 에너지음료는 15캔, 캔 커피는 45캔씩 구매해야 한다. 그러므로 구매해야 하는 전체 음료의 수는 다음과 같다.
• 이온음료 : 9×1=9캔
• 탄산음료 : 18×4=72캔

• 에너지음료 : $15 \times 3 = 45$캔
• 캔 커피 : $45 \times 5 = 225$캔

따라서 음료는 정해진 묶음으로만 판매하므로 이온음료는 12캔, 탄산음료는 72캔, 에너지음료는 48캔, 캔 커피는 240캔을 구매해야 한다.

19

정답 ④

주중이며, 출장 혹은 연수 일정이 없고, 부서이동 전에 해당되므로 K인턴이 C지사의 파견 근무를 수행할 수 있는 일정은 10월 20 ~ 21일이다.

오답분석

① 10월 6 ~ 7일은 K인턴의 연수 참석 기간이므로 파견 근무를 진행할 수 없다.
② 10월 11 ~ 12일은 주말인 11일을 포함하고 있다.
③ 10월 14 ~ 15일 중 15일은 목요일로, K인턴이 H본부로 출장을 가는 날짜이다.

20

정답 ④

제시된 자료를 통해 알 수 있다.

오답분석

① 재질이 티타늄, 용도가 일반이므로 옳지 않다.
② 용도가 선박이므로 옳지 않다.
③ 재질이 크롬 도금, 직경이 12mm이므로 옳지 않다.

01	02	03	04	05	06	07	08	09	10	11	12	13	14	15	16	17	18	19	20
③	④	③	①	②	②	①	④	③	②	①	④	③	③	④	②	①	④	①	③

01
정답 ③

큰 사각형 안의 작은 사각형은 45° 회전하고, 검은 삼각형은 시계 반대 방향으로 90° 회전하며 흰색 원은 큰 사각형 중심을 기준으로 시계 방향으로 이동한다.

02
정답 ④

사각형 안의 이등변삼각형은 시계 반대 방향으로 45° 회전하고, 사각형 안의 직각삼각형은 시계 반대 방향으로 90° 회전하며 사각형 안의 반원은 시계 방향으로 90° 회전한다. 또한 색상은 흰색 → 검은색 → 회색 순서로 순환한다.

03
정답 ③

선분은 시계 방향으로 45° 회전하며 색 반전하고, 원의 색은 회색 → 검은색 → 흰색 순서로 순환한다. 또한 사각형의 색은 검은색 → 회색 → 흰색 순서로 순환하며 원 안의 선은 검은색과 흰색을 반복한다.

04
정답 ①

규칙은 가로로 적용된다.
첫 번째 도형을 시계 방향으로 90° 회전한 것이 두 번째 도형이고, 두 번째 도형을 다시 시계 방향으로 90°만큼 회전한 것이 세 번째 도형이다.

05
정답 ②

규칙은 가로로 적용된다.
첫 번째 도형과 두 번째 도형의 색이 칠해진 부분의 합이 세 번째 도형이 된다.

06
정답 ②

규칙은 가로로 적용된다.
첫 번째 도형에서 수직으로 반을 자른 후 왼쪽 부분이 두 번째 도형이고, 두 번째 도형에서 수평 방향으로 반을 자른 후 아래쪽 부분이 세 번째 도형이다.

07

정답 ①

오류가 발생한 도형을 제거했을 때 있어야 하는 색을 '(색)'으로, 없어야 하는 색을 '색'으로, 나타내야 하는 신호의 변화를 '색(→○○색)'으로 표시하였다.

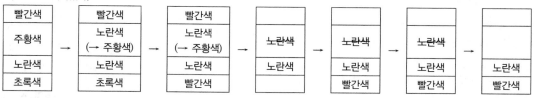

08

정답 ④

오류가 발생한 도형을 제거했을 때 있어야 하는 색을 '(색)'으로, 없어야하는 색을 '색'으로, 나타내야하는 신호의 변화를 '색(→○○색)'으로 표시하였다.

빨간색		빨간색		빨간색		빨간색		빨간색		빨간색		빨간색
주황색	→		→		→	주황색	→	주황색	→	주황색	→	주황색
노란색										빨간색		
초록색												

09

정답 ③

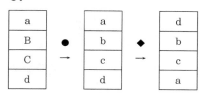

10

정답 ②

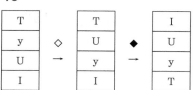

11

정답 ①

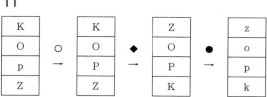

12

정답 ④

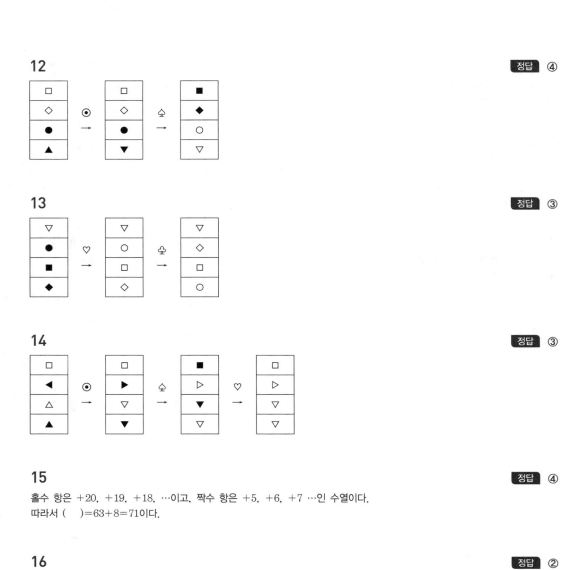

13

정답 ③

14

정답 ③

15

정답 ④

홀수 항은 +20, +19, +18, …이고, 짝수 항은 +5, +6, +7 …인 수열이다.
따라서 (   )=63+8=71이다.

16

정답 ②

앞의 항에 ×(-4)를 하는 수열이다.
따라서 (   )=(-68)×(-4)=272이다.

17

정답 ①

앞의 항에 $\times \frac{1}{4}$ 와 ×2-4를 번갈아 가며 적용하는 수열이다.
따라서 (   )=3.75×2-4=3.5이다.

18

정답 ④

세로 열에 대하여 한 칸씩 내려가면서 +24의 규칙을 갖는다.
따라서 (　)=27+24=51이다.

19

정답 ①

위 칸의 연속된 세 수를 더한 것이 아래 칸 가운데 수가 된다.
따라서 (　)=2+8+5=15이다.

20

정답 ③

오각형 모서리 숫자의 규칙은 다음과 같다.

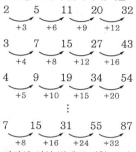

따라서 여섯 번째 오각형 모서리 숫자의 합은 7+15+31+55+87=195이다.

교육은 우리 자신의 무지를 점차 발견해 가는 과정이다.

– 윌 듀란트 –

2

포스코 상식

01	02	03	04	05	06	07	08	09	10
②	③	④	①	①	②	③	④	③	③
11	12	13	14	15	16	17	18	19	20
②	①	④	①	①	③	③	①	③	②

01 　　　정답 ②

HyREX(Hydrogen Reduction)는 수소환원 제철 기술로, 제선 공정의 환원제 및 열원으로 사용되고 있는 원료탄을 수소로 대체하여 온실가스를 획기적으로 감축하는 기술이다. 따라서 포스코가 경영이념 실현을 위해 제시한 활동 영역에 해당하지 않는다.

오답분석

①·③·④ 포스코는 'With POSCO(더불어 함께 발전하는 기업시민)'라는 경영비전을 실현하기 위한 3대 활동 영역으로 Business With POSCO(비즈니스 파트너와 가치를 함께 만드는 포스코)와 Society With POSCO(더 나은 사회를 함께 만드는 포스코), People With POSCO(신뢰와 창의 문화를 만드는 포스코) 등을 제시했다.

02 　　　정답 ③

제철보국(製鐵報國)은 '좋은 철을 만들어 국가와 국민에 보답·공헌한다'는 뜻으로, 박태준 초대사장이 제시한 포스코 창업이념이다.

오답분석

① 철저마침(鐵杵磨鍼) : 철로 만든 절굿공이를 갈아서 바늘을 만듦, 즉 정성을 다해 노력하면 어떠한 목표라도 달성할 수 있다는 뜻
② 우수천석(雨垂穿石) : '떨어지는 빗방울이 돌을 뚫다'는 뜻으로, 상황이 아무리 어렵더라도 돌파구를 적극적으로 찾는다면 반드시 해결책을 찾을 수 있다는 뜻
④ 수처작주(隨處作主) : 어느 곳이든 가는 곳마다 주인이 되라는 뜻으로, 주체적인 삶을 강조하는 말

03 　　　정답 ④

eAutopos는 Eco-friendly & Electrified Automotive solution of Posco, 즉 포스코의 친환경차 브랜드로서 탄소발자국을 줄이는 데 기여하는 저탄소 철강 제품군을 가리킨다. 포스코는 모빌리티 분야에서 글로벌 자동차 회사들을 대상으로 eAutopos 제품 기반의 친환경차 솔루션을 제공하고 있다.

오답분석

① Greenate : 2022년 11월 출범한 포스코의 탄소중립 마스터 브랜드로서 '그린(Green)이 되게 하다(-ate)'는 의미의 조합어로, 녹색 지구(Green Planet)를 만들어 나가겠다는 포스코의 의지를 표현한다. Greenate을 구성하는 3개의 서브 브랜드로는 Greenate Steell, Greenate Tech & Process, Greenate Infra 등이 있다.
② Green with Posco : 경영이념을 실현하기 위한 기업시민 5대 브랜드 중 하나로, '함께 환경을 지키는 회사'라는 뜻이며, 2050 탄소중립 달성 선언 및 탄소중립 사회 구현에 기여하려는 포스코의 의지를 담았다.
③ INNOVILT : Innovation(혁신)＋Value(가치)＋Built(건설) 건설의 ESG를 선도하려는 포스코의 친환경 프리미엄 강건재 브랜드로서, 고품질 철강재로 만든 프리미엄 건설자재 제품군을 가리킨다.

04 　　　정답 ①

포스코는 1968년 4월 '(주)포항종합제철'이라는 이름으로 설립되었으며, 2002년 3월 '(주)포스코'로 사명을 변경했다. 이후 물적분할을 결정하면서 2022년 3월 철강 사업회사 포스코(비상장 신설 법인)와 지주사 포스코홀딩스(존속 법인)으로 분할되었다.

05 　　　정답 ①

포스코의 기업시민 5대 브랜드 및 목표

• Green With POSCO(함께 환경을 지키는 회사, 대표 브랜드) : 2050 탄소중립 달성 목표를 선언하고 많은 이해관계자들과 함께 지속적인 파트너십을 통해 탄소중립 사회 구현에 기여한다.

- Together With POSCO(함께 거래하고 싶은 회사) : 비즈니스 파트너사에 대한 단순 지원을 넘어 경제적 가치와 사회적 가치를 함께 추구하는 새로운 차원의 '기업시민 동반성장' 활동을 추진하여 높아진 사회적 기대 수준과 변화된 경영 환경에서 더욱 강건한 공급망 및 산업 생태계를 조성한다.
- Challenge With POSCO(함께 성장하고 싶은 회사) : 벤처밸리 조성과 벤처펀드 투자로 구성되는 '포스코 벤처플랫폼' 구축을 통해 100년 기업을 향한 신성장사업 발굴 기반을 마련한다.
- Life With POSCO(함께 미래를 만드는 회사) : 미래 세대가 기업시민형 기업가 정신을 보유한 리더로 성장할 수 있도록 국내외 대학들과 협력하며, 청년 일자리 창출을 위한 다양한 프로그램을 지속적으로 운영한다. 또한 저출산·취업 등 사회 문제 해결에 앞장서며 직원들의 안전하고 행복한 삶을 위해 노력한다.
- Community With POSCO(지역과 함께하는 회사) : 창립 초기부터 지역사회와 함께 성장하는 것을 기업의 사회적 책임으로 생각하고, 지역사회 주민들과 함께 다양한 사회문제 해결을 통해 기업과 사회가 함께 발전하는 모델을 제시한다.

06　　정답 ②

연연속압연기술은 종전의 압연 공정에 비해 작업 시간을 획기적으로 줄이고 더 단단하고 더 얇은 강판을 경제적으로 만들 수 있는 포스코의 차세대 열간압연 신기술이다.

07　　정답 ③

포스코알텍은 지식자산 조사·분석·컨설팅 서비스 전문기관으로 포스코그룹의 지식재산권을 통합 관리하는 전문 자회사이다.

오답분석
① SNNC는 대한민국 최초의 일관제철소로 철강회사이다.
② 포스코케미칼은 글로벌 석탄화학 및 탄소소재 전문기업이다.
④ 피엠씨텍은 우리나라 최초 프리미엄 침상코크스 제조기업이다.

08　　정답 ④

포스코의 경영비전은 'With POSCO'로 더불어 함께 발전하는 기업시민 의미를 담고 있는 With의 의미를 시각적으로 전달하기 위해 W는 두 사람이 손을 맞잡고 있는 모습을 이미지화해 공감적 어울림이 꾸준히 지속됨을 표현하였다.

오답분석
① 사외이사 중 이사회 의장을 선임한다.
② 감사위원회는 이사회에서 별도 안건으로 상정하여 선임되며 독립성이 강하다.

③ 1968년에 창립된 후 2000년에 민영화가 되었으며, 2002년 사명을 포항종합제철주식회사에서 주식회사 포스코로 변경하였다.

09　　정답 ③

탄소회계시스템 및 탄소배출량 검증시스템 가동은 온실가스 관리 시스템 구축에 들어가는 내용이다.

10　　정답 ③

포스코그룹의 카페오아시아는 2013년에 인가받은 카페로서, 포스코와 사회적 기업 지원 네트워크(SESNET)의 협업하에 탄생한 소셜 프랜차이즈이다.

포스코그룹의 환경 커뮤니케이션 활동
- 포스코 그린워크 캠페인 : 2011년 1월부터 시작한 그린워크 캠페인은 포스코 패밀리 임직원과 가족이 함께하는 포스코의 대표적인 녹색실천운동이다.
- 환경 콜로키움 : 국제적 환경 이슈 및 국내 환경 정책에 효과적으로 대응하기 위해 포스코에서는 '환경 콜로키움(전문가 회의)'을 시행하고 있다. 관련 정부, 기업, 학계 및 환경단체 등의 오피니언 리더를 초청하여 포스코의 사업 및 활동 방향에 대한 자문을 구하고, 더 나아가 정부 정책과 기업의 역할 등에 대해 논의하고 있다.
- 탄소중립 프로그램 : POSCO 탄소중립 프로그램은 2009년 국내 기업 최초로 론칭하여, 우리 사회에서 실천할 수 있는 다양한 아이디어를 기획안 제출심사를 통해 모집하는 참여형 공모전이다.

11　　정답 ②

제시문은 스틸하우스에 대한 설명으로, 포스코는 2009년을 시작으로 스틸하우스 봉사활동을 펼쳐오고 있다.

12　　정답 ①

Unlimit the Limit의 의미
- 첨단 기술력과 혁신으로 의미 있는 새로운 가능성을 찾는 포스코의 방식
- 고객사의 니즈뿐만 아니라 최종사용자에게 필요한 솔루션을 개척하는 포스코의 전문성
- 함께하는 고객과 국민, 임직원들에게 긍정적 변화를 제공하기 위한 포스코의 사명
- 생활의 밀접한 부분에서부터 삶의 가치를 높이기 위한 포스코의 노력

13

(주)포항특수용접봉은 극저온, 에너지 해양, 초고강도 등 새로운 산업환경에 적합한 특수용접재료를 개발, 생산하는 전문 기업이다.

14

포스코 에너지는 2012년에 법인을 설립하고, 포스코와 인도네시아에 동남아 최초 부생가스발전소를 만들었다.

15

포스코기술투자는 포스코와 포항공대로 구성된 안정적인 주주기반의 신기술금융사로서, 혁신패러다임의 미래산업을 선도할 유망 신기술사업자 및 벤처기업을 발굴, 육성하고자 1997년 6월 18일 설립되었다.

오답분석

② 포스코 O&M : 시설물유지 / 관리, 주택관리, 부동산 임대 및 관리 사업을 한다.
③ 포스코새마을금고 : 새마을금고법에 따라 창립, 운영 중인 비영리 금융기관으로 임직원만 가입 / 거래가 가능하다.
④ 포스코미소금융재단 : 저신용 저소득 금융 취약 계층의 경제적 자활을 지원하는 재단이다.

16

한국고등교육재단은 SK그룹 故 최종현 회장이 설립하고 SK그룹의 재정적 기여로 운영되고 있는 교육 · 학술재단이다.

오답분석

① 비욘드 봉사단 : 포스코에서 지원하는 대학생 봉사단으로, 지역과 나이, 전공과 성별을 불문한 100명의 대학생 단원이 약 8개월의 활동 기간 동안 다양한 국내 재능나눔 활동과 포스코 스틸빌리지 해외봉사 등을 실천한다.
② 스틸빌리지 프로젝트(Steel Village Project) : 포스코의 철강재를 활용해 주택 건립부터 스틸 놀이터, 스틸 브리지 건축까지 다양하고 튼튼한 마을 건축 구조물을 통해 지역사회에 기여하는 사업이다. 2017년 11월에는 UN 지속가능 발전목표 홈페이지에 우수사례로 등재, 2018년에는 UN 인구개발위원회에서 지속가능발전 선도모델로 채택되기도 했다.
④ 클린오션 봉사단 : 2009년 스킨스쿠버 동호회원을 중심으로 출범하였으며, 창단 이래 2018년 기준 누적인원 2만 3백여 명이 동해, 남해, 서해 해양에서 500여 차례의 정화 활동을 진행하는 등 바다 및 해양자원의 보존과 환경개선에 앞장서고 있다.

17

특수강 전문회사인 '포스코특수강'은 2015년 3월 세아베스틸에 인수되어 '세아창원특수강'으로 회사명을 바꾸었다.

오답분석

① 포스코케미칼 :포스코의 내화물 및 화학소재 전문 계열사이다.
② 포스코 O&M : 포스코의 종합서비스 전문기업으로 기술 컨설팅, 입 · 퇴거 서비스, 임대차, 매입, 매각 등의 부동산 서비스와 골프장 운영서비스를 제공하고 있다.
④ 엔투비 : 포스코의 계열사로 소모성 자재를 통칭하는 MRO(Main-tenance Repair Operation)에 대한 기업 간 전자상거래를 제공한다.

18

앙코르(ANCOR)강은 일반강재 대비 황산 부식 및 복합산 부식에 대한 높은 내식 성능을 자랑하는 강재로, 주요 설비뿐만 아니라 쓰레기 소각로, 제철소 등 혹독한 황산부식 환경에 노출된 설비에도 활용 가능한 것이 특징이다.

오답분석

② 열연강판(熱延鋼板) : 쇳물을 가공해서 나온 슬래브를 고온으로 가열하여 누르고 늘여서 얇게 만든 강판이다. 주로 자동차, 건설, 조선, 파이프, 산업기계 등 산업 전 분야에 사용된다.
③ 퍼멀로이(Permalloy) : 니켈 약 80%, 철 20%의 합금으로 연질 자성합금이라고도 불린다. 투자율(透磁率)이 높은 자성재료로, 주로 통신기의 자심의 재료로 쓰인다.
④ 스테인리스강(Stainless Steel) : 최소 10.5%에서 11%의 크롬이 들어간 강철 합금으로 녹과 부식에 강하여 요리 기구 등 생활용품부터 산업용 재료, 그리고 자동차와 항공우주 구조물, 건설재료 등 다양한 분야에 걸쳐 쓰인다.

19

포스코의 기가스틸은 고강도와 높은 가공성, 경량화와 친환경, 경제성을 특장점으로 하는 신소재이다. 열전도성, 혹은 열전도율은 열전달을 나타내는 물질의 고유한 성질로, 열전도율이 높은 물질은 열을 흡수하는 데 쓰이고 열전도율이 낮은 물질은 단열재 등에 쓰인다.

20

포스코의 역사는 크게 포스코 창업기(1967 ~ 1970), 포항건설기(1971~ 1981), 광양건설기(1982 ~ 1992), 민영화(1993 ~ 2002), 글로벌화(2003 ~ 현재)로 구분된다.

제1회 최종점검 모의고사

제2회 최종점검 모의고사

제3회 최종점검 모의고사

제4회 최종점검 모의고사

제1회 최종점검 모의고사

01	02	03	04	05	06	07	08	09	10	11	12	13	14	15	16	17	18	19	20
②	④	④	②	③	①	①	①	③	②	②	②	④	①	④	④	②	③	③	④
21	22	23	24	25	26	27	28	29	30	31	32	33	34	35	36	37	38	39	40
④	②	④	④	①	④	③	①	②	③	①	④	④	②	④	②	④	①	①	④
41	42	43	44	45	46	47	48	49	50	51	52	53	54	55	56	57	58	59	60
④	①	④	①	①	④	①	④	④	③	④	③	④	①	③	②	②	④	③	④
61	62	63	64	65															
①	④	③	③	②															

01

정답 ②

'무거운 물건을 들 수 있다.'를 A, '근력이 좋다.'를 B, '근육을 키운다.'를 C라고 하면, 첫 번째 명제는 A → B, 마지막 명제는 ~C → ~A이다. 마지막 명제의 대우가 A → C이므로 A → B → C가 성립하기 위해서 필요한 명제는 B → C이다. 따라서 빈칸에 들어갈 명제로는 '근력이 좋으려면 근육을 키워야 한다.'가 가장 적절하다.

02

정답 ④

영희는 가방을 좋아하고, 가방을 좋아하면 바나나를 좋아한다. 그러므로 영희는 바나나를 좋아한다. 두 번째 문장의 대우 명제는 '바나나를 좋아하면 비행기를 좋아하지 않는다.'이다. 따라서 '영희는 비행기를 좋아하지 않는다.'를 유추할 수 있다.

오답분석

① 세 번째 문장의 대우는 '바나나를 좋아하지 않는 사람은 가방을 좋아하지 않는다.'이다.
② 주어진 문장은 두 번째 문장의 이이다. 따라서 참일 수도 거짓일 수도 있다.
③ 두 번째 문장과 세 번째 문장의 대우 명제를 결합하면 '비행기를 좋아하는 사람은 가방을 좋아하지 않는다.'를 유추할 수 있다.

03

정답 ④

- 자유시간이 많음 → 책을 읽음 → 어휘력이 풍부함 → 발표를 잘함
- 끝말잇기를 잘하는 사람 → 어휘력이 풍부함 → 발표를 잘함

04

정답 ②

먼저 B의 진술이 거짓일 경우 A와 C는 모두 프로젝트에 참여하지 않으며, C의 진술이 거짓일 경우 B와 C는 모두 프로젝트에 참여한다. 따라서 B와 C의 진술은 동시에 거짓이 될 수 없으므로 둘 중 한 명의 진술은 반드시 참이 된다.
ⅰ) B의 진술이 참인 경우
　　A는 프로젝트에 참여하지 않으며, B와 C는 모두 프로젝트에 참여한다. B와 C 모두 프로젝트에 참여하므로 D는 프로젝트에 참여하지 않는다.

ii) C의 진술이 참인 경우

A의 진술은 거짓이므로 A는 프로젝트에 참여하지 않으며, B는 프로젝트에 참여한다. C는 프로젝트에 참여하지 않으나, B가 프로젝트에 참여하므로 D는 프로젝트에 참여하지 않는다.

따라서 반드시 프로젝트에 참여하는 사람은 B이다.

05
정답 ③

제시문은 종교 해방을 위해 나타난 계몽주의의 발현 배경과 계몽주의가 추구한 방향에 대해 설명하고 그 결과 나타난 긍정적 요소와 부정적 요소를 설명하는 글이다. 따라서 (라) 인간의 종교와 이를 극복하게 한 계몽주의 – (가) 계몽주의의 추구 방향 – (다) 계몽주의의 결과로 나타난 효과 – (나) 계몽주의의 결과로 나타난 역효과 순서로 나열하는 것이 적절하다.

06
정답 ①

제시문은 환경 영향 평가 제도에 대한 개념과 도입된 원인에 대한 내용의 글이다. 따라서 (가) 환경 영향 평가 제도는 부정적인 환경 영향을 줄이는 방안을 마련하는 수단 – (다) 개발로 인한 환경오염과 생태계가 파괴되어 해결이 어려워짐 – (나) 이러한 이유로 환경 영향 평가 제도가 도입됨 – (라) 환경 영향 평가 제도는 환경 보전에 대한 인식 제고와 개발과 보전 사이의 균형을 맞추는 역할을 수행함 순서로 나열하는 것이 적절하다.

07
정답 ①

제시문은 맨체스터 유나이티드가 지역의 축구팀에서 글로벌 스포츠 브랜드로 성장한 방법과 과정에 대하여 설명하고 있다. 앞서 제시된 단락은 맨체스터 유나이티드는 지역 축구팀에서 브랜딩 과정을 통해 글로벌 브랜드가 된 변화에 대해 의문을 제시하고 있으므로 이어지는 단락은 맨체스터 유나이티드의 브랜딩 과정에 대하여 순차적으로 나열될 것임을 추측할 수 있다. 따라서 (가) 맨체스터 유나이티드는 최고의 잠재력을 지닌 세계 유소년 선수들을 모아 훗날 많은 스타선수들을 배출하는 청소년 아카데미를 운영함 – (다) 이후 맨체스터 유나이티드는 자사 제품의 품질을 강화하며 경영 전략에 변화를 줌 – (라) 브랜드 경영 전략의 변화, 다양한 경로로 브랜드를 유통함 – (나) 위 전략을 바탕으로 세계 시장에서의 입지를 다짐의 순서대로 나열하는 것이 적절하다.

08
정답 ①

저작권법에 의해 보호받을 수 있는 저작물은 최소한의 창작성을 지니고 있어야 하며, 남의 것을 베낀 것이 아닌 저작자 자신의 것이어야 한다.

09
정답 ③

종교적 · 주술적 성격의 동물은 대개 초자연적인 강대한 힘을 가지고 인간 세계를 지배하거나 수호하는 신적인 존재이다.

[오답분석]
① 미술 작품 속에 등장하는 동물에는 해태나 봉황 등 인간의 상상에서 나온 동물도 적지 않다.
② 미술 작품 속에 등장하는 동물은 성격에 따라 구분할 수 있으나, 이 구분은 엄격한 것이 아니다.
④ 인간의 이지가 발달함에 따라 신적인 기능이 감소한 종교적 · 주술적 동물은 신이 아닌 인간에게 봉사하는 존재로 전락한다.

10
정답 ②

제시문은 세습 무당 집안 출신의 남자들이 조선 후기의 사회적 분위기에 힘입어 돈을 벌기 위해 소리판을 벌이기 시작하였고, 자신의 명성과 소득을 위해 대중이 좋아할 만한 소리를 발굴하고 개발하였다는 내용을 핵심으로 하고 있다.

11

정답 ②

제시문의 핵심 논점을 잡으면 첫 번째 문단의 끝에서 '제로섬(Zero-sum)적인 요소를 지니는 경제 문제'와 두 번째 문단의 끝에서 '우리 자신의 수입을 보호하기 위해 경제적 변화가 일어나는 것을 막거나 혹은 사회가 우리에게 손해를 입히는 공공정책이 강제로 시행되는 것을 막기 위해 싸울 것'에 대한 것이 핵심 주장이므로 제시문은 사회경제적인 총합이 많아지는 정책, 즉 '사회의 총생산량이 많아지게 하는 정책이 좋은 정책'이라는 주장에 대한 비판이라고 할 수 있다.

12

정답 ②

세 번째 문단의 첫 문장에서 전자 감시는 파놉티콘의 감시 능력을 전 사회로 확장했다고 말하고 있으므로, 정보 파놉티콘은 발전된 감시 체계라고 할 수 있다. 따라서 종국에는 감시 체계 자체를 소멸시킬 것이라는 추론은 적절하지 않다.

13

정답 ④

빈칸 앞의 내용은 예술작품에 담겨있는 작가의 의도를 강조하며, 독자가 예술작품을 해석하고 이해하는 활동은 예술적 가치 즉, 작가의 의도가 담긴 작품에서 파생된 2차적인 활동일 뿐이라고 이야기하고 있다. 따라서 독자의 작품 해석에 있어, 작가의 의도와 작품을 왜곡하지 않아야 한다는 내용의 ④가 빈칸에 들어갈 내용으로 가장 적절하다.

[오답분석]

①・② 두 번째 문단에 따르면 예술은 독자의 해석으로 완성되는 것이 아니며, 작품을 해석해 줄 독자가 없어도 예술은 그 자체로 가치가 있다.

③ 작품에 포함된 작가의 권위를 인정해야 한다는 것일 뿐, 작가의 권위와 작품 해석의 다양성은 서로 관련이 없다.

14

정답 ①

두 번째 단락은 첫 번째 단락의 부연 설명이고, 제시문의 전개 방식은 다음과 같다.

• 대전제 : 전 세계를 상대로 진리를 탐구하는 것만이 진정한 학자이다.

• 소전제 : 남의 학문을 전파하는 것은 진리 탐구와는 성질이 다른 것이다.

• 결론 : 남의 학문을 전파하는 사람은 진정한 학자가 아니다.

따라서 전체적으로 보면 세 개의 정언 명제로 구성된 간접추리 방식으로 세 개의 명제 가운데 두 개의 명제는 전제이고, 나머지 한 개의 명제는 결론이 되는 연역법의 '정언 삼단논법' 방식이다.

15

정답 ④

제시문은 미세먼지 특별법 제정과 시행 내용에 대해 설명하고 있다. 따라서 ④가 제시문의 제목으로 가장 적절하다.

16

정답 ④

B를 거치는 A와 C의 최단경로는 A와 B 사이의 경로와 B와 C 사이의 경로를 나눠서 구할 수 있다.

i) A와 B의 최단경로의 경우의 수 : $\dfrac{5!}{3! \times 2!} = 10$가지

ii) B와 C의 최단경로의 경우의 수 : $\dfrac{3!}{1! \times 2!} = 3$가지

따라서 B를 거치는 A와 C의 최단경로의 경우의 수는 $3 \times 10 = 30$가지이다.

17

정답 ②

탁구공 12개 중에서 4개를 꺼내는 경우의 수는 $_{12}C_4 = 495$가지이다.

흰색 탁구공이 노란색 탁구공보다 많은 경우는 흰색 탁구공 3개, 노란색 탁구공 1개 또는 흰색 탁구공 4개를 꺼내는 경우이다.

ⅰ) 흰색 탁구공 3개, 노란 색 탁구공 1개를 꺼내는 경우의 수 : $_7C_3 \times _5C_1 = 35 \times 5 = 175$가지
ⅱ) 흰색 탁구공 4개를 꺼내는 경우의 수 : $_7C_4 = 35$가지

따라서 구하는 확률은 $\dfrac{175+35}{495} = \dfrac{210}{495} = \dfrac{14}{33}$이다.

18
정답 ③

관람객의 수를 x명이라고 하자(단, $x < 50$인 자연수).

$$5,000x \geq 50 \times 5,000 \times (1 - \dfrac{25}{100})$$

$$\rightarrow x \geq 50 \times \dfrac{75}{100} \rightarrow x \geq \dfrac{75}{2}$$

$$\therefore x \geq 37.5$$

따라서 38명 이상일 때 50명 이상의 단체관람권을 구입하는 것이 유리하다.

19
정답 ③

남자가 소설을 대여한 횟수는 60회이고, 여자가 소설을 대여한 횟수는 80회이므로 $\dfrac{60}{80} \times 100 = 75\%$이다.

오답분석
① 소설 전체 대여 횟수는 140회, 비소설 전체 대여 횟수는 80회이므로 옳다.
② 40세 미만의 전체 대여 횟수는 120회, 40세 이상의 전체 대여 횟수는 100회이므로 옳다.
④ 40세 미만의 전체 대여 횟수는 120회이고, 그중 비소설 대여는 30회이므로 $\dfrac{30}{120} \times 100 = 25\%$이다.

20
정답 ④

일본, 미국만 해당하므로 절반이 넘지 않는다.

오답분석
① 2021년에만 프랑스의 자국 영화 점유율이 한국보다 높았다.
② 표를 통해 쉽게 확인할 수 있다.
③ 2020년 대비 2023년 자국 영화 점유율이 하락한 국가는 한국, 영국, 프랑스이고, 이 중 한국이 4%p로, 가장 많이 하락했다.

21
정답 ④

'매우 불만족'으로 평가한 고객 수는 전체 150명 중 15명이므로 10%의 비율을 차지한다. 따라서 응답한 전체 고객 중 $\dfrac{1}{10}$이 '매우 불만족'으로 평가했다는 것을 알 수 있다.

오답분석
① 응답자의 합계를 확인하면 150명이므로 옳은 설명이다.
② '매우 만족'이라고 평가한 응답자의 비율이 20%이므로, $150 \times 0.2 = 30$명(A)이다.
③ '보통'이라고 평가한 응답자의 수를 역산하여 구하면 48명(B)이고, 비율은 32%(C)이다. 따라서 약 $\dfrac{1}{3}$이라고 볼 수 있다.

22

정답 ②

(가) ~ (다)에 들어갈 정확한 값을 찾으려 계산하기보다는 자료에서 해결할 수 있는 실마리를 찾아 적절하지 않은 선택지를 제거하는 방식으로 접근하는 것이 좋다.

먼저 종합순위가 3위인 D부장의 점수는 모두 공개되어 있으므로 총점을 계산해보면, $80+80+60+70=290$점이다.

종합순위가 4위인 A사원의 총점은 $70+$(가)$+80+70=220+$(가)점이며, 3위 점수인 290점보다 낮아야 하므로 (가)에 들어갈 점수는 70점 미만이다.

종합순위가 2위인 C과장의 총점은 (다)$+85+70+75=230+$(다)점이며, 290점보다 높아야 하므로 (다)에 들어갈 점수는 60점을 초과해야 한다.

위의 조건에 해당하는 ②, ③에 따라 (가)=65점, (다)=65점을 대입하면, C과장의 총점은 $230+65=295$점이 된다.

종합순위가 1위인 B대리의 총점은 $80+85+$(나)$+70=235+$(나)점이며, 295점보다 높아야 하므로 (나)에 들어갈 점수는 60점을 초과해야 한다.

따라서 (나)의 점수가 60점인 ③은 제외되므로 가장 적절한 것은 ②이다.

23

정답 ④

ㄴ. 2020년 대비 2023년 각 분야별 침해사고 건수 감소율은 다음과 같다.

- 홈페이지 변조 : $\dfrac{390-650}{650}\times100=-40\%$

- 스팸릴레이 : $\dfrac{40-100}{100}\times100=-60\%$

- 기타 해킹 : $\dfrac{165-300}{300}\times100=-45\%$

- 단순 침입시도 : $\dfrac{175-250}{250}\times100=-30\%$

- 피싱 경유지 : $\dfrac{130-200}{200}\times100=-35\%$

따라서 50% 이상 감소한 분야는 '스팸릴레이' 한 분야이다.

ㄹ. 기타 해킹 분야의 2023년 침해사고 건수는 2021년 대비 증가했으므로 옳지 않은 설명이다.

[오답분석]

ㄱ. 단순 침입시도 분야의 침해사고는 매년 스팸릴레이 분야의 침해사고 건수의 2배 이상인 것을 확인할 수 있다.

ㄷ. 2022년 홈페이지 변조 분야의 침해사고 건수가 차지하는 비중은 $\dfrac{600}{1,500}\times100=40\%$로, 35% 이상이다.

24

정답 ④

지환 : 2020년부터 2023년까지 방송수신료 매출액은 전년 대비 '증가 - 감소 - 감소 - 증가'의 추이를, 프로그램 판매 매출액은 전년 대비 '감소 - 증가 - 증가 - 감소'의 추이를 보이고 있다. 따라서 방송수신료 매출액의 증감 추이와 반대되는 추이를 보이는 항목이 존재한다.

동현 : 각 항목의 매출액 순위는 '광고 - 방송수신료 - 기타 사업 - 협찬 - 기타 방송사업 - 프로그램 판매' 순서이며, 2019년부터 2023년까지 이 순위는 계속 유지된다.

세미 : 2019년 대비 2023년에 매출액이 상승하지 않은 항목은 방송수신료, 광고로 총 2개이다.

[오답분석]

소영 : 항목별로 최대 매출액과 최소 매출액의 차를 구해보면 다음과 같다.

- 방송수신료 : $57-53=4$십억 원
- 광고 : $232-210=22$십억 원
- 협찬 : $33-30=3$십억 원

- 프로그램 판매 : 13−10＝3십억 원
- 기타 방송사업 : 22−18＝4십억 원
- 기타 사업 : 42−40＝2십억 원

기타 사업의 매출액 변동폭은 2십억 원이므로, 모든 항목의 매출액이 3십억 원 이상의 변동폭을 보인 것은 아니다.

25

정답 ①

- 1학년 전체 학생 중 빨강을 좋아하는 학생 수의 비율 : $\dfrac{50}{250} \times 100 = 20\%$

- 2학년 전체 학생 중 노랑을 좋아하는 학생 수의 비율 : $\dfrac{75}{250} \times 100 = 30\%$

따라서 빨강을 좋아하는 학생 수의 비율은 20%이고, 노랑을 좋아하는 학생 수의 비율은 30%이다.

26

정답 ④

2018년의 노령연금 대비 유족연금 비율은 $\dfrac{485}{2,532} \times 100 \fallingdotseq 19.2\%$이고, 2019년의 비율은 $\dfrac{571}{3,103} \times 100 \fallingdotseq 18.4\%$이다. 따라서 2018년이 2019년보다 더 높다.

오답분석
① 매년 가장 낮은 것은 장애연금 지급액이다.
② 일시금 지급액은 2020년과 2021년에 감소했다.
③ 2018년 지급총액의 2배는 3,585×2＝7,170억 원이므로 2022년에 2배를 넘어섰다.

27

정답 ③

- 2018년 대비 2019년 사고 척수의 증가율 : $\dfrac{2,400-1,500}{1,500} \times 100 = 60\%$

- 2018년 대비 2019년 사고 건수의 증가율 : $\dfrac{2,100-1,400}{1,400} \times 100 = 50\%$

따라서 2018년 대비 2019년 사고 척수의 증가율은 60%이고, 사고 건수의 증가율은 50%이다.

28

정답 ①

연도별 사고 건수당 인명피해의 인원수를 구하면 다음과 같다.

- 2018년 : $\dfrac{700}{1,400} = 0.5$명/건

- 2019년 : $\dfrac{420}{2,100} = 0.2$명/건

- 2020년 : $\dfrac{460}{2,300} = 0.2$명/건

- 2021년 : $\dfrac{750}{2,500} = 0.3$명/건

- 2022년 : $\dfrac{260}{2,600} = 0.1$명/건

따라서 사고 건수당 인명피해의 인원수가 가장 많은 연도는 2018년이다.

29

모든 부서의 직원 수는 $8+10+9+13=40$명이며, 그중 컴퓨터활용을 신청한 직원은 $2+4+2+3=11$명이다.

따라서 '컴퓨터활용'을 신청한 직원은 전체에서 $\frac{11}{40} \times 100 = 27.5\%$를 차지한다.

30

한 달 수업일수 및 시간 그래프에서 각 수업의 한 달 동안 받는 수업시간을 계산하면 다음과 같다.
- 영어회화 : $6 \times 1 = 6$시간
- 컴퓨터활용 : $8 \times 1.5 = 12$시간
- 회계이론 : $5 \times 2 = 10$시간
- 영어문서 작성 : $6 \times 2 = 12$시간

따라서 한 달에 가장 적은 시간을 수업하는 프로그램은 '영어회화'이며, 한 달 수강료는 10만 원이다.

31

'(시간)$=\dfrac{(거리)}{(속력)}$'이므로 각 경우의 소요시간은 다음과 같다.

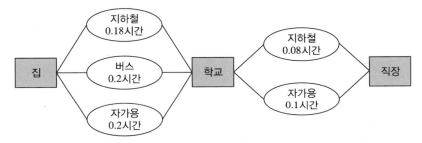

따라서 지하철을 이용해 자녀를 학교에 바래다주고, 이후에도 지하철을 이용해 출근하는 것이 최소시간이 소요되는 경우이다.

32

'(시간)$=\dfrac{(거리)}{(속력)}$'이므로 각 경우의 소요시간은 다음과 같다.

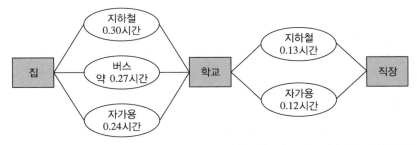

따라서 자가용을 이용해 자녀를 학교에 바래다주고, 이후에도 자가용을 이용해 출근하는 것이 최소시간이 소요되는 경우이다.

33

정답 ④

A지점에서 G지점으로 갈 수 있는 경로는 7가지이며, 이중 경로 거리가 짧은 3가지 경로를 비교하면 다음과 같다.
- A − B − D − F − G : 5+6+2+3=16km
- A − C − E − F − G : 3+6+3+3=15km
- A − C − E − G : 3+6+8=17km

따라서 가장 짧은 경로 거리는 15km이다.

34

정답 ②

F지점을 거치지 않고 E지점을 들르는 'A − C − E − G' 경로로 3+6+8=17km로 가장 짧다.

[오답분석]
① E지점과 F지점 경로는 교통사고로 인해 운행이 어렵다.
③ E지점을 거치지 않았다.
④ 경로의 거리는 5+6+4+8=23km이다.

35

정답 ④

H□ / W○는 가로축이 ○까지, 세로축이 □까지 있음을 나타낸다. 괄호 앞의 각 문자는 도형의 모양을 나타낸다. 즉, A는 원, B는 마름모, C는 삼각형, D는 사다리꼴이다. 괄호 안의 숫자는 도형의 위치를 나타낸다. 즉, (1, 2)는 가로축에서 1과 세로축에서 2가 만나는 위치이다.
- 가로축이 5까지, 세로축이 5까지 있다. → H5 / W5
- A는 가로축 3과 세로축 1이 만나는 위치이다. → A(3, 1)
- B는 가로축 4와 세로축 4가 만나는 위치이다. → B(4, 4)
- C는 가로축 1과 세로축 2가 만나는 위치이다. → C(1, 2)
- D는 가로축 2와 세로축 3이 만나는 위치이다. → D(2, 3)

따라서 L : H5 / W5, C : A(3, 1) / B(4, 4) / C(1, 2) / D(2, 3)가 답이다.

36

정답 ②

H□ / W○는 가로축이 ○까지, 세로축이 □까지 있음을 나타낸다. 괄호 앞의 각 문자는 도형의 모양을 나타낸다. 즉, A는 원, B는 마름모, C는 삼각형, D는 사다리꼴이다. 괄호 안의 숫자는 도형의 위치를 나타낸다. 즉, (1, 2)는 가로축에서 1과 세로축에서 2가 만나는 위치이다.
- 가로축이 5까지, 세로축이 4까지 있다. → H4 / W5
- A는 가로축 1과 세로축 2가 만나는 위치이다. → A(1, 2)
- B는 가로축 3과 세로축 1이 만나는 위치이다. → B(3, 1)
- C는 가로축 4와 세로축 3이 만나는 위치이다. → C(4, 3)
- D는 가로축 2와 세로축 4가 만나는 위치이다. → D(2, 4)

따라서 L : H4 / W5, C : A(1, 2) / B(3, 1) / C(4, 3) / D(2, 4)가 답이다.

37

정답 ④

D(3, 5)는 가로축 3과 세로축 5가 만나는 위치에 있음을 나타낸다. 그러나 산출된 그래프에서는 D가 (4, 5)에 위치해 있다.

38

정답 ①

39

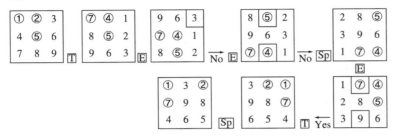

정답 ①

40

정답 ④

A ~ D학생이 얻는 점수는 다음과 같다.
- A학생 : 기본 점수 80점에 오탈자 33건이므로 5점 감점, 전체 글자 수 654자이므로 3점 추가, A등급 2개와 C등급 1개이므로 15점 추가하여 총 80−5+3+15=93점이다.
- B 학생 : 기본 점수 80점에 오탈자 7건이므로 0점 감점, 전체 글자 수 476자이므로 0점 추가, B등급 3개이므로 5점 추가하여 총 80+5=85점이다.
- C학생 : 기본 점수 80점에 오탈자 28건이므로 4점 감점, 전체 글자 수 332자이므로 10점 감점, B등급 2개와 C등급 1개이므로 0점 추가하여 총 80−4−10=66점이다.
- D학생 : 기본 점수 80점에 오탈자 25건이므로 4점 감점, 전체 글자 수가 572자이므로 0점 추가, A등급 3개이므로 25점 추가하여 총 80−4+25=101점이다.

따라서 점수가 가장 높은 사람은 D학생이다.

41

정답 ④

A조의 발표기간 3일 중 마지막 발표는 11일이므로, 다음 순서인 C조는 그 다음날인 12일에는 발표를 시작할 수 없다. 또한 그 다음 수업일은 화요일인 16일이나, 첫 번째날과 두 번째날의 발표는 연속하여 하여야 하지만 17일이 창립기념일이므로 발표는 18일에 시작하여야 한다. 그러므로 C조는 18, 19일에 발표를 하고, 마지막 날의 발표를 다음 수업일인 23일에 하게 된다. 따라서 B조는 그 다음날인 24일을 제외하고 가장 빠른 발표가능일인 25, 26일에 발표를 하고, 마지막 발표는 30일에 하게 된다.

42

정답 ①

P씨는 장애의 정도가 심하지 않으므로 KTX 이용 시 평일 이용에 대해서만 30% 할인을 받으며, 동반 보호자에 대한 할인은 적용되지 않는다. 따라서 3월 11일(토) 서울 → 부산 구간의 이용에는 할인이 적용되지 않고, 3월 13일(월) 부산 → 서울 구간 이용 시 총 운임의 15%만 할인받는다. 따라서 두 사람의 왕복 운임을 기준으로 7.5%를 할인받았음을 알 수 있다.

43

'한국 - 태국 - 브라질 - 한국' 노선에서 가장 저렴한 항공편은 IC-024, IC-714, IC-310(58+49+94=201만 원)으로 10월 11일 오후 2시에 출발해 10월 12일 오후 9시 45분에 도착하므로 총소요시간은 31시간 45분이다. '한국 - 브라질 - 태국 - 한국' 노선에서 가장 저렴한 항공편은 GR-472, GR-614, GR-150(91+38+58=187만 원)이다. 이때 태국 - 한국 노선 중 더 저렴한 것은 GR-320이지만, 탑승이 불가능한 시간이므로 GR-150을 선택한다. 10월 10일 오전 9시에 출발해 10월 12일 오후 8시에 도착하므로 총소요시간은 59시간이다.
따라서 총소요시간의 차이는 59시간-31시간 45분=27시간 15분이다.

44

태국이 브라질보다 회의시간이 빠르므로 노선은 '한국 - 태국 -브라질'이 된다. 태국에서 현지시각 10월 10일 19시는 한국시각으로 10월 10일 16시이므로 회의에 참석하기 위해 IC-012의 항공편을 이용한다.
브라질에서 현지시각 10월 12일 18시는 한국시각으로 10월 12일 23시이다. 회의에 참석하기 위해 탑승해야 하는 항공은 IC-834, IC-714 모두 가능하며 이 중 항공 소요시간이 더 짧은 IC-834를 이용한다.
따라서 이용해야 하는 항공편은 IC-012, IC-834이다.

45

한국에 10월 12일 오후 8시 전까지 도착해야 하므로, '한국 - 태국 - 브라질 - 한국'의 마지막 노선은 IC-580, '한국 - 브라질 - 태국 - 한국'의 마지막 노선은 GR-320이어야 한다. 각각의 노선이 가능한 경우를 따져보면 다음과 같다.
• 한국 - 태국 - 브라질 - 한국 : IC-024 → IC-834 → IC-580 : 58+57+102=217만 원
• 한국 - 브라질 - 태국 - 한국 : GR-472 → GR-844 → GR-320 : 91+43+55=189만 원
따라서 둘 중 더 저렴한 노선은 GR 노선이므로, 이때 한국에서 출발시각은 10월 10일 오전 9시이다.

46

도형이 오른쪽의 도형으로 변할 때 ◼은 왼쪽으로 한 칸 이동, ◰은 제자리에서 시계 방향으로 90° 회전, ◼은 시계 방향으로 세 칸 이동을 하며, ☐은 위쪽으로 두 칸 이동한다. 따라서 ?에 들어갈 도형은 마지막 도형을 기준으로 ◼은 왼쪽으로 한 칸 이동하여 첫 번째 줄에 위치하게 되고 ◰은 시계 방향으로 90° 회전하여 두 번째 줄 두 번째 칸에 위치하게 된다. 또한 ◼은 시계 방향으로 세 칸 이동하여 두 번째 줄 첫 번째 칸에 위치하게 되고, ☐은 위쪽으로 두 칸 이동하여 세 번째 줄 세 번째 칸에 위치한다.

47

선분은 시계 방향으로 45° 회전하고, 사각형 안의 도형의 위치는 변하지 않으나 색상은 시계 방향으로 회전한다.

48

두 개의 검은색 원은 시계 방향으로 90° 회전하고, 두 개의 흰색 원은 시계 반대 방향으로 90° 회전한다. 또한 원이 없는 작은 사각형은 회색이다.

49

규칙은 세로로 적용된다.
첫 번째 도형과 두 번째 도형의 색칠된 부분을 합치면 세 번째 도형이 된다.

50

정답 ③

규칙은 가로로 적용된다.
두 번째 도형에서 첫 번째 도형을 뺀 나머지를 시계 방향으로 90° 회전시킨 것이 세 번째 도형이 된다.

51

정답 ④

규칙은 가로로 적용된다.
16칸 안에 있는 모든 도형이 오른쪽으로 한 칸씩 움직인다.

52

정답 ③

오류가 발생한 도형을 제거했을 때 있어야 하는 색을 '(색)'으로, 없어야 하는 색을 '색'으로, 나타내야 하는 신호의 변화를 '색(→○○색)'으로 표시하였다.

빨간색		빨간색				빨간색		빨간색		빨간색		
주황색	→	주황색	→		→		→		→	주황색	→	주황색
노란색		노란색		노란색		노란색						
초록색		빨간색										

53

정답 ④

오류가 발생한 도형을 제거했을 때 있어야 하는 색을 '(색)'으로, 없어야 하는 색을 '색'으로, 나타내야 하는 신호의 변화를 '색(→○○색)'으로 표시하였다.

빨간색		빨간색		빨간색		빨간색		빨간색		(빨간색)		빨간색
주황색	→	주황색	→		→		→	빨간색	→	(빨간색)	→	빨간색
노란색		노란색		노란색		노란색		노란색		노란색		노란색
초록색		빨간색		빨간색		빨간색		빨간색		(빨간색)		빨간색

54

정답 ①

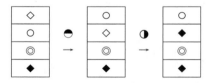

55

정답 ③

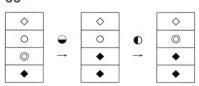

56

정답 ②

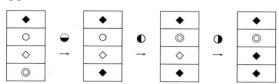

57

정답 ②

앞의 항에 ×6, ÷3이 번갈아 가며 적용되는 수열이다.
따라서 ( )=16×6=96이다.

58

정답 ④

분자는 +3, +2, +1, 0, …이고, 분모는 −7, −6, −5, −4, …인 수열이다.
따라서 ( )=$\dfrac{33+0}{340-4}=\dfrac{33}{336}$ 이다.

59

정답 ③

(첫 번째 행)×(두 번째 행)+1=(세 번째 행)이다.
따라서 ( )=7×3+1=22이다.

60

정답 ④

나열된 숫자를 3개씩 묶고 이를 각각 A B C라고 하면 다음과 같은 규칙이 성립한다.

$$\boxed{\begin{array}{c} A \\ \boxed{B}\,\boxed{C} \end{array}} \rightarrow A-B=C$$

A	B	C
15	3	15−3=12
9	2	9−2=7
17	8	17−8=9

따라서 ( )=17−8=9이다.

61

정답 ①

포스코 사업장의 2017~2019년 이산화탄소 배출량 평균은 7,882만 톤이며, 2030년까지 배출량을 10%를 저감(7,100만톤)할 계획이다. 이어 2035년까지 30%, 2040년까지 50%, 2050년까지 100%로 단계적 저감 목표를 제시했다.

오답분석

② 포스코는 2006년 온실가스 에너지 시스템을 구축해 체계적으로 온실가스를 감축하고 있다. 또한 2022년에는 탄소중립 추진 전담 조직을 신설해 저탄소 철강 생산 – 기술 – 판매 – 원료 – 투자 체계로의 대전환에 속도를 내고 있다.

③ 포스코는 2026년 30만 톤 규모의 HyREX(Hydrogen Reduction Ionmaking) 시험설비를 도입해 수소환원 상용화 조업 기술을 검증하고, 2030년까지 상용 설비를 도입해 HyREX 기술을 완성할 계획이다.

④ 포스코의 2050년 탄소중립 달성 전략은 우선적으로는 대형 전기로 도입과 확대, 궁극적으로는 고로(석탄·철광석을 사전 가열 가공해 쇳물을 생산)를 수소환원제철 공법으로 완전 전환하는 것을 목표로 한다. 장기적으로는 독자적으로 개발 중인 유동환원로 기반의 수소환원제철 기술 '하이렉스(HyREX)'를 통해 2050년까지 기존 고로를 모두 수소환원제철로 교체한다.

62

정답 ④

송원문화재단은 동국제강에서 장학 사업을 위해 1996년 설립한 재단이다. 포스코 계열사 가운데 장학 사업을 펼치고 있는 재단은 포스코청암재단이다. 1971년 재단법인 제철장학회라는 명칭으로 설립된 청암재단은 장학 사업 외에도 유학 지원 사업, 청년 과학자 육성 사업, 포스코청암상(과학상·교육상·봉사상·기술상) 시상 사업 등을 벌이고 있다. 2022년 말 기준으로 누적 지원자 수는 13,309명이다.

오답분석

① PNR : 포스코의 철강 부문 계열사로, 제철 부산물 자원화 전문기업이다.
② SNNC : 포스코의 철강 부문 계열사로, 포스코그룹의 고순도 니켈 생산의 한 축을 담당할 국내 최초의 페로니켈 생산 전문기업이다.
③ 피앤오케미칼 : 포스코의 친환경 미래 소재 부문 계열사로, 고순도 과산화수소 등 첨단 정밀화학 소재를 생산하는 기업이다.

63

정답 ③

포스코는 이사회와 산하 전문기구인 ESG위원회를 통해서 주요 기부 건의 목적, 용도, 기부처, 시기 등을 관리하고 있다. 1억 원 초과 ~ 10억 원 이하의 기부·찬조는 ESG위원회에서, 10억 원을 초과하는 경우는 이사회에서 심의·의결한다.

64

정답 ③

포스코그룹의 브랜드 슬로건 'Green Tomorrow, with POSCO(세상에 가치를 더합니다)'는 변하지 않는 POSCO의 사명(使命)과 인류의 지속 가능한 미래를 만들어 나가겠다는 약속을 담고 있다. 이러한 브랜드 슬로건의 의미를 시각적으로 표현하기 위해 친환경을 의미하는 그린 컬러와 포스코의 혁신적 모습을 대표하는 부드러운 블루 컬러가 서로 어우러지며 자연스럽게 변화됨을 그라데이션 기법으로 이미지화했다.

65

정답 ②

그린본드(Green Bond)는 자금 사용 목적이 재생에너지, 전기차, 고효율 에너지 등 친환경 관련 프로젝트 투자로 한정된 채권으로서, 녹색채권이라고도 부른다. 한국수출입은행은 2013년 2월에 한국 기업으로는 최초로 그린본드(5억 달러, 5년 만기)를 발행한 바 있다. 또한 포스코는 2024년 1월 16일 5억 달러 규모의 그린본드 발행에 성공했으며(3년 만기), 이로써 조성된 자원은 광양제철소 전기로 신설투자 사업에 사용할 계획이다.

오답분석

코코본드(Contingent Convertible Bond)는 자본 건전성 악화와 같은 특정 사유가 발생할 경우 투자 원금을 강제로 주식으로 변환하거나 상각된다는 조건이 붙은 회사채로서, 조건부자본증권이라고도 부른다. 상각으로 인한 손실 위험을 안고 있는 대신 일반 회사채보다 높은 금리를 지급한다.

01	02	03	04	05	06	07	08	09	10	11	12	13	14	15	16	17	18	19	20
④	②	④	②	①	①	②	②	①	②	①	②	④	②	④	①	②	①	②	④
21	22	23	24	25	26	27	28	29	30	31	32	33	34	35	36	37	38	39	40
②	③	④	③	①	④	④	②	④	②	④	②	④	③	②	④	②	④	②	④
41	42	43	44	45	46	47	48	49	50	51	52	53	54	55	56	57	58	59	60
④	②	④	②	④	①	③	②	③	②	④	④	④	②	④	③	④	①	③	②
61	62	63	64	65															
②	④	④	③	④															

01

정답 ④

'비가 옴'을 p, '한강 물이 불어남'을 q, '보트를 탐'을 r, '자전거를 탐'을 s라고 하면, 각 명제는 순서대로 $p \rightarrow q$, $\sim p \rightarrow \sim r$, $\sim s \rightarrow q$이다. 앞의 두 명제를 연결하면 $r \rightarrow p \rightarrow q$이고, 결론이 $\sim s \rightarrow q$가 되기 위해서는 $\sim s \rightarrow r$이라는 명제가 추가로 필요하다. 따라서 빈칸에 들어갈 명제는 ④이다.

02

정답 ②

설현은 석정의 가방을, 보민은 설현의 가방을, 석정은 보민의 가방을 들었다.

03

정답 ④

'예술가'를 p, '조각상을 좋아한다.'를 q, '철학자'를 r, '귀족'을 s, '부유하다.'를 t라고 했을 때, 명제를 나열하면 '$p \rightarrow q$', '$r \rightarrow \sim q$', '$q \rightarrow s$', '$\sim p \rightarrow t$'이다.

이를 정리하면 '$\sim t \rightarrow p \rightarrow q \rightarrow \sim r \rightarrow s$'이고, '$\sim q \rightarrow \sim p \rightarrow t$'임을 알 수 있다.

따라서 부유한 사람이 귀족인지는 알 수 없다.

오답분석

① 1번째 명제, 2번째 명제의 대우를 통해 추론할 수 있다.
② 1번째 명제, 3번째 명제를 통해 추론할 수 있다.
③ 2번째 명제, 1번째 명제의 대우, 4번째 명제를 통해 추론할 수 있다.

04

정답 ②

피아노를 잘하는 사람의 경우 진실을 말할 수도 있고, 거짓을 말할 수도 있다는 점에 유의한다.
i) 갑이 진실을 말했을 경우 : 병의 말과 모순된다.
ii) 을이 진실을 말했을 경우 : 병과 갑이 모두 거짓을 말한 것이 된다. 따라서 을이 조각, 병이 피아노(거짓을 말함), 갑이 테니스를 잘하는 사람이다.
iii) 병이 피아노를 잘하면서 거짓을 말했을 경우 : 을이 조각, 갑이 테니스이다. 반대의 경우는 병의 말 자체가 모순되어 성립되지 않는다.
따라서 갑이 테니스를 잘하는 사람이다.

05

정답 ①

(가) 친환경 농업은 건강과 직결되어 있기 때문에 각광받고 있음 – (나) 병충해를 막기 위해 사용된 농약은 완전히 제거하기 어려우며 신체에 각종 손상을 입힘 – (다) 생산량 증가를 위해 사용한 농약과 제초제가 오히려 인체에 해를 입힐 수 있음 순으로 연결되므로 (가) – (나) – (다)의 순서로 연결되어야 한다.

06

정답 ①

제시문은 P회사가 국내 최대 규모의 은퇴연구소를 개소했고, 은퇴 이후 안정된 노후준비를 돕고 다양한 정보를 제공하는 소통의 채널로 이용하며 은퇴 이후의 생활이 취약한 우리의 인식 변화를 위해 노력할 것이라는 내용의 글이다. 따라서 (다) P회사가 국내 최대 규모의 은퇴연구소를 개소 – (가) 은퇴연구소는 체계화된 팀을 구성 – (나) 일반인들의 안정된 노후준비를 돕고, 다양한 정보를 제공할 것 – (라) 선진국에 비해 취약한 우리의 인식을 변화하기 위한 노력 순서로 연결되어야 한다.

07

정답 ②

제시된 단락의 마지막 문장을 통해, 이어질 내용이 초콜릿의 기원임을 유추할 수 있으므로 역사적 순서에 따라 나열하면 (나) – (다) – (라)가 되고, 그러한 초콜릿의 역사가 한국에서 나타났다는 내용은 각론에 해당하므로 (가)는 마지막에 위치한다.

08

정답 ②

제시문을 통해 알 수 있다.

오답분석
① 그녀는 8년째 도서관에서 일한다.
③ 생활비를 줄이기 위해 휴대폰을 정지했다.
④ 동생에게 돈을 송금했다.

09

정답 ①

제시문에 따르면 1900년 하와이 원주민의 수는 4만 명이었으며, 현재 하와이어 모국어를 구사할 수 있는 원주민의 수는 1,000명 정도이다. 따라서 하와이 원주민의 수가 1,000명인 것은 아니므로 ①이 적절하지 않다.

10

정답 ②

고대 중국인들은 하늘을 인간의 개별적 또는 공통적 운명을 지배하는 신비하고 절대적인 존재로 보았다. 따라서 이러한 고대 중국인들의 주장에 대한 반박으로는 사람이 받게 되는 재앙과 복의 원인은 모두 자신에게 있다는 내용의 ②가 가장 적절하다.

11

정답 ①

'미국 사회에서 동양계 ~ 구성된.'에서 '모범적 소수 인종'의 인종적 정체성은 백인의 특성이 장점이라고 생각하는 것과 동양인의 특성이 단점이라고 생각하는 것의 사이에서 구성된다. 따라서 '모범적 소수 인종'은 특유의 인종적 정체성을 내면화하고 있음을 추론할 수 있다.

오답분석
② 제시문의 논점은 '동양계 미국인 학생들(모범적 소수 인종)'이 성공적인 학교 생활을 통해 주류 사회에 동화되고 있는 것이 사실인지 여부이다. 그에 따라 사회적 삶에서 인종주의의 영향이 약화될 수 있는지에 대한 문제이다. 따라서 '모범적 소수 인종'의 성공이 일시적·허구적인지에 대한 논점은 확인할 수 없다.
③ 동양계 미국인 학생들은 인종적인 차별을 의식하고 있다고 말할 수 있지만 소수 인종 모두가 의식하고 있는지는 제시문을 통해서 추측할 수 없다.
④ 인종차별을 의식하는 것은 알 수 있지만 한정된 자원의 배분을 놓고 갈등하는지는 알 수 없다.

12

정답 ②

아리스토텔레스에 따르면 스스로 결정하는 일에 참여할 때 교육적 효과가 가장 두드러진다. 따라서 빈칸에는 도덕적 결정의 상황에 실제로 참여해 보는 직접적 경험이 중요하다는 내용이 들어가야 한다.

13

정답 ④

제시문은 2030 청년들이 '영끌'을 통해 집을 구매한 이유를 '렌트푸어'와 '하우스푸어'의 양자택일로 인해 이루어졌음을 설명하고 있다. 따라서 '2030 영끌의 이유'가 가장 적절한 주제이다.

14

정답 ②

제시문에서는 환경오염은 급격한 기후변화의 촉매제 역할을 하고 있으며, 이는 농어촌과 식량 자원에 악영향을 미치고 있다고 이야기하고 있다. 따라서 ②가 글의 주제로 가장 적절하다.

15

정답 ④

우리나라는 식량의 75% 이상을 해외에서 조달해오고 있다. 이러한 특성상 기후변화가 계속된다면 식량공급이 어려워져 식량난이 심각해질 수 있다.

[오답분석]

① 기후변화가 환경오염의 촉매제가 된 것이 아니라, 환경오염이 기후변화의 촉매제가 되었다.

② 알프스나 남극 공기를 포장해 파는 시대가 올지도 모른다는 말은 그만큼 공기 질 저하가 심각하다는 것을 나타낸 것이지, 실제로 판매를 하고 있는 것은 아니다.

③ 한정된 식량 자원에 의한 굶주림이 일부 저개발 국가에서 일반화되었지만, 저개발 국가에서 인구의 폭발적인 증가가 일어났다고는 볼 수 없다.

16

정답 ①

(정가)−(원가)=(이익)이므로 할인가는 $10,000 \times (1+0.3) \times (1-0.2) = 1.04 \times 10,000 = 10,400$원이다.

따라서 이익은 $10,400 - 10,000 = 400$원이다.

17

정답 ②

갑과 을이 한 시간 동안 만들 수 있는 곰 인형의 수는 각각 $\dfrac{100}{4} = 25$개, $\dfrac{25}{10} = 2.5$개이다.

함께 곰 인형 132개를 만드는 데 걸린 시간을 x시간이라고 하자.

$(25 + 2.5) \times 0.8 \times x = 132 \rightarrow 22x = 132$

$\therefore x = 6$

따라서 곰 인형 132개를 만드는 데 6시간이 걸린다.

18

정답 ①

• n개월 후 형의 통장 잔액 : $2,000n$

• n개월 후 동생의 통장 잔액 : $10,000 + 1,500n$

따라서 형의 통장 잔액이 동생보다 많아질 때는 $2,000n > 10,000 + 1,500n \rightarrow n > 20$이므로 21개월 후이다.

19

A사의 판매율이 가장 높은 연도는 2023년, B사의 판매율이 가장 높은 연도는 2021년으로 다르다.

[오답분석]
① A사와 B사는 2022년도만 감소하여 판매율 증감추이가 같다.
③ A사의 판매율이 가장 높은 연도는 2023년이고, C사의 판매율이 가장 낮은 연도도 2023년으로 동일하다.
④ B사의 판매율이 가장 낮은 연도는 2019년이고, C사의 판매율이 가장 높은 연도도 2019년으로 동일하다.

20

전체 여성과 남성의 찬성인원 차이는 300−252＝48명이며, 본부별 차이는 336−216＝120명으로 성별이 아닌 본부별 차이가 더 크다.

[오답분석]

① 두 본부의 남성이 휴게실 확충에 찬성하는 비율은 $\frac{156+96}{400} \times 100=63\%$이므로, 60% 이상이다.

② A본부 여성의 찬성 비율은 $\frac{180}{200} \times 100=90\%$이고, B본부는 $\frac{120}{200} \times 100=60\%$이다. 따라서 A본부 여성의 찬성 비율이 1.5배 높음을 알 수 있다.

③ B본부 전체 인원 중 여성의 찬성률은 $\frac{120}{400} \times 100=30\%$로, 남성의 찬성률 $\frac{96}{400} \times 100=24\%$의 1.25배이다.

21

연도별 자금규모 항목을 더한 비율은 100%이어야 한다.
따라서 (가)에 들어갈 수치는 100−(29.2+13.2+21.2+17.2+5)＝14.2이다.

22

남자 수는 전체의 60%이므로 300명, 여자 수는 200명이다.

• 41 ~ 50회를 기록한 남자 수 : $\frac{35}{100} \times 300=105$명

• 11 ~ 20회를 기록한 여자 수 : $\frac{17}{100} \times 200=34$명

따라서 41 ~ 50회를 기록한 남자 수와 11 ~ 20회를 기록한 여자 수의 차이는 71명이다.

23

각 달의 남자 손님 수를 구하면 다음과 같다.
• 1월 : 56−23＝33명
• 2월 : 59−29＝30명
• 3월 : 57−34＝23명
• 4월 : 56−22＝34명
따라서 4월에 남자 손님 수가 가장 많았다.

24

정답 ③

정상가로 A, B, C과자를 2봉지씩 구매할 수 있는 금액은 $(1,500+1,200+2,000)\times2=4,700\times2=9,400$원이다. 이 금액으로 A, B, C과자를 할인된 가격으로 2봉지씩 구매하고 남은 금액은 $9,400-\{(1,500+1,200)\times0.8+2,000\times0.6\}\times2=9,400-3,360\times2=9,400-6,720=2,680$원이다.

따라서 남은 금액으로 A과자를 $\frac{2,680}{1,500\times0.8}\fallingdotseq2.23$, 2봉지 더 구매할 수 있다.

25

정답 ①

- 주말 입장료 : $11,000+15,000+20,000\times2+20,000\times\frac{1}{2}=76,000$원

- 주중 입장료 : $10,000+13,000+18,000\times2+18,000\times\frac{1}{2}=68,000$원

따라서 요금 차이는 $76,000-68,000=8,000$원이다.

26

정답 ④

2020년 강수량의 총합은 1,529.7mm이고, 2021년 강수량의 총합은 1,122.7mm이다.
따라서 전년 대비 강수량의 변화를 구하면 $1,529.7-1,122.7=407$mm로 가장 변화량이 크다.

[오답분석]

① 조사기간 내 가을철 평균 강수량은 $\frac{1,919.9}{8}\fallingdotseq240$mm이다.

② 여름철 강수량이 두 번째로 높았던 해는 2020년이다. 2020년의 가을·겨울철 강수량의 합은 502.6mm이고 봄철 강수량은 256.5mm이다.
   따라서 $256.5\times2=513$mm이므로 봄철 강수량의 2배 미만이다.

③ 강수량이 제일 낮은 해는 2023년이지만 가뭄의 기준이 제시되지 않았으므로 알 수 없다.

27

정답 ④

[오답분석]

① 1990년 노령화지수는 20.0%이고, 2016년 노령화지수는 100.7%로 약 5배 증가했다.

② GDP의 증가 예상 지수는 제시되지 않았다.

③ • 2020년 대비 2030년 노령화지수 : $125.9\times2=251.8$
   • 2010년 대비 2020년 노령화지수 : $67.7\times2=135.4$
   모두 두 배를 넘지 않으므로 증가율은 100% 미만이다.

28

정답 ②

2015년 강북의 주택전세가격을 100이라고 한다면, 그래프는 전년 대비 증감률을 나타내므로 2016년에는 약 5% 증가해 $100\times1.05=105$이고, 2017년에는 전년 대비 약 10% 증가해 $105\times1.1=115.5$라고 할 수 있다.

따라서 2017년 강북의 주택전세가격은 2015년 대비 $\frac{115.5-100}{100}\times100\fallingdotseq15.5\%$ 증가했다고 볼 수 있다.

[오답분석]

① 전국 주택전세가격의 증감률은 2014년부터 2023년까지 모두 양의 값(+)이므로 매년 증가하고 있다고 볼 수 있다.

③ 2020년 이후 서울의 주택전세가격 증가율이 전국 평균 증가율보다 높은 것을 확인할 수 있다.

④ 강남 지역의 주택전세가격 증가율이 가장 높은 시기는 2017년인 것을 확인할 수 있다.

29

정답 ④

ㄴ. 2022년 대비 2023년 외국인 관람객 수의 감소율 : $\dfrac{3,849-2,089}{3,849}\times100 ≒ 45.73\%$

따라서 2023년 외국인 관람객 수는 전년 대비 43% 이상 감소하였다.

ㄹ. 제시된 그래프를 보면 2021년과 2023년 전체 관람객 수는 전년보다 감소했으며, 증가폭은 2020년이 2022년보다 큼을 확인할 수 있다.

그래프에 제시되지 않은 2017년, 2018년, 2019년의 전년 대비 전체 관람객 수 증가폭과 2020년의 전년 대비 전체 관람객 수 증가폭을 비교하면 다음과 같다.

• 2017년 : $(6,805+3,619)-(6,688+3,355)=381$천 명
• 2018년 : $(6,738+4,146)-(6,805+3,619)=460$천 명
• 2019년 : $(6,580+4,379)-(6,738+4,146)=75$천 명
• 2020년 : $(7,566+5,539)-(6,580+4,379)=2,146$천 명

따라서 전체 관람객 수가 전년 대비 가장 많이 증가한 해는 2020년이다.

오답분석

ㄱ. 제시된 자료를 통해 확인할 수 있다.

ㄷ. 제시된 그래프를 보면 2019 ~ 2023년 전체 관람객 수와 유료 관람객 수는 증가 – 감소 – 증가 – 감소의 추이를 보인다.

30

정답 ②

• 2024년 예상 유료 관람객 수 : $5,187\times1.24 ≒ 6,431$천 명
  2024년 예상 무료 관람객 수 : $3,355\times2.4=8,052$천 명
  ∴ 2024년 예상 전체 관람객 수 : $6,431+8,052=14,483$천 명
• 2024년 예상 외국인 관람객 수 : $2,089+35=2,124$천 명

따라서 2024년 예상 전체 관람객 수는 14,483천 명이고, 예상 외국인 관람객 수는 2,124천 명이다.

31

정답 ④

'나'에서 '라'로 이동이 불가능하므로 ④의 경로로는 이동할 수 없다.

32

정답 ②

그림을 살펴보면 '나'는 '다'와만 연결이 되어 있고, '다'는 '마'와만 연결이 되어 있는 것을 발견할 수 있다. 따라서 어떤 순서이든 상관없이 '나'와 '다'와 '마'는 '나 – 다 – 마' 또는 '마 – 다 – 나'의 순서로 연결되어 있어야 한다.

ⅰ) '나 – 다 – 마'의 순서로 연결이 된 경우 : '나'는 집만 연결이 되어 있기 때문에 가능한 경우는 '집 – 나 – 다 – 마 – 라 – 가' 또는 '집 – 나 – 다 – 마 – 가 – 라' 2가지이다.

ⅱ) '마 – 다 – 나'의 순서로 연결이 된 경우 : 마지막이 '나'로 끝나야 하기 때문에 '집 – 가 – 라 – 마 – 다 – 나' 또는 '집 – 라 – 가 – 마 – 다 – 나' 2가지이다.

따라서 총 4가지이다.

33

정답 ④

연결 도로별 연료 소비량은 다음과 같다.

(단위 : L)

구분	집	가	나	다	라	마
마	10	7	–	7	2.5(과)	–
라	4.5	5	–	–	–	–
다	–	–	10	–	–	–
나	×	–	–	–	–	–
가	15	–	–	–	–	–

집에서 '나'로 가는 것이 차단되었으므로 '라'로 가야 한다. 중간에 집을 경유하면 그만큼 연결로가 추가되므로 집을 경유하지 않도록 한다. 그러므로 '집 – 라 – 가 – 마 – 다 – 나'가 된다.

따라서 4.5+5+7+7+10=33.5L를 사용하였으므로, 연료비는 33.5×1,000=33,500원이다.

34

정답 ③

각 지점에 (이동경로, 거리의 합)을 표시해 문제를 해결한다. 이때, 다음 그림과 같이 여러 경로가 생기는 경우 거리의 합이 최소가 되는 (이동경로, 거리의 합)을 표시한다.

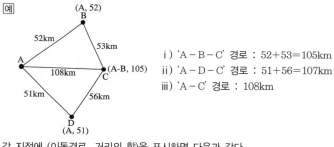

ⅰ) 'A – B – C' 경로 : 52+53=105km
ⅱ) 'A – D – C' 경로 : 51+56=107km
ⅲ) 'A – C' 경로 : 108km

각 지점에 (이동경로, 거리의 합)을 표시하면 다음과 같다.

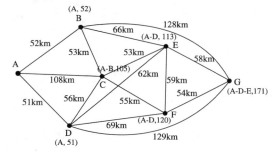

따라서 A지점에서 G지점으로 가는 최단경로는 D지점, E지점을 거쳐 G지점으로 가는 경로이고 이때의 거리는 171km이다.

35

정답 ②

C지점을 거쳐야 하므로, C지점을 거치지 않는 경로를 제외한 후 각 지점에 (이동경로, 거리의 합)을 표시하면 다음과 같다.

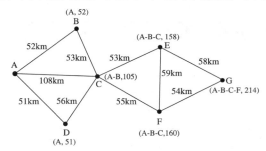

즉, C지점을 거쳐 갈 때의 최단경로는 'A－B－C－F－G' 경로이고, 최단거리는 52＋53＋55＋54＝214km이다.
따라서 A지점에서 G지점으로 가는 최단거리는 171km이므로 C지점을 거치지 않았을 때의 최단거리와 C지점을 거쳐 갈 때의 최단거리의 차는 214－171＝43km이다.

36

정답 ④

H□ / W○는 가로축이 ○까지, 세로축이 □까지 있음을 나타낸다. 괄호 앞의 각 문자는 도형의 모양을 나타낸다. 즉, A는 원, B는 마름모, C는 삼각형이다. 괄호 안의 숫자는 도형의 위치를 나타낸다. 즉, (1, 2)는 가로축에서 1과 세로축에서 2가 만나는 위치이다.
• 가로축이 4까지, 세로축이 5까지 있다. → H5 / W4
• A는 가로축 2와 세로축 3이 만나는 위치이다. → A(2, 3)
• B는 가로축 3과 세로축 1이 만나는 위치이다. → B(3, 1)
• C는 가로축 1과 세로축 4가 만나는 위치이다. → C(1, 4)
따라서 L : H5 / W4, C : A(2, 3) / B(3, 1) / C(1, 4)가 답이다.

37

정답 ②

H□ / W○는 가로축이 ○까지, 세로축이 □까지 있음을 나타낸다. 괄호 앞의 각 문자는 도형의 모양을 나타낸다. 즉, A는 원, B는 마름모, C는 삼각형이다. 괄호 안의 숫자는 도형의 위치를 나타낸다. 즉, (1, 2)는 가로축에서 1과 세로축에서 2가 만나는 위치이다.
• 가로축이 4까지, 세로축이 4까지 있다. → H4 / W4
• A는 가로축 1과 세로축 1이 만나는 위치이다. → A(1, 1)
• B는 가로축 4와 세로축 3이 만나는 위치이다. → B(4, 3)
• C는 가로축 3과 세로축 2가 만나는 위치이다. → C(3, 2)
따라서 L : H4 / W4, C : A(1, 1) / B(4, 3) / C(3, 2)가 답이다.

38

정답 ④

C(1, 4)는 가로축 1과 세로축 4가 만나는 위치에 있음을 나타낸다. 그러나 산출된 그래프에서는 C가 (4, 1)에 위치해 있다.

39

정답 ②

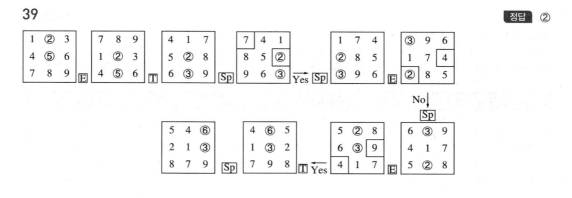

40

정답 ④

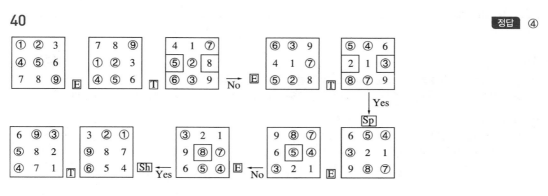

41

정답 ④

지원자는 400명이므로 수용 가능 인원이 380명인 A중학교는 시험 장소로 적절하지 않고, B고등학교는 일요일에만 대여할 수 있으므로 시험이 실시되는 토요일에 대여할 수 없다. 따라서 신입직 채용시험 장소로 선택할 수 있는 곳은 C대학교와 D중학교이며, 이 중 대여료가 저렴한 D중학교가 신입직 채용시험 장소로 가장 적절하다.

42

정답 ②

신입직과 경력직 지원자는 총 480명이므로 수용 가능 인원이 480명 이하인 A중학교와 D중학교는 시험 장소로 적절하지 않다. 따라서 신입·경력직 채용시험 장소로 선택할 수 있는 곳은 모든 조건을 만족하는 B고등학교와 C대학교이며 이 중 대여료가 저렴한 B고등학교가 신입·경력직 채용시험 장소로 가장 적절하다.

PART 3

43

조건에 맞춰 약을 복용하면 다음과 같다.

1순위인 B를 하루 중 가장 이른 식후 시간대인 아침 식후에 복용하기 시작하고, 2순위이며 B와 혼용 불가능한 C를 점심 식전에 복용하며, 3순위인 A는 혼용 불가능 약을 피해 저녁 식후에 복용하기 시작한다. 4순위인 E는 남은 시간 중 가장 빠른 식후인 점심 식후에 복용을 시작하며, 5순위인 D는 가장 빠른 시간인 아침 식전에 복용한다.

식사	시간	1일차	2일차	3일차	4일차	5일차
아침	식전	D	D	D	D	D
	식후	B	B	B	B	
점심	식전	C	C	C		
	식후	E	E	E	E	
저녁	식전					
	식후	A	A	A	A	

44

정답 ②

ㄱ. 혼용이 불가능한 약들을 서로 피해 복용하더라도 하루에 A~E를 모두 복용할 수 있다.

ㄷ. 최단 시일 내에 모든 약을 복용하기 위해서는 A는 혼용이 불가능한 약들을 피해 저녁에만 복용하여야 한다.

[오답분석]

ㄴ. D는 아침에만 복용한다.

ㄹ. C와 A를 동시에 복용하는 날은 총 3일이다.

45

정답 ④

• 1순위인 B를 하루 중 가장 이른 식후 시간대인 아침 식후에 복용하기 시작한다.
• 2순위이며 B와 혼용 불가능한 C를 점심 식전에 복용한다.
• 3순위인 A는 혼용 불가능 약을 피해 저녁 식후에 복용하기 시작한다.
• 4순위인 E는 4일차 점심 식후가 되어야 복용하기 시작하며, 5일차부터는 가장 이른 식후 시간인 아침 식후에 복용한다.
• 5순위인 D는 5일차부터 가장 빠른 시간인 아침 식전에 복용한다.

이를 정리하면 다음과 같이 표로 나타낼 수 있다.

식사	시간	1일차	2일차	3일차	4일차	5일차	6일차	7일차	8일차	9일차
아침	식전					D	D	D	D	D
	식후	B	B	B	B	E	E	E		
점심	식전	C	C	C						
	식후				E					
저녁	식전									
	식후	A	A	A	A					

46

정답 ①

각 도형이 움직이는 규칙을 정리하면 다음과 같다.

• 직각삼각형(◣) : 원의 내부에서 중심점을 기준으로 시계 방향으로 45°씩 회전한다.
• 낮은음자리표(𝄢) : 원의 내부에서 반시계 방향으로 90°씩 옮겨가는데, 그때마다 색이 반전된다.
• 소나기 기호(☂) : 원의 내부에서 시계 방향으로 90°씩 옮겨가는데, 그때마다 색이 반전된다.
• 남성 기호(♂) : 원의 외부에서 시계 방향으로 90°씩 옮겨가는데, 그때마다 반시계 방향으로 90° 회전한다.
• 시그마(∑) : 원의 외부에서 시계 방향으로 90°씩 옮겨가는데, 그때마다 시계 방향으로 90° 회전한다.

50 • 포스코그룹 온라인 PAT 생산기술직 / 직업훈련생

47

정답 ③

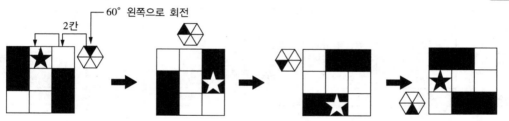

육각형은 전체 사각형의 변을 따라 시계 반대 방향으로 두 칸씩 돌면서 60° 왼쪽으로 회전한다. 작은 검은색 사각형은 시계 반대 방향으로 한 칸씩 이동하고 회색 별(★)은 시계 방향으로 두 칸씩 이동한다. 이때 별이 사각형과 만나면 그 별은 색이 반전(☆)된다.

48

정답 ②

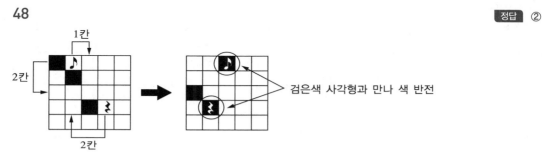

검은색 사각형은 아래로 2칸씩 이동한다. 16분음표는 오른쪽으로 한 칸, 4분쉼표는 왼쪽으로 두 칸씩 이동한다. 16분음표와 4분쉼표가 검은색 사각형을 만나면 그 색이 반전된다.

49

정답 ③

규칙은 가로로 적용된다.
첫 번째 도형을 x축 대칭시킨 것이 두 번째 도형, 두 번째 도형을 시계 방향으로 60° 회전시킨 것이 세 번째 도형이다.

50

정답 ②

규칙은 세로로 적용된다.
첫 번째 도형을 x축 대칭시킨 것이 두 번째 도형, 이를 y축 대칭시킨 것이 세 번째 도형이다.

51

정답 ④

규칙은 세로로 적용된다.
첫 번째 도형을 시계 방향으로 90° 회전시킨 것이 두 번째 도형, 이를 180° 회전시킨 것이 세 번째 도형이다.

52

정답 ④

오류가 발생한 도형을 제거했을 때 있어야 하는 색을 '(색)'으로, 없어야 하는 색을 '색'으로, 나타내야 하는 신호의 변화를 '색(→○○색)'으로 표시하였다.

빨간색	빨간색	빨간색	빨간색	빨간색		
주황색						
노란색	노란색	노란색	(노란색)	(노란색)	(노란색)	노란색
초록색	초록색	초록색	(초록색)	(초록색)		

53

정답 ④

오류가 발생한 도형을 제거했을 때 있어야 하는 색을 '(색)'으로, 없어야 하는 색을 '색'으로, 나타내야 하는 신호의 변화를 '색(→○○색)'으로 표시하였다.

빨간색	빨간색	빨간색	빨간색	빨간색	(빨간색)	빨간색
주황색		주황색	주황색	주황색	주황색	주황색
노란색				빨간색		
초록색						

54

정답 ②

301		301		310
428	가 →	628	다 →	628
819		918		918
723		723		723

55

정답 ④

129		129		129
986	라 →	966	가 →	869
854		854		854
665		865		865

56

정답 ③

461		416		416		416
235	나 →	235	다 →	256	라 →	246
572		275		275		275
490		490		490		590

57

정답 ④

n항을 자연수라 하면 n항과 $(n+1)$항을 더하고 -4를 한 값이 $(n+2)$항이 되는 수열이다.
따라서 ( )=89+143−4=228이다.

58

정답 ①

나열된 수를 각각 A, B, C라고 하면 다음과 같은 식이 성립한다.

$$\underline{A\ B\ C} \rightarrow A \times B + 2 = C$$

따라서 ( ) $= \dfrac{10-2}{2} = 4$이다.

59

정답 ③

나열된 수를 각각 A, B, C라고 하면 다음과 같은 식이 성립한다.

$$\boxed{\begin{array}{c} A \\ \boxed{C} \end{array}\ \boxed{B}} \rightarrow (A+2) \times (B+1) = C$$

A	B	C
10	7	$(10+2) \times (7+1) = 96$
4	3	$(4+2) \times (3+1) = 24$
12	5	$(12+2) \times (5+1) = 84$

따라서 ( ) $= (12+2) \times (5+1) = 84$이다.

60

정답 ②

4차 마방진은 가로, 세로, 대각선 등의 합이 34가 된다.

각각의 빈칸을 a, b, c, d라 하면 다음과 같은 식이 성립한다.

3	10	6	15
(a)	8	(b)	1
16	5	9	4
(c)	11	(d)	14

$a+8+b+1=34$, $c+11+d+14=34$이다.

따라서 $a+b=25$, $c+d=9$이고 $a+b+c+d$를 구하라고 하였으므로 $25+9=34$이다.

61

정답 ②

HyREX는 자연 상태의 저품위 분철광석을 그대로 사용한다. 따라서 철광석을 파쇄·선별해 고품위 펠릿으로 제조해 사용하는 다른 수소환원 제철공정에 비해 원료 제한이 없으며 경제적으로 쇳물을 생산할 수 있다.

오답분석

① 포스코는 궁극적인 그린철강 생산 기술로 수소환원 제철 기술을 개발함과 동시에 브릿지 기술로 전기로를 도입해 이산화탄소 배출을 줄이겠다는 계획을 공표한 바 있다. 이에 포스코는 철광석과 재생에너지 자원이 풍부한 호주에서 그린수소를 생산하고 수소를 환원제로 사용하는 저탄소 철강 원료 HBI(Hot Briquetted Iron, 철광석에서 산소를 제거한 환원철을 조개탄 모양으로 성형한 가공품)를 생산할 계획이며, 2024년 2월 기준 서호주에서 HBI 플랜트 건설 및 그린수소 생산 프로젝트를 동시에 추진 중이다.

③ 2023년 6월 포스코홀딩스가 주도하는 3개국 5개사 컨소시엄으로 오만 그린수소 독점개발 사업권을 확보하였는데, 오만 두쿰 지역 $340km^2$의 부지에 5GW 규모의 재생에너지 단지를 조성하고, 2030년 연 22만톤의 그린수소를 생산할 계획이다.

④ 포스코홀딩스는 암모니아 크래킹 기술(암모니아에서 수소를 추출하는 기술) 상용화 개발을 추진 중인데, 암모니아는 수소 함량 이 높고 기존 인프라 활용이 가능하다는 장점이 있어 그린수소를 효율적으로 저장·운송할 수 있는 소재로 주목받고 있다.

62

포스코는 2024년 1월 말 기준으로 전 세계 16개국에 45개 네트워크(대표법인 4개＋생산법인 13개＋가공센터 25개＋원료법인 3개)를 운영 중이다. 이 가운데 중국에 15개의 네트워크(대표법인 1개＋생산법인 3개＋가공센터 11개)가 설치되어 있다.

[오답분석]

② 베트남이 4개(생산법인 3개＋가공센터 1개)로 2위이다.
③ 인도네시아가 3개(대표법인 1개＋생산법인 1개＋가공센터 1개)로 3위이다.
④ 멕시코가 3개(생산법인 1개＋가공센터 2개)로 3위이다.

63

㉠ 무방향성 전기강판은 보증 철손 기준에 따라 Hyper NO, High NO 등으로 구분하는데, 철손값이 3.5W/kg 이하일 경우 Hyper NO, 6.0W/kg 이하일 경우 High NO 제품으로 구분된다.
㉡ 방향성 전기강판은 보증 철손 기준에 따라 Hyper GO, High GO 등으로 구분하는데, 철손값이 0.85W/kg 이하일 경우 Hyper GO, 1.05W/kg 이하일 경우 High GO 제품으로 구분된다.

64

포스코그룹의 열연제품
- 구조용 강판
- 자동차구조용 강판
- 고압가스용기용 강판
- 송유관용 강판
- 냉연압연용 강판
- 기계구조 및 특수용도 강판
- 내후성강
- 강관용 강판
- 유정관용 강판
- 열연특수강
- 선체구조용 강판

65

포스코 주식 상장은 광양건설기인 1988년으로 국민주 1호가 되었다.

[오답분석]

① 1968년 포항종합제철수직회사를 창립하고 박태준 초대사장이 취임했다.
② 1974년 수출 1억불, 매출액은 1,000억 원을 달성했다.
③ 1986년 포항공대가 개교했다.

제3회 최종점검 모의고사

01	02	03	04	05	06	07	08	09	10	11	12	13	14	15	16	17	18	19	20
④	③	④	③	①	①	②	③	④	③	③	④	④	③	③	②	④	③	④	③
21	22	23	24	25	26	27	28	29	30	31	32	33	34	35	36	37	38	39	40
④	④	③	④	②	④	①	②	②	③	③	②	②	①	③	③	③	①	③	③
41	42	43	44	45	46	47	48	49	50	51	52	53	54	55	56	57	58	59	60
④	④	②	②	②	③	②	④	②	③	④	①	③	③	②	①	④	③	②
61	62	63	64	65															
③	②	④	③	①															

01

정답 ④

'약속을 지킨다.'를 A, '다른 사람에게 신뢰감을 준다.'를 B, '메모하는 습관'을 C라고 하면, 전제1은 ~A → ~B 전제2는 ~C → ~A이므로 ~C → ~A → ~B가 성립한다. ~C → ~B의 대우인 B → C 또한 참이므로 '다른 사람에게 신뢰감을 주려면 메모하는 습관이 있어야 한다.'가 적절하다.

02

정답 ③

오늘 정은이는 커피 한 잔, 슬기는 커피 세 잔을 마셨으며, 은주는 커피 세 잔을 마신 슬기보다 적게 마셨음을 알 수 있다. 따라서 오늘 슬기가 커피를 가장 많이 마신 것을 알 수 있다.

[오답분석]
④ 제시된 사실만으로는 은주가 오늘 정은이보다 커피를 많이 마셨는지 알 수 없다.

03

정답 ④

'책을 좋아한다.'를 A, '영화를 좋아한다.'를 B, '여행을 좋아한다.'를 C, '산책을 좋아한다.'를 D, '게임을 좋아한다.'를 E라고 하자. 위의 명제들을 수식화하면 A → B, ~C → ~A, D → ~E, B → D이고, 다시 정리하면 A → B → D → ~E, A → C가 성립한다. 보기에서 ④번은 ~C → ~E이고, 정리한 수식에서 여행(C)과 게임(E)의 연관성을 구할 수 없으므로 옳지 않은 명제이다.

04

정답 ③

먼저 마지막 정보에 따라 D는 7호실에 배정되었으므로 B와 D의 방 사이에 3개의 방이 있다는 네 번째 정보에 따라 B의 방은 3호실임을 알 수 있다. 이때, C와 D의 방이 나란히 붙어 있다는 세 번째 정보에 따라 C는 6호실 또는 8호실에 배정될 수 있다.
ⅰ) C가 6호실에 배정된 경우
　　두 번째 정보에 따라 B와 C의 방 사이의 거리는 D와 E의 방 사이의 거리와 같으므로 E는 4호실 또는 10호실에 배정될 수 있다. 그러나 E가 10호실에 배정된 경우 A와 B의 방 사이에는 모두 빈방만 있거나 C와 D 두 명의 방이 있게 되므로 첫 번째 정보와 모순된다. 따라서 E는 4호실에 배정되며, A~E가 배정받은 방은 다음과 같다.

1	2	3	4	5	6	7	8	9	10
		B	E	A	C	D			

ii) C가 8호실에 배정된 경우

　　두 번째 정보에 따라 B와 C의 방 사이의 거리는 D와 E의 방 사이의 거리와 같으므로 E는 2호실에 배정된다. 또한 첫 번째 정보에 따라 A와 B의 방 사이의 방에는 반드시 1명이 배정되어야 하므로 A는 1호실에 배정된다.

1	2	3	4	5	6	7	8	9	10
A	E	B				D	C		

따라서 항상 참이 되는 것은 '9호실은 빈방이다.'의 ③이다.

05

제시문은 인간의 도덕적 자각과 사회적 의미를 강조하는 윤리인 '충'과 '서'가 있음을 알리고, 각각의 의미를 설명하는 내용의 글이다. 따라서 (가) 인간의 도덕적 자각과 사회적 실천을 강조하는 윤리인 '충서' – (다) '충'의 의미 – (나) '서'의 의미 – (라) '서'가 의미하는 역지사지의 상태 순으로 연결되어야 한다.

06

제시문은 P기획 연구소가 시행한 소비자의 인식에 대한 조사 결과에 따라 소비자들의 친환경 제품 구매를 촉진시킬 것이라는 내용의 글이다. 따라서 (라) P기획 연구소가 소비자의 인식과 소비행태에 대한 조사 시행 – (가) 조사 결과 소비자들은 친환경 인식은 있으나 활동 참여는 부진함 – (다) 원인은 가격과 제품에 대한 신뢰 부족 – (나) 조사 결과를 바탕으로 소비자의 참여를 유도하고, 친환경 제품 구매를 촉진시킬 것 순으로 연결되어야 한다.

07

제시된 단락은 신탁 원리의 탄생 배경인 12세기 영국의 상황에 대해 이야기하고 있다. 따라서 이어지는 단락은 (가) 신탁 제도의 형성과 위탁자, 수익자, 수탁자의 관계 등장 – (다) 불안정한 지위의 수익자 – (나) 적극적인 권리 행사가 허용되지 않는 연금 제도에 기반한 신탁 원리 – (라) 연금 운용 권리를 현저히 약화시키는 신탁 원리와 그 대신 부여된 수탁자 책임의 문제점 순으로 연결되어야 한다.

08

원자력 관련 기술은 이번 10대 핵심기술에서 제외됐다.

[오답분석]
① 한국은 석탄 발전과 제조업의 비중이 높은데 이들 모두 탄소 배출량이 많다.
② 대형풍력의 국산화를 통해 현재 5.5MW급에서 2030년까지 15MW급으로 늘린다고 명시돼 있다.
④ 규제자유특구를 현재 11개에서 2025년 20개로 확대할 예정에 있다.

09

마지막 문단의 '정부도 규제와 의무보다는 사업자의 자율적인 부분을 인정해주고 사업자 노력을 드라이브 걸 수 있는 지원책을 마련하여야 한다.'라는 내용을 통해 정부는 OTT 플랫폼에 장애인 편의 기능과 관련한 규제와 의무를 지어줬지만, 이에 대한 지원책은 없었음을 유추할 수 있다.

[오답분석]
① 3번째 문단의 '버튼에 대한 설명이 제공되는 넷플릭스도 영상 재생 시점을 10초 앞으로, 또는 뒤로 이동하는 버튼은 이용하기 어렵다.'라는 내용을 통해 국내 OTT 플랫폼보다는 장애인을 위한 서비스 기능이 더 제공되고 있지만, 여전히 충분히 제공되고 있지 않음을 알 수 있다.
② 3번째 문단을 통해 장애인들의 국내 OTT 플랫폼의 이용이 어려움을 짐작할 수는 있지만, 제공하는 지의 유무는 확인하기 어렵다.
③ 외국 OTT 플랫폼은 국내 OTT 플랫폼보다 상대적으로 장애인 편의 기능을 더 제공하고 있는 것으로 보아 장애인을 수동적인 시혜자가 아닌 능동적인 소비자로 보고 있음을 알 수 있다.

10

정답 ③

마지막 문단의 '과거에는 잦은 야근과 과중한 업무로 대형 로펌이 남성 중심의 조직으로 인식되었다.'라는 내용을 통해 업무 특성상 남성 중심으로 채용되었음을 유추할 수 있다.

오답분석

① 첫 번째 문단을 통해 10대 대형 로펌의 입사한 여성 변호사의 인원수와 그 비율이 증가하고 있음을 알 수 있지만, 이것이 전체 여성 변호사에 대한 수치라는 것은 제시문을 통해 알 수 없다.

② 세 번째 문단에서 '변호사의 성별을 의식하지 않고 객관적인 성과 지표에 따라 채용이 이루어진다.'라는 내용을 통해 변호사 채용 과정에서 남녀 고용 평등 문화를 의식하고 있다고 보기 어렵다.

④ 마지막 문단을 통해 과거 대형 로펌은 남성 중심의 조직으로 인식되었으나, 최근 육아 정책 등이 강화되면서 그러한 현상이 완화되고 있음을 알 수 있다. 이는 남성 변호사 수와 여성 변호사 수의 격차가 줄어드는 것을 의미할 뿐 여성 중심의 조직으로 전환되고 있다는 것을 의미하는 것은 아니다.

11

정답 ③

제시문은 중력, 부력, 항력 등 유체 속에서 운동하는 물체에 작용하는 힘과 종단 속도를 설명하고 있다. 그중에서 부력은 어떤 물체에 의해서 배제된 부피만큼의 유체의 무게에 해당하는 힘으로, 항상 중력의 반대 방향으로 작용하며, 이때 중력의 방향은 수직 (연직) 방향이다. ③은 마찰력을 이용한 사례이다.

12

정답 ④

제시문의 첫 문단에서 위계화의 개념을 설명하고, 이러한 불평등의 원인과 구조에 대해 살펴보고 있다.

13

정답 ④

제시문은 미술 작품을 올바르게 감상하기 위해 우리들이 지녀야 할 태도에 대해 언급하고 있다. 또한 작품을 올바르게 이해하기 위해서는 최소한 작가들이 원하는 방식으로 미술 작품을 이해할 수 있도록, 작품 감상에 대한 논의를 주저하지 말고 작품을 이해하려는 노력을 기울여야 함을 강조하고 있다.

14

정답 ③

차를 자주 마셔 보지 않던 사람들은 여러 종류의 차가 지닌 독특한 맛을 구분할 수 없다. 마찬가지로 미술 작품을 자주 접할 기회가 없는 사람은 미의 본질에 대한 이해가 부족하여 여러 종류의 미술 작품에 대한 안목과 감상 능력이 부족하다.

15

정답 ③

제시문에서 쓰인 ㉤의 한자어는 '어떤 사상이나 진리를 간결하고 날카롭게 표현할 글귀'의 경구(警句)이다. 경구(驚句)란 사람을 놀라게 할 만큼 뛰어나게 잘 지은 시구를 의미한다.

16

정답 ②

총 9장의 손수건을 구매했으므로 B손수건 3장을 제외한 나머지 A, C, D손수건은 각각 $\frac{9-3}{3}$ =2장씩 구매하였다. 먼저 3명의 친구들에게 서로 다른 손수건 3장씩 나눠줘야 하므로 B손수건을 1장씩 나눠준다. 나머지 A, C, D손수건을 서로 다른 손수건으로 2장씩 나누면 (A, C), (A, D), (C, D)로 묶을 수 있다. 이 세 묶음을 3명에게 나눠주는 방법은 3!=3×2=6가지가 나온다. 따라서 친구 3명에게 종류가 다른 손수건 3장씩 나눠주는 경우의 수는 6가지이다.

17
정답 ④

A지점에서 B지점까지의 거리는 두 공이 각각 이동한 거리를 더한 것과 같으므로 $(5 \times 26) + (3 \times 26) = (5+3) \times 26 = 208$m이다. 따라서 10m/s의 속력으로 공이 이동하는 데 걸리는 시간은 $208 \div 10 = 20.8$초이다.

18
정답 ③

A소금물에 첨가한 물의 양을 ag, 버린 B소금물의 양을 bg이라 하면, 늘어난 A소금물과 줄어든 B소금물을 합쳤을 때 농도가 10%인 500g의 소금물이 되었으므로 다음과 같다.

$(200+a) + (300-b) = 500 \rightarrow a-b=0 \cdots \bigcirc$

$(200 \times 0.1) + (300-b) \times 0.2 = 500 \times 0.1 \rightarrow 20+60-0.2b=50 \rightarrow 0.2b=30 \rightarrow b=150 \cdots \bigcirc$

$\bigcirc$을 $\bigcirc$에 대입하면 $a=150$이므로 따라서 A소금물에 첨가한 물의 양은 150g이 된다.

19
정답 ④

2022과 2023년의 총 학자금 대출 신청건수를 구하면 다음과 같다.
- 2022년 : $1,921+2,760+2,195+1,148+1,632+1,224=10,880$건
- 2023년 : $2,320+3,588+2,468+1,543+1,927+1,482=13,328$건

따라서 2023년 총 학자금 대출신청건수는 2022년 대비 $\frac{13,328-10,880}{10,880} \times 100 = 22.5\%$ 증가하였다.

오답분석
① 학자금 대출 신청건수가 가장 많은 지역은 2022년은 2,760건으로 인천이고, 2023년도 3,588건으로 인천이다.
② 2023년 학자금 총 대출금액은 (대출 신청건수)×(평균 대출금액)으로 구할 수 있으므로 대구와 부산의 학자금 총 대출금액을 구하면 다음과 같다.
- 대구 : $2,320 \times 688 = 1,596,160$만 원
- 부산 : $2,468 \times 644 = 1,589,392$만 원

따라서 2023년 학자금 총 대출금액은 대구가 부산보다 많다.
③ 대전의 2023년 학자금 평균 대출금액은 376만 원으로 전년인 235만 원 대비 $\frac{376}{235} = 1.6$배 증가하였다.

20
정답 ③

전 세계 생산의 55%를 차지하므로 세계에서 가장 많은 양을 생산한다.

오답분석
① 각 광물 수출량 및 가격이 주어져 있지 않기 때문에 판단할 수 없다.
② 다른 국가에 대한 미국의 수입의존도를 알 수 없기 때문에 판단할 수 없다.
④ 미국의 수입의존도는 미국의 크롬 수입 중 남아프리카공화국으로부터의 수입이 42%라는 것이지 남아프리카공화국이 생산하는 크롬의 반을 수입한다는 의미는 아니다.

21
정답 ④

1978 ~ 2013년 동안 65세 연령의 성별 기대여명과 OECD 평균 기대여명과의 연도별 격차는 다음과 같다.
- 남성
  - 1978년 : $12.7-10.2=2.5$년
  - 2003년 : $14.7-13.4=1.3$년
  - 2013년 : $16.3-15.5=0.8$년

- 여성
  - 1978년 : 15.6−14.9=0.7년
  - 2003년 : 18.4−17.5=0.9년
  - 2013년 : 19.8−19.6=0.2년

따라서 옳지 않은 설명이다.

① 연령별 및 연도별 남성의 기대여명보다 여성의 기대여명이 더 높은 것을 확인할 수 있다.

② 65세, 80세 여성의 기대여명은 2023년 이전까지 모두 OECD 평균보다 낮았으나, 2023년에 OECD 평균보다 모두 높아진 것을 확인할 수 있다.

③ 연도별 80세 남성의 기대여명과 OECD 평균과의 격차는 다음과 같다.
  - 1978년 : 5.7−4.7=1.0년
  - 2003년 : 6.6−6.1=0.5년
  - 2013년 : 7.3−6.9=0.4년
  - 2023년 : 8.3−8.0=0.3년

따라서 80세 남성의 기대여명은 1978 ～ 2023년 동안 OECD 평균과의 격차가 꾸준히 줄어들었다.

22

정답 ④

스스로 탐색하여 독서프로그램 정보를 획득한 남성의 수는 137×0.22≒30명이며, 관공서, 도서관 등의 안내에 따라 독서프로그램 정보를 획득한 여성의 수는 181×0.205≒37명이다.

따라서 관공서, 도서관 등의 안내에 따라 독서프로그램 정보를 획득한 여성의 수 대비 스스로 탐색하여 독서프로그램 정보를 획득한 남성의 수의 비율은 $\frac{30}{37}×100≒81.1\%$이다.

23

정답 ③

2022년 전년 대비 각 시설의 증가량은 축구장 60개, 체육관 58개, 간이운동장 789개, 테니스장 62개로 가장 적게 늘어난 곳은 체육관이며, 가장 많이 늘어난 곳은 간이운동장이다.

따라서 639+11,458=12,097개소이다.

24

정답 ④

2023년 공공체육시설의 수는 총 16,127개(=649+681+12,194+565+2,038)이다.

① 테니스장은 2022년에 전년 대비 $\frac{549−487}{487}×100≒12.7\%$ 증가했다.

② 2021년 간이운동장의 수는 같은 해 축구장 수의 $\frac{10,669}{558}≒19$배이다.

③ 2023년 1인당 체육시설 면적은 2020년에 비해 $\frac{3.29}{2.54}≒1.3$배 증가했다.

25

정답 ②

2022년 휴대전화 스팸 수신량은 2021년보다 0.34−0.33=0.01통 많고, 2023년에는 2021년보다 0.33−0.32=0.01통 적다.

따라서 증가량과 감소량이 0.01통으로 같음을 알 수 있다.

① 2021년부터 2023년까지 휴대전화 스팸 수신량은 2022년도 증가하고 다음 해에 감소했으며, 이메일 스팸 수신량은 계속 감소했다.

③ 전년 대비 이메일 스팸 수신량 감소율은 2021년 $\frac{1.48-1.06}{1.48} \times 100 ≒ 28.4\%$, 2022년 $\frac{1.06-1.00}{1.06} \times 100 ≒ 5.7\%$로 2021년 감소율이 2022년의 약 5배이므로 옳지 않다.

④ 휴대전화 스팸 수신량이 가장 적은 해는 2023년이다.

26

정답 ④

각 연령대를 기준으로 남성과 여성의 인구비율을 계산하면 다음과 같다.

구분	남성	여성
0 ~ 14세	$\frac{323}{627} \times 100 ≒ 51.5\%$	$\frac{304}{627} \times 100 ≒ 48.5\%$
15 ~ 29세	$\frac{453}{905} \times 100 ≒ 50.1\%$	$\frac{452}{905} \times 100 ≒ 49.9\%$
30 ~ 44세	$\frac{565}{1,110} \times 100 ≒ 50.9\%$	$\frac{545}{1,110} \times 100 ≒ 49.1\%$
45 ~ 59세	$\frac{630}{1,257} \times 100 ≒ 50.1\%$	$\frac{627}{1,257} \times 100 ≒ 49.9\%$
60 ~ 74세	$\frac{345}{720} \times 100 ≒ 47.9\%$	$\frac{375}{720} \times 100 ≒ 52.1\%$
75세 이상	$\frac{113}{309} \times 100 ≒ 36.6\%$	$\frac{196}{309} \times 100 ≒ 63.4\%$

따라서 남성 인구가 40% 이하인 연령대는 75세 이상(36.6%)이며, 여성 인구가 50% 초과 60% 이하인 연령대는 60 ~ 74세(52.1%)이므로 ④가 가장 적절하다.

27

정답 ①

65세 이상 인구 비중이 높은 지역은 '전남 - 경북 - 전북 - 강원 - 충남 - …' 순서이다.
따라서 전북의 64세 이하 비중은 100-19=81%이다.

28

정답 ②

인천 지역의 총 인구가 300만 명이라고 할 때, 65세 이상 인구는 300×0.118=35.4만 명이다.

① 울산의 40세 미만 비율과 대구의 40세 이상 64세 이하 비율 차이는 48.5-40.8=7.7%p이다.
③ 40세 미만 비율이 높은 다섯 지역을 차례로 나열하면 '세종(56.7%) - 대전(49.7%) - 광주(49.4%) - 경기(48.8%) - 울산(48.5%)'이다.
④ 조사 지역의 인구가 모두 같을 경우 40세 이상 64세 이하 인구가 두 번째로 많은 지역은 그 비율이 두 번째로 높은 지역을 찾으면 된다. 따라서 첫 번째는 41.5%인 울산이며, 두 번째는 40.8%인 대구이다.

29

정답 ②

1993년 대비 2013년 벼농사 작업별로 가장 크게 기계화율이 증가한 작업은 건조 / 피복(93.9-9.5=84.4%)이며, 가장 낮은 작업은 방제(98.1-86.7=11.4%)이다.
따라서 두 증가량의 차이는 84.4-11.4=73%이다.

30

정답 ③

2023년 밭농사 작업의 기계화율 평균을 구하면 다음과 같다.

$$\frac{99.8+9.5+71.1+93.7+26.8}{5}=60.18$$

따라서 기계화율 평균은 60.18%이다.

31

정답 ③

- B − A − H : 600+1,500=2,100m
- B − A − C − E − H : 600+600+600+600=2,400m
- B − C − E − H 또는 B − D − E − H : 800+600+600=2,000m
- B − D − F − H : 800+600+800=2,200m
- B − G − H : 1,200+1,000=2,200m

따라서 B지점에서 출발하여 H지점으로 가는 최단경로는 'B − C − E − H' 또는 'B − D − E − H'이고, 그 거리는 2,000m이다.

32

정답 ②

각 마을 사이의 거리가 750m 이상인 길을 제외한 경로는 다음과 같다.

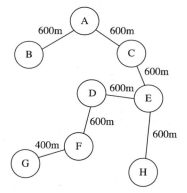

따라서 새로 만들 수 있는 버스 노선의 수는 B와 H를 종점으로 하는 2가지이다.

33

정답 ②

- 입구 − A − 호수 : 3,500+1,000=4,500m
- 입구 − C − B − A − 호수 : 500+500+600+1,000=2,600m
- 입구 − C − B − 호수 : 500+500+1,500=2,500m
- 입구 − D − G − 호수 : 600+500+600=1,700m
- 입구 − E − 호수 : 3,000+600=3,600m

따라서 입구에서 호수까지 최단거리는 '입구 − D − G − 호수'로 이동할 때 1,700m이다.

34

정답 ①

각 노선의 이동거리는 다음과 같다.
- 나비 : 3,500+600+1,500+500+600+750+500+500+500=8,950m
- 꿀벌 : 3,000+600+500+600+500+500+500+600+3,500=10,300m
- 개미 : 500+500+600+1,000+500+600+750+500+600=5,550m

각 노선의 요금 대비 이동거리는 다음과 같다.

• 나비 : $\frac{8,950}{8,000} \fallingdotseq 1.12$m/원

• 꿀벌 : $\frac{10,300}{10,000} = 1.03$m/원

• 개미 : $\frac{5,550}{5,000} = 1.11$m/원

따라서 요금 대비 이동거리는 나비 노선이 가장 길고 꿀벌 노선이 가장 짧다.

35
정답 ③

[오답분석]
① W3은 (3, 5)와 (10, 2)에 위치해 있다.
② B3은 (2, 2)와 (9, 4)에 위치해 있다.
④ B6는 (6, 6)와 (13, 6)에 위치해 있다.

36
정답 ③

W6(13, 6)이 아닌 B6(13, 6) 또는 W6(12, 4)이거나 W6(2, 8)이다.

37
정답 ③

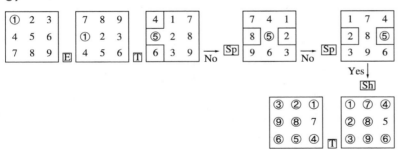

38
정답 ①

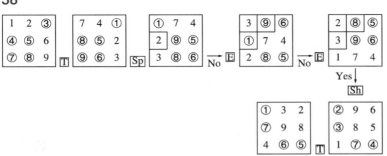

39

정답 ③

C물품의 경우 중고가 아닌 새 제품으로 구매하였으므로 SLT − E − 17 − 10 − 1이 되어야 한다.

40

정답 ③

처분 시 감가 비율과 중고 여부에 따라 A~D물품의 처분가를 구하면 다음과 같다.
- A물품 : 55만 원×(1−0.4)=33만 원
- B물품 : 30만 원×(1−0.2)=24만 원
- C물품 : 35만 원×(1−0.5)≒17만 원
- D물품 : 80만 원×(1−0.25)×0.5=30만 원

따라서 A~D물품을 모두 처분할 경우 받을 수 있는 총금액은 33+24+17+30=104만 원이다.

41

정답 ④

유효기간이 10년 이상 남은 물품은 A, C, D이며, 이를 제휴 업체를 통해 처분할 경우 구매가격의 총합인 55+35+80=170만 원의 80%에 해당하는 170×0.8=136만 원을 받을 수 있다.

42

정답 ④

A대리는 2019년 11월에 입사해 현재 입사한 지 3년 차에 해당한다. 올해 직원 복지 지원금을 한 번도 못 받았으므로 생일, 결혼, 출산, 학자금 모두 신청이 가능한 상황이다.
생일 10만 원, 결혼 50만 원, 결혼 축하금을 받고 아이는 등본 상 둘째이므로 출산과 관련하여 150+20=170만 원을 받는다. 또한 첫째 아이가 중학생이므로 학자금 50만 원을 받아 총 10+50+170+50=280만 원의 혜택을 받을 수 있다.

43

정답 ②

대학원 학자금은 입사 2년 차 이상이므로 1년 차인 직원 B는 받을 수 없고, 주택 대출 5,000만 원 중 절반인 2,500만 원은 최대한도 초과이므로 최대한도인 2,000만 원만 대출받을 수 있다.

44

정답 ②

26일은 첫 번째 조건에 따라 비가 오는 날이므로 A사원은 커피류를 마신다. 또한, 두 번째 조건에 따라 평균기온은 27℃로 26℃ 이상이므로 큰 컵으로 마시고, 세 번째 조건에 따라 카페라테를 마신다.

45

정답 ④

24일은 비가 오지 않는 화요일이며, 평균기온은 28℃이므로 A사원은 밀크티 큰 컵을 마신다. 그리고 23일은 맑은 날이고 26℃이므로, A사원은 자몽에이드 큰 컵을 마셨을 것이다. 그러므로 B사원에게는 자몽에이드 큰 컵을 사 줄 것이다.
따라서 A사원이 지불할 금액은 9,500원(=4,800+4,700)이다.

46

정답 ④

◯도형이 오른쪽의 도형으로 변할 때 도형들은 각각의 규칙을 가지고 이동하는데 ★은 시계 방향으로 한 칸 이동, ◯은 시계 반대 방향으로 한 칸 이동, ▶은 상하로 이동을 하며, ☐은 제자리에 고정이다. 또한 도형의 자리가 겹쳐질 경우, 해당 도형은 색 반전을 하게 된다. 따라서 주어진 마지막 도형을 기준으로 ?에 들어갈 도형에 ★은 시계 방향으로 한 칸, ◯은 시계 반대 방향 한 칸, ▶은 위로 한 칸 이동하게 되고, ☐은 제자리이다.

47

정답 ②

도형이 오른쪽의 도형으로 변할 때 도형들은 각각의 규칙을 가지고 이동하는데, ◖은 아래로 두 칸 이동, ◣은 시계 반대 방향으로 두 칸 이동, ◤은 제자리에서 시계 반대 방향으로 90° 회전을 하며, ◖은 제자리에서 시계 방향으로 90° 회전한다. 또한 도형의 자리가 겹쳐질 경우, 해당 도형은 색 반전을 하고, 꼭짓점의 개수가 적은 도형은 삭제되며 이후 도형 변화에 그대로 이어진다. 그러므로 ?에 들어갈 도형은 마지막 도형을 기준으로 ◖은 위로 한 칸 이동, ◤은 색 반전된 채로 시계 반대 방향으로 총 90° 회전해야 한다. 이때, ◤은 세 번째 과정에서 ◣과 자리가 겹쳐져 색 반전이 되었으며, ◣은 삭제되었고, ◖은 두 번째 과정에서 ◣과 겹쳐져 삭제되었음을 알 수 있다.

48

정답 ②

규칙은 행별로 적용된다.
첫 번째 도형과 세 번째 도형을 합쳤을 때 두 번째 도형이 되는데, 겹치는 칸이 모두 색칠되어 있거나 색칠되어 있지 않은 경우 그 칸의 색은 비워두고, 색칠된 칸과 색칠되지 않은 칸이 겹칠 경우 색칠하여 완성한다.
따라서 ?에는 ②번 도형이 와야 한다.

49

정답 ④

규칙은 가로로 적용된다.
가로로 첫 번째 도형을 좌우로 펼치면 두 번째 도형이 되고, 두 번째 도형을 상하로 펼치면 세 번째 도형이 된다.

50

정답 ②

규칙은 가로로 적용된다.
첫 번째 도형에서 두 번째 도형을 뺀 것이 세 번째 도형이다.

51

정답 ③

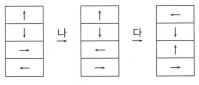

52

정답 ④

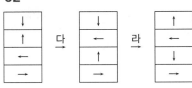

53

정답 ①

54

정답 ③

55

정답 ③

56

정답 ②

57

정답 ①

홀수 항은 ×2+1.1, ×2+1.2, ×2+1.3, …이고, 짝수 항은 ×2−1.1인 수열이다.
따라서 (   )=0.3×2−1.1=−0.5이다.

58

정답 ④

앞의 항에 $\times \dfrac{2}{3}$ 인 수열이다.

따라서 (   )$=\dfrac{13}{18} \times \dfrac{2}{3} = \dfrac{13}{27}$ 이다.

59

정답 ③

나열된 수를 각각 A, B, C, D라고 하면 다음과 같은 식이 성립한다.
$\underline{A\ B\ C\ D} \rightarrow A+B+C=D$
따라서 (   )=7−6=10이다.

PART 3

60

정답 ②

나열된 수를 각각 A, B, C, D라고 하면 다음과 같은 식이 성립한다.

$\underline{A\ B\ C\ D} \rightarrow A \times B = C \times D$

따라서 $(\quad) = \dfrac{40}{4} = 10$이다.

61

정답 ③

포스코의 5대 전략

- Green Competency : 저탄소 공정 및 에너지 효율 향상, 친환경 제품 개발을 통해 기후변화에 대응한다. 또한 이 과정에서 환경에 대한 영향을 최소화하여 인류와 자연이 공생할 수 있는 미래를 만든다.
- Responsible Value Chain : 포스코와 거래 중인 비즈니스 파트너가 ESG 모든 영역에서 최고의 수준을 갖출 수 있도록 밸류체인 관점에서 지원하여 지속 가능성을 추구한다.
- Employee Happiness : 안전한 작업 환경과 인권·다양성이 존중되는 문화를 조성하고, 변화하는 시대를 선도할 창의적인 인재를 육성하여 임직원이 행복한 회사를 만든다.
- Ethics & Integrity : 모든 비즈니스 의사결정은 철저한 윤리의식 위에서 이루어지도록 윤리·컴플라이언스 수준을 지속적으로 고도화하고 공정거래 질서 확립에 힘쓴다.
- New Governance for Real Value : 경영체계 선진화와 투명한 정보 공개를 통한 ESG 커뮤니케이션 강화로 포스코의 리얼 밸류를 획기적으로 높인다.

62

정답 ②

포스코는 디지털 전환(Digital Transformation) 시대에 발맞춰 'IT 신기술을 활용해 업무를 개선하고 새로운 가치창출로 사회에 기여하는 직원'을 뉴 칼라(New Collar) 인재로 정의하고 중점적으로 육성하고 있으며, 2020년부터 뉴 칼라 레벨 인증 제도를 운영 중이다. 이 인증제는 데이터 분석 및 활용 수준을 4단계로 나눠 수준별 온·오프라인 교육과정을 제공하는 것으로, 레벨을 획득한 직원에게 승진 가점, 유학 등 인사상 혜택을 부여하여 적극적이고 자발적인 교육 참여를 이끌고 있다.

63

정답 ④

포스코 조업기술에 해당하는 것은 저연원료 고출선 고로조업, 전로 연속가동 조업기술, 양소 통합 조업관리기술, 제강 – 열연 직결 생산 관제기술, 박판제품 두께 정밀제어기술이다.

64

정답 ③

포스코의 핵심가치는 안전, 상생, 윤리, 창의이다.
'안전'은 인간존중을 우선으로 직책보임자부터 솔선수범하여 실천우선의 안전행동을 체질화하는 것이며, '상생'은 배려와 나눔을 실천하고 공생발전을 추구하며, 사회적 가치창출을 통하여 함께 지속성장하는 것이다. '윤리'는 사회 구성원 간 상호신뢰를 기반하여 정도를 추구하고 신상필벌의 원칙을 지키는 것이며, '창의'는 열린사고로 개방적인 협력을 통하여 문제를 주도적으로 해결하는 것이다.

65

정답 ①

2018년 12월 기준 포스코는 36개 국내법인과 136개 해외법인, 그리고 126개 관계기업 및 공동기업을 보유하고 있다. 이중 중국에는 대표법인, 튀르키예에는 생산법인, 폴란드에는 가공센터를 설립하였으나 케냐에는 해외법인이 존재하지 않는다.

제4회 최종점검 모의고사

01	02	03	04	05	06	07	08	09	10	11	12	13	14	15	16	17	18	19	20
④	②	②	③	④	③	③	①	④	④	①	④	①	②	①	④	③	③	④	④
21	22	23	24	25	26	27	28	29	30	31	32	33	34	35	36	37	38	39	40
④	④	③	③	③	②	③	④	②	③	②	①	③	④	④	②	④	④	③	④
41	42	43	44	45	46	47	48	49	50	51	52	53	54	55	56	57	58	59	60
①	④	③	④	④	④	③	①	①	①	④	②	③	③	③	④	④	②	④
61	62	63	64	65															
③	③	④	①	④															

01

정답 ④

'창의적인 문제해결'을 A, '브레인스토밍을 한다.'를 B, '상대방의 아이디어를 비판한다.'를 C라고 하면, 전제1은 A → B, 전제2는 B → ~C이므로 A → B → ~C가 성립한다. 따라서 A → ~C인 '창의적인 문제해결을 하기 위해서는 상대방의 아이디어를 비판해서는 안 된다.'가 적절하다.

02

정답 ②

제시된 과일의 비타민 C 함유량을 정리하면, '사과－키위(=5사과)－귤(=1.6키위=8사과)－딸기(=2.6키위=13사과)' 순서이므로 딸기의 비타민 C 함유량이 가장 많고, 사과의 비타민 C 함유량이 가장 적은 것을 알 수 있다.

03

정답 ②

여름은 겨울보다 비가 많이 내림 → 비가 많이 내리면 습도가 높음 → 습도가 높으면 먼지와 정전기가 잘 일어나지 않음
비가 많이 내리면 습도가 높고 습도가 높으면 먼지가 잘 나지 않으므로 비가 많이 오지 않는 겨울이 여름보다 먼지가 잘 난다.

오답분석
③ 1번째 명제와 4번째 명제로 추론할 수 있다.
④ 4번째 명제의 대우와 1번째 명제로 추론할 수 있다.

04

정답 ③

이동 시간이 긴 순서대로 나열하면 'D－B－C－A'이다. 이때 이동 시간은 거리가 멀수록 많이 소요된다고 하였으므로 서울과의 거리가 먼 순서에 따라 D는 강릉, B는 대전, C는 세종, A는 인천에서 근무하는 것을 알 수 있다.

05

제시문은 공포증을 정의한 뒤 공포증은 모든 사람에게 생기는 것이 아니며, 왜 공포증이 생기는 것인지에 대한 심리학자 와이너의 설명이 담긴 글이다. 따라서 (라) 공포증의 정의 – (나) 공포증이 생기는 대상 – (가) 공포증이 생기는 이유를 밝힌 와이너 – (다) 와이너가 밝힌 공포증이 생기는 이유 순으로 연결되어야 한다.

06

제시문은 국내 최초로 재활승마 전용마장이 무상 운영됨에 따라 재활승마를 통해 동물을 매개로 한 치료 프로그램이 실시되고, 여러 시설이 마련되어 장애아동과 가족들의 이용이 편리해졌지만 선진국에 비해 활발하게 운영되고 있지 않아 많은 보급이 필요하다는 내용이다. (다) 재활승마 전용마장이 무상으로 운영 – (가) 재활승마는 동물을 매개로 한 치료 프로그램으로 치료 성과를 도모 – (라) 재활승마 전용마장 내 여러 시설은 장애아동과 가족들이 이용하기 편리 – (나) 하지만 다른 선진국에서는 재활승마의 운영이 활발하므로 국내에서도 많은 보급이 필요하다는 순으로 연결되어야 한다.

07

제시문은 '원님재판'이라 불리는 죄형전단주의의 정의와 한계, 그리고 그와 대립되는 죄형법정주의의 정의와 탄생, 그리고 파생원칙에 대하여 설명하고 있다. 첫 단락에서는 '원님재판'이라는 용어의 원류에 대해 설명하고 있으므로 이어지는 문단으로는 원님재판의 한계에 대해 설명하고 있는 (다)가 오는 것이 적절하다. 따라서 (다) 원님재판의 한계와 죄형법정주의 – (가) 죄형법정주의의 정의 – (라) 죄형법정주의의 탄생 – (나) 죄형법정주의의 정립에 따른 파생원칙의 등장의 순으로 연결되어야 한다.

08

두 번째 문단에서 폴리피롤의 사용이 유력시되는 이유가 우수한 생체 적합성과 안전성, 자유로운 이온 출입에 있음을 확인할 수 있다.

09

이산화탄소를 광물에 반응시켜 다른 유용한 광물로 만드는 것이므로 CCU 기술 중 광물화에 포함된다.

[오답분석]
① 지구 온난화의 원인인 온실가스 중 이산화탄소가 가장 많은 비율을 차지하므로 이산화탄소 배출 감축이 가장 효과적인 방법이다.
② 지하에 주입된 이산화탄소는 탄산염같이 자연적으로 광물화되거나 용해되므로 총량은 감소한다.
③ 화학반응을 통해 이산화탄소를 탄소화합물인 탄화수소로 전환하였으므로 화학적 전환에 해당한다.

10

제시문은 인간은 직립보행을 계기로 후각이 생존에 상대적으로 덜 영향을 주게 되면서, 시각을 발달시키는 대신 후각을 현저히 퇴화시켰다는 사실을 설명하고 있다. 다만 후각은 여전히 감정과 긴밀히 연계되어있고 관련 기억을 불러일으킨다는 사실을 언급하며 마무리하고 있다. 따라서 인간은 후각을 부수적인 기능으로 남겨두었다는 것이 제시문의 요지이다.

11

제시문은 알렉산더가 기원전 331년 페르시아와의 전쟁에서 승리한 후 왕도(王都)를 불태운 사건에 대한 아리아누스와 디오도루스의 기록을 소개하고 있는 글이다.
ㄱ. 방화의 발단이 된 타이스에 대한 기록이 있는 디오도루스의 것이 더 상세하기는 하지만 그것이 신빙성의 기준이 되지는 못한다.
ㄴ. 역사가의 생존 시기가 사건 시기와 가까움이 신빙성의 기준이 되지는 못한다.
ㄷ. 아리아누스의 기록에는 볼 수 없는 디오도루스만의 기록이므로 옳지 않다.

12

정답 ④

매몰비용효과는 이미 지불한 비용에 대한 노력을 계속하려는 경향이며, 커플링이 강할 때 높게 나타난다고 했다. ④는 이 두 가지 조건을 모두 만족하고 있다.

오답분석

① 마지막 문단을 통해 지불한 시점과 소비 시점 간의 거리가 먼 경우 나타나는 디커플링의 사례임을 확인할 수 있다.

② 기혼자에 비해 상대적으로 여유가 있다고 생각함에 따라 나타나는 충동구매로, 이미 지불한 비용에 집착하는 매몰비용효과와는 관련이 없다.

③ 공짜마케팅 또는 프리마케팅의 사례로, 손해를 메꾸기 위해 투자를 계속하는 매몰비용효과와는 관련이 없다.

13

정답 ①

'대법원은 직업안전보건국이 제시한 1ppm의 기준이 지나치게 엄격하다고 판결하였다.'와 '직업안전보건국은 노동자를 생명의 위협이 될 수 있는 화학 물질에 노출시키는 사람들이 그 안전성을 입증해야 한다고 보았다.'의 논점의 대립이다. 따라서 빈칸에는 ①과 같이 '벤젠의 노출 수준이 1ppm을 초과할 경우 노동자의 건강에 실질적으로 위험하다는 것을 직업안전보건국이 입증해야 한다.'는 내용이 들어가야 한다.

14

정답 ②

3D업종의 인식 변화를 소개하는 (나) – 그 사례인 환경미화원 모집 공고에 대한 내용인 (가) – 이에 대한 인터뷰 내용인 (라) – 환경미화원 공채에 지원자가 몰리는 이유를 설명하는 (마) – 마지막으로 기피 직종에 대한 인식 변화의 또 다른 사례를 소개하는 (다) 순으로 연결되어야 한다.

15

정답 ①

기사 내용은 3D업종에 대한 인식이 과거에 비해 많이 변했다는 점을 설명하는 내용으로 볼 수 있다. 따라서 세상에 변하지 않는 것이 없이 모두 변하게 된다는 속담을 활용한 ①이 적절하다.

오답분석

② '꿩 대신 닭'은 적당한 것이 없을 때 그와 비슷한 것으로 대신하는 경우를 뜻하는 속담으로, 기피 직종에 대한 인식 변화 설명에 활용되기에는 적절하지 않다.

③ '병 주고 약 준다'는 해를 입힌 후에 어루만지거나 도와준다는 뜻의 속담으로 환경미화원의 근무환경에 대한 설명에 활용되기에는 적절하지 않다.

④ '비 온 뒤에 땅이 굳어진다'는 어떤 풍파를 겪은 후에 일이 더 든든해진다는 뜻의 속담으로 기사 내용에 적절하지 않은 속담이다.

16

정답 ④

1부터 40까지의 자연수 중 40의 약수(1, 2, 4, 5, 8, 10, 20, 40)의 개수는 8개이고, 3의 배수(3, 6, 9, …, 36, 39)는 13개이다. 따라서 40의 약수 중 3의 배수는 없으므로 구하는 경우의 수는 $8+13=21$가지이다.

17

정답 ③

두 수의 곱이 짝수인 경우는 (짝수, 홀수), (홀수, 짝수), (짝수, 짝수)이고, 두 수의 곱이 홀수인 경우는 (홀수, 홀수)이다.

a, b의 곱이 짝수일 확률은 $1-(a, b$의 곱이 홀수일 확률)이다.

따라서 a와 b의 곱이 짝수일 확률은 $1-\left(\dfrac{1}{3}\times\dfrac{2}{5}\right)=\dfrac{13}{15}$ 이다.

18

정답 ③

여객열차의 길이를 xm라 하면 다음과 같다.

$60+x=\left(\dfrac{400+x}{20}+16\right)\times 4 \rightarrow 60+x=\dfrac{400+x}{5}+64 \rightarrow 300+5x=400+x+320$

$\therefore x=105$

따라서 열차의 길이는 105m이다.

19

정답 ④

비품을 주문하고 남은 돈으로 구매할 수 있는 볼펜은 {(25,000−500×5−5,700−600×3)÷250}÷12=5타이다.

20

정답 ④

연령별 경제활동 참가율을 구하면 다음과 같다.

• 15 ~ 19세 : $\dfrac{265}{2,944}\times 100 ≒ 9.0\%$

• 20 ~ 29세 : $\dfrac{4,066}{6,435}\times 100 ≒ 63.2\%$

• 30 ~ 39세 : $\dfrac{5,831}{7,519}\times 100 ≒ 77.6\%$

• 40 ~ 49세 : $\dfrac{6,749}{8,351}\times 100 ≒ 80.8\%$

• 50 ~ 59세 : $\dfrac{6,238}{8,220}\times 100 ≒ 75.9\%$

• 60세 이상 : $\dfrac{3,885}{10,093}\times 100 ≒ 38.5\%$

경제활동 참가율이 가장 높은 연령대는 40 ~ 49세이고, 가장 낮은 연령대는 15 ~ 19세이다.

따라서 두 연령대의 차이는 80.8−9.0=71.8%p이다.

21

정답 ④

하늘색·크림색 타일의 면적은 1m×1m=1m²이므로 타일을 붙일 벽의 면적은 6m×5m=30m²이으로 필요한 타일의 개수는 30÷1=30개이다.

하늘색 타일은 2개가 1세트이므로 구매할 세트의 수량은 30÷2=15개이고, 하늘색 타일의 구매비용은 15×5=75만 원이다.

크림색 타일은 3개가 1세트이므로 구매할 세트의 수량은 30÷3=10개이고, 크림색 타일의 구매비용은 10×7=70만 원이다.

따라서 크림색 타일을 선택하는 것이 하늘색 타일을 선택하는 것보다 경제적이며, 구매비용의 차는 75−70=5만 원이다.

22

정답 ④

매년 A, B, C동의 벚꽃나무 수 총합은 205그루로 일정하다. 따라서 빈칸에 들어갈 수는 205−112−50=43이다.

23

정답 ③

2022년 내국인 신용카드 전체 매출액 중 면세점에서의 매출액이 차지하는 비중은 $\dfrac{427.2}{1,897.6}\times 100 ≒ 22.5\%$로 25% 미만이다.

오답분석

① 면세점에서 내국인의 신용카드 매출액은 2018년부터 2023년까지 계속 증가세를 보이지만, 외국인의 경우 2023년에 전년 대비 감소한다.

② 2020년 외국인 신용카드 전체 매출액의 증가율은 $\frac{608.6-381.8}{381.8} \times 100 ≒ 59.4\%$로 전년 대비 60% 미만이다.

④ 2019년부터 2022년까지 면세점 외에서의 외국인 신용카드 매출액은 꾸준히 증가했으나, 2021년에 전년 대비 $\frac{236.4-232.4}{232.4}$ $\times 100 ≒ 1.7\%$ 증가하여 15% 미만 성장하였고, 2023년은 감소하였다.

24

정답 ③

ㄴ. 2021년 면세점에서의 내국인 신용카드 매출액은 전년 대비 $\frac{384.7-292.3}{292.3} \times 100 ≒ 31.6\%$ 증가하였다.

ㄹ. $271.5 \times 7 = 1,900.5 > 1,897.6$이므로 2022년 내국인 전체의 신용카드 매출액은 2018년 면세점에서의 내국인 신용카드 매출액의 7배인 1조 9,005억 원 미만이다.

[오답분석]

ㄱ. 2018년 면세점 외에서의 외국인 신용카드 매출액은 당해 면세점 외에서의 신용카드 매출액의 10% 미만이라는 점을 파악하면 별도의 수치계산 없이도 옳은 설명임을 알 수 있다.

ㄷ. 2020년부터 2023년까지 전체 신용카드 매출액 중 외국인 신용카드 매출액의 비중은 다음과 같다.

• 2020년 : $\frac{608.6}{1,906} \times 100 ≒ 31.9\%$

• 2021년 : $\frac{651.6}{2,285.1} \times 100 ≒ 28.5\%$

• 2022년 : $\frac{995.6}{2,893.2} \times 100 ≒ 34.4\%$

• 2023년 : $\frac{625.2}{2,769.4} \times 100 ≒ 22.6\%$

따라서 매년 40% 미만이었다.

25

정답 ③

• 시행기업 수 증가율 : $\frac{7,686-2,802}{2,802} \times 100 ≒ 174.3\%$

• 참여직원 수 증가율 : $\frac{21,530-5,517}{5,517} \times 100 ≒ 290.2\%$

따라서 2021년 대비 2023년 시행기업 수의 증가율이 참여직원 수의 증가율보다 낮다.

[오답분석]

① $\frac{21,530}{5,517} ≒ 3.9$배

② • 2020년 : $\frac{3,197}{2,079} ≒ 1.5$명

• 2021년 : $\frac{5,517}{2,802} ≒ 2.0$명

• 2022년 : $\frac{10,869}{5,764} ≒ 1.9$명

• 2023년 : $\frac{21,530}{7,686} ≒ 2.8$명

따라서 시행기업당 참여직원 수가 가장 많은 해는 2023년이다.

④ $\frac{21,530-3,197}{3} = 6,111$명

26

미술과 수학을 신청한 학생의 비율 차이는 16−14=2%p이고, 신청한 전체 학생은 200명이므로 수학을 선택한 학생 수는 미술을 선택한 학생 수보다 200×0.02=4명 더 적다.

27

2019년도에 이동한 총 인구수를 x천 명이라 하자.

$\dfrac{628}{x} \times 100 = 14.4 \rightarrow x = \dfrac{62,800}{14.4} \rightarrow x \fallingdotseq 4,361$

따라서 총 인구수는 4,361천 명이다.

28

8월 이동률이 16% 이상인 연도는 2011년과 2021년이다.

오답분석

① 2019 ~ 2021년 동안 8월 이동자 평균 인원은 $\dfrac{628+592+566}{3} = \dfrac{1,786}{3} \fallingdotseq 595$명이다.

② 8월 이동자가 700천 명 이상인 연도는 704천 명인 2013년이다.

③ 2021년 8월 이동률은 13%이다.

29

일본은 2022년도 평균교육기간이 2021년 평균교육기간보다 12.8−12.7=0.1년 높다.

오답분석

① 한국은 2020 ~ 2022년까지 평균교육기간은 12.1년으로 동일하다.

③ 2020년보다 2021년의 평균교육기간이 높아진 국가는 중국, 인도, 인도네시아, 일본, 터키이다.

④ 2020 ~ 2022년 동안 항상 평균교육기간이 8년 이하인 국가는 중국, 인도, 인도네시아, 터키이다.

30

2020년도 평균교육기간이 8년 이하인 국가는 중국, 인도, 인도네시아, 터키로 네 국가의 평균교육기간의 평균은

$\dfrac{7.7+6.3+7.9+7.8}{4} = \dfrac{29.7}{4} = 7.425$년이다.

31

A에서 출발하여 D를 거치지 않고 G로 도착하는 경우와 이동거리는 다음과 같다.

•A−F−H−C−B−G : 5+6+10+7+7=35km

•A−E−F−H−C−B−G : 6+5+6+10+7+7=41km

따라서 최단거리는 'A−F−H−C−B−G'로 이동할 때, 35km이다.

32

•E에서 이어지는 마을 중 F는 가장 나중에 도착해야 하므로 A로 가야 한다(E−A).

•A에서 이어지는 마을 중 E와 F는 갈 수 없으므로 D로 가야 한다(E−A−D).

•D에서 이어지는 마을 중 A와 F는 갈 수 없으며, B를 먼저 가게 될 경우, G를 거쳐 다시 D로 오게 되므로 불가능하다. 따라서 G를 먼저 가야 한다(E−A−D−G).

- G에서 이어지는 마을 중 갈 수 있는 곳은 B뿐이며, 이후 차례로 C와 H를 거친 뒤 마지막에 F에 도착하게 된다(E − A − D − G − B − C − H − F).
따라서 이동거리는 6+4+6+7+7+10+6=46km이다.

33

정답 ③

선택지별 이동거리를 구하면 다음과 같다.
- A − B − H − G − F : 40+40+30+30=140km
- A − B − E − H − G − F : 40+25+20+30+30=145km
- A − C − E − H − G − F : 30+15+20+30+30=125km
- A − D − E − H − G − F : 30+20+20+30+30=130km
따라서 이동거리가 가장 짧은 경로는 'A − C − E − H − G − F'이다.

34

정답 ④

두 번째와 세 번째 조건에 따라 A에서 G로 이동하는 경로는 'A − F − G'이다. 이어서 첫 번째, 네 번째, 다섯 번째 조건에 따라 G에서 A로 돌아가는 경로는 'G − E − C − A' 또는 'G − D − C − A'이고 두 경로 모두 각 도시를 잇는 도로의 종류와 거리가 같음에 따라 연료소비량 또한 같으므로 전체 이동경로는 'A − F − G − D − C − A' 또는 'A − F − G − E − C − A'이다.
이 중 외곽순환도로를 이용한 거리는 40+30=70km, 국도를 이용한 거리는 30+30=60km, 일반도로는 15km을 이용하였으므로 연료소비량을 정리하면 다음과 같다.

$$\frac{70 \times 3.8}{100} + \frac{60 \times 4.2}{100} + \frac{15 \times 4.5}{100} = 2.66+2.52+0.675 = 5.855$$

따라서 주어진 조건에 따라 이동했을 때 소비한 연료의 양은 5.855L이다.

35

정답 ④

H□ / W○는 가로축이 ○까지, 세로축이 □까지 있음을 나타낸다. 괄호 앞의 각 문자는 도형의 모양을 나타낸다. 즉, A는 원, B는 삼각형, C는 사다리꼴, D는 마름모이다. 괄호 안의 숫자는 도형의 위치를 나타낸다. 즉, (1, 2)는 가로축에서 1과 세로축에서 2가 만나는 위치이다.
- 가로축이 5까지, 세로축이 6까지 있다. → H6 / W5
- A는 가로축 1과 세로축 1이 만나는 위치이다. → A(1, 1)
- B는 가로축 1과 세로축 5가 만나는 위치이다. → B(1, 5)
- C는 가로축 4와 세로축 3이 만나는 위치이다. → C(4, 3)
- D는 가로축 3과 세로축 4가 만나는 위치이다. → D(3, 4)
따라서 L : H6 / W5, C : A(1, 1) / B(1, 5) / C(4, 3) / D(3, 4)가 답이다.

36

정답 ②

H□ / W○는 가로축이 ○까지, 세로축이 □까지 있음을 나타낸다. 괄호 앞의 각 문자는 도형의 모양을 나타낸다. 즉, A는 원, B는 삼각형, C는 사다리꼴, D는 마름모이다. 괄호 안의 숫자는 도형의 위치를 나타낸다. 즉, (1, 2)는 가로축에서 1과 세로축에서 2가 만나는 위치이다.
- 가로축이 6까지, 세로축이 5까지 있다. → H5 / W6
- A는 가로축 5와 세로축 1이 만나는 위치이다. → A(5, 1)
- B는 가로축 1과 세로축 2가 만나는 위치이다. → B(1, 2)
- C는 가로축 4와 세로축 3이 만나는 위치이다. → C(4, 3)
- D는 가로축 2와 세로축 5가 만나는 위치이다. → D(2, 5)
따라서 L : H5 / W6, C : A(5, 1) / B(1, 2) / C(4, 3) / D(2, 5)가 답이다.

37

정답 ④

D(6, 1)는 가로축 6과 세로축 1이 만나는 위치에 있음을 나타낸다. 그러나 산출된 그래프에서는 D가 (1, 6)에 위치해 있다.

38

정답 ④

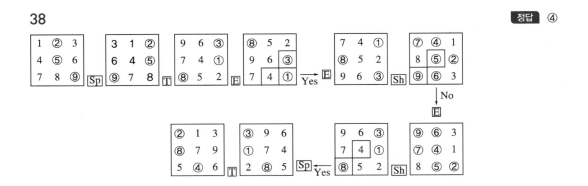

39

정답 ③

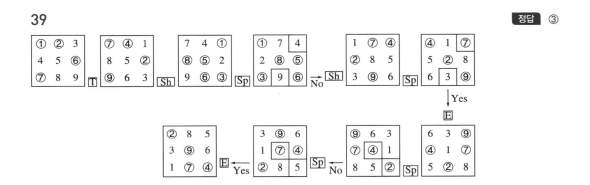

40

정답 ④

- C강사 : 셋째 주 화요일 오전, 목요일, 금요일 오전에 스케줄이 비어 있으므로 목요일과 금요일에 이틀간 강의가 가능하다.
- E강사 : 첫째, 셋째 주 화 ~ 목요일 오전에 스케줄이 있으므로 수요일과 목요일 오후에 또는 목요일 오후, 금요일 오전에 강의가 가능하다.

[오답분석]
- A강사 : 매주 수 ~ 목요일에 스케줄이 있으므로 화요일과 금요일 오전에 강의가 가능하지만 강의가 연속 이틀에 걸쳐 진행되어야 한다는 조건에 부합하지 않는다.
- B강사 : 화요일과 목요일에 스케줄이 있으므로 수요일 오후와 금요일 오전에 강의가 가능하지만 강의가 연속 이틀에 걸쳐 진행되어야 한다는 조건에 부합하지 않는다.
- D강사 : 수요일 오후와 금요일 오전에 스케줄이 있으므로 화요일 오전과 목요일에 강의가 가능하지만 강의가 연속 이틀에 걸쳐 진행되어야 한다는 조건에 부합하지 않는다.

41

계산편의를 위하여 항공편별 소요시간을 분으로 나타내고, 경로별 항공편에 소요되는 총시간을 계산하면 다음과 같다.

구분	항공편 이동소요시간
①	145+20+110+135+65=475분
②	145+120+110+245+65=685분
③	45+110+20+250+65=490분
④	45+110+245+250+145=795분

따라서 ①~④ 중 항공편 이동소요시간이 가장 짧은 경로는 475분이 걸리는 ①의 경로이다.

42

마지막 방문지에 방문할 때까지의 항공편 경비를 묻고 있으므로, 부산으로 돌아오는 경비는 계산할 필요가 없다. 경로별 항공편 총 경비를 계산하면 다음과 같다.

구분	항공편 총 경비
①	520,000+45,000+331,000+310,000=1,206,000원
②	542,000+331,000+350,000+1,125,000=2,348,000원
③	117,000+331,000+45,000+1,125,000=1,618,000원
④	205,000+310,000+331,000+45,000=891,000원

따라서 ①~④ 중 항공편 총 경비가 가장 저렴한 경로는 891,000원인 ④이다.

43

오늘은 7월 12일 화요일이므로 내일은 7월 13일 수요일이다. '급여 이체의뢰서 작성 및 지급 은행 제출'은 매월 14일에 하는 것으로 내일까지 완료해야 할 업무가 아니다.

[오답분석]

①·②·④어제까지 완료한 업무는 월요일마다 하는 '커피머신 청소', '주간회의 준비'가 있다. 또한 '급여 계산 완료 및 결재 요청'을 7월 13일에 완수해야 한다.

44

7월 21일 14시~14시 30분 사이에 에어컨 필터 교체 기사님이 방문하며, 소요시간이 2시간이라고 하였다. 따라서 7월 21일 10:00~15:00에는 교육 수강이 불가능하다.

45

8월 첫째 주에 처리해야 할 업무 순서는 8월 1일 월요일 업무이다. 매주 월요일 '커피 머신 청소' 그리고 '주간회의 준비 및 진행'이 있다. 첫째 주 주간회의는 10시 시작이므로 출근 후 시간이 충분할 경우 주간회의 시작 전에 완료해야 하는 '커피 머신 청소'와 주간회의 전에 해야 하는 '주간회의 준비 및 진행'을 먼저 해야 한다. 다음으로 업무내용 정리표를 보면 8월 4일 목요일에 '급여 계산 완료 및 결재 요청'을 착수해야 하며, 다음날에는 '2차 팀워크 향상 교육 준비'를 착수해야 한다.

따라서 8월 첫째 주 일처리 순서는 '커피 머신 청소 → 주간회의 준비 및 진행 → 급여 계산 완료 및 결재 요청 → 2차 팀워크 향상 교육 준비'임을 알 수 있다.

46

각 도형이 움직이는 규칙을 정리하면 다음과 같다.
- 작은 정사각형 안의 사선(▨) : 작은 사각형의 내부에서 반시계 방향으로 한 칸씩 옮겨간다.
- 십자가(✚) : 작은 사각형의 내부에서 시계 방향으로 한 칸씩 옮겨가며 반시계 방향으로 90° 회전한다.
- 꺾은 화살표(⌁) : 작은 사각형의 외부에서 반시계 방향으로 한 변씩 움직이며 반시계 방향으로 90° 회전한다. 또한 이동할 때마다 색이 반전된다.
- 나침반 바늘(◆) : 작은 사각형의 외부에서 시계 방향으로 한 변씩 움직이며 시계 방향으로 90° 회전한다.

47

각 도형이 움직이는 규칙을 정리하면 다음과 같다.
- 큰 원(⊕) : 시계 방향으로 90°씩 회전한다.
- 오각형(⬠) : 큰 원의 내부에서 시계 방향으로 90°씩 옮겨가는데, 그때마다 색이 반전된다.
- 번개(⚡) : 큰 원의 내부에서 반시계 방향으로 90°씩 옮겨가는데, 그때마다 색이 반전된다.
- 전자도면 기호(⊣⊢) : 큰 원의 외부에서 반시계 방향으로 90°씩 옮겨가는데, 그때마다 시계 방향으로 90° 회전한다.
- 나비넥타이(▷◁) : 큰 원의 외부에서 반시계 방향으로 90°씩 옮겨가는데, 그때마다 반시계 방향으로 90° 회전한다.

48

규칙은 가로로 적용된다.
첫 번째 도형을 수직으로 반을 잘랐을 때의 왼쪽 도형이 두 번째 도형이고, 두 번째 도형을 수평으로 반을 잘랐을 때의 아래쪽 도형이 세 번째 도형이다.

49

규칙은 세로로 적용된다.
첫 번째 도형과 두 번째 도형의 겹치는 부분을 제외하면 세 번째 도형이다.

50

규칙은 가로로 적용된다.
첫 번째 도형과 두 번째 도형을 합쳤을 때, 검은색이 안 들어가면 마름모, 한 번 들어가면 가로세로의 줄이 들어간 마름모, 두 번 들어가면 세로의 줄이 들어간 마름모가 된다.

51

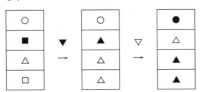

52

정답 ④

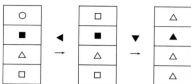

53

정답 ②

54

정답 ③

55

정답 ③

56

정답 ③

57

정답 ④

앞의 항에 $\dfrac{2^2}{2}$, $\dfrac{3^2}{2}$, $\dfrac{4^2}{2}$, $\dfrac{5^2}{2}$, …을 더하는 수열이다.

따라서 (　)$=44+\dfrac{7^2}{2}=68.5$이다.

58

정답 ④

분자와 분모의 합이 240으로 일정한 수열이다.
따라서 (　　)＝183＋57＝240인 ④가 적절하다.

59

정답 ②

나열된 수를 각각 A, B, C라고 하면 다음과 같은 식이 성립한다.
$A\ B\ C \to A+B-8=C$
따라서 (　　)＝ 3＋5－8＝0이다.

60

정답 ④

나열된 수를 각각 A, B, C라고 하면 다음과 같은 식이 성립한다.
$A\ B\ C \to A+B=-2C$
따라서 (　　)＝ (－13)×(－2)＋4＝30이다.

61

정답 ③

ㄴ. 사고 발생 다음날인 2022년 9월 7일 전사 대응 TF 조직, 긴급 복구회의 개최를 시작으로 2023년 1월 19일까지 135일만에 제철소를 완전히 복구하고 조업 정상화를 이루었다(연인원 140만 명 동원). 한편 2023년 5월에는 수해 복구 백서를 발간해 재난 복구 경험을 공유할 수 있게 했다.

ㄷ. 포항제철소의 2022년 조강 생산량은 냉천 범람으로 인해 기준연도 37.6백만 톤 대비 9.0% 감소한 34.2백만 톤을 기록했다.

오답분석

ㄱ. 2022년 9월 6일 태풍 힌남노가 새벽부터 포항에 쏟은 비는 하루 동안 무려 541mm였고, 이로 인해 포항제철소는 30분만에 1.5m 높이까지 잠겼고 620만 톤의 토사와 하천수가 유입되었다.

ㄹ. 포스코는 선강공정 정비를 담당하는 포스코PS테크와 포스코GYS테크, 압연공정 정비를 담당하는 포스코PR테크와 포스코GYR 테크, 전기·계측기기 제어 장치 정비를 담당하는 포스코PH솔루션과 포스코GY솔루션 등 6개(포항 3개＋광양 3개)의 정비 전문회사를 2023년 6월 1일에 출범했다.

62

정답 ③

제철소에서 발생하는 부산물 중 76~80%는 슬래그이다. 슬래그의 일종인 고로슬래그는 고로에서 쇳물을 생산하는 과정에서 발생하는 암석 형질의 부산물로, 고압의 물을 분사해 급속 냉각시키면 모래 형상의 수재슬래그가 되며, 고로슬래그의 90% 이상은 수재슬래그에 해당된다. 이러한 수재슬래그의 주요 성분은 산화칼슘과 이산화규소로 시멘트 클링커(＝석회석 등의 시멘트 원료를 고온 소성한 것으로, 이를 미세하게 분쇄하면 시멘트가 됨) 대체재로 활용이 가능하며, 대체 시 기존 시멘트 원료인 석회석의 소성 과정에서 발생되는 온실가스를 줄일 수 있어 친환경 소재로 주목받고 있다. 포스코는 포항산업과학연구원(RIST), 포스코건설과 공동으로 기존의 슬래그시멘트보다 수재슬래그 함량을 최대 58%까지 높인 포스멘트(PosMent)를 개발해 온실가스 저감과 부산물 자원화에 기여하고 있다.

오답분석

② Pos-Square : 포스코의 친환경 프리미엄 강건재 브랜드 이노빌트(INNOVILT) 제품으로서, 내진 강재로 제작된 건축 구조용 내진 특화 강관이다. H형강보다 내진성이 우수하며, 경제적인 설계, 대량 공급 가능 등의 특징이 있다.

③ POS-H : 이노빌트 브랜드 제품으로서, H형강 형태의 맞춤형 용접 형강이다. 철광석을 녹여 생산하기 때문에 성분이 균일해 안정성·내진성이 우수하다. 또한 고객의 요구에 맞춰 최적의 사이즈로 제작할 수 있어 건설사는 건설 원가를 절감할 수 있다.

④ 「2022 포스코 기업시민 보고서」에 따르면 '포스코는 기존의 환경관리 시스템인 POEMS(POSCO Environment Management System)를 개선한 'POEMS 3.0'을 구축하고 있다. POEMS 3.0은 대기, 수질, 부산물, 토양 등 매체별 관리 기능과 환경 인·허가, 환경 이슈, 환경 비용 등의 정보 조회 기능이 있어 전사 환경 데이터를 더욱 체계적으로 관리할 수 있다.

63

정답 ④

클린 포스코 시스템은 모든 추천 및 청탁 내용을 기록·관리함으로써 '청탁이 발붙지 못하는' 기업문화 조성을 목적으로 하고 있다. 또한 비윤리행위의 사전 예방적 장치 역할, 내부신고(Whistle Blower) 정신의 실천을 뜻하기도 한다.

64

정답 ①

포스코그룹의 경영원칙
가치경영, 상생경영, 혁신경영

65

정답 ④

포스코 A&C에 대한 설명이다. 포스코플랜텍은 철강설비를 비롯한 MHS, 물류설비, 발전 및 환경설비, 제작 사업을 수행하고 있다.

PART 3

우리 인생의 가장 큰 영광은
절대 넘어지지 않는 데 있는 것이 아니라
넘어질 때마다 일어서는 데 있다.

– 넬슨 만델라 –

포스코그룹 온라인 PAT 생산기술직/직업훈련생 인적성검사 답안지

문번	언어이해				문번	자료해석				문번	문제해결				문번	추리				문번	포스코 상식			
1	①	②	③	④	1	①	②	③	④	1	①	②	③	④	1	①	②	③	④	1	①	②	③	④
2	①	②	③	④	2	①	②	③	④	2	①	②	③	④	2	①	②	③	④	2	①	②	③	④
3	①	②	③	④	3	①	②	③	④	3	①	②	③	④	3	①	②	③	④	3	①	②	③	④
4	①	②	③	④	4	①	②	③	④	4	①	②	③	④	4	①	②	③	④	4	①	②	③	④
5	①	②	③	④	5	①	②	③	④	5	①	②	③	④	5	①	②	③	④	5	①	②	③	④
6	①	②	③	④	6	①	②	③	④	6	①	②	③	④	6	①	②	③	④					
7	①	②	③	④	7	①	②	③	④	7	①	②	③	④	7	①	②	③	④					
8	①	②	③	④	8	①	②	③	④	8	①	②	③	④	8	①	②	③	④					
9	①	②	③	④	9	①	②	③	④	9	①	②	③	④	9	①	②	③	④					
10	①	②	③	④	10	①	②	③	④	10	①	②	③	④	10	①	②	③	④					
11	①	②	③	④	11	①	②	③	④	11	①	②	③	④	11	①	②	③	④					
12	①	②	③	④	12	①	②	③	④	12	①	②	③	④	12	①	②	③	④					
13	①	②	③	④	13	①	②	③	④	13	①	②	③	④	13	①	②	③	④					
14	①	②	③	④	14	①	②	③	④	14	①	②	③	④	14	①	②	③	④					
15	①	②	③	④	15	①	②	③	④	15	①	②	③	④	15	①	②	③	④					

교사장

성 명

수험번호

⑩	①	②	③	④	⑤	⑥	⑦	⑧	⑨
⑩	①	②	③	④	⑤	⑥	⑦	⑧	⑨
⑩	①	②	③	④	⑤	⑥	⑦	⑧	⑨
⑩	①	②	③	④	⑤	⑥	⑦	⑧	⑨
⑩	①	②	③	④	⑤	⑥	⑦	⑧	⑨
⑩	①	②	③	④	⑤	⑥	⑦	⑧	⑨
⑩	①	②	③	④	⑤	⑥	⑦	⑧	⑨

감독위원 확인

(인)

※ 절취선을 따라 분리하여 실제 시험과 같이 사용하면 더욱 효과적입니다.

포스코그룹 온라인 PAT 생산기술직/직업훈련생 인적성검사 답안지

고사장

성 명

수험번호

⓪	①	②	③	④	⑤	⑥	⑦	⑧	⑨
⓪	①	②	③	④	⑤	⑥	⑦	⑧	⑨
⓪	①	②	③	④	⑤	⑥	⑦	⑧	⑨
⓪	①	②	③	④	⑤	⑥	⑦	⑧	⑨
⓪	①	②	③	④	⑤	⑥	⑦	⑧	⑨
⓪	①	②	③	④	⑤	⑥	⑦	⑧	⑨
⓪	①	②	③	④	⑤	⑥	⑦	⑧	⑨

감독위원 확인 (인)

언어이해

문번	1	2	3	4
1	①	②	③	④
2	①	②	③	④
3	①	②	③	④
4	①	②	③	④
5	①	②	③	④
6	①	②	③	④
7	①	②	③	④
8	①	②	③	④
9	①	②	③	④
10	①	②	③	④
11	①	②	③	④
12	①	②	③	④
13	①	②	③	④
14	①	②	③	④
15	①	②	③	④

자료해석

문번	1	2	3	4
1	①	②	③	④
2	①	②	③	④
3	①	②	③	④
4	①	②	③	④
5	①	②	③	④
6	①	②	③	④
7	①	②	③	④
8	①	②	③	④
9	①	②	③	④
10	①	②	③	④
11	①	②	③	④
12	①	②	③	④
13	①	②	③	④
14	①	②	③	④
15	①	②	③	④

문제해결

문번	1	2	3	4
1	①	②	③	④
2	①	②	③	④
3	①	②	③	④
4	①	②	③	④
5	①	②	③	④
6	①	②	③	④
7	①	②	③	④
8	①	②	③	④
9	①	②	③	④
10	①	②	③	④
11	①	②	③	④
12	①	②	③	④
13	①	②	③	④
14	①	②	③	④
15	①	②	③	④

추리

문번	1	2	3	4
1	①	②	③	④
2	①	②	③	④
3	①	②	③	④
4	①	②	③	④
5	①	②	③	④
6	①	②	③	④
7	①	②	③	④
8	①	②	③	④
9	①	②	③	④
10	①	②	③	④
11	①	②	③	④
12	①	②	③	④
13	①	②	③	④
14	①	②	③	④
15	①	②	③	④

포스코 상식

문번	1	2	3	4
1	①	②	③	④
2	①	②	③	④
3	①	②	③	④
4	①	②	③	④
5	①	②	③	④

포스코그룹 온라인 PAT 생산기술직/직업훈련생 인적성검사 답안지

언어이해

문번	1	2	3	4
1	①	②	③	④
2	①	②	③	④
3	①	②	③	④
4	①	②	③	④
5	①	②	③	④
6	①	②	③	④
7	①	②	③	④
8	①	②	③	④
9	①	②	③	④
10	①	②	③	④
11	①	②	③	④
12	①	②	③	④
13	①	②	③	④
14	①	②	③	④
15	①	②	③	④

자료해석

문번	1	2	3	4
1	①	②	③	④
2	①	②	③	④
3	①	②	③	④
4	①	②	③	④
5	①	②	③	④
6	①	②	③	④
7	①	②	③	④
8	①	②	③	④
9	①	②	③	④
10	①	②	③	④
11	①	②	③	④
12	①	②	③	④
13	①	②	③	④
14	①	②	③	④
15	①	②	③	④

문제해결

문번	1	2	3	4
1	①	②	③	④
2	①	②	③	④
3	①	②	③	④
4	①	②	③	④
5	①	②	③	④
6	①	②	③	④
7	①	②	③	④
8	①	②	③	④
9	①	②	③	④
10	①	②	③	④
11	①	②	③	④
12	①	②	③	④
13	①	②	③	④
14	①	②	③	④
15	①	②	③	④

추리

문번	1	2	3	4
1	①	②	③	④
2	①	②	③	④
3	①	②	③	④
4	①	②	③	④
5	①	②	③	④
6	①	②	③	④
7	①	②	③	④
8	①	②	③	④
9	①	②	③	④
10	①	②	③	④
11	①	②	③	④
12	①	②	③	④
13	①	②	③	④
14	①	②	③	④
15	①	②	③	④

포스코 상식

문번	1	2	3	4
1	①	②	③	④
2	①	②	③	④
3	①	②	③	④
4	①	②	③	④
5	①	②	③	④

고사장

성 명

수험번호

| ⓪ | ⑴ | ② | ③ | ④ | ⑤ | ⑥ | ⑦ | ⑧ | ⑨ |

감독위원 확인 ㊞

교시장

성 명

수험번호						
⓪	⓪	⓪	⓪	⓪	⓪	⓪
①	①	①	①	①	①	①
②	②	②	②	②	②	②
③	③	③	③	③	③	③
④	④	④	④	④	④	④
⑤	⑤	⑤	⑤	⑤	⑤	⑤
⑥	⑥	⑥	⑥	⑥	⑥	⑥
⑦	⑦	⑦	⑦	⑦	⑦	⑦
⑧	⑧	⑧	⑧	⑧	⑧	⑧
⑨	⑨	⑨	⑨	⑨	⑨	⑨

감독위원 확인 (인)

포스코그룹 온라인 PAT 생산기술직/직업훈련생 인적성검사 답안지

언어이해 문번	1	2	3	4	자료해석 문번	1	2	3	4	문제해결 문번	1	2	3	4	추리 문번	1	2	3	4	포스코 상식 문번	1	2	3	4
1	①	②	③	④	1	①	②	③	④	1	①	②	③	④	1	①	②	③	④	1	①	②	③	④
2	①	②	③	④	2	①	②	③	④	2	①	②	③	④	2	①	②	③	④	2	①	②	③	④
3	①	②	③	④	3	①	②	③	④	3	①	②	③	④	3	①	②	③	④	3	①	②	③	④
4	①	②	③	④	4	①	②	③	④	4	①	②	③	④	4	①	②	③	④	4	①	②	③	④
5	①	②	③	④	5	①	②	③	④	5	①	②	③	④	5	①	②	③	④	5	①	②	③	④
6	①	②	③	④	6	①	②	③	④	6	①	②	③	④	6	①	②	③	④					
7	①	②	③	④	7	①	②	③	④	7	①	②	③	④	7	①	②	③	④					
8	①	②	③	④	8	①	②	③	④	8	①	②	③	④	8	①	②	③	④					
9	①	②	③	④	9	①	②	③	④	9	①	②	③	④	9	①	②	③	④					
10	①	②	③	④	10	①	②	③	④	10	①	②	③	④	10	①	②	③	④					
11	①	②	③	④	11	①	②	③	④	11	①	②	③	④	11	①	②	③	④					
12	①	②	③	④	12	①	②	③	④	12	①	②	③	④	12	①	②	③	④					
13	①	②	③	④	13	①	②	③	④	13	①	②	③	④	13	①	②	③	④					
14	①	②	③	④	14	①	②	③	④	14	①	②	③	④	14	①	②	③	④					
15	①	②	③	④	15	①	②	③	④	15	①	②	③	④	15	①	②	③	④					

포스코그룹 온라인 PAT 생산기술직/직업훈련생 인적성검사 답안지

언어이해

문번	1	2	3	4
1	①	②	③	④
2	①	②	③	④
3	①	②	③	④
4	①	②	③	④
5	①	②	③	④
6	①	②	③	④
7	①	②	③	④
8	①	②	③	④
9	①	②	③	④
10	①	②	③	④
11	①	②	③	④
12	①	②	③	④
13	①	②	③	④
14	①	②	③	④
15	①	②	③	④

자료해석

문번	1	2	3	4
1	①	②	③	④
2	①	②	③	④
3	①	②	③	④
4	①	②	③	④
5	①	②	③	④
6	①	②	③	④
7	①	②	③	④
8	①	②	③	④
9	①	②	③	④
10	①	②	③	④
11	①	②	③	④
12	①	②	③	④
13	①	②	③	④
14	①	②	③	④
15	①	②	③	④

문제해결

문번	1	2	3	4
1	①	②	③	④
2	①	②	③	④
3	①	②	③	④
4	①	②	③	④
5	①	②	③	④
6	①	②	③	④
7	①	②	③	④
8	①	②	③	④
9	①	②	③	④
10	①	②	③	④
11	①	②	③	④
12	①	②	③	④
13	①	②	③	④
14	①	②	③	④
15	①	②	③	④

추리

문번	1	2	3	4
1	①	②	③	④
2	①	②	③	④
3	①	②	③	④
4	①	②	③	④
5	①	②	③	④
6	①	②	③	④
7	①	②	③	④
8	①	②	③	④
9	①	②	③	④
10	①	②	③	④
11	①	②	③	④
12	①	②	③	④
13	①	②	③	④
14	①	②	③	④
15	①	②	③	④

포스코 상식

문번	1	2	3	4
1	①	②	③	④
2	①	②	③	④
3	①	②	③	④
4	①	②	③	④
5	①	②	③	④

교시장

성 명

수 험 번 호

⓪	①	②	③	④	⑤	⑥	⑦	⑧	⑨
⓪	①	②	③	④	⑤	⑥	⑦	⑧	⑨
⓪	①	②	③	④	⑤	⑥	⑦	⑧	⑨
⓪	①	②	③	④	⑤	⑥	⑦	⑧	⑨
⓪	①	②	③	④	⑤	⑥	⑦	⑧	⑨
⓪	①	②	③	④	⑤	⑥	⑦	⑧	⑨
⓪	①	②	③	④	⑤	⑥	⑦	⑧	⑨

감독위원 확인

인

포스코그룹 온라인 PAT 생산기술직/직업훈련생 인적성검사 답안지

고사장

성 명

수험번호

⓪ ① ② ③ ④ ⑤ ⑥ ⑦ ⑧ ⑨

감독위원 확인

(인)

언어이해 문번	1 2 3 4	자료해석 문번	1 2 3 4	문제해결 문번	1 2 3 4	추리 문번	1 2 3 4	포스코 상식 문번	1 2 3 4
1	① ② ③ ④	1	① ② ③ ④	1	① ② ③ ④	1	① ② ③ ④	1	① ② ③ ④
2	① ② ③ ④	2	① ② ③ ④	2	① ② ③ ④	2	① ② ③ ④	2	① ② ③ ④
3	① ② ③ ④	3	① ② ③ ④	3	① ② ③ ④	3	① ② ③ ④	3	① ② ③ ④
4	① ② ③ ④	4	① ② ③ ④	4	① ② ③ ④	4	① ② ③ ④	4	① ② ③ ④
5	① ② ③ ④	5	① ② ③ ④	5	① ② ③ ④	5	① ② ③ ④	5	① ② ③ ④
6	① ② ③ ④	6	① ② ③ ④	6	① ② ③ ④	6	① ② ③ ④		
7	① ② ③ ④	7	① ② ③ ④	7	① ② ③ ④	7	① ② ③ ④		
8	① ② ③ ④	8	① ② ③ ④	8	① ② ③ ④	8	① ② ③ ④		
9	① ② ③ ④	9	① ② ③ ④	9	① ② ③ ④	9	① ② ③ ④		
10	① ② ③ ④	10	① ② ③ ④	10	① ② ③ ④	10	① ② ③ ④		
11	① ② ③ ④	11	① ② ③ ④	11	① ② ③ ④	11	① ② ③ ④		
12	① ② ③ ④	12	① ② ③ ④	12	① ② ③ ④	12	① ② ③ ④		
13	① ② ③ ④	13	① ② ③ ④	13	① ② ③ ④	13	① ② ③ ④		
14	① ② ③ ④	14	① ② ③ ④	14	① ② ③ ④	14	① ② ③ ④		
15	① ② ③ ④	15	① ② ③ ④	15	① ② ③ ④	15	① ② ③ ④		

2024 하반기 시대에듀 포스코그룹
온라인 PAT 생산기술직 / 직업훈련생
최신기출유형 + 모의고사 6회 + 무료생산직특강

개정20판2쇄 발행	2024년 09월 10일 (인쇄 2024년 08월 22일)
초 판 발 행	2013년 09월 05일 (인쇄 2013년 08월 20일)
발 행 인	박영일
책 임 편 집	이해욱
편 저	SDC(Sidae Data Center)
편 집 진 행	안희선 · 김내원 · 정수현
표지디자인	박수영
편집디자인	양혜련 · 고현준
발 행 처	(주)시대고시기획
출 판 등 록	제10-1521호
주 소	서울시 마포구 큰우물로 75 [도화동 538 성지 B/D] 9F
전 화	1600-3600
팩 스	02-701-8823
홈 페 이 지	www.sdedu.co.kr

I S B N	979-11-383-7546-7 (13320)
정 가	25,000원

포스코그룹

생산기술직 / 직업훈련생

온라인 PAT 인적성검사

최신기출유형+모의고사 6회
+무료생산직특강

최신 출제경향 전면 반영

고졸 / 전문대졸 취업 기초부터 합격까지! 취업의 문을 여는 **Master Key!**

고졸/전문대졸 필기시험 시리즈

**포스코그룹
생산기술직 / 직업훈련생**

GSAT 4급

**현대자동차
생산직 / 기술인력**

S-OIL 생산직

**SK하이닉스
Operator/Maintenance**

SK이노베이션

※도서의 이미지 및 구성은 변동될 수 있습니다.

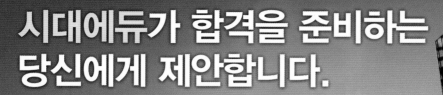

시대에듀가 합격을 준비하는 당신에게 제안합니다.

결심하셨다면 지금 당장 실행하십시오.
시대에듀와 함께라면 문제없습니다.

성공의 기회!
시대에듀를 잡으십시오.

NEXT STEP!

기회란 포착되어 활용되기 전에는 기회인지조차 알 수 없는 것이다. — 마크 트웨인 —